曾保根◎主编

JICENGSHEHUIZHILI XIANDAIHUA DE
SHAOGUANSHIJIAN YU TANSUO

基层社会治理现代化的
韶关实践与探索

中国政法大学出版社

2024·北京

图书在版编目（ＣＩＰ）数据

基层社会治理现代化的韶关实践与探索 ／ 曾保根主编. --北京:中国政法大学出版社, 2024.3

ISBN 978-7-5764-1445-5

Ⅰ.①基… Ⅱ.①曾… Ⅲ.①社会管理－现代化管理－研究－韶关 Ⅳ.①DC76.53

中国国家版本馆 CIP 数据核字(2024)第 077077 号

出 版 者	中国政法大学出版社
地　　址	北京市海淀区西土城路 25 号
邮寄地址	北京 100088 信箱 8034 分箱　邮编 100088
网　　址	http://www.cuplpress.com (网络实名：中国政法大学出版社)
电　　话	010-58908586(编辑部) 58908334(邮购部)
编辑邮箱	zhengfadch@126.com
承　　印	固安华明印业有限公司
开　　本	720mm × 960mm　　1/16
印　　张	22
字　　数	360 千字
版　　次	2024 年 3 月第 1 版
印　　次	2024 年 3 月第 1 次印刷
定　　价	99.00 元

目 录
CONTENTS

基层社会治理体系中的法治与德治探讨 / 韩登池　刘嘉伟 ……………… 001

法治视阈下的市域社会治理现代化 / 陈　军　黄晓妹 ………………… 013

智慧治理的研究热点与发展趋势

　　——基于 CiteSpace 的可视化分析 / 成　量 ……………………… 022

规则治理功能的型构、式微与重构指向 / 周　军 ……………………… 036

韶关智能化社区治理路径

　　——基于扎根理论方法的研究 / 黄　璞　马全中　向文煊 ………… 056

社会治安协同治理法治化的韶关实践 / 刘　卓 ………………………… 072

韶关市黑恶势力组织犯罪常态化防控机制完善路径 / 曾　晰 ………… 088

论市域社会治安防控机制中的深度预防原则

　　——以韶关市为例 / 王　蒙 …………………………………………… 104

健全市域社会治安防控机制的实践与思考

　　——以韶关市为例 / 李晋魁　郭　哲 ………………………………… 118

韶关市基层社会治理体制的改革亮点及改进建议 / 曾保根 …………… 132

市域社会治理现代化中的德治探索及启示

　　——基于韶关市的考察分析 / 赵　丽 ………………………………… 148

论法与道德的多重关系 / 梅献中 ………………………………………… 157

"德性"市域社会治理的理论基础与行动路径

　　——韶关"善美城市建设"的认知与感悟 / 沈新坤 ……………… 170

乡村振兴政策优化研究

　　——基于农户调查数据的经验证据 / 彭　华 ························· 187

新时期韶关人口发展调查报告 / 彭　华 ····························· 200

市域社会治理现代化背景下社区德治运行机制研究

　　——以韶关市 C 市为例 / 马全中　黄　璞 ····················· 225

红色党建工程引领乡村社会治理实践研究 / 黄一映 ················· 237

社会工作参与市域社会治理的实践途径研究 / 陈　彬　李晓晴 ········ 244

脱贫攻坚背景下农民政治信任差异研究 / 朱代琼　马颖仪 ············ 253

"三治融合" 视域下城乡基层治理的实践探索

　　——以 SG 为例 / 罗楣宗 ································· 275

新乡贤参与乡村社区治理的实现机制研究

　　——以韶关为例 / 刘芳娜　马全中 ························· 287

生态文明思想赋能南岭国家公园生态治理的

　　实践研究 / 周新成　杨展翔 ····························· 300

"四个全面" 视野下自治型社区面临的挑战及进路

　　——以广东省 F 社区为例 / 马全中　马荣越 ················ 309

创新 "一站组团式" 调解模式成功化解偏远山区山林纠纷

　　"四十余年骨头" 案

　　——市委政法委挂点督导调处澜河镇上澜村上杨村小组 ········· 316

基层社会治理体系中的法治与德治探讨

韩登池　刘嘉伟*

摘要：社会治理的关键在于基层。我国基层社会治理体系的内核是以基层群众自治制度为基本内容，其目的在于适应快速发展的社会现状，是能够有效推动社会主义民主政治稳步发展、凸显国家制度保障并充分调动群众参与治理意识的社会治理体系，直接关系到人民群众方方面面的利益诉求。这也就意味着，基层自治是激发人民主体意识与体现人民群众切身利益相结合的，是随着社会的发展不断创新与有序完善有机统一的。如今，随着社会的飞速发展，法治与德治成为社会治理快车稳定运行的双轨，基层群众自治，亦需要法治与德治的双重保障，外部规制需要法律，内在自觉依靠道德，二者相互补充，融合于基层自治的实践中，才能更好地发挥社会治理效能，维护人民群众的权益，促进社会秩序稳定与经济发展。

关键词：基层社会治理；法治；德治

基层社会治理体系中的法治与德治探讨

依照宪法和法律，在城乡基层实行群众自治是在民主实践的探索中不断巩固、发展而来的。通过基层群众性自治组织，群众可以依法进行自我管理、自我服务，表达合理的利益诉求。从长远来看，这既是人民能够直接维护自身权益的有效途径，也能调动人民的参与积极性、培养现代公民意识，有利于现代民主政治建设的发展。而随着现代化建设的推进，法治与德治的重要

---

* 韩登池（1967 年–），男，湖北浠水人，韶关学院政法学院教授，硕士，研究方向：地方立法；刘嘉伟，男，韶关学院政法学院法学专业 2021 届本科毕业生。

性不断提高，发展条件也日渐成熟，基层社会治理体系也需要与时俱进。本文将从分析基层群众自治制度出发，结合法治与德治的意义，谈谈如何更好地发挥法治、德治在基层社会治理中的作用。

一、基层社会治理体系概述

（一）基层社会治理体系的理论基础

1. 基层社会治理体系的内涵特点

与我国社会主义现代化建设进度相匹配的，不仅仅是经济上的快速增长，还有社会政治、文化也不断朝着现代化方向迈进，社会治理更加重视"治"，因而对于基层社会的治理也从原本单一的自治或法治走向法律、道德与基层自治深度融合的现代综合治理模式。新旧社会治理模式的转换标志着国家运转及社会治理正朝着现代治理的方向不断迈进，这是我们伟大的中国共产党对社会治理高瞻远瞩的认识，同时也是社会治理规则基于社会的进步不断适应、发展和蜕变的结果。我国是社会主义国家，与基层群众联系最为紧密的基层治理体系，必须充分体现人民民主，使居住在农村和社区的群众能够直接参与基层公共事务和公益事业管理，要能够直接反映人民群众的直接利益，目的在于培养具有公民意识的现代公民。从而增强社会治理的专业化水准，还能够进一步释放经济发展活力，推动国民意识水平不断提高。完善的基层治理体系在化解基层矛盾、锻炼群众参与议事能力、提高基层群众法律道德素养、维护人民民主权利等方面发挥着重要作用。

2. 健全基层社会治理体系的相关依据

我国基层社会治理体系是以基层群众自治制度为基础，以村民（居民）自治为核心内容的自治模式，基层社会大部分事务的决策都需要依托村民议事会、村民代表大会、居民代表大会等组织形式进行，从而形成基层民众的事务由民众自己来议、民众自己来办、民众自己来管的多层次协商自治格局，真正保障基层群众参与治理过程的公平正义，把人民民主权利的内容实实在在地体现在人民面前。然而，过去的基层社会自治，将重点更多地放在民主选举上，逐渐呈现出了轻微的头重脚轻的局面，又由于治理规则的滞后和弱化，对部分群众自治事务"放"与"管"的力度把控存在一定的不规范性，致使基层自治的部分边界模糊，在落实自治的实践过程中遇到各种阻力，导致基层治理体系存在一些问题，尚有提升与改进的空间。

（二）法治、德治于治理层次的结构关系

目前，学术界对于法治、德治与基层自治的关系尚未形成完全统一的结论。其中，有的学者通过研究法律、道德二者的重要功能，得出了自治既为根本又为目的，德治是价值支撑，并需以法治划定严格的范围的结论。[1]有的学者则对其进行了单一治理模式结构的分析，认为三者其实并不属于同一个层面。其中，自治为核心部分，法治为保障，德治为基础，三者只有通过合理的组合才能实现基层社会的"善治"。[2]另有学者对"三治"结合的意义进行了考察，认为德治为其基础，起保障作用的是法治，而基层治理之路最终的方向才是自治，因而不能简单地从一个水平层次看待这三者，更不能简单地将之排列相加。[3]还有学者深入分析了其内涵，认为基层自治、德治是以自由和个体为前提的，因而需要运用法律如城墙般构筑起强力的边界，而自治与德治的关系则恰好与前一观点不同，前者为根基，后者才是更高层次的目标，三者侧重点不同，次序不一，需要齐心协力、相互促进才能发挥"三治"结合的"乘数效应"。[4]

基层作为治理体系的基础载体，格局层次的变化日益复杂、深刻。近年来，我国基层社会治理局面发生了巨大的变化，其中德治与法治在不同层面的冲突碰撞尤为激烈，基层社会治理的治理结构正面临着全新的复杂挑战。因此，要想达到良性的基层社会治理局面，就需要严格把握好德治与法治的关系，从二者的逻辑内涵处深入分析，在当下基层社会治理体系的基础之上，将德与法于不同层面的优势巧妙结合，不断完善社会治理规则，将治理方式由行政理念与命令转变为法治思维与方法，构建起基层多元主体共同参与的综合治理结构，[5]努力凸显现代化综合治理的协同创新与融合互补属性，推动法治与德治协同发力、共同支撑社会治理开拓出全新的局面。

---

〔1〕 王露璐、刘昂：《自治、法治、德治相结合的乡村治理》，载《绍兴文理学院学报》2018 年第 5 期。

〔2〕 邓大才：《走向善治之路：自治、法治与德治的选择与组合——以乡村治理体系为研究对象》，载《社会科学研究》2018 年第 4 期。

〔3〕 裴有度：《"三治结合"乡村治理体系：内涵、意义与建设路径》，载《西昌学院学报（社会科学版）》2019 年第 1 期。

〔4〕 郁建兴、任杰：《中国基层社会治理中的自治、法治与德治》，载《学术月刊》2018 年第 12 期。

〔5〕 郁建兴：《走向社会治理的新常态》，载《探索与争鸣》2015 年第 12 期。

二、法治与德治在基层社会治理体系中的定位

(一) 法治与德治的原理探讨

1. 法治的内涵

法治意为依据法律条文治理国家、管理社会的各项事务，用法律严格规范人们的行为。古代法家主张的"以法治国"等理念影响深远，一些思想被沿用至今。而随着社会经济的发展与进步，国家的政治、经济、文化观念也处于不断的转型与发展的渐变过程中，其中就包含着法律的现代化，法治也逐渐上升为执政兴国的治国方略。

如今，我国提出建设社会主义法治国家的明确目标，将全面依法治国作为党治理国家的基本方略。治理国家与社会的根本依据是法律，而法律在国家强大力量的保证下，能够从最根本上维护人民的地位、体现人民的意志、保障人民的权益，从而实现社会稳定、促进经济健康发展。同时，法治已融入社会主义核心价值观，丰富了社会主义核心价值体系的内涵，纳入社会发展的各个方面，这象征着社会主义法治理念深入人心，已成为现代社会治理的先进模式。

2. 德治的内涵

古代儒家倡导道德教化，强调以德化人。将德治作为制约教育人的行为、维系社会稳定的治国思想，使人从心理上知耻明德，进而行为良善。中国作为礼仪之邦，自古以来的主流文化观点便是将道德作为一种激发人的自省、约束人行为的内在准则，是一种起效于内心的强大"内在法则"。中国早在氏族社会就已经有了道德观念，一般存在于社会意识中。进一步深究，道德感实际上是一种抽象的心理作用，但要受到双重作用的影响，既来自外部社会、周围环境的舆论评价，也根植于人类内心对于良善的积极追求，进而发挥出规范行为、自我反省的崇德向善的作用。正如儒家学说所认为的，不论人性善恶，都可以用道德去感化教育，这是一种心理或精神上的引导和教化。而其之所以长久以来被封建统治者奉为正统思想，自是因为其主张的"为政以德"等思想体现出了道德教化的强大作用。

德治可以通过潜移默化的社会行为与共同生活习惯所共同作用的、能为多数人所公认的道德标准来衡量社会生活中的各种事务，在当时对于维系社会稳定的确起到了一定的作用。如今，我们依然能够从传统的德治思想中汲

取养分，为实现和完善现代法治与德治提供珍贵的经验。

（二）法治与德治在基层社会治理体系中的定位

在社会治理的过程中，无论是运用法治还是德治，都不能仅单一地运用某一手段而忽略其他，或是在综合运用中避重就轻、简单地排列组合，而是应结合不同环境，根据两者的内在联系，既凸显各自特点，又相互完善，发挥出良性互补的综合作用。当然，所谓法治与德治结合的共治也并非将二者拥有的功能简单相加，而是一种相互嵌入、彼此融合的关系，将单一的法律或道德嵌入进法治与德治的联系，使其不再单独发挥作用；再将其进一步嵌入基层自治的多元主体在不同领域的治理网格，对制度本身进行实践创新和自我完善；最后再整体嵌入基层社会治理体系，使得各主体在参与社会治理的过程中，能将法律的外在规制与道德的内在引导作用深度融合，以法治为主、以德治为辅，双方互为补充、通力合作，在社会共同治理中充分发挥各自的优势，合力构建起现代化的综合性基层治理体系，这是基层治理达成现代化良性治理目标的必然路径。

1. 基层社会治理中法治的厘定与运用

相较于在执行上没有绝对强制力做保证、只能依靠个人道德观念与社会舆论约束的德治，拥有国家强大力量作为保障的法治可以依靠明文规定的制度，通过政法机关对违法行为进行强力约束，其执行力度和实施效果往往更加明显。这在法家学派所主张的"君臣上下贵贱皆从法""不别亲疏，不殊贵贱，一断于法""法不阿贵"等思想上均有所体现，即必须严格根据国家法律来治国理政，倚靠国家强制力量的背景，而不是依靠个人的才智或德行，严格执行法律才能产生足够的约束作用。直至近代，清朝闭关锁国的大门被西方的坚船利炮所打破，西方的政治经济思想理念也如同泛滥的洪水一般疯狂涌入，相较于西方的法治，一些"新法家"在本土法家思想的基础上开辟出了"新法治主义"，成了今天新法家建设的宝贵资料。时代潮流浩浩荡荡，历史车轮滚滚向前。如今，党的十八届四中全会提出，全面推进依法治国，必须弘扬社会主义法治精神，建设社会主义法治文化。经过不断创新、进步与发展的法治思想，也为现如今的基层社会治理法治化指明了方向。

在社会治理中，法治通过法律规则，为基层自治划定明晰的边界，用国家强制力量来规范治理行为，以保证自治过程的良好运转。基层社会的主要公共事务由村民（居民）通过民主选举、民主决策、民主管理、民主监督来完成。在保障人民民主权利、减少国家行政治理成本的同时，也要考虑到自治过程中的行为是否合乎规定等诸多可能出现的问题。尽管德治能够对行为人起到一定的约束作用，但对于部分人或者处于特定情境的人来说，德治的约束仍然弱于法治的威慑力，根植于社会行为习惯与心理道德意识的德治无法像法治那样具化为明文制度，难以依靠公安、监狱等政法机关的强大国家力量介入的方式。[1]除此以外，基层社会中的法治在具体运用过程中应注意两个方面，即成文法和法治意识。成文法是明文规定的正式制度、法律规定，使得人们可以依据明确的法律条文来调节社会关系、处理各种事务，这是看得见的法律制度。而法治意识则是人们在不同生活中，根据相应的传统风俗习惯、宗教、法律文化等共同作用而形成的意识观念，进而会影响到成文法的实施效果，由此也可以看出，在基层自治中，法治与德治是可以共同影响、相互贯通的。

总的来说，法治的社会属性主要体现在倚靠国家强大力量背景和法律治理约束权力这两个方面，这既反映了法治具有高层面约束力，也说明法律具备强大的公信力与制约力量，同时能够在社会运行体系中限制权力的滥用，保证社会公平，维系社会的稳定。

2. 基层社会治理中德治的厘定与运用

中华文化源远流长，在漫长的传统历史中保留下来的各个领域的优秀文化，不仅构成了我国丰富的文化资源宝库，还成了人类文明史上的璀璨明珠。其中不乏政治文化领域的治国治世之道——德治。在古代，儒家学派提出德治为主、法治为辅的治国思想，而随着历史的发展，在现代意义上进一步理解德治，其在基层社会的运作是基于符合当下时代的社会背景，在长久共同生活中为多数人民群众普遍认可以及为社会或舆论所共同尊崇的。这一治国思想增进人民幸福感、促进社会进步的道德来规范、管理各项事务，从而形成社会秩序，对社会生活起到一定的约束作用，在规范人类社会行为（例如调节个人家庭关系、规范个人与社会的交流、促进社会平衡稳定）等方面具备强大的导向作用。[2]德治的社会功能属性主要表现为德治是以社会大众所

---

[1] 范和生、刘凯强：《德法共治：基层社会善治的实践创新》，载《浙江学刊》2018 年第 6 期。

[2] 陈于后、张发平：《新时代乡村"自治、法治、德治"融合治理体系研究》，载《云南行政学院学报》2019 年第 6 期。

普遍认可的道德善恶标准为原理，以非明文规定的形式厘定，能够营造健康、积极的社会主流价值观，追求人类灵魂中对于善良与幸福的渴望。并以此为标准约束社会中每个个体的行为，基于内在意识与外在舆论的共同引导，帮助民众塑造正确的世界观、人生观和价值观。不仅如此，德治在增强个人的道德主体意识的同时，还能激发民众参与社会治理的主人翁意识，提高参与社会治理的道德责任感。

三、基层社会治理中存在的问题现状

（一）基层自治体系不完善

1. 基层自治的内容实施不均衡

想要落实好基层民主，就必须把人民群众的根本利益作为一切工作的出发点和落脚点，实现好、维护好和发展好最广大人民的根本利益。首先必须让人民群众自己当家作主，让群众积极参与民主选举、决策、管理和监督。虽然目前的基层自治已经取得了不小的成就，但随着社会政治、经济、文化的持续发展，想要落实好基层民主，就不能仅仅将重心停留在如何完善基层民主选举上，还要在规范民主决策、管理、监督上狠下功夫。

2. 基层自治的功能边界弱化

质量互变规律告诉我们，事物的发展是从量变开始的，量变积累到一定程度时就会引发质变，事物的性质就会发生改变，旧质事物相应会变成新质事物，这就要求我们把握事物的度，对于其中的消极因素，要防微杜渐，防患于未然。而基层社会治理的"度"就在于对自治的边界把控。在秩序行政与服务行政相辅相成的基础之上，[1]通过行政权力维护社会秩序，在保障安定、提供优质社会服务的同时，尊重和保护个人合法的权利和自由，但如果不对自由加以限制，就会造成自由泛滥危害社会的后果。而基层群众自治制度正是人民充分享有民主权利的生动体现，人民群众通过村委会、居委会民主决定，依法办理自己的事务。不同地区的基层限于当地因素，又各有不同，对于涉及群众利益的事，显然是基层的干部群众了解得更加清楚，这不仅有利于提高基层社会治理的实效性，充分保障基层群众的合法权益，也能够减

---

[1] 张景峰：《新时代健全自治法治德治相结合乡村治理体系探讨》，载《河南科技大学学报（社会科学版）》2018 年第 6 期。

少政府的工作负担，使资源流转到更为需要的地方，促进社会稳定。[1]而在治理的过程中，由于目前城乡经济发展仍存在较大差距，农村地区持续"空心化"，人才流失严重，治理人才严重不足，一方面亟需引入能人乡贤为乡村注入新血液，提高基层治理能力，另一方面也要防范"自治"走向"人治"的风险，"村霸"黑恶势力的产生便是放任权力超出边界的严重后果。因为能人乡贤在能力素质或资源上都具有较大的优势，在乡村基层往往具备更强的号召力，这有利于能人乡贤顺利开展工作。这是一种优势，但如果不能同时对权力加以约束，就会成为破坏基层社会秩序的隐患。[2]如今，村委会的自治功能逐渐淡化，基层群众缺乏认同感、归属感，"村霸"、贪污腐败等现象严重侵蚀着基层政权。因此，如果仅仅依靠德治而没有法治的约束，让自治失去法律边界的限制，超过合理的"度"，便可能会有滋生权力腐败的危险。如若想在保障基层群众充分享有民主权利的同时避免基层治理遭遇无限制"人治"的风险，就必须发挥法治与德治的共同作用，为自治划定边界、提供保障。

（二）基层法治力量薄弱

1. 基层立法内容不全面

当前，我国在农村领域的立法数量仍不能满足农村治理的需要；部分地区的村规民约不仅未体现乡村文明新风尚，反而为了私利破坏道德文明，甚至违背法律，扰乱了基层社会秩序。

2. 群众法律意识不足

特别是在农村地区，民众受教育程度有限，法律观念淡薄，部分地区还存在着基层化解矛盾解决纠纷的工作力量弱、司法程序成本高等问题。民众尚未形成靠法律解决问题的习惯，很少主动走法律途径维权。在城市居民社区也存在着社区成员面对小区车辆管理、邻里矛盾纠纷、社区污染、社区安全等问题时不信法不用法现象，指望以聚众闹事等极端手段达到目的，反而使得矛盾被进一步激化，这说明基层群众的法律意识建设有待得到进一步提高。[3]

〔1〕 黄浩明：《建立自治法治德治的基层社会治理模式》，载《行政管理改革》2018 年第 3 期。

〔2〕 周学馨、李龙亮：《以"三治"结合推动乡村治理体系整体性变革》，载《探索》2019 年第 4 期。

〔3〕 岳思佳：《我国农村基层治理法治化发展现状及对策研究》，载《农村实用技术》2020 年第 2 期。

3. 基层治理工作力量薄弱

建立在社会最基层的基层群众性自治组织，最贴近人民的生活，向下及时传达政府信息、向上准确表达群众诉求，发挥着沟通政府与群众的桥梁与纽带的作用。但是，在现实情况中，地域面积广大带来的亦有各地复杂多变的情况，部分地区经济发展有限，缺乏人力、物力支持，基层社会组织难以和基层社区建设形成强有力的联系，基层工作人员特别是乡村基层干部的法律知识水平有待提高、管理能力不足、工作方式单一，加之部分干部存在官僚主义思想，工作积极性不高，办事效率低下，执法不严，不能依法公正地为群众解决难题，甚至出现了徇私枉法、粗暴行政、利用职务之便假公济私、中饱私囊等违法行为，致使基层治理开展屡屡受阻，治理体系法治化难度增加。[1]

（三）德治引导力量缺失

随着经济水平的提高、城市化进程的加快，精神文化与物质经济水平存在脱轨现象，乡村地区精神文明滞后，城市居民社区德善氛围有待加强。例如，红白喜事铺张浪费、盲目攀比，封建迷信、重男轻女思想，赌博斗殴、懒惰滋事等现象依然存在，邻里关系冷漠，不敬不孝等各种道德滑坡现象频现。基层组织干部整体素质有待提高，部分干部缺乏法律知识、科学观念，工作方法落后，与群众之间缺乏沟通，工作效果不明显。可见，法治的完善离不开道德的制约，法律规范也离不开其他规范的支持与配合，道德文化的缺失不仅不利于居民道德感和幸福感的提升，还会对法治化的推进与社会的和谐稳定造成不利影响，因此，亟须德治与法治同时发力，对基层民众的精神文化生活进行引导和规范。

四、完善基层社会治理体系中法治与德治的探索

（一）加强法治建设，完善法律保障基层社会运转的功能

（1）我们的生活离不开法律，大到国家安全、社会稳定，小到家庭矛盾、邻里纠纷，都可以通过法律寻找到解决途径，健全基层法治体系具有维系基层社会稳定的重要功能。因此，应从立法层面针对现实问题尽快对基层相关

---

[1] 石朝勇：《基层社会治理法治化的主要问题和法律建议》，载《重庆行政（公共论坛）》2017年第5期。

的法律进行完善。例如，进一步细化涉及农业补贴、三农问题、生态治理、社区安全管理、新乡贤能人的权利规范等方面的法律，突出对农民、居民合法利益的保护。[1] 在非正式组织参与乡村治理方面，应当予以规范和引导。针对农村的乡贤能人治理格局，从立法层面监督权力的运行。充分发挥能人治理的积极作用，也要保障基层群众的平等参与地位。同时，健全基层财权公开制度，从完善立法制度的层面保证基层治理有法可依。建立健全审核机制，村规民约的内容可以贴合当地村风民俗，但最重要的是不得违反法律和公序良俗，应由上级部门监管，通过审核机制严格对其内容的规划、制定流程层层审核，由公众参与监督，既要体现村民意愿，更要合乎法律。

（2）推进基层法治化、科学化，不能仅依靠外在力量对法律的推动作用，也要依靠参与主体自发地对法治的接受和认可，就此而言，如何培养具有法律思维与法治观念的主体是关键。通过司法联动、送法下乡等公共服务法律活动，联合基层法律工作者推进普法进基层、进社区，帮助解决邻里冲突、家庭矛盾，在城乡基层设立常驻普法宣传点，借助公示栏、讲座、广播、新闻书刊等的宣传教育，帮助基层群众及干部学习《城市居民委员会组织法》《村民委员会组织法》等法律的要点，推动民众学法、知法、守法、用法，努力营造良好的法治环境，更好地完善基层治理和监督。

（二）发挥德治教化作用，重塑道德驱动基层社会治理的引导机制

（1）思想可以为行动提供先导的指引作用，是激发人自发行动的强大内生动力。基层社会治理不仅需要法律作为外在框架的权威作用，也需要着眼于激发和塑造人们内在的道德文明素养，启发基层群众的道德自觉与认同感。在推进法治建设的同时，发挥德治的作用，大力培育和弘扬社会主义核心价值体系和核心价值观，形成强大的道德激励与凝聚人心的作用。努力加强基层社会的德治建设，培育基层道德文明新风尚，增强群众的认同感，使德治成为引导基层社会治理良好发展的"助推器"。

（2）发挥榜样引导力量。由政府牵头组织、选拔德高望重的乡贤能人组建道德评议团，设立道德墙、德善事迹文化馆等，树立优秀典型，表彰先进事迹，激励民众学习榜样事迹，营造重视道德文明的浓厚氛围。

---

〔1〕 陈松友、卢亮亮：《自治、法治与德治：中国乡村治理体系的内在逻辑与实践指向》，载《行政论坛》2020 年第 1 期。

（3）充分了解民众的精神文化需求，有针对性地加强群众的思想道德建设。一方面，通过挖掘和筛选当地传统文化所蕴含的优秀品行文化，对其中符合新时代精神文化的、积极向善的优秀宗族家训文化进行大力弘扬和宣传。另一方面，通过立法规定与政府引导，推动城乡公共文化服务体系融合，增强公共文化设施供给，将道德文化与课堂教育有效结合，大力发展文化产业等。同时，要注意使用符合不同地区基层社会特点的方法，通过宣传和教育，让人们产生发自内心的道德认同，提高道德文化水平。

（三）健全法治为主、德治为辅的基层社会治理体系

（1）首先要从外部依靠政府及法律规定的力量保障基层群众在治理过程中的主体地位，通过制度引导群众积极参与决策、管理和监督，保证公开透明、体现人民意志。其次是从内部激发参与意识，培育新乡贤，树立模范典型，激发群众参与基层治理的主人翁意识，鼓励引导民众表达自己的合理诉求，维护自己的合法权益。

（2）严格落实基层民主的各个环节，在民主选举两委会成员时，必须将政治标准摆在首位，同时要着重考察人员的德行与才能，避免出现德不配位的情况；由《村民委员会组织法》和《城市居民委员会组织法》为民主决策提供法律依据。凡是涉及人民利益的事情，须经由召开大会讨论决定的民主形式决定，保证民众的知情权和参与权；在民主管理、监督的过程中将基层公共事务的运作公开透明化，让全社会能够"看得见、听得清"，保障各主体能够平等参与、表达诉求，保障城乡基层的民意机关规范化运转。

（3）在保障基层自治的基础上，通过制定地方性法规进一步细化基层治理过程中各主体的行为规范，保障所有主体在共同参与社会治理中享有平等、公正的地位，能够依法行使自己的权利。要进一步细化、明确基层各组织的职权划分，对于各项公共事务的决策、资金的安排、项目的监督等一系列流程，必须在居民会议或村民会议通过后才能执行，从而保证村民的参与权和话语权，防止"自治"走向无限制的"人治"。

（4）设立基层治理监督体系。不同地区的监督机制要根据基层经济发展的现状对症下药，监督机制能否得到有效落实与当地的公共资源有着密不可分的联系，而不同地区的经济状况又各有不同，例如，东部沿海地区与中西部地区相比，就存在着经济发展上的差异。在经济发展更加迅速的地区，社会各项资源充足，这也意味着可能会存在更大的治理隐患，因此需要更为复

杂的监督机制，而如果在人力、财力等公共资源较为不足的地区采用过于繁杂的监督机制，反而会影响基层治理的效率，最终流于形式。故而，要针对不同情况依法设立最合理的监督体系。在构建监督体系时，首先要遵循法治原则，为基层治理提供法律保障，基层人民行使民主权利过程中的各项标准都应统一由立法进行规范，依靠强有力的政府及公众舆论的监督力量，对治理过程中的事务进行公开。其次，鼓励民众行使批评、建议、申诉、控告、检举的权利，对基层工作人员的公务行为进行监督。最后还要依靠德治的教化与引导作用，培育新时代基层优秀文化价值体系，通过宣传增强道德文化教育，培养对于基层工作的责任感与使命感，使基层工作人员能够进行自我监督，严格自律，自觉抵制不正之风。

结　语

基层社会治理体系是一项集合了经济、政治、社会民生、生态文化等多重属性的系统性综合治理体系，与基层民众的利益息息相关。如今，随着依法治国新局面的开创，基层社会治理体系也要根据不断变化的社会现状进行自我完善和发展，这不仅需要进一步发挥法治的力量，同时也要注重与我国本土道德文化资源有机融合，法治提供保障、德治作为引导，二者相互补充，共同推动基层社会治理良性发展。

法治视阈下的市域社会治理现代化

陈　军　黄晓妹*

摘　要： 本文透过法治视野审视我国市域社会治理现代化的法治实践，在市域社会治理现代化中面临的突出矛盾与问题，从法治视角对完善市域社会治理现代化给出了具体的建议，以期进一步提升市域社会治理的现代化水平。

关键词： 法治；市域社会治理现代化；审视；思考

一、市域社会治理现代化的法治实践

（一）市域社会治理现代化兴起

市域社会治理是治理在基层社会领域内的具体反映，是现代国家治理的重要基础和组成部分。党的十九届四中全会《中共中央关于坚持和完善中国特色社会主义制度　推进国家治理体系和治理能力现代化若干重大问题的决定》提出"构建基层社会治理新格局"，为打造创新的市域社会治理格局提供了科学的指引。市域社会治理现代化主要涉及治理理念现代化、治理体系现代化和治理能力现代化。[1]《中共中央关于坚持和完善中国特色社会主义制度　推进国家治理体系和治理能力现代化若干重大问题的决定》对我国市域社会治理现代化的建设提出了更快、更强、更美、更好的要求。[2]以此为指引和契机，在中央重大政策的指引下，地方政府纷纷开展市域社会治理现代化

＊　陈军（1974 年-），男，汉，河南信阳人，广东韶关学院政法学院教授，法学博士，研究方向：宪法与行政法基本理论；黄晓妹，韶关学院政法学院 2022 届本科。

〔1〕　陈一新：《推进新时代市域社会治理现代化》，载《公民与法（综合版）》2018 年第 8 期。

〔2〕　《中共中央关于坚持和完善中国特色社会主义制度　推进国家治理体系和治理能力现代化若干重大问题的决定》。

试点和实践。

（二）市域社会治理现代化的法治实践

法治是政府治理国家的基本方式，市域社会治理现代化需要在法治轨道内运行，市域社会治理现代化离不开法治的保障，市域社会治理现代化过程中的纠纷和矛盾需要通过法治手段解决。市域社会治理现代化的法治化要义，是由代表人民根本利益的政府、社会团体和个人，为实现维护市域社会秩序，保护最广大人民群众的合法权益，实现中国人民城市人民治理的根本目的，运用政治、行政、法律、经济和技术等手段，根据政府、市场、社会之间的关系，使充分代表人民意志的法律法规，在市域社会治理的立法、执法、司法、守法等方面得到贯彻和落实。[1]

我国目前的市域社会治理现代化城市试点取得了明显的成效。例如，在市域社会治理现代化进程中，佛山市以"1+3+X"多主体合作治理为主导，解决基层社会矛盾纠纷，进而发现了城市社会治理中多主体合作治理的三组基本规律：矛盾解决目标的共识达成、适应和调整政府治理职能、深度嵌入技术赋权。[2]在城市化和数字化的大背景下，嘉兴市探索数字化赋能市域社会治理现代化的内在逻辑，总结出了自身独特的实践经验，如"一朵云"支撑市域社会治理的统筹协调能力、数字政法提升市域社会治理风险防范能力、数字社会建设激发市域社会整合能力。[3]而基于市域社会治理现代化发展政策视角，杭州市建构了市域社会发展多维、复合、可持续动力系统，以政策协商的公共话语，建构多维度融合支持的治理体系，有效推动了市域经济社会的发展。[4]

市社会治理现代化法治探索成果显著。典型的是南京市开创了市域治理的先河，将《南京市社会治理促进条例》作为全市的立法重点，为南京市实现城市社会治理现代化提供了法律依据。但在市域社会治理现代化法治实践中，治理主体忽视了法治对社会治理的建设作用，影响法律权威的事件时有

〔1〕 彭璐：《广州市城市管理法治化创新研究》，武汉理工大学 2018 年硕士学位论文。

〔2〕 宁超、喻君瑶：《"智治"与"联动"：中国市域社会治理现代化的一种新形态——基于佛山市"1+3+X"的案例分析》，载《地方治理研究》2022 年第 1 期。

〔3〕 吴结兵、崔曼菲：《数字化推进市域社会治理现代化——以嘉兴市为例》，载《治理研究》2021 年第 6 期。

〔4〕 徐珣：《市域社会治理现代化发展型政策的协商融合策略——基于杭州市生活垃圾分类行动的政策过程观察》，载《河南社会科学》2021 年第 10 期。

发生，治理方式倾向于传统的"人治"、治理机制与法律衔接不畅的现象依然存在等，市域社会治理现代化试点没有充分发挥法律的保障和约束作用，还没有形成相应的制度和规模。

二、市域社会治理现代化的法治审视

（一）市域社会治理现代化对应法律规范相对滞后

法律是现代社会治理国家的关键武器，良好的法律是国家实现民主治理、依法治理、高效治理的必要前提。当前，我国市域社会治理现代化试点推进得比较缓慢，缺乏相关治理法律法规的引领和推动是其中的一个重要原因。市域社会治理属于基层领域，而且尚处于探索和实践阶段，相关的立法活动处于起步阶段，调整市域社会治理的法律规范相对滞后和薄弱。

虽然第十二届全国人民代表大会第三次会议修订了《立法法》，赋予了所有设区的市立法权，有利于各地在推进市域社会治理现代化的过程中制定出适应实际需要的地方性法规，进一步规范和保障市域社会治理现代化。但实践中，涉及市域社会治理的地方性法规相对薄弱。首先，由于设区的市政府的立法权限仅限于城乡建设与管理、环境保护、历史文化保护三个方面，在实践中，各个地方对上述事项范围的认识不尽一致。其次，即使地方在推进市域社会治理现代化中有意识地去运用手中的立法权规范治理，但由于目前市域社会治理刚起步，对其的探索和实践还需要一个过程，立法也不可能一蹴而就。在立法上，尚需做到民主立法、科学立法，以及公平地分配权利义务和责任，方可使得最终出台的地方性法规与市域社会治理现代化的理念相一致，推进市域社会治理现代化进程。最后，虽然设区的市立法权制定了相关领域治理的法规，但是对于后续工作的开展，仍然需要加以落实。比如，专门的执法工作队伍、相关配套的政策。

（二）市域社会治理现代化的政府执法能力有待提升

市域社会治理现代化是以政府执法为后盾和基础的，政府在市域治理中扮演主导角色。但在执法过程中，依然存在个别执法人员超越法律规定的权限执法、任意行使自己手中的执法权，没有按照法律规定的权限、程序和法治精神治理社会事务，有权乱作为、在执法过程中对被执法者区别对待，无法做到公平、公正、规范、文明执法等现象。其次，没有将法律与社会治理有机结合起来，实现法律效果与社会效果相统一。最后，还存在执法效率低下等问题，这些问题都制约了市域治理现代的实现。只有提升政府人员的执法能力，创新行政执法方式，始终以人民群众的切实利益和根本需求为出发点和落脚点，进而增强政府执法的公信力，获得人民群众的信任、协作以及支持，进而提高执法效率。[1]因此，在实践中，市域社会治理现代化的政府执法能力和执法效果有待进一步提升，如此方可促进政府执法与治理良性互动。

（三）市域社会治理现代化的法律监督体系有待完善

如前所述，在目前的市域社会治理现代化试点中，政府相关工作面临各种问题。因此，需要充分发挥人民群众的监督作用，以规范国家权力行使，严格依法按程序办事。虽然我国的法律监督体系由国家监督和社会监督两大系统组成，但是我国的社会监督仍然不能充分发挥其应有的作用，原因在于，和强大的国家权力相比，公民权利明显处于弱势地位。首先，由于受到中国几千年来的传统法律文化束缚和影响，市民在传统社会结构中大多充当服从者的角色，对于执法人员的决定，无非是上命下从，较少考虑其合法性和合理性，更别说去行使权利、监督政府了。其次，我国的社会治理，历经社会管制、社会管理和社会治理三个阶段，现阶段开展市域社会治理现代化，并强调发挥多元治理主体的作用，在这个大环境下，人们必须转变固有观念，在市域社会治理中贡献自己的聪明才智，为市域社会治理现代化添砖加瓦。

（四）市域社会治理现代化法治观念有待加强

我国目前处在建设社会主义法治国家的重要阶段，在实现国家治理现代化、法治现代化的过程中，在探索市域社会治理现代化的法治路径过程中，我们一方面需要以现代化的法律规章、制度作为引导、规范，另一方面还需要现代化的法治观念与其相匹配。在法律制度层面发生变革后，传统的法律文化观念未必能跟得上。关于治理社会，我国经历了社会管制、社会管理、社会治理三个阶段，但是政府部门的执法观念很多还未完全从之前的管理者、领导者角色中转变出来，所以没有以人民服务者的身份积极参与市域社会治理现代化的法治化建设。因此，在市域社会治理现代化法治路径探索中，我们在完善法律制度体系的同时，政府领导干部和有关工作人员也应该有现代

---

〔1〕 曲亚囡、李雪妍：《市域社会治理现代化的法治思维与法治路径》，载《佳木斯大学社会科学学报》2021年第1期。

化的法治治理理念，并善于运用法治手段推进市域社会治理现代化工作。

（五）公民在市域社会治理现代化中法律意识薄弱

法律的权威不只是体现在国家强制性、意志性这种外在层面，更重要的是能够得到人民的内心信仰和行动支持。市域社会治理现代化，在市域社会中生活的人们的法律意识也必须现代化。一个现代化的制度不能发挥其应有的价值，不是因为其不够好，而是我们的观念不够新。首先，在传统文化中，人们对于诉讼的态度是厌恶的。因为中国古代强调道德教化，道德本来就是息事宁人、以和为贵，所以人与人之间的矛盾冲突在道德的规范下就不容易激化。其次，受到这种观念影响，当时的制度压制人们的诉讼欲望，例如中国古代的反拷，人为地增加了中国古人的诉讼风险。时过境迁，厌讼这种观念被保留下来。因此，在市域社会治理现代化法治化建设过程中，要引导人们正确处理道德与法律的关系，培养公民的法律意识、法律观念。其次，由于受违法成本低、紧急时无法律、中国传统法律文化的束缚等因素的影响，人们的守法意识普遍较低，多是出于日常习惯、道德、舆论和内心畏惧等因素，而不是出于对法律的认同以及信仰。这也是市域社会治理现代化的法治化推进过程比较缓慢的主要原因。

（六）市域社会治理现代化的社会协同治理体系有待完善

十九届五中全会公报指出：目前，中国市域社会治理现代化的一个重点问题是社会协同治理水平亟待提高。中国市域社会治理现代化，就是要建立党组织牵头、政府领导、社会合作、公民参与的机制。不过，因为地方政府在目前的市域社会治理现代化进程中，还没有完成由领导者向服务者的过渡，而且社会组织、机构以及公众的主人翁责任意识比较淡薄，因此我们在目前市域社会治理现代化的法治化过程中，还没有看到市域社会治理现代化协同治理体系的建立。出现了这些情况，很关键的问题就在于，近年来，我国虽然已经初步形成公民参与社会治理工作的保障体制。然而，从现实需要出发，可以发现一些具体制度即使已经建成，但并未充分发挥其应有的功能，在实践过程中流于形式，没有得到充分的法治保障。[1]

---

〔1〕 董妍、孙利佳、杨子沄：《市域社会治理现代化法治保障机制研究》，载《沈阳工业大学学报（社会科学版）》2020 年第 3 期。

三、完善市域社会治理现代化的法治思考

（一）完善市域社会治理现代化的法律体系

我国法律层面还没有明确的关于市域社会治理的法律法规，各地虽有相关立法但较为零散，有时还忽视了立法评估等环节，造成立法的利益倾斜，更不要谈对市域治理进行综合的、全方位的法律保障。目前，我国在市域层级推行的法律措施不能有效地满足现代化建设的需要。例如，治理主体对相关法律法规的理解不够透彻，对自己的权利义务认识不明确、不清晰，完善社会治理的法律手段不强。在城市社会治理现代化进程中，科学、完备的法律体系既是治理的基础，也是关键手段。法律制度及规范体系的缺失会影响后续治理过程中法治的实施、监督与保障，这就需要不断地完善市域社会治理现代化的法律体系。

首先，坚持科学立法。市域社会治理现代化，必须从市域社会治理现状出发，坚持实事求是，在立法上做到规则平等、权利平等和机会平等，使得相关立法具有逻辑性、可操作性和执行性。其次，坚持民主立法。市域社会治理现代化，要坚持人民主权原则，强调公众参与和立法公开，善于听取人民群众的意见。民意可以分为合法的民意和不合法的民意。对于符合法律规则、原则和精神的民意，立法机关在制定法律时，应当充分予以考虑。而不合法的民意，其中还有一部分是属于法律尚未规定的、道德层面的，也不是一定要排除。社会是法律的基础。因此，可以在社会发展到特定阶段时，根据现实需要，将这部分民意纳入立法范围。最后，随着法治建设的有序推进，我国法律体系不断发展完善，为市域社会治理提供了重要的法律遵循。当然，法律与社会生活总是不可避免地存在抽象与具体、稳定与发展的矛盾，应当根据经济社会的快速发展，克服风险挑战的需要，与时俱进地对相关法律法规进行完善。

然而，法律只是众多社会调整手段中的一种，而不是唯一的一种。市域社会治理现代化，也强调治理方式和手段的多样化。因此，在市域社会治理现代化的过程中，除了法律法规之外，还有政策、纪律、经济、思想道德、政治、舆论、行政、习惯等调整社会关系的手段。法律在市域社会治理现代化中处于主导地位，但是并非所有的问题都可以适用法律加以解决。因此，

在市域社会治理现代化的过程中，要充分认识法律作用的纷繁复杂和形式多样，才能真正推进法治事业，推进市域社会的法治化建设。

(二) 增强市域社会治理现代化中的政府执法能力

法律的生命、权威都在于实施。在推进市域社会治理现代化法治化的过程中，政府领导干部、有关行政执法工作人员必须坚持在党的领导下，在法律轨道上开展工作，坚持法定职责必须为，法无授权不可为，违法用权必追究。第一，要坚持依法行政。行政机关必须依照法律规定的权限、程序和法治精神进行治理，越权违法、无效。第二，要坚持合理行政。市域社会治理，一方面要善于在多种利益之间衡量，平等保护各方当事人的合法权利，另一方面要维护社会公理，照顾公序良俗，使法律效果与社会效果相衔接。第三，要坚持法律正当程序。市域社会治理必须依照法律规定的工作步骤、方式、形式、顺序和期限，保护公民、法人和其他团体的正当权益，以提高国家执法权行使的合法性和合理性，提高社会行政效率。最后，尤其是在面对重大任务、突发事件（比如疫情防控）时，更需要依法、依规推动职责到位、规范社会行为，并善于引导群众在突发事件中尊法、守法、用法。

(三) 打造严密的市域社会治理现代化法律监督体系

打造市域社会治理现代化法律监督体系：一方面是打造严密的市域法治监督系统，健全立体化的市域法治监督网络，保障政府执法的公开透明。另一方面是完善信息发布机制、舆论申诉制度、舆情回应制度和监督评价机制，切实保障公民的知情权、参与权、表达权和监督权。首先，这有助于以法治思维和法治方式开展反腐倡廉工作，着力解决目前市域社会监察体制机制中存在的主要问题，保障政府严格依法按程序办事，回应人民群众的实际需要。其次，这有助于提高公民在市域社会治理现代化法治化建设中的积极性、主动性和创造性，实现从被管理者到社会主人的重大转变。

(四) 提高市域社会治理现代化的政府执法法治理念

在探索市域社会治理现代化的法治路径过程中，尤其是处于市场经济快速发展的大背景下，人们思想多元化，极易产生利益分歧和矛盾冲突。在这种情况下，只有法治才能做到协调各方利益、防御重大风险、化解矛盾纠纷、促进社会公平、推进社会健康有序发展。因此，有关领导干部、执法人员，必须转变治理理念，运用法律的视角来研究、分析以及解决社会问题，将法律规定、法律知识、法律理念付诸实施，争取精确推进取得实效，精准落实取得实效。首先,有关国家工作人员在市域社会治理现代化的过程中,无论是决策,还是实施,都应关注五个方面的内容,即目的、权限、手段、程序、内容是否合理、正当。其次,在市域社会治理现代化中,摒弃特权思想,尊法、学法、守法、用法,将自己置于法律的框架内,不超越法律底线。最后,心中常怀法的价值。法律是一种生活方式,因此政府有关工作人员在制定、实施市域社会治理现代化的法治政策时,必须均衡法的秩序、自由、平等、人权、正义、效率等价值。

(五)培育全民市域社会治理现代化的法治意识

探索市域社会治理现代化的法治路径,还需要提高全民法治意识,建设法治社会。多国发展历史表明,只有法律成为人们自觉遵守的规则,在思想上被人们真诚信仰、在行动上被贯彻执行,法律的作用、法律的精神和法律的价值才能真正展现出来,法治的理想才能最终落地。因此,在研究市域社会治理现代化法治路径的过程中,法治精神和法治文化有着非常重大的意义、影响。走市域社会治理现代化的法治道路:一方面要推进普法教育,增强全民法治意识;另一方面需要深入推进覆盖城镇居民的公益性法律服务体系建设,多元化争端处理制度的有效落实。总而言之,只有让人民群众在每一个具体的司法案件中建立对法治的信心、在日常工作生活中感受到法律的权威,他们对法律的态度才能实现由认识到遵守、由信任到信仰。

(六)以法治保障建设市域社会治理现代化社会协同治理体制

社会事务错综复杂,社会治理的主体除了党委政府还包括公民等社会力量,实现市域社会治理现代化,需要打破政府独揽的传统单方面管理格局,推动社会治理向多元化方向转变。

首先,通过构建市域社会治理现代化合作平台,整合各社会治理主体的优势,发挥各自的功能,实现社会治理体系中各环节、各主体在社会治理中的优势劣势互补、互联互动。其次,要努力畅通各类社会组织参与社会治理的途径,拓宽公众参与社会治理的渠道,增强各治理主体的社会参与度和作为社会主人的自豪感和自信心。再次,不断提升社会组织的自我发展能力,完善和规范社会组织内部的控制和管理,大力栽培专业社会工作者,拓宽其服务领域,提高服务水平,提供更加专业化、优质化的社会服务。最后,凝聚公众参与市域社会治理现代化的公共精神和公共意识,激发居民参与的内生动力和积极性,鼓励居民以饱满的状态和精神面貌参与社会治理。

结　语

通过法治机制开展现代市域社会治理是大势所趋，市域社会治理现代化必须从我国当前的法治理论和实践出发，通过完善市域社会治理现代化的法律体系、提高政府执法能力、完善行政执法体制等，走有利于市域社会治理现代化的民主法治路径，建立严格的法律监督体系，提高政府的法治观念，培养人民的法治意识，形成以法治为保障的现代市域社会治理现代化的社会协同治理体制。

智慧治理的研究热点与发展趋势
——基于 CiteSpace 的可视化分析

成 量*

摘　要：智慧治理对助力社会治理体系和治理能力现代化愿景的实现具有重要作用。以中国学术期刊网络出版总库（CNKI）为数据源，运用 CiteSpace 软件对 345 篇主题为"智慧治理"的相关文献进行研究热点及发展趋势分析。研究显示：当前智慧治理研究热点主要围绕智慧治理的概念与内涵、智慧治理的技术支撑和智慧治理的实践应用三大主题展开；乡村智慧治理、新兴技术与社会治理的融合是未来智慧治理研究的重要方向。

关键词：智慧治理；数字时代；文献计量分析；CiteSpace

　　随着互联网、大数据、云计算、区块链和人工智能等前沿技术的高速发展，人类社会进入到了以大数据为基础的数字时代。信息化的持续推进，逐步形成了虚实同构、智慧互动、数字生态的生产方式和生活方式。以人工智能、互联网为基础和标志的智慧社会，作为继农业社会、工业社会、信息社会之后的一种更高级的社会形态，正在加速到来。[1] 在此背景下，传统的社会治理理念、治理内容和治理方式已不能满足新形势下的治理需求，智慧治理应运而生，并逐渐成为学界关注的热点问题。那么，智慧治理研究现状呈现什么样的态势，相关的研究热点及未来趋势是什么? 基于此，本文运用文献计量法，借助 CiteSpace（引文空间）软件对以"智慧治理"为主题的文献进行了可视化分析，探究智慧治理研究的热点及发展趋势，为推进智慧治理理论及实践研究提供科学借鉴。

　　* 成量（1987 年-），女，湖南湘潭人，讲师，博士，研究方向：资源与环境经济学。
　　〔1〕 颜佳华、王张华：《数字治理、数据治理、智能治理与智慧治理概念及其关系辨析》，载《湘潭大学学报（哲学社会科学版）》2019 年第 5 期。

一、数据来源与研究方法

本文以中国学术期刊网络出版总库（CNKI）中的期刊作为样本，以"主题＝智慧治理"为检索条件进行精确检索，获得了 575 篇检索文献（检索时间为 2022 年 8 月 11 日）。为保证文献研究的精确度，进一步进行数据清洗，人工对比和阅读每一篇文章的摘要、关键词、作者等基本信息，剔除述评、会议综述、期刊征稿通知、新闻报道、专题介绍等非学术文章，无作者文章以及不符合"智慧治理"研究主题的文章，最终得到了 345 篇有效文献。筛选后的文献发表时间集中在 2013–2022 年。

CiteSpace（引文空间）软件是由陈超美教授研发的用来分析科学文献数据的应用软件，具有社会网络分析、关联规则分析、聚类分析等功能，能够较好地分析学科研究的前沿热点、主题演变趋势等。[1]本文利用 CiteSpace 软件，从研究者、研究机构以及研究热点等方面对智慧治理相关文献进行计量分析，绘制知识图谱，以揭示智慧治理研究的基本状况、热点动向和发展趋势。

二、智慧治理研究整体分析

（一）年度发文量统计

文献的年度发文量能够直观、清晰地展现一个研究领域的发展进程和研究规模。从学术演进上看，"智慧治理"一词是从 2013 年以来才逐渐被重视和广泛使用的（图 1）。2013–2015 年，智慧治理年度发文量较少（8 篇及以下）。从 2016 年开始，智慧治理研究文献数量明显增加，发文量从 2016 年的 17 篇增加到 2021 年的 98 篇。尤其是在 2019–2021 年，智慧治理研究成果十分丰富，累计发文量达到 210 篇，占总发文量的 60.87%。这与 2019 年 10 月党的十九届四中全会提出的"推进国家治理体系和治理能力现代化"密切相关。[2]十九届四中全会还提出"建立健全运用互联网、大数据、人工智能等技术手段进行行政管理的制度规则"和"推进数字政府建设"。[3]由此，在国家大力

---

〔1〕 陈悦等：《CiteSpace 知识图谱的方法论功能》，载《科学学研究》2015 年第 2 期。
〔2〕《中共中央关于坚持和完善中国特色社会主义制度　推进国家治理体系和治理能力现代化若干重大问题的决定》。
〔3〕《中共中央关于坚持和完善中国特色社会主义制度　推进国家治理体系和治理能力现代化若干重大问题的决定》。

推行社会治理现代化的政策背景下，学术界围绕智慧治理的研究也日趋活跃。

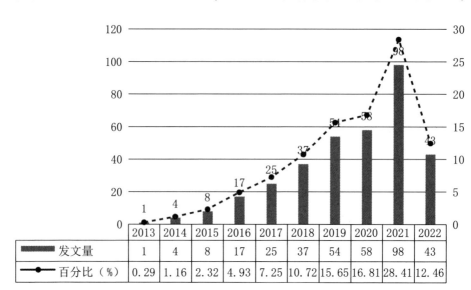

	2013	2014	2015	2016	2017	2018	2019	2020	2021	2022
发文量	1	4	8	17	25	37	54	58	98	43
百分比（%）	0.29	1.16	2.32	4.93	7.25	10.72	15.65	16.81	28.41	12.46

发文量 ●— 百分比（%）

图1 智慧治理研究年度发文量

注：因检索时间为 2022 年 8 月 11 日，故 2022 年文献数量尚不完整。

数据来源：中国知网。

（二）主要研究力量分析

1. 核心作者分析

核心作者对推动学术创新与学科发展具有重大作用，确定核心作者有助于把握该领域的研究动态和主流观点。运用 CiteSpace 软件对 345 篇文献的核心作者进行分析以获取作者共现图谱（图2），图中共有 205 个节点，67 个连接，网络密度为 0.0032。从图2和表1中可以看出，国内智慧治理研究领域发文量超过 3 篇的学者有 12 位，其中发文量最多的作者为华东政法大学法律学院的马长山，发文量达到 5 篇，文献被引频次最高的作者为浙江工商大学公共管理学院的张丙宣，被引频次达到 113 次。共现图谱中节点之间的连线表示作者之间的合作关系，从图2中可以看出，核心作者之间的连线较少，合作关系很少，作者之间的合作多建立在"学缘"关系的基础上。因此，应加强学者之间的合作，促进跨领域、跨学科、跨专业之间的学术交流，从而打破学术壁垒。

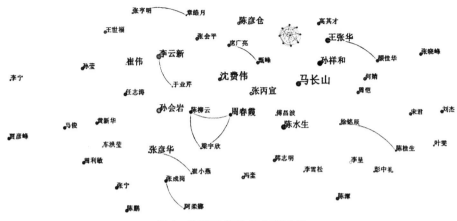

图 2 智慧治理作者共现图谱

表 1 智慧治理研究发文量≥3的核心作者统计

核心作者	发文量及年份	被引频次	所属单位
马长山	5：2022（1）、2019（4）	106	华东政法大学法律学院
沈费伟	4：2022（1）、2019（3）	86	杭州师范大学公共管理学院
张丙宜	3：2020（1）、2016（2）	113	浙江工商大学公共管理学院
李云新	3：2019（1）、2018（1）、2017（1）	107	中南财经政法大学公共管理学院
王张华	3：2022（1）、2020（1）、2019（1）	96	湘潭大学公共管理学院
陈水生	3：2022（1）、2021（1）、2019（1）	40	复旦大学国际关系与公共事务学院
崔伟	3：2016（3）	37	首都师范大学管理学院
孙会岩	3：2020（1）、2017（1）、2016（1）	29	上海大学马克思主义学院
张彦华	3：2021（3）	2	中国矿业大学公共管理学院
周春霞	3：2022（1）、2021（2）	1	广东海洋大学管理学院
陈彦仓	3：2018（2）、2017（1）	1	山东行政学院
孙祥和	3：2022（1）、2020（1）、2019（1）	0	义乌工商职业技术学院

2. 研究机构分析

运用 CiteSpace 软件对"智慧治理"主题 345 篇文献的研究机构进行分析，得到相关图谱（图3）。图3中共有 419 个节点、207 个连接，网络密度为 0.0024，表明智慧治理研究机构之间的相互联系较小，需要进一步加强学术交流。

对研究机构发文量进行统计（表2），发现发文量超过 4 篇的研究机构一共有 7 所，分别是湘潭大学公共管理学院、华东政法大学法律学院、中国矿业大学公共管理学院、中南财经政法大学公共管理学院、杭州师范大学公共管理学院、浙江大学公共管理学院、广州大学公共管理学院和浙江工商大学公共管理学院。其中，湘潭大学公共管理学院发文量最多，该机构依托国家社科基金一般项目"人工智能嵌入政府治理的伦理风险及其防范研究"和"大数据环境下智慧城市信息安全困境及应对策略研究"共发表论文 7 篇。从发文机构的地域分布来看，这 7 所研究机构均位于我国东部或中部地区，而且有 3 所研究机构位于浙江省。浙江省是我国首个经济示范区，其数字经济优势有力地推动了智慧治理研究的发展。

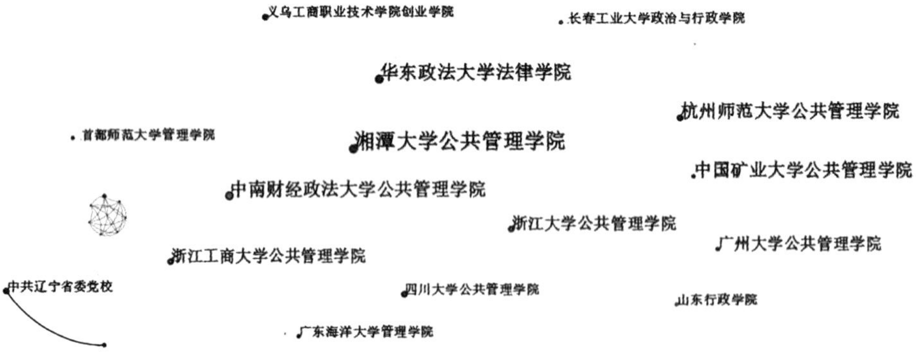

图3　智慧治理主要研究机构图谱

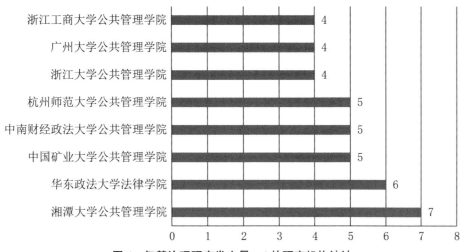

图4 智慧治理研究发文量≥4的研究机构统计

3. 高被引文献分析

文献被引量可以在一定程度上反映该领域的代表性观点和研究趋向。对高被引文献进行梳理，有利于把握该研究领域的基本情况。如表2所示，吉林省行政学院张春艳撰写的论文《大数据时代的公共安全治理》（发表于《国家行政学院学报》2014年第5期）被引频次最高，达到164次；其次是黑龙江省委党校杨冬梅的论文《大数据时代政府智慧治理面临的挑战及对策研究》（发表于《理论探讨》2015年第2期），被引频次达到112次；位居第三的是浙江工商大学公共管理学院张丙宣与周涛合作撰写的论文《智慧能否带来治理——对新常态下智慧城市建设热的冷思考》（发表于《武汉大学学报（哲学社会科学版）》2016年第1期），被引频次达到106次。其他高被引文献也具有较强的学术影响力。高被引文献涉及内容较广，有对智慧治理概念内涵的剖析，有对智慧治理逻辑思路的探寻，还有对智慧治理顶层设计、实现路径等的探讨，多样化的研究视角拓展了智慧治理研究体系。

表2 智慧治理前10位的高被引文献

年份	作者	文献	来源期刊	被引频次
2014	张春艳	大数据时代的公共安全治理	国家行政学院学报	164

年份	作者	文献	来源期刊	被引频次
2015	杨冬梅	大数据时代政府智慧治理面临的挑战及对策研究	理论探讨	112
2016	张丙宣、周涛	智慧能否带来治理——对新常态下智慧城市建设热的冷思考	武汉大学学报（哲学社会科学版）	106
2019	颜佳华、王张华	数字治理、数据治理、智能治理与智慧治理概念及其关系辨析	湘潭大学学报（哲学社会科学版）	86
2017	李云新、韩伊静	国外智慧治理研究述评	电子政务	74
2019	刘淑妍、李斯睿	智慧城市治理：重塑政府公共服务供给模式	社会科学	70
2019	陈鹏	人工智能时代的政府治理：适应与转变	电子政务	52
2017	曹策俊、李从东、王玉、李文博、张帆顺	大数据时代城市公共安全风险治理模式研究	城市发展研究	51
2015	张峰	大数据：一个新的政府治理命题	广西社会科学	50
2017	夏志强、谭毅	城市治理体系和治理能力建设的基本逻辑	上海行政学院学报	46

三、智慧治理研究的热点与发展趋势分析

（一）智慧治理研究热点分析

研究热点就是指在某一特定区间内，出现数量比较多并且有一定联系的一组论文所探讨的研究问题。论文关键词是作者对文章核心内容的高度概括和提炼，体现了文章的研究方向与价值，出现频率高的论文关键词可以反映一个研究领域热点。运用 CiteSpace 软件绘制智慧治理研究相关论文中的关键词共现图谱（图 5），共生成 520 个节点，824 条连线，网络密度为 0.0061，说明关键词共有 520 个，关键词之间的连线有 824 条。其中，"智慧治理"是

最大的节点，"大数据"和"智慧城市"次之。可见，当下的相关研究主要围绕着"智慧治理""大数据""智慧城市"等关键词展开。对关键词进行词频排序，得到表3。除了"智慧治理""大数据""智慧城市"等关键词外，其他高频词还有"社会治理""基层治理""城市治理""乡村振兴""智慧社会""人工智能"和"乡村治理"。

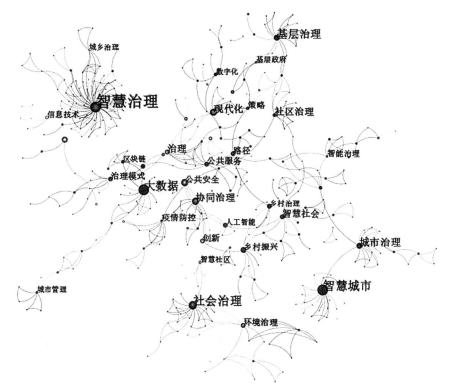

图5　智慧治理关键词共现图谱

表3　智慧治理研究高频关键词

关键词	频数	关键词	频数
智慧治理	161	城市治理	19
大数据	45	乡村振兴	14
智慧城市	39	智慧社会	13

续表

关键词	频数	关键词	频数
社会治理	21	人工智能	13
基层治理	20	乡村治理	11

在关键词共现分析的基础上，运用 CiteSpace 软件进一步对关键词进行聚类分析，即将出现的关键词按相似程度归类，以找到该领域最重要的研究主题，从而更准确地把握我国智慧治理的研究热点。如图6所示，聚类分析共得到"智慧治理""智慧城市""社会治理""技术赋能"等10个大小不一的聚类，聚类标签编号为#0-#9。

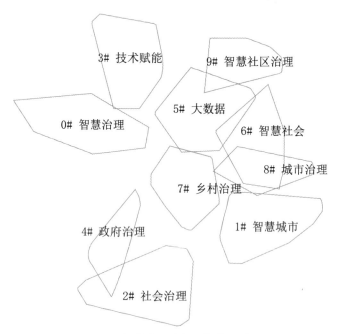

图6　智慧治理关键词聚类图谱

根据各聚类所包含的关键词，可以将10个聚类归结成三大类：一是智慧治理的概念与内涵（主题Ⅰ，含#0、#2、#6、#4）；二是技术赋能智慧治理（主题Ⅱ，含#3、#5）；三是智慧治理的实践应用（主题Ⅲ，含#1、#7、#8、#9）。

表4　智慧治理研究领域聚类标识

主题	聚类	主要关键词
Ⅰ	#0 智慧治理	实践路径；治理效果；规范性维度；党的十九大报告
	#2 社会治理	应然选择；维度；创新研究、合作
	#6 智慧社会	数字时代；数字乡村；中国实践；社会风险
	#4 政府治理	风险挑战；实践样态；内在机理；治理模式
Ⅱ	#3 技术赋能	人工智能；互嵌治理；精准治理；互联网广告
	#5 大数据	区块链；物联网；行政伦理；智慧服务
	#1 智慧城市	公共服务、建设、智慧广州、杭州
Ⅲ	#7 乡村治理	乡村振兴、乡村治理能力、多学科、协同治理理论
	#8 城市治理	数字治理、健康码、技术治理
	#9 智慧社区治理	智慧城市管家、社会共同体、社区治理、整合机制

1. 智慧治理的概念与内涵

这一核心主题包括聚类#0 智慧治理、#2 社会治理、#6 智慧社会和#4 政府治理。随着以智能为核心特征的新兴科技的发展，人类逐渐迈入以数字化、网络化、智能化为主要特征的智慧社会。[1]然而，智慧社会在给人们带来生活上的福利与进步的同时，也带来了高风险，人工智能带来的规制挑战、算法决策过程中的突出难题、基层执法司法智能化的难度与风险成了社会治理面临的时代问题。[2]因此，智慧社会的治理形态只能是智慧治理，即在社会治理过程中，运用智慧技术手段，在公共权力机关的主导下，市场主体、社会主体和家庭个人积极参与，共同降低公共事务成本、提高公共事务效率、优化公共事务体验。[3]智慧治理暗含着两层含义：其一，智慧治理是一种思维方式，体现为一种价值和理念（效率、民主、回应、公平、

〔1〕陈潭：《智慧社会建设的实践逻辑与发展图景》，载《行政论坛》2019年第3期。
〔2〕马长山：《智慧社会的治理难题及其消解》，载《求是学刊》2019年第5期。
〔3〕傅昌波：《全面推进智慧治理开创善治新时代》，载《国家行政学院学报》2018年第2期。

开放、协同、合作）的选择，强调治理行为和过程的智慧性；其二，智慧治理是一种治理方案，通过信息和通信技术使国家、市场和社会得以更好地沟通、互动和协作，表现为一种技术治理。[1]智慧治理是实现国家治理体系和治理能力现代化的客观要求，也是智慧社会背景下政府治理模式的探索与创新。

2. 技术赋能智慧治理

这一核心主题包括#3 技术赋能和#5 大数据。智慧治理在很大程度上是一项技术活，需要大数据、互联网、物联网、虚拟技术等现代信息技术的支撑。[2]国内学者已对公共卫生、交通、城管、旅游等社会领域的智慧化发展进行了众多研究。在公共卫生方面，大数据在疫情监测、病毒溯源、防控救治和资源调配等方面都发挥着良好的支撑作用。[3]在城市交通方面，云计算、物联网、人工智能、大数据等技术的集成，具有感知、分析和预测等功能，能有效提高城市交通网络运行效率、提升城市交通服务水平、保障市民出行畅通。[4]将人工智能等技术有机嵌入"智慧城管"体系，还可以提高城市综合行政执法的效率。[5]此外，物联网与大数据的融合也使得智慧旅游不断发展，通过搭建智慧旅游信息平台，对旅游体验、产业发展和行政管理体系进行综合一体化设计，突出游客互动体验，实行"导航、导游、导览、导购"的智能化操作，可以有效提高游客的体验满意度。[6]从根本上来看，只有整合现代信息技术，实现治理工具智能化，才能推进政府治理能力的现代化。

3. 智慧治理的实践应用

这一核心主题包括#1 智慧城市、#7 乡村治理、#8 城市治理和#9 智慧社

〔1〕 颜佳华、王张华：《数字治理、数据治理、智能治理与智慧治理概念及其关系辨析》，载《湘潭大学学报（哲学社会科学版）》2019 年第 5 期。

〔2〕 付秀荣：《智慧治理的主要风险及其化解对策》，载《国家治理》2021 年第 14 期。

〔3〕 韦余东等：《重大突发公共卫生事件中的公共服务体系建设研究进展》，载《中国科学基金》2021 年第 5 期。

〔4〕 谢治菊、许文朔：《数据驱动、交通变革与智慧治理》，载《云南大学学报（社会科学版）》2019 年第 5 期。

〔5〕 李雪松：《新时代城市精细化治理的逻辑重构：一个"技术赋能"的视角》，载《城市发展研究》2020 年第 5 期。

〔6〕 薛涛、邱汉琴：《基于 IoT 与大数据支撑的智慧治理体系应用场景研究——以历史文化街区地方秩序的建构为例》，载《信息系统工程》2022 年第 5 期。

区治理。在中国，智慧治理是实践先行，理论研究是基于各地具体实践的经验总结和理论提升。上海市是地方政府探索城乡基层智慧治理的杰出典范，其"一网通办""一网统管"的实践探索成效显著，杨嵘均将上海市基层智慧治理的经验和做法归结为全时空、广域性、多要素三大智慧治理体系的基本范式。[1]杭州市在智慧城市建设和智慧治理方面均走在了全国前列，张亨名和章皓月结合杭州市智慧治理的实践经验提出城市治理智慧化应以整体性治理理论为基础，通过完善多元共治治理模式、健全城市治理协调体制、搭建公共信息服务平台和建设智慧治理人才队伍加以实现。[2]在乡村治理方面，起源于浙江省衢州市龙游县东华街道张王村的"龙游通+全民网格"智慧治理模式堪称升级版的"枫桥经验"，该模式成功入选了2020年全国市域社会治理创新优秀案例。龙游县把最"接地气"的户籍、土地、建房、务工等四十余项基本信息登记纳入"龙游通"，提高了基层数据的全面性。[3]智慧社区是智慧城市实质性建设的重要组成部分，近年国内已开始出现城市社区智慧治理的相关实践，佛山市禅城区张槎街道的"智慧城市管家"项目就是一个关于社区公共环境治理的典型创新案例。邓沁雯等认为，该项目实现了一体化的智能建设，但是治理主体协作关系还需进一步融合，治理方式也需要不断创新。[4]总体而言，城市、乡村、社区治理的现实需要与实践经验催生了智慧治理研究的繁荣景象。

（二）智慧治理研究趋势分析

关键词突现是指在某段时间内某一关键术语突增的现象，不仅可以直观反映阶段性的热点话题，也有利于进一步把控前沿动态。为了进一步直观地呈现2013-2022年智慧治理研究的发展动态，运用CiteSpace软件进行关键词突现分析，最终得到17个发生突变的关键词（图7）。

从突现时间来看，"城市"开始的时间最早，开始于2014年，说明智慧治理在国内的研究起步于城市治理，是为了应对快速城市化背景下日益复杂

〔1〕 杨嵘均：《城乡基层智慧治理体系构建的基本范式、制约因素与创新路径》，载《河海大学学报（哲学社会科学版）》2021年第4期。

〔2〕 张亨明、章皓月：《城市治理智慧化的理论分析与实践探索》，载《求索》2021年第6期。

〔3〕 张晓峰：《智慧管理：破解基层治理难题之策——龙游县乡村治理创新探索实践》，载《人民论坛》2020年第4期。

〔4〕 邓沁雯、王世福、邓昭华：《城市社区智慧治理的路径探索——以佛山张槎"智慧城市管家"为例》，载《现代城市研究》2017年第5期。

的城市治理形势、推动城市治理体系和治理能力现代化而出现的。其次是"政府治理"和"智慧政府",均开始于 2016 年,说明国内研究在探讨智慧治理时,大部分是以政府角色智慧化为优先切入点,强调将信息技术与政府职能进行有机结合,以提高政府效能。[1]另外,2020 年以来,"乡村治理""智慧乡村""数字乡村""乡村振兴"等关键词陆续突显并延续至今,说明自党的十九大首次提出乡村振兴战略以来,学界开始聚焦乡村治理研究,致力于从乡村治理切入推动乡村振兴,探索乡村智慧治理路径。同时,鉴于关键词突现具有延续性趋势,由此预判未来乡村智慧治理将持续作为研究热点和前沿问题。

从持续时长来看,"人工智能"的时间跨度长达 4 年,"智慧城市""智慧社区""大数据"的时间跨度也达到了 3 年,说明在相当长的一段时间内这些突现词是研究重点且影响力强。党的十九大报告明确指出:"推动互联网、大数据、人工智能和实体经济深度融合……提高社会治理社会化、法治化、智能化、专业化水平。"党的十九届四中全会进一步强调要"建立健全运用互联网、大数据、人工智能等技术手段进行行政管理的制度规则"。这充分说明,以人工智能为代表的新兴技术是驱动社会治理数字化、智能化和智慧化的重要支撑,如何加快新兴技术与社会治理的融合还需要深入研究。

从突现强度来看,"政府治理"和"智慧社会"的突现强度较高,分别达到了 2.57 和 2.33,表明这两方面的研究呈集中增长态势。进入智慧社会后,社会结构深刻变动,社会治理面临的内外部环境更为复杂,社会矛盾风险增多,给政府治理提出了一系列新挑战、新要求。

经过上述分析可知,乡村智慧治理作为新兴热点,有可能成为智慧治理领域未来的研究趋势,为智慧治理的深入发展提供动力。同时,人工智能等新兴技术与社会治理融合的研究热度较为持久,值得且需要继续深究。

---

[1] 张丙宣、周涛:《智慧能否带来治理——对新常态下智慧城市建设热的冷思考》,载《武汉大学学报(哲学社会科学版)》2016 年第 1 期。

Top 17 Keywords with the Strongest Citation Bursts

Keywords	Year	Strength	Begin	End	2013-2022
城市	2013	1.34	**2014**	2014	
政府治理	2013	2.37	**2014**	2016	
智慧政府	2013	1.62	**2015**	2016	
智慧城市	2013	1.4	**2016**	2018	
新常态	2013	1.26	**2016**	2016	
智慧社区	2013	1.23	**2016**	2018	
大数据	2013	2.4	**2017**	2019	
公众参与	2013	1.9	**2017**	2018	
电子政务	2013	1.42	**2017**	2018	
河长制	2013	1.3	**2017**	2019	
智慧社会	2013	2.33	**2019**	2019	
人工智能	2013	1.3	**2019**	2022	
乡村治理	2013	1.23	**2020**	2022	
社区治理	2013	1.82	**2021**	2022	
智慧乡村	2013	1.67	**2021**	2022	
数字乡村	2013	1.37	**2021**	2022	
乡村振兴	2013	1.2	**2021**	2022	

图7 智慧治理关键词突现图谱

结　语

随着互联网、大数据、人工智能等技术的不断发展，智慧治理研究成了社会各界关注的焦点之一，并成了学术界近年来关注的研究领域。本文运用文献计量学分析方法，借助 CiteSpace 软件对中国学术期刊网络出版总库（CNKI）中的智慧治理研究文献进行了可视化分析。总体而言，国内智慧治理研究年度发文量呈直线上升趋势，但研究力量较为分散，研究者及研究机构之间尚未形成合作研究态势。当前，研究主要聚焦于智慧治理的概念与内涵、智慧治理的技术支撑以及智慧治理的实践应用等方面。乡村智慧治理以及新兴技术与社会治理的融合是我国智慧治理研究的前沿和重点。在未来的研究中，应注意加强智慧治理的跨学科、跨领域交流，实现多学科知识体系的交叉融合，寻求最适应国情的将"治理中的技术"与"治理中的人"相结合的方法，加快推进社会治理体系和治理能力现代化。

规则治理功能的型构、式微与重构指向

周　军*

摘　要：在人类社会文明化进程中，规则承担了获得与建构社会秩序的治理功能，并实现了其治理功能从制造恐惧到生产知识的型构方式转变。面对工业社会低度复杂性和低度不确定性的治理情境，规则的知识性建构在以官僚制为代表的支配方式中取得了积极进展，却又在官僚制治理失灵中使其陷入了治理功能式微的困境。在全球化、后工业化进程对合作治理及其"行动者网络"提出全新诉求时，规则及其治理功能迎来了重构的新契机。我们认为，这一新契机正将规则及其治理功能重构引向维护合作行动的方向，即通过将合作行动者有机组织起来，整合一切合作力量的优势资源，促进人类社会整体的创造力和创新性，实现对合作社会的合作治理。

关键词：规则；治理；官僚制；型构；式微；合作行动

在人类已经历过的农业社会、工业社会两个历史阶段里，治理者分别创造了依靠权力和依靠法律进行社会治理的基本策略和行动模式。历史地看，"权治"和"法治"两种治理模式具有相同的前提和基础，即规则。不论是在农业社会、工业社会，还是在后工业社会的历史阶段，社会治理都是一种集体行动。集体行动就要考虑个体的差异性和同一性。在追求同一性的治理体系中，"社会治理可以还原为制定规则和维护规则的过程"[1]，通过规则进行社会治理是最简易的行动逻辑和治理工具，其最表象的呈现是通过人们

---

　*　周军（1984年-），男，博士，南京农业大学公共管理学院副教授、硕士生导师，系主任。

　基金项目：国家社会科学基金青年项目"社会治理创新中'行动者网络'建构研究"（16CGL056），项目负责人：周军。

　[1]　张康之：《论社会治理目标对规则的要求》，载《行政科学论坛》2015年第5期。

对规则的遵从来实现在个体差异性中建构集体同一性的目标。但往更深层次的治理行动去探究，想要消灭差异性、建构同一性并不容易。作为一种社会性的动物，个体行动者"在与他人的交流"中维护其"社会生命"[1]的同时，也建构了彼此间的互动关系（interaction）。这意味着，在社会生活和集体行动中，一方行动者的行为举动将会影响到其他行动者的存在状态以及为改变这种状态而采取的积极或消极行动。制定和维护规则并要求人们遵从它就是要消灭这种互动关系对社会治理的消极影响，强化其积极影响。显然，"权治"和"法治"这两种治理模式做到了，并创造了各自时代空前的治理文明，这背后反映出来的则是规则治理功能的文明化型构——它通过制造恐惧而获得社会秩序，再通过生产知识而建构社会秩序。

一、规则治理功能型构方式的文明化

（一）制造恐惧的规则

按照政治哲学对"恐惧文化"[2]的研究，民众对自然必然性的恐惧——自然恐惧——是政治秩序的根基。[3]在自然状态下，自由平等的个体行动者对孤独、饥馑、贫困、匮乏、死亡等自然必然性的无能为力，令其心生恐惧和不安，并被动地选择集结起来，到社会生活和集体行动中寻求纾解之道。按照霍布斯对具有浓厚恐惧和危险色彩的"自然状态"的描述，"在没有一个共同权力使大家慑服的时候，人们便处在所谓的战争状态之下。这种战争是每一个人对每个人的战争"[4]。那个能够使大家慑服的共同权力便是另一种形态的恐惧，它使共同体中的每一个人都能获得一个对抗或远离自然恐惧的机会，其途径则是用人造恐惧代替自然恐惧。"这样一来，通过国家这一人造物，公民得以以恐惧限制恐惧——当然，这里的前一个恐惧来源于主权者以其至为强大的权势为依托的惩罚；后一个恐惧则是源于自然状态或主权缺位状态中人们对未来的不确定性。"[5]反观国家建构史，与"对舒适生活所必

---

[1] [英] 查尔斯·霍顿·库利：《人类本性与社会秩序》，包凡一、王源译，华夏出版社 1999 年版。

[2] [挪威] 拉斯·史文德森：《恐惧的哲学》，范晶晶译，北京大学出版社 2010 年版，第 35 页。

[3] [美] 利奥·施特劳斯：《关于马基雅维利的思考》，申彤译，译林出版社 2003 年版，第 446 页。

[4] [英] 霍布斯：《利维坦》，黎思复、黎廷弼译，杨昌裕校，商务印书馆 1985 年版，第 94 页。

[5] 孔新峰：《霍布斯论恐惧：由自然之人走向公民》，载《政治思想史》2011 年第 1 期。

需的事物的欲望"和"通过自己的勤劳取得这一切的希望"[1]两种激情相比，恐惧成了最强有力的正义激情和立国根基，而国家正是作为个体的公民为对抗和逃离自然恐惧而被制造出来的人造恐惧，它通过制定和维护能够施行惩罚的规则来开展社会治理，并连带获得了个体行动者想要消解恐惧这一激情之外的、能够满足欲望和实现希望的同一性社会秩序。

历史地看，人类的生产、生活、生存空间由自然界向自然与社会两个世界演进的过程经历了从独立生活、个体行动到社会生活、集体行动的心路历程和逻辑转换。面对饥馑、贫困、匮乏、死亡等自然必然性而心生恐惧和不安，尽管个体选择了驯服顺从，但在自然驯化的过程中，行动者并非没有主观能动性，即他们本能地选择了原初形式的集体行动来对抗或远离自然恐惧。这种集体行动便是互助。互助经常发生的领域是以血缘为基本纽带的熟人社会，其中个体行动者通过生育繁衍来创造更多的个体，并在基于血缘关系的族群社会中建立基本的互助规则。其实，即便有着血缘的强纽带，个体间互助规则的生产，也更多地依赖于对自然必然性的恐惧，以及基于这些恐惧而接受的"和平条件"或"自然律"（Laws of Nature）[2]。因而，在族群自然演进而构成"家元共同体"[3]的历史进程中，那些对自然"了解"更多、拥有自然"赋予"的更强大力量的长者或强者，通常是制定和维护规则的人。

不论是母系氏族还是父系氏族，子女从父母那里得到抚养，获得对抗饥饿、危险、贫乏、暴死等自然恐惧的能力，进而形成对父母权威的认可和对父母制定规则的遵从。在一个族群中也同样如此。族群中作为子孙共同祖辈的年长者具有父母相对于子女的规则制定权威。当共同长者离世进而出现权威空缺之后，则会在下一代的嫡系长者中生成合格的继承人。但在漫长的历史进程中，代际相传的权威继承逐渐造成规则制定权和维护权的式微，但族群成员却能将规范其生活和行动的规则作为习俗和惯例来接受，不轻易改变。在更大的共同体范围中，家族与家族之间无法单纯依靠血缘纽带、嫡系继承产生共同的规则制定者和维护者，由此逐渐进化出强者与强者之间的权力争夺规则，其结果是那个使大家慑服的共同权力及其持有者——君主——的出

〔1〕 ［英］霍布斯：《利维坦》，黎思复、黎廷弼译，杨昌裕校，商务印书馆1985年版。
〔2〕 T. Hobbes, *Leviathan*, Oxford：Oxford University Press, 1998.
〔3〕 张康之、张乾友：《共同体的进化》，中国社会科学出版社2012年版。

现。作为家元共同体的统治者，君主利用其与自然恐惧和人造恐惧之间的特殊联系，在制定和维护规则中实现了对社会的治理：一方面，在对抗自然恐惧中，个体和族群为保持存在而选择接受能够产生共同秩序的规则；另一方面，作为家元共同体共同权威的君主又会利用神话故事、民间传说、英雄事迹等建构自己与自然的某种神秘联系以及对抗自然的大无畏气魄，强化共同体成员对自然恐惧和人造恐惧的敬畏，并运用仪式化、公开化的酷刑公平、公正地迫使人们遵从其所订立的规则。

当强者制定和维护规则的逻辑在社会治理中得到普及之后，就形成了弱者对强者的肉体依附和精神依赖。那么，强者依靠什么来制定和维护规则呢？按照马克斯·韦伯的权威类型，[1]强者可以依靠卡里斯玛权威（自然赋予的力量、特质、神性等）、传统权威（天赋在血脉中的传承），以及合理-合法权威（权利让渡构成的共同权力）。但不论何种权威，它们都以恐惧作为后盾。在霍布斯看来，"大规模的、持久的社会的起源不在于人们相互的仁慈，而在于相互的恐惧"[2]。在社会治理的意义上，人们对"共同"订立的规则的遵从首先并非看到规则能够为互助的集体行动带来"技术优越性"和"最佳效果"[3]，而是源于恐惧与权力的相互建构，即对抗恐惧的愿望造就了消解恐惧的共同权力，共同权力依赖并制造更多的恐惧来实现对抗恐惧的愿望，进而产生对抗更多恐惧的更强烈愿望，并因此造就更多的权力。权力对权力的制衡以及把权力关进制度的"牢笼"反映的就是人们对权力既爱又惧的复杂心态。

总而言之，处在恐惧与权力相互建构关系两端的是孱弱的大众和强健的君主。孱弱的大众选择驯服顺从，并在主客观意图上，想要通过驯服顺从来寻求战胜恐惧、化解不安的集体行动和社会道德。而强健的君主则经常标榜"受命于天"并能战胜自然恐惧的超凡特质和神性，他们秉持自然德行，超越自然必然性的束缚，并借助大众对自然恐惧的恐惧，建立起人造恐惧——权力和法律。人造恐惧赋予强者以超越恐惧并利用恐惧制造规则的新特质。在

---

〔1〕 ［德］马克斯·韦伯：《支配社会学》，康乐、简惠美译，广西师范大学出版社 2010 年版，第20 页。

〔2〕 ［英］霍布斯：《论公民》，应星、冯克利译，贵州人民出版社 2003 年版，第 6 页。

〔3〕 ［德］马克斯·韦伯：《支配社会学》，康乐、简惠美译，广西师范大学出版社 2010 年版，第 45~46 页。

强者制定和维护规则的逻辑成为主流、大众对自然恐惧的恐惧式微之后，世袭君主的超凡特质和神性开始弱化，并随时可能受到生而自由平等的大众的挑战。其结果是，启蒙运动带来的革命性变革重建了社会治理的规则及其遵从方式。

（二）生产知识的规则

利用考古学和谱系学的研究方法，福柯在《规训与惩罚：监狱的诞生》一书中，不仅将规训与惩罚视作人对人的驯顺、塑造和统治，更是呈现了人类社会从暴力灭杀的酷刑时代向柔性惩罚的规训时代的转变。在酷刑时代，统治者通过对人的肉体和精神的疯狂肆虐来塑造个体的身体、行为和观念。作为一种"公众景观"，仪式化、公开化的酷刑彰显的是统治者对权力存在意义以及通过权力进行社会控制的努力。而恰恰是这种仪式化、公开化处决的酷刑，在利用杀鸡儆猴的"替代惩罚"[1]来强化观众内心对自然必然性无法忘怀的恐惧的同时，滋生了想要战胜或远离这种恐惧的更强烈的愿望，因而对恐惧的反抗滋生了对掌权者的不满，并合力以革命和启蒙的形式去重造一个相对巧妙、温和、文明、非暴力的惩罚。如果惩罚恶行和不道德不可避免，那就让它变得温柔、巧妙和隐蔽。可见，"人对规则的遵从可以使社会获得秩序，反过来，社会秩序的状况又决定了人的存在和行为选择"。[2]在规训与惩罚不断文明化的历史进程中，行动者被动"自觉"地接受规训，并通过对规训程序的主动改造来寻求更好的生存机会和更多的选择权利。

在建构秩序大厦的复杂社会工程里，温和、巧妙、隐蔽的惩罚隐藏了直接用权力（power）进行打击的暴力策略，转而采用剥夺被个体行动者视之为瑰宝的权利（rights）来进行。在通过革命和启蒙建立的工业社会里，君主"受命于天"被大众"天赋人权"取代，人人生而自由平等的观念和信仰在人们心中不断强化，进而产生珍惜权利的欲望和惧怕失去权利的恐惧。在不断强调权利相对于权力的更大重要性中，珍惜权利成了剥夺权利之类惩罚措施得以兴盛的前提和基础。象征着权利剥夺惩罚的监狱是另一种形式的恐惧，它代替了原始的自然恐惧。当然，相对于自然恐惧，人们更担心的是掌权者对权利的无端、任意、暴力剥夺会给守护权利的社会秩序带来恶的行为示范

---

〔1〕 A. Bandura, *Social Learning Theory*, NJ: Prentice-Hall, Inc., 1977.
〔2〕 张康之：《论社会治理目标对规则的要求》，载《行政科学论坛》2015 年第 5 期。

和制度惯性。在惩罚实现自我节制的规训时代里，自觉抑制不文明现象、监督和注视不道德行为、守护美好事物成了一种共同的爱好。在福柯所说的"全景式监狱"结构中，自我约束和他者约束共同构成了一种奇特的规则文化，即通过对规则的遵守而获得来自规则制定者和维护者的回报——社会秩序。

福柯通过"权力-知识"的概念将规训的两方面意义整合起来并延展至整个社会领域。按照福柯的逻辑，相比于单纯的惩罚，规训包含两层意义："一是能够给人以惩罚和强制行为的联想和威慑，使其成为一个驯服的人；二是能够教人以某种职业技能和知识体系，使其成为一个对社会有用或者能够为统治阶级服务的人。"[1]也就是说，规训不仅促使个体行动者从内心生成对规则以及施行规则的权威力量的恐惧，更通过知识体系的建构形成自我规训、自我约束、自我规范。当人们对这种知识体系有了充分的掌握之后，却再次意外地发现了一种可自我塑造的爱好与可专业化的职业。"人体是被操纵、被塑造、被规训的。它服从，配合，变得灵巧、强壮。"[2]原因是个体掌握了其中的规则，也就掌握了判断行为道德与否、事物美好与否、观点正确与否的大众化、普遍化的标准，不论这是不是强制性道德体系和价值标准不断强化和衍生出来的规则，它们都理所应当是一套文明社会及其秩序建构应当具有的知识体系。结果是人们不经意地发现，在这套生产知识的规则体系下，"近代以来人类所孜孜以求的有关'正义、自由、平等、理性、革命和启蒙'的思想、理论和话语就逐渐被生命权力的程序和实践所取代。具体地说，普遍流行的'规训程序'接管了启蒙计划，驾驭了革命的意识形态；普遍作用的'隐秘权力'填补了启蒙运动试图清空的权力位置，使过去那种集中的国家权力无处不在，任何个人都无法逃避，而且最终都在某种程度上成为由权力手段制造出来受控制、受支配和主要是有利于国家的机器人"[3]。当权力和规训程序被巧妙地隐藏在温和、文明的控制性规则体系中之后，处在其中的行动者便有意识或无意识地将规则作为一种知识来接受。仔细观察社会治理我们便会发现，被当作知识而进行生产的规则将个体行动者嵌入社会为其框定好

---

[1] 张之沧：《论福柯的"规训与惩罚"》，载《江苏社会科学》2004 年第 4 期。

[2] ［法］米歇尔·福柯：《规训与惩罚：监狱的诞生》，刘北成、杨远婴译，生活·读书·新知三联书店 2007 年版，第 154 页。

[3] 张之沧：《论福柯的"规训与惩罚"》，载《江苏社会科学》2004 年第 4 期。

的分工-协作体系，并因此获得远超个体行动的集体行动技术优越性和最佳效果，导致在社会治理层面上，人们认识和学习规则的基本逻辑便是防范越轨行为、支持集体行动。

二、规则治理功能式微的辩证思考

（一）官僚制支配的知识性建构

相较于监狱等能令人迅速产生惩罚和行为强制的联想和威慑，官僚制则显然与规则的知识面紧密联系在一起，它令人首先联想到的是严谨的分工-协作体系和专业化的职业。通过将命令-服从关系隐藏在其组织运行体系和知识体系中，官僚制使规则恐惧面的使用变得更加巧妙、温和、隐蔽，使规则知识面的使用变得更易于接受、更便于内化，进而建构为行动者的同一行动，获得相对于其他组织形式的技术优越性和最佳效果。如果说，作为规训与惩罚代表的监狱是一种实体性存在，那么官僚制便是这种实体性存在的虚拟组织方式。监狱在令人联想到惩罚和行为强制的同时，也会令人迅速联想到官僚制组织结构和运行方式。事实上，在这种以规训与惩罚为存在意义的复杂系统中，官僚制是最容易产生组织运行最佳效果、实现组织预期目标的结构化方案，因为它乐于并擅长通过制定规则、运用规则、强化规则来统合个体行动者及其行动，这也正是其技术优越性所在。正如默顿在解析官僚制时所指出的："在这个按等级制分配权力的结构中，通过普遍的、抽象的和明确规定的规则控制'受到训练和领取薪金的专家'的活动，这种做法排除了对每一种具体情况提供具体指导的必要性。规则的普遍性要求不断地进行'范畴化'的使用，以明确规定的标准为依据对个人的问题和情况进行分类并按照标准分别处理。"[1]在规则的知识性建构中，专家和技术官僚受到的专业化训练建构了其对普遍性规则的总体认知，并形成了标准化的问题处理方式和经过科学设计的预设情境反应逻辑。在官僚制组织向整个社会领域扩散的过程中，这种方式和逻辑几乎遍布了整个社会领域，成了规则制定和维护的知识根基。

官僚制组织善于通过规则的知识性建构来形成新的支配关系。在"知识

---

[1] ［美］默顿：《官僚制结构和人格》，载彭和平等编译：《国外公共行政理论精选》，中共中央党校出版社 1997 年版，第 94~104 页。

就是力量"启蒙思想的指引下，官僚制的支配能力建基于其对知识的垄断和对秘密的掌控。作为一个理性封闭系统，官僚制自认为"少数优势"是其制定和维护规则的关键优势。在马克斯·韦伯看来，官僚制这种支配"组织"始终保持其支配者少数人团体相对于被支配者多数人群体的"少数优势"。[1] 这种相对优势体现在两个方面：一方面，面临支配冲突时，支配者少数人团体内部可以迅速在成员间达成非共识的相互谅解，即存异而求同。为了维护其合法权威、支配地位、规制权力，支配者可以随时采取必需的、理性的、有组织的小团体行动。相对于被支配者多数人群体无计划、无组织、非理性的反抗行动，少数人团体的优势是明显的。另一方面，支配者少数人团体能够较好地保守作为内部秘密的意图、决议和知识，以维护其制定规则的权威和实施控制的能力。而在多数人参与的条件下，想要保守秘密不仅困难，甚至还不可能。"'职务机密'愈是被强调，我们即可视之为一个征候：支配者要不是企图扩大其支配权，就是感到其支配权已受威胁。不过，任何其着眼点在永续维持的支配，在某一关键点上都必然是秘密支配。"[2] 如果说，官僚制的"命令-服从"关系存在"妥当性"的问题，那么对于接受和服从命令的被支配者群体而言，规则的知识建构恰恰是知识普遍化的过程，而这一过程既让支配者收获了合法性地位，同时又动摇了其想要永续保持"秘密支配"的知识根基，特别是官僚知识不断向社会扩散，使得想要保持"职务机密"似乎越来越困难。

（二）官僚制正名中的争辩双方

古德塞尔（Charles T. Goodsell）在其《为官僚制正名：一场公共行政的辩论》一书中指出了支持和反对官僚制的争辩双方。古德塞尔归纳认为，反对者对官僚制的批判集中在绩效不佳、滥用权力、压抑个体三个主题下。[3] 按照马克斯·韦伯自己的观点："行政任务之量与质的长期增长，会逐渐导致某些受过训练与有经验者在业务处理上之技术优越性，并无可避免地助长了

---

〔1〕〔德〕马克斯·韦伯:《支配社会学》，康乐、简惠美译，广西师范大学出版社 2010 年版，第 17 页。

〔2〕〔德〕马克斯·韦伯:《支配社会学》，康乐、简惠美译，广西师范大学出版社 2010 年版，第 18 页。

〔3〕C. T. Goodsell, *The Case for Bureaucracy: A Public Administration Polemic*, Fourth Edition, Washington, D. C.: CQ Press, 2003.

（至少）某些职员之事实上的永久性存在。因此，一个为了行政目的——同时当然也是为了行使支配权——的、特别而永久性的组织之成立，其可能性永远存在。"[1]可见，官僚制本身具有很强的技术优越性，它能够通过其训练有素、富有经验的技术官僚高效地应对行政事务"量的扩展"和"质的变化"。与此同时，官僚制也在实现行政目的的背后持续建构自己的规则制定权和社会支配权，即为了组织本身的永久性存在，官僚制隐蔽地利用"命令-服从"的支配关系持续强化对自身层级和社会等级的支配权、控制权和治理权。尽管反对者对官僚制绩效不佳的批评指向的并非马克斯·韦伯眼中那个能达到"最佳效果"的理想型官僚制，但它却天生带有滥用权力、压抑个体的内在倾向性，也正是这一"谋生"特性使其在通过控制性规则进行社会治理的行动中遭受了反对者和社会公众的诟病。

相反，古德塞尔为官僚制正名的主要目的在于聚拢支持者阵营。在这场假想的辩论中，他列举了他所知道的那些颇有分量的同行们的支持性观点。按照古德塞尔归纳反对者意见的方式，支持者的观点似乎主要集中于：官僚制是"现代政府的核心"[2]和"必要的恶"[3]，它通过"政府各层级间的相互承担责任与合作共事"[4]而使民主政府达到其目的，为社会公众提供"质量绝不低劣的"[5]、"社会想得到它所希望的"[6]公共服务，其中自视为"人民公仆"[7]的官僚们更是乐于用"不可能不为之感动和振奋"[8]的个人事迹和娴熟的工作技巧创造良好的工作业绩。这里，将官僚制视作现代政府

〔1〕 [德] 马克斯·韦伯：《支配社会学》，康乐、简惠美译，广西师范大学出版社 2010 年版，第 17 页。

〔2〕 C. J. Friedrich, *Constitutional Government and Democracy: Theory and Practice in Europe and America*, Boston: Ginn and Company, 1950.

〔3〕 G. Wills, *A Necessary Evil: A History of American Distrust of Government*, New York: Simon and Schuster, 1999.

〔4〕 P. E. Peterson, B. G. Rabe & K. K. Wong, *When Federalism Works*, Washington, D. C.: Brookings Institution, 1986.

〔5〕 L. C. Niainzer, *Political Bureaucracy*, Glenview, Ill.: Scott, Foresman, 1973.

〔6〕 H. Mintzberg, "Managing Government, Governing Management", *Harvard Business Review*, 74, 1996, 75.

〔7〕 H. Rosen, *Servants of the People: The Uncertain Future of the Federal Civil Service*, Salt Lake City: Olympus, 1985.

〔8〕 T. W. Taylor, *Federal Public Policy: Personal Accounts of Ten Senior Civil Service Executives*, Mt. Airy, Md.: Lemond, 1984.

的核心或公共服务机构，导致批判的矛头直接指向了政府的存在意义和公共服务的必要性，这似乎是令人既无法否定又无法理解的。事实上，官僚制仅是政府这个复杂系统的组织形式，仅是将公共服务生产和供给主体组织起来的方式。就组织形式（organization）和组织方式（organizing）而言，政府并非没有其他选择，只不过在当时的历史条件和社会现实下，官僚制是最佳的选项。按照马克斯·韦伯的观点："官僚制组织之得以有所进展的决定性因素，永远是其（较之其他形式的组织）纯粹技术上的优越性。"[1]正是凭借这项优越性，官僚制组织曾在制定和维护规则、实施社会良好治理、提供优质公共服务等方面为政府做出了极大贡献，创造了空前的治理文明。然而，这种纯粹技术上的优越性一旦不再优越，其反倒会变成"功能障碍"（dysfunction）和"失灵"（failure），那么，在新的历史条件和社会现实下，想要实现行政目的、秩序建构和社会善治，政府不仅需要考虑其他选择，一切参与社会治理的合作力量都应当重新考虑其他替代性选项。

如果说通过规则制定和维护来实施对外部对象的治理是官僚制能够采用的理性工具，那么外部对象对官僚制优劣的争论，本质上就是对其规则治理功能的工具理性争论，这便是外部受众想要"非打破官僚制不可"[2]的聚焦点。其实，之所以产生这样的争论，是因为身处镶嵌结构之中的外部受众对"必要的恶"的矛盾心理：想要突破规则的束缚，又离不开规则对秩序的建构，而最能代表规则制定和维护的恰恰就是作为工具理性的官僚制。在行动者与工具理性的关系上，行动者对自然状态的恐惧、对持续存在的欲望、对秩序建构的希望这三种"激情"交织在一起，使其中的治理者或支配者理所当然地去寻求最能代表理性的工具来回应这三种激情，推动社会实现繁荣的治理文明和良好的秩序状态。但这种微妙的平衡并不能持续太久，更多的情况是在遵从规则和突破规则之间"拉锯"。结果是，在官僚制优劣的持久争论中，人们看到了其所希望看到的规则功能式微的迹象。显然，规则功能式微是具有辩证性的。式微的并非规则的全部，而是其恐惧面，而它的知识面却是日益强盛的。这才导致了人们既想要突破规则、战胜规则来满足其对舒适

---

〔1〕 ［德］马克斯·韦伯：《支配社会学》，康乐、简惠美译，广西师范大学出版社 2010 年版，第 45 页。

〔2〕 ［美］麦克尔·巴泽雷：《突破官僚制：政府管理的新愿景》，孔宪遂等译，中国人民大学出版社 2002 年版，第 18 页。

生活必需事物的欲望，又想要通过规则来勤劳地实现其所需的希望，因为规则的知识面完美地建构了行动者的思维方式和行动逻辑。

结果是，规则的恐惧面越是式微，其知识面就越是强盛。"与谋求社会秩序的规则不同，从属于和服务于效率追求的规则主要存在于协作系统之中，是出于规范协作行为的需要，具有明显的工具性，因而，人们也从这些规则中解读出了工具理性。"[1] 当秩序建构逐渐被效率追求所替代，便意味着规则的知识面战胜了其恐惧面，占据了主流地位。依托恐惧来建构的规则治理功能在社会治理和秩序建构文明化的进程中日益式微，这种式微使其变得更加巧妙、隐蔽、温和、非暴力。与此同时，处于社会分工-协作体系中的人们对生存欲望的满足和对美好生活的追求，使规则的知识面在效率追求中日益强盛。换言之，一方面，为克服和躲避自然恐惧而使人们通过作为惩罚工具的规则获得了社会的有序运行；另一方面，又在有序社会的分工-协作体系中通过作为知识体系的规则来追求属于遵从规则者的美好生活。控制人们肉体和精神的不再是直接意义上的恐惧，而是化身为知识体系的规则体系，直至个体行动者似乎突然意识到，自己在不经意间陷入了官僚制工具理性的知识"奴役"。在处理人与工具的微妙关系时，个体行动者在通过遵从规则寻求社会普遍认同的过程中逐渐失去自我、迷失自我，成为处于社会工厂"隔间"中追求所谓自我实现的"正常人"和"普通人"。

（三）规则功能式微的历史方位

对官僚制规则功能式微的辩证理解，还需要被置于全球化、后工业化的特定历史方位中。其中，社会现实条件呈现为三大总体特征：

第一，社会运行和社会变化加速化。社会加速化（social acceleration）[2] 既是科技创新驱动经济社会发展的必然结果，也是社会高速运行和快速变化的主要推动力。一方面，高速运行和快速变化的社会急迫地需要打破适于低速运行和低速变化的社会的旧规则，才能驱动社会不断涌现出不在既有规则约束范畴内的创新成果，才能跟得上时代加速向前的行进步伐；另一方面，加速化推动和激发的创新成果，又不断地冲击既有规则体系对人类创造力的

---

〔1〕 张康之：《论社会治理目标对规则的要求》，载《行政科学论坛》2015 年第 5 期。

〔2〕 H. Rosa, *Social Acceleration: A New Theory of Modernity*, Translated by Jonathan Trejo-Mathys, New York: Columbia University Press, 2013.

束缚，不断地想要突破束缚社会运行和社会变化的旧规则，取而代之以能够为社会运行和社会变化提供更大加速度的新规则。辩证地看，新规则的生成要求在旧规则中束缚人类创造力的恐惧面式微的同时，又通过建构新的知识体系来建构新的规则。相比于旧知识和旧规则在低速运行和低速变化的社会条件下的更新速度，在高速运行和快速变化的社会里，知识更新的速度也在加速，基于新知识的规则体系也表现出了更加强烈的秩序建构欲望，并更迫切地需要通过知识更新来建构新的规则体系，否则，社会高速运行和快速变化的行进步伐不仅不会给人们的美好生活追求带来福祉，反而将人类社会及其生存秩序引入"失序"的深渊。

第二，复杂性和不确定性急剧增长。高度复杂性和高度不确定性表征为危机频发的风险社会的来临，它改变了在简单、确定或低度复杂性和低度不确定性社会现实条件下"刺激-反应"的行动逻辑，进而要求一种更加自觉的规则建构和更加主动的行动重塑逻辑。风险社会的来临使得适合于常规任务和常规治理的既有规则体系丧失了其技术上的优越性，规则功能式微就体现在其不能像过去那样发挥实施社会治理、建构社会秩序的积极作用。在高度复杂性和高度不确定性的社会条件下，我们应当积极反思：什么样的规则体系才能适应于这个危机频发的风险社会呢？换言之，规则功能式微或规则失灵，并不意味着社会有序运行和社会有效治理就要丢弃规则。相反，它比以往任何时候都更需要建构新的规则来承担这项功能。不同于"刺激-反应"的行动逻辑，新的规则体系将按照"情境-行动"〔1〕的逻辑将自己建构为合作行动的积极引领，而不是简单的行动的约束框架，它将更具前瞻性、自觉性和主动性，促进社会治理行动朝向更加灵活、更加高效、更加具体的方向发展。

第三，社会的流动性和开放性迅速增强。作为封闭的理性系统，官僚制通过规则进行的社会治理是以社会相对封闭的开放性为基础的，但随着社会的流动性和开放性的迅速增强，封闭的开放性逐渐被开放的开放性所替代，这从根本上冲击了工业社会及其官僚制赖以结构化的相对封闭体系，人、信息、资源等社会构成要素冲破了各类边界而在社会和组织内外频繁流动和交换。加之信息技术快速更新迭代，驱动知识扩散加速化和知识获取便捷化，

---

〔1〕 孔繁斌、孟薇：《公共利益实现的"情境-行动"逻辑——基于成本-利益分布结构理论的阐释》，载《中国行政管理》2020 年第 7 期。

官僚制想要保持那些建构其职务机密的知识变得极其困难，其少数支配优势遭遇解构。但它并没有主动放弃对规则的制定和维护，反而强化了其规则建构的意图，以谋求继续生存下去的机会。相反，规则功能式微的辩证性要求我们着眼于现实条件变化后的社会良好治理，而非满足官僚制本身的生存欲望。在流动性和开放性迅速增强的现实条件下，规则功能的弱化体现为那些导致消极、僵化后果的规则所遭遇的解构，而高速流动和高度开放的社会需要的则是能够激发行动者的积极性、灵活性、创造性的规则。在这个意义上，规则功能式微的辩证性就表现为弱化消极面与强化积极面的同步演进。显然，这一演进趋势是与知识更新加速化、知识获取便捷化紧密互动的，是与建构更具弹性、灵活性的治理行动体系共生共在的。

三、规则及其治理功能的重构指向

（一）将合作行动者组织起来

在探讨治理创新时，我们发现，以传统的科层结构为组织基础的治理模式存在诸多弊端，已成为治理创新中最不利的因素；适应于复杂性社会条件和治理新诉求的合作治理模式涉及若干因素，但体现着多元治理行动者平等、互惠、共在关系图式的"行动者网络"是其新的组织结构基础。作为将社会治理行动组织起来的方案，"行动者网络"不同于官僚制正式、严密、固化的"条块"结构模式，而是一个相对松散、灵活、弹性的网络结构方案。按照以官僚制为正式组织形式的政府对社会进行治理的控制导向逻辑，组织成员和治理对象都是其内部规则的约束对象，这套内部规则体系不仅要规范组织和社会的运行，还要防止组织内部成员之间、组织成员与治理对象之间过密的互动关系。也就是说，官僚制将规则建构成了一种双向的内部控制机制：一方面，它通过内部规则的制定和维护来将社会结构化起来，将原子化的个体驯化为其"分工—协作体系和命令—服从关系"的内部成员，以便在其内部通过正式严苛的职位结构和权责关系来控制和约束行动者可能超越原初设计意图的主观、非理性、有价值偏好的行动，进而获得规范组织运行、治理社会事务的技术优越性。另一方面，作为一种内部关系，内部行动者之间沟通交往的互动性比外部关系中的互动性要强，这就导致了以控制导向为基本逻辑的官僚制又恐惧组织内部成员之间、组织成员与治理对象之间过于紧密、不易控制、容易滋生腐败的互动关系，因而制定更多的内部规则来防范这种强互动性，即通过设置"小隔间"和"等级链"阻断行动者之间的高频互动。

不同的是，在"行动者网络"的建构过程中，合作行动者可能来自不同领域和不同组织，尽管它们因合作治理的目标而聚拢到一起，但它们之间构成的关联性，是一种外部关系构成，其互动性相对较弱，相互之间的沟通、交流、联系相对不如官僚制组织内部结构那样紧密和频繁。在开展合作治理行动时，"行动者网络"的强烈愿望和迫切需求是能够在多元行动者之间建构起一种"内部"的强互动关系。因而，与官僚制组织总想通过内部规则体系弱化和阻断内部高频互动不同，"行动者网络"更需要外部规则来建构外部行动者之间高频率、高质量的互动，将松散、灵活、弹性的行动者紧密连接起来。与官僚制组织时刻"提防"行动者、追求行动一致性的逻辑不同，"行动者网络"会不断寻求技术创新和规则重建的支持，积极建构和增强行动者之间的互动性。但这并不意味着"行动者网络"只有走向官僚制组织及其科层结构的双向内部控制，方可实现对行动者之间强互动关系的建构。恰恰相反，官僚制的规则体系是控制导向的，用来规范和约束行动者及其行动，表征为"法无禁止即可为，法无授权即禁止"的法治逻辑，而"行动者网络"需要并期待建构的规则则是一种行动中的规则，它是促进性的规则，通过在合作行动中生成的规则来促进行动者之间的互动，促进行动者朝着合作的目标贡献各自的优势和智识，它表征为"不管黑猫白猫，抓住老鼠就是好猫"的发展逻辑。

与法治的控制逻辑相比，发展的促进逻辑更加积极地主张在面对高度复杂性和高度不确定性的社会现实条件时，行动者提出的一切创造性的问题解决方案都应得到合作行动规则的支持和鼓励。在风险治理研究中，我们会看到，人们最为关注的通常是行动者之间的协调问题，"然而，协调并不是危机管理行动的一个不言而喻的特征。让公共官僚机构适应危机环境是一项艰巨的任务——有些人说是不可能的。大多数公共组织最初是按照效率、公平和合法性等价值观进行日常事务的。然而，危机管理需要灵活、即兴、冗余，以及偶尔打破规则"[1]。尽管这种观点正在学界流行，但却是相对保守的。其实，"偶尔打破规则"设置了一个基本逻辑前提，即官僚制依然是有效的，

---

[1] A. Boin, "The New World of Crises and Crisis Management: Implications for Policymaking and Research", *Review of Policy Research*, 26 (2009) 367.

只不过我们需要在开展危机管理时，偶尔打破一些限制我们追求灵活、即兴、冗余的行动规则。因而，这种治理行动并没有突破官僚制的既有框架，而是在这一框架下对官僚制本身进行的修补工作。我们认为，在理论发展的意义上，这种流行观点缺乏批判的彻底性和建构的积极性。如果说我们前面完成了对官僚制规则的彻底批判，那么打破规则之后怎么办？对这一问题的积极回答正是我们要积极建构的理论议题。

（二）以优势整合机制为前提

在资源稀缺性和理性人假设的指引下，官僚制假定了行动者在集体行动中的最基本动机，即对资源匮乏的恐惧和对更好职位的欲望。为此，官僚制为行动者设置了封闭的开放性空间，以便在一个可控、可预测、可设计的封闭情形中以通过竞争可实现的希望为诱饵，激活行动者及其行动的活力。如果说这种活力来自行动者之间相互争夺更多的资源、更好的职位，那么这种竞争则根源于霍布斯所说的三大"激情"。其逻辑和现实的结果是，作为人类社会通过集体行动来实现个体无法实现之目标的组织化机制，官僚制这一工具反而成为人们想要实现的目标，出现了目的和工具的本末倒置，并在规则建构中使自己跃升为奴役人的"钢铁般的牢笼"[1]。官僚制之所以能够实现"夺权"，是因为它自始至终遵循着一个既合理又合法的前置规则，即"分工-协作"。按照人们对有序复杂性等级制架构的基本认知，[2]官僚制以分工为前提对所要完成的任务进行分解，将责任、功能、资源安置其上，待各项任务完成后再将结果整合协调在一起，构成了"分工-协作"的闭环。它所建构起来的"铁打的营盘"，将过去、现在、未来"流水的兵"镶嵌其上，以完成岗位和职务所要求的责任和义务，而这责任和义务不会随着官僚的流动而发生变化。

在稳定与变革的关系上，官僚制的技术优越性要求其在完成自我设计之后进入长期相对稳定的状态，即便社会现实条件发生了急剧变化使其陷入"治理失灵"的困境，它也只是停滞不前，并表现为"改革失灵"。对此，内卷化（involution）概念能够在一定程度上帮助我们揭示官僚制的这种双重失

---

〔1〕 ［德］马克斯·韦伯：《新教伦理与资本主义精神》，康乐、简惠美译，广西师范大学出版社2010年版，第187页。

〔2〕 H. A. Simon. "The Architecture of Complexity", *Proceedings of the American Philosophical Society*, 106（1062）467.

灵现象。借鉴又有别于吉尔茨农业内卷化的概念，杜赞奇提出了"国家政权内卷化"的概念，"国家政权的扩张应建立在提高效益的基础之上，否则其扩张便会成为吉尔茨所描述的那种'内卷化'"〔1〕，"更广泛地说，国家政权内卷化是指国家机构不是靠提高旧有或新增（此处指人际或其他行政资源）机构的效益，而是靠复制或扩大旧有的国家与社会的关系——如中国旧有的赢利型经纪体制——来扩大其行政职能"〔2〕。正如杜赞奇使用的内卷化概念并不完全符合吉尔茨的定义，官僚制的双重失灵与它们既有相似又有不同：一方面，面对社会现实条件的急剧变化，官僚机构以自我复制的固定方式再生和勉强维持，其效益并没有得到实质性提高；另一方面，正规化、合理化的官僚机构越是追求遇事和应变的稳定性，其自我复制式的扩张方式就越盛行，展开（unfold）与内卷（fold up）之间的冲突就越严重，也就越容易陷入双重失灵的境地。准确地说，正是官僚制所建构的"分工-协作"体系决定和便利了这种自我复制式的扩张方式。在这一体系中，分工不是以行动者的优势、长处或特点为基础的，而是一种经由科学设计的预先安排，它将行动者视为无差别的个体，将治理视为具有内在同一性的事务，并因此能够用"以不变应万变"的行动逻辑来回应低度复杂性和低度不确定性条件下的社会治理。

与之不同的是，"行动者网络"既是行动者开展合作的交往网络，又是将合作治理组织起来的结构性基础。如果说官僚制的科层结构是一种利用封闭的开放性支持竞争行动的框架，那么，"行动者网络"则是一种通过其完全开放性空间支持合作行动的框架，行动者之间并不存在预先设计好的严密、固定、同质化的"分工-协作"体系，因而也没有严格的"命令-服从"关系。合作网络中的行动者并不归属于任何一个"小隔间"或"等级链"，因而他们之间的合作方式并不取决于预先划分好的隔间或等级，而是根据行动目标实时建构起来的角色定位和交往节点。如果说预先设计好的分工具有先验性和同一性，那么它在复杂多变的治理场景中往往缺乏现实性和具体性。这就导致相对固定不变的"分工-协作"体系无法灵活、快速地适应治理情境和现实条件的剧烈变化。为此，相对于官僚制的科层结构能够在低度复杂性和低

---

〔1〕 ［美］杜赞奇：《文化、权力与国家：1900-1942年的华北农村》，王福明译，江苏人民出版社2008年版，第66页。

〔2〕 ［美］杜赞奇：《文化、权力与国家：1900-1942年的华北农村》，王福明译，江苏人民出版社2008年版，第67页。

度不确定性的社会环境中发挥其技术优越性,"行动者网络"更能够在现实而具体的行动情境中发挥行动者自身的独特优势。其中,行动者不以预先设计好的分工安排为逻辑前提,而是以自身的独特优势为角色定位。这就意味着"行动者网络"是一种基于优势而建构起来的合作网络,即便其仍采用某些形式的分工和协作,但它们并非固定不变、僵化的,而是动态灵活调整的,这取决于参与合作的行动者各自所具有的独特优势,以及通过优势整合机制而承担的相应治理功能和治理任务。为实现对"行动者网络"的积极建构,就需要在行动中建构以优势整合为基本诉求的规则体系,以体现这种整合机制在面对高度复杂性和高度不确定性治理情境时的灵活性和弹性。

(三)以促进人类创新为归属

就规则的秩序建构功能而言,以优势整合为基本诉求的规则体系,不同于以往制造恐惧和生产知识的规则体系。可以说,制造恐惧的规则体系偏向于自然秩序的建构,而生产知识的规则体系则更多地体现为创制秩序建构的意图。需要注意的是,简单地将人类社会的秩序划分为"人为秩序"和"自发秩序"存在着理论建构和思想体系上的局限性,也因而使得20世纪关于社会治理的个体主义和集体主义逻辑争论不休而无定论。即便是积极吹捧作为自发秩序(spontaneous order)的市场的哈耶克也"没有解释清楚为什么自发秩序总是优于人为秩序。我们在很多情况下都有理由怀疑情况是否的确如此"[1]。可以说,当哈耶克舍弃了自然秩序(natural order)和创制秩序(designed order)[2]而采用秩序建构方案连续体的两端,就似乎在说明,面对社会秩序建构追求,人类仅剩下两种非此即彼的极端选项:一种是不由任何人有意识地创造而来的自由主义市场秩序;另一种则是由人创造出来的、具有单一意愿和单一权威来源的独裁主义人为秩序,并且它是"建立在命令与服从的关系基础上,是一种'上级权威有权对下级个体行为进行强制性指挥'的等级制度"[3]。这种二分法的秩序类型划分在逻辑上否定了人类创造和建构其他秩序的可能性。而在规则治理功能上,人类因对自然必然性的恐惧而形成共

---

〔1〕 R. Kley, *Hayek's Social and Political Thought*, Oxford：Clarendon Press, 1994.

〔2〕 F. A. Hayek, *Hayek on Hayek：An Autobiographical Dialogue*, Edited by Stephen Kresge and Leif Wenar, London：Routledge, 1994.

〔3〕 [英]安德鲁·甘布尔：《自由的铁笼：哈耶克传》,王晓冬、朱之江译,江苏人民出版社2002年版,第48页。

同遵守的规则，获得了自然秩序，又在规训与惩罚文明化进程中通过作为"结构中相对稳定的知识"[1]的规则来建构表征为"分工-协作体系和命令-服从"关系的创制秩序。准确地说，这些秩序的建构是通过控制性规则来实现和施行的，并且这种建构思路也同时出现在组织内部和整个社会中。

在人类社会的互动关系中，如果说现实是社会建构的[2][3]，那么，规则的生成和秩序的获得必然存在着相互建构的强关联性，即秩序建构的目标对规则的生成提出了要求，规则生成又反过来形塑了秩序目标及其实现状态。由此，我们发现，秩序建构的逻辑可以基于规则生成方式的改变而发生颠覆性变革。

与农业社会的自然秩序相比，人类在工业社会历史阶段建构了创制秩序。其基本的逻辑是：正是看到了自然秩序中充满了混乱、不安、暴力等恐惧，受到工业化"法学的启蒙"[4]影响的人们提出了创制"以规则以及制度规范体系的建构为导向的"[5]秩序的强烈诉求，而这一诉求的首要任务便是消除一切违背秩序建构目标的不确定、不受控、难预测的例外行动，而实现这一任务的首选路径则是基于理性主义进行规则的科学设计，以框定行动的边界、结构化行动的逻辑。实际上，行动者的行动就是对经由理性主义科学设计的预设规则的一种被动回应。我们看到：一方面，在产生行动边界和逻辑的过程中，治理者将作为知识的规则嵌入秩序建构（应该或不应该做什么以及如何做）；另一方面，在行动者被动回应规则而采取行动的过程中，治理者又将作为恐惧的规则嵌入秩序建构（做错了就会受到相应惩罚）。通过知识和恐惧的双重嵌入，行动者及其行动就表征为规则所期望的充满活力的竞争状态。这种竞争状态并非行动者主观意愿或自由选择所努力争取的，而是在规则预设中已经潜埋好的，即规则的设定便是朝着激发行动者竞争活力而去的，或者出于生产效率提高的意图，或者出于政治秩序诉求的谋划，或者出于消除

---

〔1〕 周军：《加速化社会的治理方案：从固化模式到灵活行动》，载《河南师范大学学报（哲学社会科学报）》2021 年第 1 期。

〔2〕 P. L. Berger & T. Luckmann, *The Social Construction of Reality: A Treatise in the Sociology of Knowledge*, London, UK: Penguin Books, 1966.

〔3〕 ［美］全钟燮：《公共行政的社会建构：解释与批判》，孙柏瑛等译，孙柏瑛校，北京大学出版社 2008 年版，第 44 页。

〔4〕 张康之：《启蒙，再启蒙》，江苏人民出版社 2020 年版，第 8 页。

〔5〕 张康之：《启蒙，再启蒙》，江苏人民出版社 2020 年版，第 8 页。

个体价值判断的祛魅。逻辑和现实的结果都是，独立于人而存在的、经由工具理性科学设计的规则体系，不仅将社会中的外部行动者镶嵌到官僚制的等级体系中，也同时将治理体系中的内部行动者镶嵌进来。其实，这就是在"分工-协作"体系中，利用组织的规则体系结构化社会的规则体系的统一性过程。那么，这也就不存在从组织拓展至整个社会的问题了，因为它本身就是同一个秩序建构过程。

与二分法的秩序划分不同，基于唯物历史观的考察，我们在农业社会的自然秩序、工业社会的创制秩序之后发现了后工业社会走向合作秩序建构的趋势和逻辑。[1]面向全球化、后工业化进程呈现的高速流动性和高度开放性、高度复杂性和高度不确定性的社会现实和总体特征，顺势而为的自然秩序和控制导向的创制秩序都可能会将人类社会引入"终结"的深渊。因而，为了人的共生共在，我们需要为之建构另一种符合未来现实需求的自觉秩序，它既不是自发秩序或人为秩序，又不是自然秩序或创制秩序，而是超越了人为秩序和创制秩序却包含了人类主观能动性、理论建构规划、制度合理安排的合作秩序。基于不同历史阶段的社会治理对制定和维护规则的要求不同，后工业社会的治理目标是创新，那么合作秩序实质上便是一种追求创新的秩序，它以人类的创新追求为根本，其规则体系也要围绕着人类创新追求的实现来加以积极建构，这种规则体系不仅不否定行动者的主观意愿和自由选择，反而更加需要行动者的积极性、主动性、自觉性在其中发挥更加积极的功能。

因而，在合作秩序建构的过程中，规则是促进人类创新能力不断提升的驱动力，它是支持创新的规则体系。也就是说，规则功能发生了本质属性的变革，即从"控制性规则"向"促进性规则"的嬗变，与"以对规制对象行为的控制为导向的规则"不同，促进性规则是"以对规制对象行为的促进与引导为导向的规则"，因而它"是一种引导性的规则，它鼓励组织成员在不确定性之中采取自主行动，但并不放任组织成员的行动"[2]。可以说，促进性规则是行动中的规则，它打破了规则作为恐惧和知识的基本逻辑，并朝向了积极建构人类社会基于总体性知识的治理智慧。在合作治理的"行动者网络"中，规则的功能及其建构的逻辑是：规则应行动而生，而非行动因规则而如

---

〔1〕 张康之、张乾友：《论复杂社会的秩序》，载《学海》2010年第1期。

〔2〕 张乾友：《论社会治理中的控制性规则与促进性规则》，载《江苏社会科学》2014年第3期。

是。面向高速流动性和高度开放性、高度复杂性和高度不确定性的社会现实和总体特征，以开放性、流动性、自觉性为表征的合作治理，其行动目标的实现需要多元行动者自由自觉的合作行动。那么，怎样才能产生这种合作的行动以实现合作的目标呢？促进性规则的建构逻辑对这一问题的回答是：根据平等合作的需求和自觉行动的诉求，动态生成能够能促进行动者采取合作行动的规则体系，使每一个参与具体合作行动的行动者清楚地知道：自己应如何发挥自身的优势、如何扮演好自己的角色、如何履行好自己的责任义务、如何在合作体系中给出公共支付。以此为目标，产生的规则便不再是预先设定好的控制导向的规则，而是依据合作的需要而动态生成的"行动中的规则"。

韶关智能化社区治理路径
——基于扎根理论方法的研究

黄　璞　马全中　向文煊*

内容摘要：智能化能够降低城市社区治理的成本，满足社区居民的个性化需求。通过扎根理论对韶关智能化社区治理相关政策、新闻、报告等文本资料进行编码分析，构建了韶关智能化社区治理的路径模型。研究发现，韶关智能化社区治理以物联网、大数据、智能平台为基础和载体，推进党建、公共管理、政务、公共服务、公共安全等方面治理现代化。目前韶关智能化社区治理处于深化阶段，注重基础设施建设、信息技术融入与智能平台运用。

关键词：智能化；社区治理；扎根理论

引　言

《中共中央、国务院关于加强和完善城乡社区治理的意见》提出增强社区信息化应用能力，推进智慧社区信息系统建设。但当前我国城市智能化社区治理处于试点发展初期，实践模式并不成熟。[1]随着"智能"生活方式加速

---

　　* 黄璞（1985年-），男，湖南洞口人，博士，韶关学院政法学院讲师，研究方向：基层治理理论与实务；马全中（1974年-），男，河南信阳人，博士，韶关学院政法学院教授，研究方向：服务型政府和社会组织研究；向文煊（2004年-），女，湖南邵阳人，东莞城市学院会计学专业本科在读。

　　基金项目：广东省哲学社会科学规划项目"技术治理理论视野下新时代社区治理运行机制研究：基于四种典型模式的经验分析"（GD20CZZ03）；韶关学院科研项目"'主体—结构—过程'分析框架下社区治理模式比较与发展研究"（SZ2019SK05）；广东省教育科学规划课题"'四个走在全国前列'背景下广东省社区治理模式创新跟踪调查研究"（2019GXJK022）。

　　〔1〕 高峰：《法治设计需与智慧社区治理同步》，载《学术前沿》2020年第3期。

进入人们的生活，智能化社区治理研究也成为学术界关注的重点。[1]韶关市作为市域社会治理现代化第一批试点城市，在智能化社区治理领域进行了相关探索与改革，探讨韶关智能化社区治理，总结其经验教训，能为我国其他城市智能化社区治理实践及理论研究提供一定的借鉴。在这一背景下，分析韶关智能化社区治理，以深入探讨我国城市智能化社区治理实施的可行性路径，具有重要的意义。

一、文献探讨

随着城市社区智能化水平的提高，物联网、大数据和人工智能等技术在社会生活中的应用不断增加。[2]许多地方在社会治理的实践中不断探索推进智能化建设的方法与路径，[3]越来越多的研究者也开始对智能化社区治理展开研究。杨雅厦认为，智能化社会治理就是通过大数据、云计算、物联网等信息技术，重构社会生产与社会组织彼此关联的形态。[4]韩瑞波和唐鸣指出，基层社会治理智能化，运用的是互联网、大数据、云计算、物联网、区块链等信息技术手段。[5]王法硕指出，智能化社区治理是指将互联网、移动互联网、大数据、云计算、物联网、人工智能、社交媒体等新一代信息技术有效嵌入城乡社区治理体系。[6]

（一）智能化社区治理的模式

社区治理发展被分为自下而上的地方发展模式和自上而下的社会计划模式。[7]社区治理工作以自上而下的"命令"为导向；[8]在中国，自上而下的层级机制在城市社区治理中发挥着重要作用。[9]有学者指出，社区治理一般强调的是水平而不是垂直关系，还强调民主的知识生产和学者与社区的联合

〔1〕 罗新忠：《社区治理智能化》，上海交通大学出版社 2020 年版。
〔2〕 罗新忠：《社区治理智能化》，上海交通大学出版社 2020 年版。
〔3〕 刘灿华：《社会治理智能化：实践创新与路径优化》，载《电子政务》2021 年第 3 期。
〔4〕 杨雅厦：《应用大数据提升社会治理智能化水平》，载《智库时代》2017 年第 1 期。
〔5〕 韩瑞波、唐鸣：《基层社会治理智能化的潜在风险与化解防范——基于 Y 市 Z 区的案例研究》，载《宁夏社会科学》2021 年第 1 期。
〔6〕 王法硕：《智能化社区治理：分析框架与多案例比较》，载《中国行政管理》2020 年第 12 期。
〔7〕 陈涛：《社区发展：历史、理论和模式》，载《中国人口·资源与环境》1997 年第 1 期。
〔8〕 周振超、陈治宇：《提升社区治理效能的机理探析——基于结构—资源—效能的视角》，载《学习论坛》2022 年第 1 期。
〔9〕 杨辰：《城乡社区发展与住房建设》，载《城市规划学刊》2022 年第 5 期。

行动。[1]发展中国家和地区的社区治理模式的发展，除了强调当地居民参与以外，还受到了国际力量的推动。[2]智慧社区的网络空间构建改变了传统社区的权力流动和运行方式，居民自下而上的微观权力得到彰显。[3]

（二）智能化社区治理的效果

积极层面，智能化社区治理促进了当地经济的发展，[4]帮助家庭获得融资，[5]使政府更有效率，[6]提升居民参与度[7]；智能化社区治理促使资源下沉与整合，[8]改变居民在社区中的被动地位，[9]提升社区治理能力和水平[10]。消极层面，许多社区治理发展项目可能会导致一系列紧张关系，[11]智能化中的信息技术创新存在一些风险[12]；智能化社区治理存在治理理念、信息平台、体制机制、资源保障等协同不足，[13]重数据收集、轻个人信息保护，[14]增加基层自治组织的工作负担、形成技术依赖和数据垄断等反治

〔1〕 Sanchez Youngman et al. , "Structural Community Governance: Importance for Community‐Academic Research Partnerships", *American Journal of Community Psychology*, 67（2021），271.

〔2〕 K. Sue，H. Azwar & F. Ismet，"Community Development in Indonesia", *Community Development Journal*, 52（2017），107.

〔3〕 吴海琳、程茹：《走向"复合型社会"赋能的智慧社区建设——空间社会学视角下的"十三社区"案例分析》，载《福建师范大学学报（哲学社会科学版）》2021年第4期。

〔4〕 S. Utary, "Smart Community Governance Dalam Program Geopark Ngarai Sianok di Kota Bukitting", *JAKP（Jurnal Administrasi dan Kebijakan Publik）*, 3（2019），109.

〔5〕 T. Putnam & D. Brown, "Grassroots retrofit: Community governance and residential energy transitions in the United Kingdom", *Energy Research & Social Science*, 2021, 78.

〔6〕 A. Coe，G. Paquet & J. Roy，"E‐governance and Smart Communities: A Social Learning Challenge", *Social Science Computer Review*, 19（2001），80.

〔7〕 L. Anthopoulos & P. Fitsilis, *From Online to Ubiquitous Cities: The Technical Transformation of Virtual Communities*, Next Generation Society, Technological and Legal Issues, Springer Berlin Heidelberg, 2009.

〔8〕 原珂：《推进社区治理能力现代化的系统思路》，载《理论探索》2021年第3期。

〔9〕 汪碧刚：《智慧社区与城市治理》，中国城市出版社2020年版。

〔10〕 王法硕：《智能化社区治理：分析框架与多案例比较》，载《中国行政管理》2020年第12期。

〔11〕 Paul O'Hare, "Resisting the 'Long-Arm' of the State? Spheres of Capture and Opportunities for Autonomy in Community Governance", *International Journal of Urban and Regional Research*, 42（2018），210.

〔12〕 T. Nam & T. A. Pardo, "Smart City as Urban Innovation: Focusing on Management, Policy, and Context, Proceedings of the 5th International Conference on Theory and Practice of Electronic Governance", ACM, 2011: 185~194.

〔13〕 叶林、宋星洲、邵梓捷：《协同治理视角下的"互联网+"城市社区治理创新——以G省D区为例》，载《中国行政管理》2018年第1期。

〔14〕 马俊：《论智能技术对社会治理变革的影响》，载《行政论坛》2022年第4期。

理悖论〔1〕。

（三）智能化社区治理的影响因素

主体和环境被认为是智能化社区治理的主要影响因素。主体层面，智能化社区治理的关键在于政府，〔2〕其中专家也很重要〔3〕；智能化社区治理包括政府、市场、公众等多个参与主体，〔4〕地产开发商影响了社区智能治理模式〔5〕。环境层面，智能化社区治理取决于当地经济水平，信息技术也很重要〔6〕，此外，体制机制、权力政治和利益、能力限制和资源限制等，与智能化社区治理效果紧密相关〔7〕；政策、经济、社会、技术等环境与智能化社区发展密切相关〔8〕，新一代信息技术影响着智能化社区的发展〔9〕，科学技术治理工具也被视为实现社区智能治理的重要支撑〔10〕。

（四）对现有文献的评价

综上，学界对智能化社区治理的模式、效果与影响因素进行了较为深入的分析和探讨，为本文提供了研究基础和铺垫，但仍存在两个问题：一是深度不够，缺乏对不同治理案例的系统梳理与比较〔11〕；二是目前的研究大多停

〔1〕陈荣卓、刘亚楠：《城市社区治理信息化的技术偏好与适应性变革——基于"第三批全国社区治理与服务创新实验区"的多案例分析》，载《社会主义研究》2019年第4期。

〔2〕M. Aleksandra & S. Aleksandra, "Composite Indicator of Social Responsiveness of Local Governments: An Empirical Mapping of the Networked Community Governance Paradigm", *Social Indicators Research*, 144 (2019), 669.

〔3〕Sanchez Youngman et al., "Structural Community Governance: Importance for Community-Academic Research Partnerships", *American Journal of Community Psychology*, 67 (2021), 271.

〔4〕王青娥、柴玄玄、张謇：《智慧城市信息安全风险及保障体系构建》，载《科技进步与对策》2018年第24期。

〔5〕陈立文、赵士雯：《智慧社区运营管理体系及平台构建研究——基于利益相关者视角》，载《当代经济管理》2018年第8期。

〔6〕T. Federici & A. M. Braccini, "'Gentlemen, all Aboard!' ICT and Party Politics: Reflections from a Mass-eParticipation Experience", *Government Information Quarterly*, 32 (2015), 287.

〔7〕K. K. Acharya & H. Zafarullah, "Community Governance and Service Delivery in Nepal: an Assessment of Influencing Factors", *Commonwealth Journal of Local Governance*, 2019.

〔8〕金江军：《智慧城市：大数据、互联网时代的城市治理》（第5版），电子工业出版社2021年版。

〔9〕宋晓娟、王庆华：《智慧社区：主体间新关系与治理新形态》，载《电子政务》2020年第4期。

〔10〕汪仲启、赵二毛：《夹缝中运作与非线性演进：城市社区中的技术治理生成机制研究——基于对S市L街道"社区智慧大脑"的历时性分析》，载《电子政务》2022年第1期。

〔11〕吴晓林、李一：《全球视野下的社区发展模式比较》，载《行政论坛》2021年第5期。

留在传统规范研究及案例研究，而运用一手及二手数据开展实证研究的成果还相对缺乏。[1]因此，挖掘现实层面特别是基于某一城市治理案例并借鉴相关学科先进的分析方法，是未来智能化社区治理研究的发展趋势。智能化社区治理是将新一代信息技术应用和嵌入社区治理体系的新型社区治理模式，需要从具体实践案例扩展研究，也需要运用扎根理论以构建其治理模型。同时，扎根研究方法结合比较分析可以提供更加科学、规范的技术保障。韶关市作为市域社会治理现代化第一批试点城市，对智能化社区治理进行了一系列有益的探索，拥有较为丰富的实践案例。本文受到以上启发，将韶关智能化社区治理作为研究对象。通过扎根理论分析韶关智能化社区治理相关文本资料，构建韶关智能化社区治理路径模型，并对模型进行分析，可为我国在城市智能化社区治理建设过程中遭遇的问题提供解决方案。为此，本文通过对韶关智能化社区治理文本资料进行扎根理论分析，构建和分析韶关智能化社区治理模型，推动智能化社区治理研究的发展。

二、研究设计、范畴提炼与模型建构

（一）研究方法

扎根理论被誉为质性研究中最科学的方法论，强调在自然情境下，采用归纳的方法对社会特殊现象进行探究和建构。[2]本文研究的问题是"韶关智能化社区治理路径"，是在市域社会治理现代化试点提出并将韶关市作为第一批试点城市后，对韶关智能化社区治理实践的提炼与总结，进而初步对智能化社区治理的路径进行理论构建。因此，本文采用扎根理论的方法，对市域社会治理现代化试点提出后韶关智能化社区治理的政策、新闻、报告等文本进行逐步编码。

扎根理论是美国学者巴尼·格拉泽（Barney Glaser）和安瑟伦·斯特劳斯（Anselm Strauss）提出的一种质性研究方法，旨在从经验资料的基础上建立出一个理论框架。研究者在研究开始前并没有理论预设，而是从直接的观察入手，运用归纳的方法对资料和数据进行分析整理，从而提取出研究理论。[3]

---

〔1〕 郑烨、姜蕴珊：《走进智慧城市：中国智慧城市研究的十年发展脉络与主题谱系》，载《公共管理与政策评论》2021年第5期。

〔2〕 陈向明：《扎根理论的思路和方法》，载《教育研究与实验》1999年第4期。

〔3〕 B. G. Glaser & A. L. Strauss, *The Discovery of Grounded Theory: Strategies for Qualitative Research*, New York: Adline de Gruyter, 1967.

这种方法适用于研究人与人之间以及个人与社会之间的互动关系。它不仅可以创建新理论，还可以对已有的理论进行验证。因此，它主张研究者带着问题，对原始资料进行经验概括，自上而下地归纳出概念和命题。如图 1 所示，我们运用了见实译码（In Vivo Coding）分三个步骤对文本材料进行了分析，即开放编码（Open Coding）、轴心编码（Axial Coding）和选择性编码（Selective Coding）。在开放编码阶段，我们对筛选出的所有文本进行逐字逐句以及逐个事件的编码，从而识别一些主题并将其归类；在轴心编码阶段，我们将上一阶段的编码进行了归纳，并提取出主范畴；最后，将主范畴有机关联，并构建出理论模型。

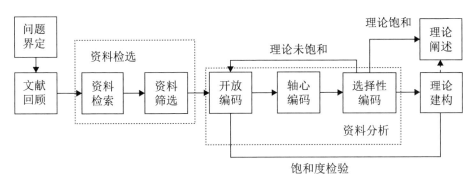

图 1　研究流程图

资料来源：本文整理。

（二）数据收集

本文的数据来源于韶关 3 区 7 县（市）的官网内关于智能化社区治理的政策、新闻、报告等文本资料，总共收集了 145 份文本资料。其中，政策文本 4 份、新闻 66 份、报告 75 份。样本数的确定按照年份进行抽样，并按照理论饱和原则进行多轮抽取。第 1 轮各年份抽取 10 份样本进行编码，第 2 轮再各年份抽取 10 份样本进行编码，直到理论饱和。本文共进行了 4 轮资料抽取，而 2020 年文本资料较少，故 2020 年只抽取 2 轮，2021 年和 2022 年均抽取 4 轮，但从编码情况来看，第 3 轮编码理论已趋于饱和。

（三）开放式编码提炼概念与范畴

开放编码是将文本资料进行分解、归纳，进而概念化的第一个阶段。开放式编码是对原始资料逐字逐句地进行编码、标签、登录，从原始资料中发展初始概念、提炼范畴。[1]本文采用 Nvivo 12 软件对所收集到的文本资料进行处理。一是对导入的文本内容进行逐字逐句的阅读。在阅读过程中对语句和案例进行抽象化,然后进行编号和命名。例如,许多文献中都出现了平台、数据、互联网等内容。因此,在开放编码阶段,我们利用软件在文本上标注了抽象化的概念,用以在接下来的步骤中对概念进行归纳和进一步的提炼。二是发展初始概念,对初始编码形成的节点不断进行比较、分析和归纳,合并整理,衍生出 76 个初始概念。如"智能化组织建设"由原始语句"建立人才数据库,利用人工智能技术筛选人才"归纳抽象而成。三是提炼范畴。范畴是对概念的进一步提炼,由多个具有相同指向的概念聚拢后提炼而成。如将"智能化党务""智能化思想政治建设""智能化组织建设""智能化纪律建设""智能化作风建设"归纳进"智能化党建"范畴。最终得到 13 个初始范畴。开放性编码的部分结果如表 1 所示。

表 1   开放编码节选

范畴	初始概念编码	原始资料摘录
智能化党建	智能化党务工作	利用"韶关先锋"微信公众号的"在职党员到社区报到"平台,引导在职党员完成线上报到……
	智能化组织建设	建立人才数据库,利用人工智能技术筛选人才……发挥广东党建云平台作用,加强对外出流动党员的教育管理……在线参加组织生活……
智能化政务	电子化线上服务	将电子印章、电子证照等在线上服务中的应用,推进高频事项"免证办"……
	"一门式一网式"政务服务	曲江区松山街道已向社区全面推进"一门式一网式"政府服务模式改革……
智能化公共管理	打通信息壁垒	乳源……推广应用"智慧乳源"数据平台,打通地方、部门、企事业单位之间的信息壁垒……
	智能化指挥、辅助决策	搭建应急管理平台,实现了智能化的应急指挥和辅助决策。
智能化公共服务	智慧民政	提升"智慧民政"建设力度,实行"互联网+民政服务",强化民政数据治理和数据共建共享共用……
	智慧警务	充分发挥智慧数据作用,将智慧警务推向新高度……

---

[1] 陈向明:《扎根理论的思路和方法》,载《教育研究与实验》1999 年第 4 期。

续表

范畴	初始概念编码	原始资料摘录
智能化公共安全	智能化安全防范	丹霞新城、碧桂园、盛世名庭等物业小区增加人脸识别门禁功能，安全防范走向智能化。
	智能化林区防火	依托视频监控智能分析子系统，采取云计算、大数据……新一代信息技术，提高我县林区火灾风险防范和安全管理能力。
物联设施设备、网络	智慧化基础设施	目前，我市（南雄）新建小区碧桂园、大福名城、雄州壹品等都配置了智慧化基础设施……信息发布大屏、测风箱体和 mac 采集摄像枪等设备也已上线使用。
	视频监控点	建成 39 个视频监控点和……并投入使用……
大数据	数据录入	并把所有"三资"信息全部录入网络……
	数据整合共享	构建乳源数据中心，整合各单位的信息数据，促进信息共享……整合社区各类服务主体、服务对象、服务资源等信息……
智能平台	政务服务平台	积极开展政务服务平台宣传推广应用……
	治安视频监控平台	……并完成视频监控接入派出所治安视频监控平台。

资料来源：本文整理。

（四）轴心编码

轴心编码是对开放性编码所形成的众多范畴予以进一步深化的过程，旨在得到具有更强概括性或者更高抽象水平的范畴。其主要任务是发现和构建范畴之间的各种联系，包括因果关系、时间关系、先后关系、情境关系、相似关系等，[1] 从而将前一阶段得到的范畴有机联系起来。本文通过对开放性编码得到的 76 个初始概念进行总结提升，归纳得出了物联网、大数据、智能平台、智能化党建等 13 个初始范畴，然后在初始范畴的基础上再次提炼出包括智能化社区治理载体、应用场景、影响因素、治理效果在内的 4 个主范畴，具体如表 2 所示。

---

[1] 陈向明：《质的研究方法与社会科学研究》，教育科学出版社 2000 年版。

表 2　轴心编码提炼

主范畴	初始范畴	内涵解释
智能化社区治理载体	物联网	基于传感技术的物物相联、人物相联和人人相联的信息实时共享网络
	大数据	超大规模的数据集，大量的、不断增长的数据资源
	智能平台	运用电子计算机模拟、延伸和扩展人力、智力活动的应用平台
智能化社区治理应用场景	智能化党建	智能化党的建设工作，实现科技赋能社区基层党建
	智能化政务	主要指"互联网+政务服务"，即提供互联网在线行政服务，实现行政事项跨部门、跨地区、跨层级办理
	智能化公共管理	体现在三个方面，智能化数据收集和监控、数据整理与分析、决策形成与指挥调度
	智能化公共服务	运用智能化技术提供公共服务
	智能化公共安全	在物联网基础上，运用大数据技术和人工智能技术维护公共安全
智能化社区治理影响因素	主体	主要包括政府、社会组织和公民个人
	环境	主要包含社会环境、经济环境和科技环境
智能化社区治理效果	提升基层党建工作水平	社区通过推进基层党建智能化，提升治理效能
	提升"三公"治理效能	社区通过推进公共管理、公共服务和公共安全智能化，提升治理效能
	提升自治共治效能	智能化技术应用于社区自治和共治，提升社区自治和共治的效能

资料来源：本文整理。

（五）选择性编码与模型构建

选择性编码是对核心范畴进行深入研究，分析其内在关联，并梳理出一条"故事线"，将碎片化的概念有机关联的阶段。经过选择性编码，我们从韶关智能化社区治理机制中梳理出了一条清晰的线索：政府、社会组织和公民个人均为智能化社区治理的主体，在这些主体当中，政府需承担起领导责任，并做好统筹协调、资源提供、信息共享等工作，体现出一种自上而下的治理模式。物联网、大数据和智能平台构成智能化社区治理的物质载体。社区通过推进基层党建、政务工作、公共管理、公共服务和公共安全智能化，提升治理效能。此外，有效的智能化社区治理需要一定的资源和保障机制，并受主体和外部环境的制约。构建出的智能化社区治理模型如图 2 所示。

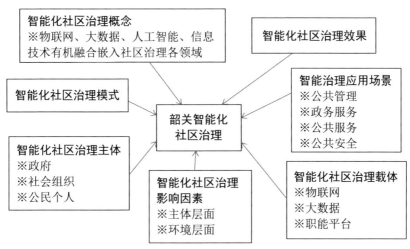

图 2　韶关智能化社区治理模型

资料来源：本文整理。

三、模型阐释

（一）智能化社区治理内涵

智能化社区治理是社区治理的一种新理念，是新形势下社会治理现代化的一种新模式。智能化社区治理是指充分利用物联网、云计算、移动互联网、人工智能等新一代信息技术的集成应用，为社区居民提供一个安全、舒适、便利的现代化、智能化生活环境，从而形成基于信息化、智能化社会管理与服务的一种新的管理形态的社区。总之，智能化社区治理，既是智能化手段全面嵌入社区治理各领域、各环节的过程，也是智能化技术与人力、资金、制度等要素有机融合的过程，更是以数据理念思维重构治理模式、以数据整合分析提升治理效能，进而推动实现社会治理体系和治理能力现代化的过程。[1]

---

〔1〕 罗新忠：《社区治理智能化》，上海交通大学出版社 2020 年版。

（二）智能化社区治理的多元主体

多元主体是推进社区治理智能化、实现社区自治共治的重要力量。要继续发挥智能化技术强大的资源整合、信息共享、互联互通功能，切实增强多元主体之间的联系和互动，培养和激发非政府主体参与社区治理的习惯和热情，以期成功"建设人人有责、人人尽责、人人享有的社会治理共同体"[1]。如南雄就明确提出，坚持党组织主导，打破街道社区与机关事业单位之间的行政隶属壁垒，优化整合区域内的行政资源和党建资源，激活街道社区治理的多元主体。

（三）智能化社区治理的载体

1. 物联网

物联网的作用在于运用信息技术将智能设备嵌入社区治理中的相关载体和居民活动空间，对物与物、人与物之间的信息进行传递和控制。智能设备是物联网的终端触点，物联网通过这些智能设备采集、传输数据。智能设备主要包括各种传感器、监测设备等，如人脸识别摄像头、人体红外感应器、家庭煤气泄漏报警器、独居老人生命体征探测器、垃圾桶自动感应器等。如曲江已完成"风景园小区"智慧小区试点建设，建成39个视频监控点和人脸识别点并投入使用，人脸识别门口机已联物业门禁系统，信息发布大屏、测风箱体和mac采集摄像枪等设备也已上线使用。除了智能设备之外，物联网还包括一定的带宽、有线或无线的传输网络。如乳源依托视频监控智能分析子系统，采取移动互联等新一代信息技术，提高林区火灾风险防范和安全管理能力。

2. 大数据

对于社区治理来说，大数据就是在社区治理过程中所产生的海量信息资源。因此，大数据也有"数据海"之说。它不仅包括政府在运行过程中所收集到的人口、地理、经济、社会、信用等官方统计数据，各类文件、报告以及在不同活动中所形成的文献资料，还包括企业与个人在参与社会生产生活时产生的生产数据与消费数据，以及关乎人的情感、态度、诉求等方面并与人的幸福感、获得感、安全感密切相关的"民意数据"。这些数据通过人工智

〔1〕《中共中央关于坚持和完善中国特色社会主义制度 推进国家治理体系和治理能力现代化若干重大问题的决定》。

能技术的筛选与分析，再由决策机构运用流程经过不断优化创新的数据处理模式进行二次甚至多次处理，厘清其中的关联，发现内部规律，进而在一定程度上预测社区需求、预判社区问题，提升社区治理的主动性和针对性。如乳源构建了"三中心、两体系（标准体系、安全体系）、N 应用"的新型智慧城市框架，对接 29 个部门的 8 大类超过 90 多万条业务数据，构建了"数字乳源"的大数据雏形，满足当前需求。

3. 智能平台

"智能平台"是汇集融合多方信息、分析研究各类数据、发出各类决策指令的一系列人机交互界面。没有这个平台作为依托，决策者也就无法将人的指令转化成机器所能运行的各类程序和电子信号。智能化治理主要是依托这个平台展开的。比如，韶关综合运行管理平台、"一网通办"平台等，本质上就是一个个独立、完整的社区治理智能平台，它们可能在形式上表现为官方网站、微信公众号、手持式智能终端或者是管理城市交通的大型监控指挥系统等，因平台各自功能的侧重点不同而配置不同的硬件设备，进而呈现出不同的外在形式。

（四）智能化社区治理应用场景

1. 智能化党建

党的十九大报告提出"党是领导一切的"这一时代命题，从领导范围上进一步明确"党政军学民，东西南北中，党是领导一切的"[1]，全面强化党在社区治理领域的领导核心作用是这一命题的应有之义。社区治理智能化一方面可以服务于社区党建工作，密切党组织与广大党员的联系，发挥党员的先锋模范作用；另一方面也可以提高基层党组织统筹资源的范围和效率，更好地开展社区治理工作。如南雄利用"韶关先锋"微信公众号的"在职党员到社区报到"平台，引导在职党员完成线上报到，并对社区党组织在"报到平台""吹哨"发布的任务进行主动"接单"认领，按指引参加线下志愿服务活动。

2. 智能化公共管理

公共管理是指以政府行政机关为核心的国家机关和以公益性为导向的社会组织，为实现与提升公共利益，以协同治理的方式为社会有效提供公共产

---

[1] 习近平：《决胜全面建成小康社会，夺取新时代中国特色社会主义伟大胜利——在中国共产党第十九次全国代表大会上的报告（2017 年 10 月 18 日）》，人民出版社 2018 年版。

品和服务的活动。[1]围绕人、地、物形成的社区公共管理体系是社区治理智能化的一个重要应用领域。如韶关部分县（市）区注重运用大数据等新技术手段分析民政服务对象的法治需求，精准、有效地强化普法供给。

3. 智能化公共服务

作为 21 世纪公共行政和政府改革的核心理念，公共服务（publicservice）是公共部门与准公共部门为满足社会公共需要而提供的产品与服务的总称，是由以政府为主的公共部门生产、供全社会所有公民共同消费和平等享受的社会产品。[2]公共服务是社区治理的重要领域，与社区居民生活的联系最为紧密。由此，在事关民生的公共服务领域推进智能化应用就成了智能化社区治理极为重要的一个方面。如韶关依托社区综合服务场所及网点，以智慧社区服务信息系统为支撑，整合社区各类服务主体、服务对象、服务资源等信息，通过大数据分析、信息对接等方式，提供社区公共管理、公共服务、志愿服务、公益慈善、便民服务等智能化服务，推动"互联网+"与城乡社区服务深度融合。

4. 智能化公共安全

所谓公共安全，是指社会和公民个人正常的生活、工作、学习、娱乐和交往所需要的稳定的外部环境和秩序。而所谓公共安全管理，是指国家行政机关为维护社会公共安全秩序、保障公民合法权益以及社会各项活动正常进行而实施的各种行政活动的总和。[3]智能化技术在社区公共安全领域的应用是解决公共安全领域违法犯罪难题及风险防范的实际需求。智能化技术与社区公共安全的紧密结合，在无形之中为每个人提供了一张安全、可靠的"智慧公安"防护网。如韶关加快智慧公安现代化建设，常态化开展扫黑除恶，严厉打击突出违法犯罪和新型网络犯罪行为。

（五）智能化社区治理影响因素

主体和环境影响社区治理能效，基本要素有四个，分别是人力、资金、技术、制度。科技革命提高社会生产力、改变社会生活面貌的巨大作用体现在社区治理领域，就是技术要素加入社区治理公共产品或公共服务的生产过

〔1〕 宋世明：《政府转型是从公共行政迈向公共管理》，载《光明日报》2013 年 11 月 13 日。
〔2〕 李军鹏：《公共服务型政府》，北京大学出版社 2004 年版。
〔3〕 李庆志、翟明清：《转型期的我国公共危机与公共安全管理问题》，载《商情》2009 年第 6 期。

程，"从信息采集、分析研判、资源整合、指挥协调到评价反馈"，"通过线上与线下相结合的方式，为推进社会治理现代化提供技术支撑"。[1]在这里，技术要素不能独立发挥作用，而是需要与人力、制度、资金等要素有机结合。韶关智能化社区治理能效与主体（政府、社会组织和个人）和环境（经济状况、信息技术、相关制度）密切相关。

（六）智能化社区治理效果

1. 提升基层党建工作水平

社区治理智能化一方面可以服务于社区党建工作，密切党组织与广大党员的联系，发挥党员的先锋模范作用；另一方面也可以提高基层党组织统筹资源的范围和效率，更好地开展社区治理工作。如韶关充分发挥"广东党建云"平台党员教育培训作用。增强党员党性意识，引导党员使用"党建云"平台看视频、听音频，学习新思想、知晓国家大事、了解党的历史和地区发展情况，在线参加组织生活，提出意见和建议等。

2. 提升"三公"治理效能

公共管理、公共服务和公共安全是社区治理的主要工作领域，也是社区治理智能化的主战场。通过推进社区治理智能化建设、提高社区治理智能化水平，可以有效提升公共管理、公共服务和公共安全的治理效能。如曲江区松山街道向社区全面推进"一门式一网式"政府服务模式改革，提升办事效率及改善服务环境；韶关还推进"互联网+公共法律服务"，推动公共法律服务智能化、精准化，不断满足人民群众的公共法律服务需求。

3. 提升自治共治效能

社区自治指的是社区居民在党组织的领导下，通过一定的组织形式和参与途径，通过民主协商，依法自主地对社区公共事务进行管理，使社区进入自我管理、自我教育、自我服务、自我监督秩序的治理过程。[2][3]社区共治指的是政府、社区自治组织、社区社会组织、社区单位、社区居民合作供给

〔1〕 唐有财、张燕、于健宁：《社会治理智能化：价值、实践形态与实现路径》，载《上海行政学院学报》2019 年第 4 期。

〔2〕 唐亚林、陈先书：《社区自治：城市社会基层民主的复归与张扬》，载《学术界》2003 年第 6 期。

〔3〕 万玲：《城市社区自治的实现路径：回顾与前瞻》，载《特区实践与理论》2015 年第 3 期。

社区公共产品、优化社区秩序、推进社区持续发展的治理过程。[1]作为社区治理的重要主题，社区自治和共治的目的都是建设"既和谐有序又充满活力"的现代社区。[2]社区自治和共治与智能化技术应用有关的项目主要包括微信平台建设、志愿者管理、电子台账等。这些智能化应用项目可以在一定程度上提升社区自治和共治的效能。如韶关部分社区依托微信群、公众号等信息平台，让居民参与社区治理，方便居民实时掌握、了解社区的最新动态和活动。

四、结论与启示

（一）研究发现

本文采用扎根理论的方法对2020年6月至2022年7月的韶关社区治理相关文本资料进行了逐步编码和系统分析，具体得出以下结论：

（1）基于扎根理论构建了智能化社区治理现实路径模型：物联网、大数据、智能平台构成了智能化社区治理的现实基础和载体，而治理现代化（智能化党建、公共管理、政务、公共服务、公共安全）是智能化社区治理的动因。智能化社区治理主体是多元的，治理模式是政府主导的自上而下的模式。影响智能化社区治理的因素包括：人力、资金、技术、制度。

（2）现阶段韶关智能化社区治理处在深化阶段。在这个阶段，其重心领域包括了基础设施建设，以及将物联网、大数据和人工智能等技术融入社区生产生活的各个领域。具体做法就是将物联网、大数据、人工智能技术运用到政务工作、公共服务、公共管理、公共安全等社区具体情境，形成物联、数联、智联三种技术要素相互连接和融合、共同作用的智能化治理平台以及与之相配套的一系列制度规范。

（二）研究贡献

（1）研究内容创新。首次运用扎根理论对韶关智能化社区治理的现实路径以及应用场景和影响因素进行了系统的总结和梳理，阐述现阶段智能化社区治理的进展，为未来的研究和实践提供参考借鉴。

---

〔1〕 潘鸿雁：《社区治理新模式：共治与自治互动》，载《学习时报》2013年6月28日。
〔2〕 《中共中央关于坚持和完善中国特色社会主义制度 推进国家治理体系和治理能力现代化若干重大问题的决定》。

（2）研究理论创新。构建了韶关智能化社区治理的路径模型。目前，关于智能化社区治理的研究主要集中于对某一具体应用领域问题的研究，侧重于对智能信息技术应用的思考。本文首次从整体上通过对已有实践的总结和分析，抽象出智能化社区治理的路径模型，为我国智能化社区治理路径提供一个可供参考的理论框架。

（三）本文不足与展望

本文中的数据来源于韶关社区治理相关政策、新闻、报告等文本资料，尽管在收集文本数据进行编码的过程中尽可能地考虑资料的全面性和完整性，并遵循理论饱和原则，但资料信息发布本身仍可能存在一定程度的主观性和侧重性。未来可以深度访谈作为资料来源对智能化社区治理路径模型进行进一步的验证和补充。同时，尽管本文在实践总结的基础上对智能化社区治理进行了理论性的探讨，但目前关于相关的理论研究仍比较匮乏。而智能化是顺应当今时代发展的大趋势，要使社区治理在正确的轨道上深入发展，仍需提供更多相应的理论指导。

社会治安协同治理法治化的韶关实践

刘　卓*

摘　要：社会治安协同治理离不开法治。我国社会治安协同治理存在协同治理主体权力界限模糊、协同治理的规范建设不足、参与主体的能动性受限和协同治理能力不足等问题。韶关市强化党的领导和完善权力运行程序，大力开展治理规范建设，积极扩大参与类主体范围并鼓励其参与治理，通过采取多种措施来提高协同治理能力。进一步完善韶关经验，还需全面确立法治理念，健全社会治安协同治理的制度，在治安协同治理规范上提质增量，保障治安协同治理规范的有效实施。

关键词：治安；协同治理；韶关；质效；清单

在中国特色社会主义新时代，社会主体对社会治安产品的需求日益多样化和多层次化。主要依靠公安机关供给治安产品的社会治安模式不能充分适应当前形势的变化。因此，强调多元主体协同提供社会治安产品的模式被嵌入社会治安。2015 年 4 月，"社会治安防控体系"的概念被我国党和政府所提出。这一概念也可以被理解为社会治安协同治理。社会治安协同治理有效化解了新时代人民群众日益增长的对社会治安的更高要求同社会治安产品供给质量不高之间的矛盾，是实现社会治安治理模式发展的必由之路。

2020 年 12 月，中国共产党明确提出了全面提升社会治理法治化水平的要求，法治在市域社会治理体系构建中的重要性愈发彰显。面对在社会治安协同治理过程中遭遇的诸多难题，如何运用法治完善市域社会治安协同治理模

---

　　* 刘卓（1985 年-），男，河南南阳人，韶关学院政法学院教师，法学博士，研究方向：法治理论。
　　项目基金：韶关学院引进（培养）人才科研经费项目"我国检察权构建的法理意蕴及制度约束（编号：431-9900064601）"。

式就成了一个亟待正视和破解的命题。广东省韶关市在社会治安协同治理方面作出了一些有益探索，值得兄弟省市借鉴。

一、社会治安协同治理的法治依赖

（一）社会治安协同治理的意蕴

滥觞于西方发达国家的协同治理理论已经为我国社会治理提供了理论基石。作为一种新型治理模式，它强调不同利益主体之间共同协作、配合，从而为共同的目标进行决策并承担责任。这种理论契合了党对完善我国社会治理格局所要求的党委、政府、社会、公众、法治、科技协同治理的特点，[1]具有强大的生命力。在新时代，社会治安协同治理，指为了共同维护良好的社会秩序并增进公共福祉，以党委、政府和公安机关为主导、以社会力量配合与协作参与治安治理，综合运用协同规则、科技支撑、公共权威与治理机制的社会治理模式。这一理论和模式具有以下特点：

其一，多元的主体。社会治安协同治理的主体包括地方党委、政府、公安机关、企事业单位、公民个人、基层群众性自治组织、社会组织及其他组织。与传统的主要依靠党委、政府和公安机关来实现社会治安治理的模式不同，这一理论更加强调树立治安协同治理的整体观念和系统观念[2]，要充分发挥其他主体的作用和能动性，采取源头治理、综合治理等方式[3]。当然，在这一理论中，党委和政府仍然是社会治安协同治理的重要主导力量。党委发挥着总揽全局、协调各方的组织和领导作用，政府则在党委领导下具体负责。公安机关是政府的组成部门，自然就代表政府全面负担着社会治安治理的职责。与此同时，企事业单位、公民个人、基层群众性自治组织及其他组织亦发挥着重要作用。企事业单位主要包括与社会治安有关的安全生产部门、保安公司、安防企业、互联网企业、网吧等文化企业、物业公司等。社会组织既包括与平安建设有关的平安协会、见义勇为基金会、酒店、旅馆等行业协会、反扒志愿会、紧急救援队、人民调解委员会等已经履行登记手续的社会组织，也包括其他未经登记的巡防队、法律援助律师、调解组织等社会组

---

〔1〕 参见 2020 年中共中央印发的《法治社会建设实施纲要（2020-2025 年）》。

〔2〕 董士昙：《对立体化社会治安防控体系建设的探索》，载《山东警察学院学报》2017 年第 4 期。

〔3〕 陈德顺、齐晨然：《云南边境县社会治安突出问题：挑战与协同治理之道——基于文山州 F 县的调查分析》，载《学术探索》2019 年第 3 期。

织。公民个人则是指自愿参与社会治安治理的志愿者，包括交通秩序维护员、平安志愿者等主体。这种多元主体是社会治安协同治理的重要特点。

其二，治理的民主性与多样性。面对纷繁复杂的现代社会，单纯依靠传统强制性服从的方式管理社会治安的模式早已无法满足现实需求，取而代之的则是多元主体的多样化社会治安治理。伴随着公益性、自愿性和互助性特征的社会主体在社会治安治理中发挥着日益重要的作用，民主参与、多样化参与成了社会协同治理模式的重要形式。民主协商、平等对话、沟通协调、恳谈调解成了民主治理的重要载体。例如，大型企业的安保治理就充分彰显了这种自主性和民主性。如果单纯依靠公安机关，不少大型企业的治理就需要非常多的警察，而这在不少人手稀缺的地方并不现实。于是，安保队伍就成了大型企事业单位的重要社会治安治理力量。在这种治理中，公民、安保队伍与警察及地方政府就需要在一种平等、民主的氛围中借助充分的沟通来实现对企业的治安治理。

其三，社会主体参与的能动性。社会治安协同治理的根源在于政府治理的有限性和低效率。它的出现就是为了提高社会治安治理的"质"和"效"。这自然需要社会主体具有充分的能动性。社会治理主体的多样性与民主性也必然同步体现为能动性。要实现这种治理的效能，社会主体的能动性就会成为一个重要的指标。社会主体的能动性越强，社会治安治理的效能越好；反之，则会越差。与此同时，社会主体的能动性越强，社会治安治理主体的协同性便越高。

（二）法治在社会治安协同治理中的价值和功能

法治具有指引、规范和保障等功能。它可以在社会治安协同治理中发挥重要作用。社会治安协同治理离不开法治。

其一，法治可以引领社会主体提高治理的积极性和能动性。多元主体参与社会治安治理虽有助于充分化解各类矛盾，但也带来了更多的不确定性和复杂性。多元主体必然带来多元的思维和行为模式，这种思维和行为模式的交错辉映有时也会不可避免地存在龃龉，甚至可能降低协同治理的成效。同时，各主体对社会治理预期的不同也增加了这种协同的复杂性。法治具有明确性、规范性和稳定性的特点。这种特点有助于使得多元主体参与的社会治安协同治理具有更强的可操作性，从而降低不确定性和复杂性。因而，法治能够使得社会治安协同实现规范化、系统化和明确化，从而提高社会主体参与治安治理的积极性和能动性，促使其更好地开展参与，保障社会治安协同治理的持续性和实效性，从而提高社会治安协同治理的整体质效。[1]

其二，法治可以保障社会治安协同治理主体间的良性关系。参与社会治安协同治理的主体间必然会在协同治理的过程中形成一种关系，而这种关系的好坏亦会深刻地影响此种协同治理的效能。如何促使这些主体间形成稳定的、有助于形成更高质量的协同治理的关系是需要解决的重要问题。法治就可以理顺这种关系，明确各主体之间的权利和义务，促使其实现良性互动，共同服务于实现社会治安协同治理现代化的目标。

其三，法治可以确认各主体参与社会治理的权力配置的正当性。为了实现社会治理的目标，就应当从系统论和整体论的角度，着眼于立体化建设。

各治理主体必然需要配备一定的权力，尽管这种权力存在不均衡性，甚至还存在主次之分、显性权力和隐性权力之分。然而，无论如何，对这种权力的分配都是必需的。这就需要科学划定各主体的权力，既避免冲突，又使得其职能得到充分的发挥。对于党委、政府以外的治理主体而言，只有运用法治赋予其必要的职能，才能使其参与具有合法性和正当性，才有利于其合法合规地推进工作，从而实现这种协同。例如，在疫情期间，小区物业究竟应当履行哪些职责以维护好小区的治安，这种职责又是否具有正当性？这些问题都需要社会治安协同治理的法治规范来回答。协同治理本身就强调公共政策的合理性、民主性和合法性。[2]这就需要通过规范配置权力来确立和提升各治理主体权力的合法性与正当性。

二、社会治安协同治理法治化的困境

（一）协同治理主体权力界限模糊

在我国当前的社会治安协同治理中，一些地方治理主体间的权力界限仍然十分模糊，缺位和越位现象依旧十分突出。这严重影响了社会治安的治理质效。这种现象在社会治安治理的主导类主体和参与类主体中均有所体现。

其一，地方党委、政法委与政府和公安机关之间的权力边界存在模糊地带。党委、政法委与政府和公安机关是地方治安治理的主导类主体。在社会

---

[1] 袁周斌：《新时代社会治安协同治理的法治化进路》，载《社会科学家》2021 年第 7 期。
[2] 蔡岚：《协同治理：复杂公共问题的解决之道》，载《暨南学报（哲学社会科学版）》2015年第 2 期。

治安协同治理体系中，"党委领导、政府负责"是基本的原则。然而，党委、政法委与政府和公安机关在社会治安治理中的权力边界却并未完全清晰地被界定。这既不利于党的领导作用的发挥，也不利于政府及公安机关社会治安治理职责的履行。

其二，企事业单位、公民个人、基层群众性自治组织、社会组织及其他组织等社会治安治理的参与类主体与主导类主体之间的界限不明。一些地方积极探索将一些服务性、经济型的社会治安治理权交给参与类主体承担。然而，在一些地方，"一管就死、一放就乱"的现象层出不穷。例如，2021年12月6日，南通市海门区三星镇爆发了"江苏南通老人卖甘蔗被'市容人员'粗暴围抢 责任人被停职"事件。[1]在这起事件中，该镇政府将市容管理委托给了通静通市容管理公司，市容管理人员便隶属于这一公司。不巧的是，这一政府放手行为在这起事件中遭遇了失败。与此同时，还有一些地方，政府与公安机关对社会治安治理权限的下放非常有限，不少本可以交由参与类主体负责的事务却依然由政府和公安机关单独负责。例如，不少地方的车检服务仍由公安机关负责，这种事务消耗了大量的警力。

（二）协同治理的规范建设不足

规范是社会治安协同治理的重要依托。只有拥有足够多的科学、合理、有效的规范性文件，才能实现真正的协同治理。易言之，只有实现协同治理的规范化、法治化，才能显著提升协同治理的质效。然而，我国社会治安协同治理的规范建设却是一个长期的短板。制定于20世纪90年代《关于加强社会治安综合治理的决定》及各省市相关法规和政府规章已经颁行了近三十年。然而，我国的社会发展情况和经济形势已经发生了天翻地覆的巨变，这些文件的多处规定已经不能有效适应我国社会。我国又于2015年4月发布了由中共中央办公厅、国务院办公厅印发的《关于加强社会治安防控体系建设的意见》。然而，这部规范却并没有明确规定社会治安协同治理的原则和运行机制。参与性治理主体需要配备哪些权力？如何理顺协同的机制并畅通协同的渠道？这些问题都不能在这部规范中找到答案。

（三）参与主体的能动性受限

尽管我国参与社会治安协同治理的非主导性主体数量有大幅增长，但这

---

〔1〕 参见 https://news. china. com/socialgd/10000169/20211207/40455911 _ 1.html，访问日期：2021年12月7日。

些主体参与的能动性却普遍较弱。其一，这些主体参与协同治理的意识不强。多数主体依然认为社会治安治理是公共权力机关的事情，与自己无关或者即便有关也不是处理自己的事情。一些主体（例如保安公司）则更多着眼于如何盈利而不是提高社会治安协同治理的质效。其二，这些主体参与社会治安协同治理的能力不强，普遍存在着动员能力、沟通能力和协同能力的不足，多数主体无法提供高质量的社会治安治理服务产品。其三，这些主体参与社会治安治理时具有较强的依附性。例如，一些参与社区矫正的公益组织，其主要经费来源于司法行政部门；不少参与法律援助的律师，并非免费提供法律援助，而是为了获取数额可观的、来自政府的援助补助。这种强烈的依附性虽然在初期有利于这些主体的运营，但从长期来看却是一种无形的枷锁和阻碍。除了经费上的依附性，其自主意识、自治能力都存着严重的不足。其四，政府的社会动员能力不强。

（四）协同治理能力不足

当前，我国普遍存在着协同治理能力不足的问题。无论是主导类主体还是参与类主体，无论是在意识上还是在能力上，都还存在一定的差距。这使得在一些地方，黑恶势力屡禁不止、死灰复燃，甚至出现了一些严重影响社会秩序的事件。正因如此，近年来，我国开展了扫黑除恶专项斗争。然而，从实践来看，社会治安协同治理的效果依然与其预期存在一定的差距。例如，2022年，在3年扫黑除恶运动结束以后，河北唐山依然出现了"烧烤店打人事件"，引发了广泛、恶劣的影响，也暴露出了社会治安协同治理的不足。此外，参与类社会主体也普遍存在着治理能力不足的难题。[1]防控力量不足和治理能力不足也是一个普遍存在着的问题。[2]

三、社会治安协同治理法治化的韶关经验

韶关市社会治安协同治理的经验为我们解决上述问题提供了有益参考。韶关市通过强化党的领导和完善权力运行程序来化解协同治理主体权力界限模糊的问题，通过大力开展治理规范建设来化解协同治理规范建设不足之殇，

〔1〕 刘宇、邹湘江：《保安业协同社会治安治理的现实困境与路径优化》，载《浙江警察学院学报》2022年第3期。
〔2〕 张晶、董洁、肖梦露：《我国地铁安全防控的现状及对策研究》，载《湖南警察学院学报》2022年第1期。

通过积极扩大参与类主体范围并鼓励其参与治理来提升参与主体的能动性，通过采取多种措施来提高协同治理能力。这些经验值得其他省市借鉴。

（一）强化党的领导和完善权力运行程序

面对治理主体权力界限模糊的问题，韶关市采取了强化党的领导和完善权力运行程序的办法。韶关市党组织的人事权和重大问题决策权得到了突出和强调，全面实行了党政（群）联席会议制度。曲江区在全区农村地区全面落实"四议两公开"，推广应用《城乡社区协商工作规范》和"五民主五公开"工作法，完善村（居）民议事决策规则，建立村（社区）党组织领导下的"民主协商、一事一议"的村（居）民协商自治模式；组织检查验收了第一批城乡社区协商示范点，发挥典型示范作用。南雄市通过构建"街道-社区-片区-小区"四级联动的城市基层党建工作格局，充分发挥了党组织和党员作用，提升社区综合治理能力。松山街道坚持党建引领城市基层服务治理工作模式，创新"一核四芯"工作法，以社区党组织为领航核心，推动党员，特别是国企退休老党员从"被管理者"转向"管理者""参与者""共建者"，在基层治理中充分发挥先锋模范作用，构建起"城市党建+志愿服务"的新格局，实现资源有效统筹、需求有效对接、服务有效落地。

（二）大力开展治理规范建设

韶关市建立了一系列制度，加快了法治化治理的步伐。这些制度既有市级层面的，又有县级及其以下层面的。总体来看，这些规范数量可观。

2018年6月，新丰县向全县各相关单位印发了《新丰县创新基层社会治理"智格工程"试点工作方案》。按照推动社会治理重心向基层下移，把更多的资源下沉到基层的目标，逐步健全网格化管理体系，完善部门、街道和社区各级工作流程，先后制定《新丰县智格工程领导小组办公室内部管理制度》《丰城街道智格工程工作制度》《社区智格工程工作站工作制度》《新丰县智格工程网格员绩效考核办法（试行）》《新丰县智格工程工作指引》《新丰县智格工程工作制度汇编》等逐步细化的管理制度，有效保障智格工程的推进落实。

2019年，韶关市公安局在借鉴"枫桥经验"的基础上，结合该市实际，制定出台了《韶关市公安局关于进一步规范派出所勤务工作的实施意见》，从2019年5月1日起，在全市实施"每周一研判、每周一提示、每日一设卡、每周一走访、每月一检查、每村（居）一组织、每日一内查、每周一训练"

的派出所"八个一"勤务机制,以有效化解各类社会矛盾,切实维护国家政治安全和社会稳定。

疫情防控进入常态化后,为解决社区工作人员不足、党组织统筹能力弱等基层治理短板,2020年4月,韶关市委印发了《关于组织在职党员到社区报到开展服务的工作方案》,建立了"社区吹哨、党员报到"工作机制,开发"在职党员到社区报到微信小程序",搭建"居民点单、社区下单、党员接单"云吹哨平台,推动全市机关、国企、事业单位党组织、在职党员服务社区常态化制度化,取得明显成效。

2020年4月份,韶关市生态环境局印发了《韶关市生态环境局领导班子夜间巡查方案》。根据该方案,每个月每个局党组织成员均会带队组织开展一次夜间巡查,通过局领导班子带队开展夜间巡查的方式,加强对群众关心的突出环境问题开展明察暗访的力度,提高执法效果,形成全天候高压态势,零容忍打击各类环境违法行为。

韶关市禁毒委开创了全省首个也是唯一一个"吸毒人员帮扶救助公益项目大赛",公益项目包括社工人才培养、吸毒人员帮扶救助、强戒所入所服务等工作,同时开展"向阳花开·阳光驿站——女性戒毒人员社会适应养护服务"韶关特色项目,全面推动我市禁毒工作的开展。

仁化县推进联合执法常态化,健全城管执法部门与行业主管部门、其他执法部门的联合执法机制,尤其是探索"公安+城管"联勤工作机制,组建联合执法队伍,开展常态化联合执法专项整治行动。曲江区委组织部印发《韶关市曲江区推行"谐约共建"工作实施方案》,推动机关事业单位与街道社区党委进行结对共建。

2020年以来,乳源县积极推进社会治理现代化,制定出台了《关于印发〈乳源瑶族自治县加快推进社会治理现代化行动方案〉的通知》(乳委平安组 [2020] 1号),在加强基层智慧治理能力建设方面进行了规划、部署。乳源县审议通过了《乳源瑶族自治县加快推进社会治理现代化的行动方案》《中共乳源瑶族自治县委平安建设领导小组2020年工作要点》《中共乳源瑶族自治县委平安乳源建设领导小组议事规则》《中共乳源瑶族自治县委平安乳源建设领导小组专项行动领导机构人员名单、职责》《2020年度平安建设(综治工作)考评标准》和《乳源瑶族自治县2020年社会治理现代化工作要点》等文件。乳源县大力深化推进乡镇体制改革,出台了《乳源瑶族自治县深化乡镇体制改革完善基层治理体系实施方案》。

南雄市制定了《南雄市落实党政主要负责人履行推进法治建设第一责任人职责情况列入年终述职内容工作实施方案（试行）》和《法治政府建设与责任落实督察工作规定》。南雄市还制定印发《南雄市信访局巡回接访工作制度》。2018 年以来，南雄市黄坑镇深入贯彻落实打造新时代广东"枫桥经验"的要求，践行"新时代枫桥经验"，制定了《黄坑镇创建"平安祥和新黄坑"三年行动方案》。珠玑镇在创建平安示范区工作之初就分析和部署了相关创建工作，进行了充分的调研，制订了《南雄市珠玑镇创建平安示范区实施方案》，进一步明确了综治工作的具体目标和工作职责，进一步健全了工作制度。2021 年 3 月，经南雄市委常委会研究讨论、制定下发了《南雄市"社会治理我先行"工作实施方案》，市直各成员单位贯彻落实各自工作职责和工作任务，由政法委定期组织召开市联席工作会议，统筹解决基层工作中遇到的问题，推动社会治理创新发展。

武江区制定《武江区在职党员到社区报到开展服务"1+4+N"三年行动方案（2020—2022 年）》，建立"社区吹哨、党员报到"工作机制，围绕"加强和创新社区社会治理"主题，落实"基层党建、治理创新、爱国卫生、文明共建"项目任务及"N"项便民服务活动。

2021 年，曲江区制定并实施了《曲江区社会治理综合网格工作实施方案》。统筹整合基层多种网格，已完成 455 个综合网格的基本划分、编码固定。

（三）积极扩大参与类主体范围并鼓励其参与治理

韶关市普遍建立了人民调解、治安保卫、妇女儿童工作委员会，并采取了一系列鼓励措施，充分发挥这些社会组织的作用，促使其充分参与治安协同治理。全市共建立"红袖章"治安联防组织 1466 个、"红袖章"人员 1.4 万人。该市发动在家的党员、志愿者积极参与村（社区）社会治安联防联控、防火、疫情防控等工作。

仁化县组建"红袖章"治安联防组织 132 个，发展"红袖章"治安联防人员 2485 名。2021 年上半年，该县调解各类案件 571 件，调解成功 569 件，调解成功率为 99.65%。以村（居）为单元建立"红袖章"治安联防组织，通过"每村（居）一群组、每日一巡访、每周一调解"模式，充分发挥"红袖章"治安联防组织作为"宣传员""情报员""调解员"的作用，借无穷民力支撑有限警力。珠玑镇还将专职巡防队伍、义务巡防队伍、村（社区）小组长、楼栋长、"五老人员"等平安志愿者进行整合，统一佩戴"治安巡防"的红袖章，每日在辖区巡访，排查安全隐患，常态化开展平安村居、平安市场、平安交通、平安医院、平安校园活动。

韶关市还建立"每村（居）一组织"，强化社会力量共同防控。以村（居）为单元建立"红袖章"治安联防组织，通过"每村（居）一群组、每日一巡访、每周一调解"模式，充分发挥"红袖章"治安联防组织作为"宣传员""情报员""调解员"的作用，借无穷民力支撑有限警力。全市共建立"红袖章"治安联防组织 1466 个、"红袖章"人员 1.4 万人。该市规范建立组织，在每个村（居）建立一支"红袖章"治安联防组织，设立专门办公场所。又如，2021 年 6 月，韶关市武江法院通过提前介入矛盾纠纷化解，与武江区龙归镇政府联合开展诉前联调工作，成功调解一起涉众型集体林地纠纷，依法保障了 907 名村民的合法权益，有力维护了社会和谐稳定。

此外，一些地方还建立了专门性的民间调解机构。乐昌市创建了以邓火坚同志命名的邓火坚调解工作室，树立了"一面旗"，充分发挥邓火坚"金牌调解员"优势，强化引领示范作用，增强各级人民调解委员会、人民调解员的积极性、主动性，筑牢矛盾化解"主阵地"。

（四）采取多种措施提高协同治理能力

其一，普遍实施了网格化管理，增强了治安治理的力量。例如，董堂镇将其 192.8 平方公里的辖区划分为 37 个网格，每个网格配备 1 名网格管理员（由村、社区工作人员兼任），从而实现了管理服务的全方位覆盖。南雄市在农村实行网格化治理，构建"街道、村委会、村民小组"三级网格，将疫情防控、污染防治、"两违"整治等 12 项工作形成"多网合一"的网格化治理机制，压实网格化责任；在城中村，推动建立了治安联防队参与网格化管理的工作模式，在城乡治理模块中发挥了重要作用，取得了明显成效；在社区，实行片区化管理，将城市划分为 33 个片区，构建"街长+片区+职能单位+社区+市民"的齐抓共管格局。该市通过在网格上建立党组织，形成了"街道党工委+社区党组织+片区网格党支部"的完整组织体系，

其二，建立了应急管理组织体系和综合治理体系。不少地区以应急办为主体，建立了统一指挥的队伍。同时，韶关市还普遍设立了综合治理委员会和综合治理中心，将司法所、法律顾问等整合在一起办公。南雄市珠玑镇高标准建立了镇联勤指挥室和村级综治办公室，装修并配备了网络、LED 显示

屏、视屏、应急设备、会议系统、音响、投影仪等设备，为打造平安示范区奠定了坚实的设备基础。

其三，普遍开展了法治建设。包括大力开展民主法治示范村建设、建立和完善"一村一法律顾问"制度、积极开展"法律六进""宪法周"、群众干部的学法等活动。例如，仁化县制定了《仁化县公安局2020年加强全县公安派出所工作实施方案》，着力推进派出所规范化建设工作。仁化县司法局以"民主法治村（社区）"创建活动作为加强基层社会综合治理的有效载体，把法治宣传与村级服务有机结合，使民主法治建设各项措施落实到位，不断提高全村"共建、共治、共享"的法治化水平。仁化县还为全县所有行政村配备了法律顾问。松山街道通过推选"最美家庭""三八红旗手"等先进家庭和先进个人，树立先进典型；通过先进典型走进社区开展讲座等方式，弘扬中华传统美德。南雄市深入推进"互联网+法律服务"建设，深化"12348广东法网"公共法律服务平台的运用，构建热线、网站与实体机构紧密融合的多位一体公共法律服务信息化支撑模式。

其四，普遍提高了技术装备的现代化水准。例如，韶关市在新建小区碧桂园、大福名城、雄州壹品等地配置了智慧化基础设施，针对智慧化社区的特点，集成物业管理的相关系统，已实现了停车场管理、闭路监控管理、门禁系统、智能消费、电梯管理、保安巡逻等相关社区物业的智能化管理。

仁化县近两年投入800万余元建设仁化县全域覆盖高清AI视频图像采集点225个、新建人脸识别点30个、新建微卡43个、新建治安卡口3套，推动全县视频建设达到千级规模，升级改造城市视频专网，实现重点公共区域、重点行业要害部位的覆盖率达到100%。

乳源县推广"智慧乳源"数据平台应用，打通地方、部门、企事业单位之间的信息壁垒，实现社会治理有关数据跨部门、跨区域共同维护和利用，促进业务协同办理。建立一体化的信息系统和指挥信息资源平台，推进"雪亮+智格"工程建设，推进公安情报中心建成和智慧小区建设。

南雄市同步打造省视频会议系统、远程视频会见系统和市政法视联网系统，配备会议办公设备、电子显示大屏、语音对讲设备、录音录像设备、数据存储设备等。远程视频会见系统自2017年底投入使用以来，已开展会见累计641宗，惠及粤北山区服刑人员家属近千人。同时，该市全力做好社区矫正定位核查。2019年8月—2021年8月，该市投入资金99 000元，为社区矫正工作人员配备了 22 台工作手机及信息化核查套餐，工作人员可以通过"粤矫通" APP 随时对社区矫正对象进行信息化核查，及时掌握社区矫正对象行踪，实现有效监管。

武江区应急管理局以公共安全视频监控联网体系建设为基础支撑，以"智格应用"建设为实施保障手段，打造"技防+人防"全面防控格局，积极接入雪亮工程视频数据，分别为 9 路韶关高铁站（人脸识别及高点鹰眼监控）等功能视频、1 路韶州公园内的环境监控视频、28 路智感小区（人脸识别）功能视频，实现对城市、道路和重点场所等的视频远程监控。

其五，壮大力量，强化治安防控体系建设。韶关市建立联动机制，协同解决基层遇到的棘手问题。该市深化街道体制改革，由街道党工委牵头，联合政法、住建、公安、民政、自然资源、消防、工青妇等单位建立定期会商联席会议制度，利用街道综合治理委员会、公共服务委员会、综合行政执法委员会等统一指挥协调工作平台，发挥区域统筹协调功能，实施综合执法、综合服务进社区，对一线党员群众反映的问题进行处理，提高社区治理水平，提升居民获得感。

仁化县丹霞街道实施"互联网+基层治理"行动，基层智慧治理能力不断提升。依托广东省社会治安综合治理系统、广东省一体化信访信息系统、12345 网络问政等网络平台，实现"互联网+基层治理"模式，综合治理信息化水平不断提升。2021 年到目前为止，丹霞街道共答复网络问政 295 宗，收到网上信访案件 26 宗，已答复 23 宗，录入网格事件 2535 宗，已处理 2535 宗，切实维护了人民群众的合法诉求和利益，增强了社会治理能力现代化。丹霞街道加强人防工程，各村（社区）组建治安巡逻队 17 支，发展"红袖章"平安志愿者 352 名，定期开展治安巡逻和矛盾纠纷排查化解等工作。丹霞街道新城社区在无物业小区发动热心居民担任楼栋长，充分调动居民参与居民自治、疫情防控、创文巩固提升的积极性，促进社区营造"人人参与，共建共治"的良好氛围。

在群防群治方面，乳源县积极推进"红袖章"平安志愿者"社会治安守护员、政策法规宣传员、安全稳定信息员、矛盾纠纷调解员、民生民情观察员"的"五员"作用，发挥"红袖章"平安志愿者在维护社会稳定、矛盾纠纷排查调解、安全隐患排除、重点人员管控、完成急难险重任务等平安乳源建设、社会治理中的积极作用；在联防联控方面，乳源县实施"维护妇女儿童合法权益协作机制、净化青少年成长文化环境、建设青少年文体生活设施、推进法治校园建设、织牢校园周边治安防护网、强化义务教育控辍保学联保联控责任"等"八项举措"筑牢青少年成长安全防火墙，守护5.6万瑶汉族青少年健康成长。在社会治理德治方面，实施文化育民促民风保平安。

就整体而言，韶关市采取的上述措施较好地解决了前述四项问题，形成了在全国范围内独具个性的韶关经验。这些经验既有规范上的法治化，又有实践举措的法治化，异彩纷呈。从实践效果来看，韶关市协同治理法治化硕果累累，社会治安整体面良好，人民群众安居乐业，社会治安协同治理法治化取得了良好效果。

四、完善韶关市社会治安协同治理法治化的建议

全面推进社会治安协同治理的法治化是实现善美韶关的重要举措，有利于实现韶关市的长治久安和安定团结。尽管韶关市在市域社会治安协同治理法治化上取得了一系列成绩，但依然存在不少问题。就整体而言，无论是在法治理念层面，还是在制度的法治化方面，抑或是在应对的具体措施上，都还存在一些不足。笔者建议，韶关市可以从以下几个方面深化市域社会治安协同治理的法治化建设。

（一）全面确立法治理念

依法治理应当成为市域社会治安协同治理的基本理念。在全面依法治国的大背景下，在多元主体共同完成社会治安协同治理的过程中，只有真正确立法治理念，以法治理念引领社会治安协同治理，依靠法律规范和科学、合理、良善、合法的制度规范保障治安协同治理的实施，以法治标准来检验协同治理的效果，以良法、良规促进善治、美治，才能真正实现协同治理的法治化。[1]随着新时代治安工作主要矛盾的转移，"人民公安实现人民治安"就需要综合运用政治、法治与德治的综合手段。[2]

然而，我们应当看到的是，不少社会组织和群众还没有真正确立法治理

---

〔1〕 袁周斌：《新时代社会治安协同治理的法治化进路》，载《社会科学家》2021年第7期。
〔2〕 杨昌军：《论新时代公共警务战略的构建——中国社会治安基础、矛盾及其治理》，载《中国人民公安大学学报（社会科学版）》2019年第1期。

念，更多地只是把法治作为实现维护自身合法权益的工具，而没有将它真正视为一种参与国家和家乡建设的、根本性的思想观念。这就需要进一步提升普法力度，创新普法形式，加快法治乡镇建设步伐，积极迎难而上，克难攻坚，早日完善法治韶关的建设。

（二）健全社会治安协同治理的制度

第一，完善权力清单制度。尽管韶关市采用完善权力运行程序和强化党的领导的方式为解决各主体之间界限模糊的问题提供了重要方式，但这种方式却并非解决所有社会治安协同治理的万能良药。如何界定各协同治理主体之间的权力界限就是一个亟待解决，而且必须正面回应的突出问题。这就需要韶关市在制定或者完善社会治安协同治理制度上狠下功夫。具体而言，首先需要明确党委和政府在社会治安协同治理中的权力边界。其次，还需要明确主导类主体和参与类主体的权力边界。例如，明确人民调解委员会和民间调解组织的权力边界、针对社区矫正人员的公益组织和社区矫正管理机构之间的权力边界。这些问题都需要科学的制度予以正面回答，而不是仅仅提供解决问题的程序。[1]

第二，建立社会治安信息共享制度。要实现社会治安的综合治理，就必须依赖现代科技设备建立起社会治安协同共享制度。如今，韶关市已经普遍建立和使用了大数据治安信息联网。要想实现更为良好的社会治安协同治理，就必须使得参与协同治理的各社会主体能够共享这些治安信息。那么，如何在确保不泄露国家秘密、不侵犯商业秘密和个人隐私的前提下实现这些信息资源的共享？这就需要专门的法治化的制度来实现。借助这种共享模式，各治理主体间的治理效能才能提高。[2]信息共享也是实现社会治安协同治理的重要方式。[3]

第三，建立治安协同治理的监督和问责制度。社会治安协同治理也会出现各种问题。因此，对其主体的履责行为也有必要进行监督。当然，根据主导类主体和参与类主体性质的不同，这种监督和问责方式也应当有所区别。对于主导主体，由于其属于国家公权力部门，对其进行监督和问责应当主要

---

〔1〕 袁周斌：《新时代社会治安协同治理的法治化进路》，载《社会科学家》2021 年第 7 期。

〔2〕 袁周斌：《新时代社会治安协同治理的法治化进路》，载《社会科学家》2021 年第 7 期。

〔3〕 张晶、董洁、肖梦露：《我国地铁安全防控的现状及对策研究》，载《湖南警察学院学报》2022 年第 1 期。

由纪委监察委来承担。而对于参与类主体，则可能更多地需要借助合同通过追究违约责任来对其进行问责。然而，协调这种监督和问责同样需要规范来实现。因此，建立监督和问责制度就尤为必要。

第四，建立和完善参与类主体参与治安协同治理的激励机制，增强其能动性。首先是利用财政和税收杠杆鼓励企业。例如，我们可以鼓励物业公司积极建设平安小区，对治理效果优良的企业予以财政奖励。同时，还要鼓励企业和公民个人主体无偿参与社会治安协同治理。面对地方财政压力，动辄给予较多的财政补贴只会使得政府收支失衡甚至无以为继。因此，与其给予较多的补贴，不如在一些模范称号评选、职称晋升方面对参与类社会主体给予一定的优惠措施。这些都需要在制定规范性文件时予以体现。最后是创造条件鼓励参与类主体在协同治理中盈利与发展。企业的根本在于追逐利润。只有完善准入机制，促使其将追逐利润与促进治安协同治理的质效相结合，为其发展创造良好条件，才能有力地带动参与类主体积极参与社会治安协同治理，促使治安协同治理逐渐减少对政府的依附。[1]

（三）在治安协同治理规范上提质增量

与全国先进城市相比，韶关市的治安协同治理规范数量还存在不小差距。因此，要实现治安协同治理的法治化就需要大幅增加规范数量。同时，还需要提升规范的质量。目前，韶关市社会治安协同治理规范主要集中在县级和村级，尤其是村级，关于基层群众性自治组织的规范较多，而能够体现顶层设计的规范则比较少。因此，要想提升韶关市治安协同治理规范的质量，还需要在市一级的规范数量和质量上下一番功夫。我们有必要制定和完善市一级的协同治理规范，通过顶层设计的法治化来实现韶关市全市治安协同治理的法治化。同时，还必须注意通过规范来避免忽视经济成本、过分依赖科技等问题，[2]使治安协同治理不单纯地依赖于财政投入和技术投入。

（四）保障治安协同治理规范的有效实施

制定规范是重要的。然而，更重要的是如何进一步落实规范。法彦有云："徒法不足以自行。"规范应当得到遵守和实施。然而，规范得到有效实施的

---

〔1〕 袁周斌：《新时代社会治安协同治理的法治化进路》，载《社会科学家》2021 年第 7 期。

〔2〕 蔡岚：《协同治理：复杂公共问题的解决之道》，载《暨南学报（哲学社会科学版）》2015 年第 2 期。

前提之一便是规范不能朝令夕改。要保持规范实施的稳定性和连续性，强化其法治效果。其次，应积极开展治安协同治理规范的清理工作。应当着眼于实现规范的系统性和科学性，及时剔除重复、无法有效实行的规范，及时开展规范的立、改、废、释工作，推动协同治理规范实施再上新台阶。

韶关市黑恶势力组织犯罪常态化防控机制完善路径

曾　晰*

摘　要：韶关市黑恶势力组织犯罪在组织形式、活动区域、所涉行业、罪名罪行等方面具有共性，且呈现出人员来源广泛化、行为方式隐蔽化以及深度政治化的发展趋势。在常态化开展扫黑除恶的背景下，一方面，须拓宽和完善公众广泛参与的线上线下情报获取机制，广泛获取言词线索和间接证据，同时对黑恶势力行为线索及时、科学地进行证据固定；另一方面，须打通数据壁垒，充分利用大数据，建立围绕重点人员和重点行业的黑恶势力组织行为分析及预警机制。

关键词：黑恶势力组织犯罪；常态化防控；证据固定；大数据分析预警

引　言

自 2018 年开始，中共中央、国务院决定在全国范围内开展扫黑除恶专项斗争，这是以习近平同志为核心的党中央关于社会治理作出的一项重要部署，目标是维护社会和谐稳定，保障人民安居乐业，巩固党的执政之基，有效遏制黑恶势力、实现"六清"行动、规范行业乱象。目前，这一专项斗争取得了重大进展，截至 2020 年 4 月底，全国总共查处涉黑组织 3120 个、涉黑犯罪集团 9888 个，刑拘犯罪嫌疑人 388 442 人[1]，从根本上打击了黑恶势力的嚣张气焰，加强了基层组织建设，保障了人民群众安居乐业。

扫黑除恶专项斗争的顺利开展为我国黑恶势力组织犯罪治理走向常态化

---

* 曾晰（1991 年-），女，四川富顺人，韶关学院政法学院教师，博士，研究方向：知识产权法。

〔1〕 张军：《最高人民检察院工报告》，载 https://www.Spp.Gov.cn/spp/gzbg/202103/t20210315_512731.Shtml，访问日期：2021 年 4 月 11 日。

奠定了基础。2021 年 12 月 24 日，第十三届全国人民代表大会常务委员会第三十二次会议表决通过《反有组织犯罪法》，标志着中国的黑恶势力组织犯罪治理正式走向长效常治阶段，为常态化开展扫黑除恶斗争提供了坚实的法律保障。[1]《反有组织犯罪法》明确了反有组织犯罪工作的基本原则、方针理念、责任主体和重点方面等基本问题。结合中共中央办公厅、国务院办公厅印发的《关于常态化开展扫黑除恶斗争巩固专项斗争成果的意见》的内容，常态化开展扫黑除恶斗争，需要建立健全源头治理的防范整治、智能公开的举报奖励、打早打小的依法惩处、精准有效的督导督办、激励约束的考核评价和持续推进的组织领导。

常态化开展扫黑除恶，标志着我国对黑恶势力组织犯罪的治理政策工具从专项治理转向制度治理为主，更加需要完善黑恶势力的长效防控机制。治安的本质就是社会控制，良好的社会治安秩序是一种有条不紊的状态，为了达到这种状态需要不断完善社会控制机制。[2]因此，有必要总结韶关市在专项治理中取得的成果经验，将其中有利于加强社会控制效果的机制予以固定，根据本地的实际情况和现实需求进一步完善黑恶势力防控机制。

一、韶关市黑恶势力犯罪组织特征分析

（一）黑恶势力的概念

黑恶势力是黑社会性质组织和恶势力团伙两个概念的统称，其中恶势力犯罪是普通共同犯罪向黑社会性质组织犯罪演化的过渡性概念。就黑社会性质组织犯罪概念而言，《刑法》第 294 条对该概念及其内涵和特征作出了明确论述：一是形成较稳定的犯罪组织，人数较多，有明确的组织者、领导者，骨干成员基本固定；二是有组织地通过违法犯罪活动或者其他手段获取经济利益，具有一定的经济实力，以支持该组织的活动；三是以暴力、威胁或者其他手段，有组织地多次进行违法犯罪活动，为非作恶，欺压、残害群众；四是通过实施违法犯罪活动，或者利用国家工作人员的包庇或者纵容，称霸一方，在一定区域或者行业内形成非法控制或者重大影响，严重破坏经

---

〔1〕 黄京平：《扫黑除恶历史转型的实体法标志——〈反有组织犯罪法〉中刑法规范的定位》，载《江西社会科学》2022 年第 2 期。

〔2〕 李小波：《治安行为论——兼论治安秩序结构》，载《中国人民公安大学学报（社会科学版）》2017 年第 3 期。

济、社会生活秩序。黑恶势力并未正式成为刑法上的概念,[1]但是,2018年最高人民法院、最高人民检察院、公安部、司法部联合印发的《关于办理黑恶势力犯罪案件若干问题的指导意见》对黑恶势力的概念内涵作出了明确界定:经常纠集在一起,以暴力、威胁或者其他手段,在一定区域或者行业内多次实施违法犯罪活动,为非作恶,欺压百姓,扰乱经济、社会生活秩序,造成较为恶劣的社会影响,但尚未形成黑社会性质组织的违法犯罪组织。

(二)韶关市黑恶势力组织特征

韶关市在扫黑除恶方面取得了亮眼的成绩。根据公开信息,近三年来,韶关市累计查处黑社会性质组织 10 个、恶势力犯罪集团 33 个、涉恶犯罪团伙 204 个,查封冻结扣押资产 11.95 亿元,立案查处涉黑涉恶腐败和"保护伞"275 人。[2]本文搜集了韶关市近三年来的 9 个黑社会性质犯罪组织、黑恶势力犯罪集团典型案例作为实证研究的样本,对其罪名、罪行、暴力犯罪程度、组织形式、所涉行业、活动区域、团伙人数、是否存在保护伞、组织存续时间等要素进行了对比分析,见表 1。

表 1　韶关市黑恶势力犯罪组织特征

时间	团伙人数	罪名/罪行	暴力程度	组织形式	所涉行业	活动区域	保护伞	存续时间
2019	张能辉等 17 人	组织、领导黑社会性质组织罪,开设赌场罪,赌博罪,敲诈勒索罪,虚假诉讼罪,骗取贷款罪拉横幅、淋红油,甚至持刀闯入公司,恐吓员工、随意打砸财物,迫使被害人转让公司股权或房产等资产给张能辉等人抵债	低	赌场	赌博	韶关市曲江区	\	9 年

---

〔1〕 刘仁文、刘文钊:《恶势力的概念流变及其司法认定》,载《国家检察官学院学报》2018 年第 6 期。

〔2〕 参见 https://www.gd.gov.cn/gdywdt/zfjg/content/post_ 3132629.html,访问日期:2022 年 8 月 24 日。

续表

时间	团伙人数	罪名/罪行	暴力程度	组织形式	所涉行业	活动区域	保护伞	存续时间
2019	付泉浪等31人	组织、领导黑社会性质组织罪，强迫交易罪，敲诈勒索罪，聚众斗殴罪，寻衅滋事罪，招摇撞骗罪 通过殴打、敲诈、驱赶、威胁和言语恐吓等手段，在当地长期垄断和非法控制生猪屠宰、生猪运输，以及猪饲料、啤酒、河粉、冰鲜销售等行业；成立"城管执法队"，对县中心市场及周边道路进行管理，收取费用	低	承包经营户	食品	乳源县城	县公安局	23年
2019	李集林等20人	组织、领导黑社会性质组织罪，敲诈勒索罪，开设赌场罪，寻衅滋事罪，聚众斗殴罪，滥伐林木罪，强迫交易罪，妨害作证罪，伪证罪，行贿罪，职务侵占 以"协调关系""维护沙场安保""合伙入股"为由，强行插足当地采砂行业、敲诈勒索沙场经营者；通过实施违法犯罪形成的威慑和影响，使李集伟得以连任村小组长，侵吞村集体资产，获取林地控制权后滥伐林木；向相关部门的工作人员多次行贿，挪用村集体资金贿买或指使他人作伪证妄图逃避法律制裁	低	家族势力	赌博、自然资源开采	仁化县黄坑镇	村委	16年
2020	黄友芳等23人	组织、领导黑社会性质组织罪，故意伤害罪，绑架罪，窝藏罪，开设赌场罪，赌博罪，寻衅滋事罪，非法拘禁罪，盗伐林木罪 组织聚众赌博，使用跟踪、滋扰、贴身跟随等软硬暴力手段追债，在曲江闹市围堵，暴力讨债，进行黑道火拼	高	赌场	赌博	韶关市曲江区	\	20年

续表

时间	团伙人数	罪名/罪行	暴力程度	组织形式	所涉行业	活动区域	保护伞	存续时间
2020	赵建华等 23 人	组织、领导黑社会性质组织罪，开设赌场罪，非法拘禁罪，敲诈勒索罪，寻衅滋事罪，强迫交易罪 长期从事非法高利放贷活动牟取暴利，以撒纸钱、放鞭炮、喷油漆、扎轮胎、要挟要将借贷人关进铁笼等方式进行言语威胁、上门滋扰，对被害人采取贴身跟随、限制自由、随意殴打、任意毁财等手段，迫使被害人偿付本金及高额利息，或以房、车等财产抵债；以强迫交易等手段非法强占农村土地非法开发小产权房，当村民不愿意低价出售土地时，当场进行殴打和恐吓，引发涉事村民集体前往南雄市政府上访	中	赌场	赌博、高利贷	南雄市	\	14 年
2020	庞志军等 19 人	组织、领导黑社会性质组织罪，诈骗罪，敲诈勒索罪，高利转贷罪，寻衅滋事罪，诬告陷害罪 成立韶关市深港房地产投资有限公司，但并未开展实际业务，而是以该公司为依托从事高利放贷业务，打伤酒吧保安、执勤民警，通过诬告陷害让无法偿还高利贷的被害人被刑事拘留，或在实施软暴力无效后，对被害人直接施以暴力，指使组织成员殴打多名被害人、强闯被害人办公场所、打砸办公物品、掌掴被害人，拿匕首威胁要砍掉其手指等	中	公司	高利贷	韶关市	\	11 年
2020	周祥海等 20 人	开设赌场罪，非法拘禁罪，诈骗罪，故意伤害罪，寻衅滋事罪，妨害公务罪，窝藏罪 通过纠集他人开设赌场和在赌场内"放数"等方式，牟取不法利	高	赌场	赌博、高利贷	始兴县	\	13 年

时间	团伙人数	罪名/罪行	暴力程度	组织形式	所涉行业	活动区域	保护伞	存续时间
		益，又利用非法所得纠集、笼络一帮刑满释放人员和社会闲散人员不断发展，壮大其团伙力量，以寻衅滋事、非法拘禁、敲诈勒索等暴力手段催收债务，以暴力、威胁、拘禁、人身伤害等手段多次对不按时还债的债务人有组织地实施违法犯罪行为						
2020	游志球等13人	敲诈勒索罪，寻衅滋事罪，非法拘禁罪，组织卖淫罪 贴身跟踪、上门滋扰、拦截、辱骂、恐吓他人、强拿硬要、损坏财物，甚至使用威胁、殴打、限制人身自由等手段，实施高利贷暴力和"软暴力"催收、组织卖淫等违法犯罪活动	中	商行、休闲中心	高利贷、卖淫	曲江区	＼	10年
2021	谭宜彬等20人	组织、领导黑社会性质组织罪，寻衅滋事罪，敲诈勒索罪，强迫交易罪，故意伤害罪，妨害公务罪，破坏生产经营罪，非法转让、倒卖土地使用权罪，非法占用农用地罪，职务侵占罪，诈骗罪 组建治安联防队，向种养户强行收取联防费，并指使联防队员介入村民纠纷，煽动村民制造群体性事件，操纵村"两委"换届选举，在仁化县、浈江区河段大肆非法采砂，强行向砂场经营者索要协调费、补偿款，强迫种植户和企业交纳联防费，强租强占土地收取租金，控制村委会资金开支，侵吞集体所有财产；以村委会、合作社等名义骗取国家专项资金；非法转让、倒卖土地使用权谋取非法利益	中	村委组织	侵占集体财产，自然资源开采	仁化县	村委	25年

续表

时间	团伙人数	罪名/罪行	暴力程度	组织形式	所涉行业	活动区域	保护伞	存续时间
2022	赖某明等 20 人	纠集了一批社会闲散人员、刑满释放人员，在当地多处开设赌场，通过暴力手段建立威信，故意伤害致死 1 人，重伤 8 人；通过非法手段获取武江区龙归镇屠宰场经营权，非法经营生猪屠宰场，每年非法经营涉案金额达数百万元，纠集手下马仔组建"地下执法队"，每日对龙归镇各猪肉摊档进行巡查，非法阻拦禁止龙归镇屠宰场以外的猪肉在当地售卖；通过非法手段获取龙归镇自来水厂经营权 50 年，通过非法开采锑矿、河沙获取大量不法利益；通过买票贿选等手段，向农村基层组织渗透，使组织成员赖某获得村委会书记等职务，进一步非法控制当地资源	高	赌场、屠宰场、自来水厂	赌博、食品、自然资源开采	武江区龙归镇	村委	18 年

1. 组织活动区域

从活动区域的范围上看，在所选取的韶关市黑恶势力样本中，以市区为主要活动区域的较少，势力范围在县级市、乡镇、农村的较多。样本中的黑恶势力组织均长期在固定区域活动，无扩大势力范围的趋势也并未形成跨区域联动。这反映出韶关市黑恶势力组织更多地产生于基层，分布较为分散，活动范围内限于自身势力范围，各自之间相互独立。

2. 组织形式

从组织形式上看，韶关市黑恶势力组织以赌场为主要存在形式，其余的以皮包公司、商行、承包经营户、无证经营屠宰场、无证经营猪肉厂等组织形式存在。可见，韶关市黑恶势力组织具有合法外衣的情况较少，从合法组织演化为黑恶势力的情况较少，且黑恶势力组织领导和核心成员大多具有前科，组织大多从萌芽开始即为黑恶势力。

3. 组织存续时间

从组织持续时间上看，韶关市黑恶势力犯罪组织持续时间普遍较长，10年以上的黑恶势力组织较多。其中，持续时间最长的长达25年。该黑恶势力是由村委组织内部滋生，通过操纵村委换届选举以巩固自身势力，以侵占集体财产、非法开采自然资源为主要手段获得非法收入，且在罪行具有暴露危险时恐吓他人为其作伪证。可见，韶关市存在由基层组织内部滋生黑恶势力组织的情况，但是具有罪行隐秘、控制力强等特点。

4. 组织所涉行业

非法行业是黑社会犯罪组织得以滋生的沃土，往往是黑社会犯罪组织赖以起家的行业。参照其他学者的统计数据，在64个黑恶势力犯罪案例样本中，有40个黑恶势力组织是由非法行业获取资金，且集中在赌博、淫秽场所、毒品和高利贷行业；仅有14个组织未涉及非法行业，主要集中在工矿、运输、屠宰等行业。[1]韶关市黑恶势力组织涉及的非法行业主要集中在赌博、卖淫和高利贷，并且非法行为逐渐发展至屠宰、食品零售、自然资源非法开采和侵占基层集体财产等。上述行业的共同特点是利润丰厚、技术含量低、准入门槛低、竞争较为激烈，通过黑恶势力垄断后可快速获取大量利润，且保持合法外衣，成为村霸、林霸、赌霸、沙霸、行霸。

5. 组织暴力犯罪状况

从样本数据上看，言语滋扰、跟踪、上门骚扰、心理恐吓等软暴力行为以及限制人身自由、非法拘禁等行为在韶关市黑恶势力组织中全部存在，均配备了刀棒以上武器组织，配置枪支的组织较少。从伤害结果的数量上看，韶关市黑恶势力以经济目的为主，造成被害人轻微伤、轻伤居多，重伤和死亡的较少。同时，韶关市的黑恶势力组织鲜有涉毒的情况发生，其暴力程度也相对较低。总体来看，韶关市黑恶势力组织的暴力程度较低，但相应地，其隐蔽性也就更高。

6. 组织保护伞情况

从样本数据上看，具有保护伞的组织数量较少，且保护伞的级别较低，多为县公安局及村委。这反映出韶关市黑恶势力组织往往处于个体组织化已

---

[1] 李楠：《黑恶势力犯罪行为特征实证研究——以河南省100起涉黑恶案件为分析样本》，载《人民司法》2021年第34期。

完成的黑社会化中期，其仅仅与所在区域负有侦察职能的机关联系较为密切，或渗透至农村基层权力机关中，尚未渗入中高层公权力机关。

同时，韶关市存在由农村基层组织内部滋生黑恶势力组织的情况，也存在着不少黑恶势力组织后期渗透至村委组织的情况。这一类黑恶势力组织虽然暴力犯罪程度相对较低，也较少涉及赌博、高利贷等非法行业，但是具有隐蔽性强、区域控制力强等特点，可以控制村委会资金开支，使得强租强卖土地，侵吞集体所有财产、以村委名义进行诈骗、骗取国家专项资金、非法转让、倒卖土地使用权、非法进行自然资源开发等罪行更加隐秘，对周围群众的震慑力、控制力也更强，造成的社会危害性也更大。

7. 组织被判处罪名

在样本数据中，韶关市黑恶势力组织被判处罪名最多的达 11 项，平均每个组织负有近 7 项罪名。从具体罪名上看，主要集中在组织领导黑社会性质组织罪、非法经营罪、强迫交易罪、开设赌场罪、组织卖淫罪、故意伤害罪、非法拘禁罪、敲诈勒索罪、寻衅滋事罪、聚众斗殴罪、行贿罪。在经营方面，犯罪形式主要是利用空壳公司发放高利贷、暴力讨债、非法经营屠宰场、进行强制交易。这反映了韶关市黑恶势力组织在经营非法行业以外，也有披上合法外衣继而染指合法行业的趋势。

二、韶关市黑恶势力组织演化发展及成因分析

（一）韶关市黑恶势力演化发展趋势

黑恶势力组织从萌芽到壮大是一个长期过程，经过一定时间的势力培植，在一定区域或人群中形成非法控制力或重大影响力。黑恶势力犯罪组织的演化发展过程主要是从最初的个体临时结伙犯罪到较为稳定地形成组织再发展为区域内的黑恶势力，继而升格为黑社会性质组织。其中，有的黑恶势力组织为家族势力，自产生之初就具有组织形式，后续吸引其他个人结伙；有的黑恶势力组织在成立之初已经获得了合法组织外衣，如公司、商行、农村集体组织等。

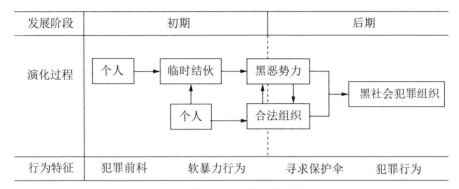

图 1　黑恶势力演化发展过程

如今技术飞速进步，经济发展多元，就业形式多样，人们所面临的竞争压力在增大，各类诱惑也在增多，我国黑恶势力演化发展也随之呈现为以下几个趋势：

首先，黑恶势力组成人员身份来源的广泛化趋势。从身份构成上看，传统的黑恶势力带头人、核心成员主要由前科劣迹人员、无业人员构成，而这一身份构成有着逐渐扩大的趋势，可能是组织内部中具有一定政治身份的人，也可能是受过教育但在社会竞争中遭受打击的人。韶关市也存在黑恶势力由基层组织内部滋生的情形，带头人具有特殊身份，利用党员干部、村两委成员等政治身份为违法犯罪活动提供掩护。在河南鹤壁的一起基层组织涉黑案中，核心成员李某从 1995 年起开始担任村党委书记兼村委会主任、河南省人大代表、鹤壁市人大代表、山城区人大代表、山城区鹿楼乡党委副书记、山城区招商局副局长、山城区牟山工业园区办公室副主任等职务。然而，正是在上述身份掩护之下，李某得以在当地从事组织犯罪活动超过二十年。

其次，黑恶势力组织行为方式的隐蔽化趋势。黑恶势力在初期的行为特征主要体现为软暴力行为，现其行为方式产生愈加多样化、隐蔽化的趋势，行为所涉行业较广，并有向新行业、新领域扩张的趋势。黑恶势力往往以潜在的暴力手段作为威慑，并以暴力威胁的可能性实现为依托，充分利用自身的影响力，采取一系列非直接的强制手段，对被害人形成心理强制，从而实现侵犯被害人财产的目的。[1]我国刑法并未对软暴力犯罪进行规定，软暴力

---

〔1〕　仲崇玲、夏伟琦：《黑恶势力软暴力犯罪侦查中的法律问题》，载《中国人民警察大学学报》2022 年第 5 期。

犯罪是犯罪学上的概念。[1]根据《最高人民法院、最高人民检察院、公安部、司法部关于办理实施"软暴力"的刑事案件若干问题的意见》的规定，软暴力犯罪是行为人通过实施语言威胁、上门滋扰、造势堵门等手段，给被害人正常的生产生活造成影响，对被害人形成一定的心理强制，进而达到非法目的的手段。黑恶势力软暴力犯罪手段极具多样性，行为方式较为复杂，可体现为跟踪、滋扰、言语威胁、堵门、恐吓、聚众闹事等。其可能涉及的罪名也较多，包括黑社会性质组织罪、敲诈勒索罪、强迫交易罪、非法拘禁罪、非法侵入住宅罪、非法拘禁罪等。黑恶势力软暴力行为的表现形式具有一定的伪装性，实施软暴力的黑恶势力组织多有一定的合法外衣，以韶关市黑恶势力典型案例为例，就有"城管执法队""讨债公司""保安队""猪肉厂"等。其实施软暴力也多有看似合法的事由，例如借贷纠纷讨债、收取道路管理费、推销猪肉等。除《最高人民法院、最高人民检察院、公安部、司法部关于办理实施"软暴力"的刑事案件若干问题的意见》直接列举的 23 种行为方式以外，出于规避打击的目的，黑恶势力组织还将发展出更加样化、隐蔽化的软暴力行为方式。

此外，黑恶势力组织在演化发展过程中还呈现出了深度政治化的趋势，即从简单寻求保护伞到深入渗透甚至核心成员自行成为保护伞。

（二）韶关市黑恶势力成因分析

根据前文的分析可知，韶关市黑恶势力大多具有以开设赌场起家、寻求村委充当保护伞或由基层组织内部滋生的特征。

黑恶势力在基层组织中得以滋生、入侵和发展，从制度层面来看，基层治理的原有制度不起作用，新建制度尚不完备，使基层基础工作弱化，法律法规和治理机制不健全、不完善，执法部门没有形成合力，导致对黑恶势力打击惩处不力。从现实层面来看，部分村官素质低劣，甚至与黑恶势力同流合污，腐蚀基层政权，极易形成以村官为主体的乡村黑恶势力。[2]黑恶势力寻求农村基层组织保护伞的途径包括以贿选、拉票、威胁等不良手段干涉和操纵选举、以经济利益诱惑政治精英达成红黑蜕变等。黑恶势力获取了乡村

---

〔1〕 张明楷：《刑法学中的概念使用与创制》，载《法商研究》2021 年第 1 期。

〔2〕 康树华：《农村黑恶势力与基层组织的弱化、蜕变（下）》，载《辽宁警专学报》2005 年第 4 期。

治理的权力之后，将整合利用各种资源，成为秩序的"冲裁者"与"维护者"。[1]

除制度、经济原因之外，宗族文化的异化、帮派文化的盛行也是基层黑恶势力滋生、入侵和发展壮大的成因之一。宗族关系秩序可以为社会经济活动的有序进行提供一种稳定机制。在相对封闭和传统的乡村社会中，族落间、族人间若有争端，一般会请宗族中年长、有威望之人进行调解，不能妥善处理时，再请村干部或乡镇干部进行调解。宗族文化带来的这种独特调解机制，对于稳定乡村社会的秩序、缓解乡村社会的矛盾，具有基础性作用。然而，随着经济社会的快速发展和人们思想的解放，宗族文化在一定程度上异化蜕变为市井文化、江湖义气，充斥在乡村社会中，为黑恶势力组织的萌芽和发展提供了文化根基。

三、韶关市黑恶势力组织犯罪常态化防控机制完善路径

(一) 拓宽公众广泛参与的黑恶势力情报获取机制

黑恶势力组织出于规避打击等目的，其犯罪手段向软暴力方向转变的趋势将越来越明显，其手段也将越来越隐蔽。黑恶势力软暴力行为，具有线索有限性、证据分散性、隐蔽性和复杂性等特点，其线索的搜集和分析难度较高。拓宽公众广泛参与的黑恶势力组织早期线索搜集机制可从以下几个方面考虑：

第一，拓宽黑恶势力情报的线上获取渠道。可将扫黑除恶专项斗争中的成功经验常态化，充分利用互联网、移动端、电话等手段，从公众口中获取黑恶势力情报。在扫黑除恶专项斗争中，各单位往往根据自身职能范围，公布接受相应举报的电话、电子邮箱等，以便于受理群众来电、来信；还有单位通过微信公众号、微博、网络空间、舆情监测（网络信息检索）等方式获取黑恶势力情报；全国扫黑办也搭建了扫黑除恶专项斗争12337平台，以方便群众举报。上述线上方式为群众提供黑恶势力情报提供了极大便利，线索收集工作成效明显。在建立黑恶势力防控常态化工作机制的背景下，应延续之前的成功经验，充分利用互联网的便利、快捷特点，通过专业网站、公众号、APP等移动终端继续拓宽线索来源。

第二，建立黑恶势力情报的线下搜集机制。可定期走访基层，深入调查

---

〔1〕 韩志明：《乡村黑恶势力的生成逻辑及其运作机制》，载《国家治理》2018年第11期。

研究，提高宣传力度，密切联系群众，从基层获取黑恶势力早期行为线索。一方面，黑恶势力犯罪的受害人往往会产生恐惧心理，不敢主动报案，导致案件线索遗漏而无法得知，或因定性偏差而以治安案件处理了事。因此，需要广泛宣传黑恶势力违法犯罪性质以及表现形式，不断提高人民群众对黑恶势力犯罪的认识。人民群众是黑恶势力最直接的受害者和见证人，由公众检举揭发将会是侦查机关获取黑恶势力组织早期线索来源的主要途径。要充分利用各类宣传工具，发挥新闻传媒的舆论导向作用，提高群众知晓率，降低人民群众对黑恶势力的恐惧心理。另一方面，黑恶势力惯常采用的跟踪、威胁、闹事、恐吓等软暴力行为往往是合法手段与违法手段的混合实施，违法行为隐藏于合法行为之中，使得侦查机关难以发现。要想获得真实、可靠的黑恶势力组织活动的信息，就要深入社情复杂的基层，定期走访和开展网络调查，发挥人民群众的主体作用，广泛动员群众参与扫黑除恶斗争，鼓励公众积极发现和举报线索，形成全民支持扫黑除恶专项斗争的良好局面。

（二）及时进行黑恶势力犯罪信息及证据分类固定

在黑恶势力情报获取和调查过程中，要及时对黑恶势力行为相关的言辞证据、间接性实物证据、电子证据进行搜集与固定。

第一，在搜集黑恶势力组织和软暴力犯罪相关的言词证据时，需要注意围绕关键点展开询问，提升言词证据的相关性。在软暴力犯罪方面，由于堵门、当面威胁、私下恐吓等行为难以留下实物证据，所以言词证据往往是黑恶势力犯罪案件中非常关键的证据。《最高人民法院、最高人民检察院、公安部、司法部关于办理实施"软暴力"的刑事案件若干问题的意见》中规定了两个"足以"。因此，搜集的言词证据是否能够满足两个"足以"就显得十分重要，主要包括黑恶势力的行为方式、实施地点、持续时间、被害者的内心恐惧及社会影响等方面。侦查人员在收集固定言词证据时应当仔细询问细节，将软暴力实施的方式、实施的地点、实施的时间、持续时间，对被害者造成了何种影响等询问清楚并进行固定，作为软暴力个案的有效言词证据。在黑恶势力组织调查过程中，侦查人员应当围绕着黑恶势力的"四个特征"进行言词证据的收集固定，包括实施团伙是否具有一定的组织形式，其行为是否在一定的区域内多次实施并具有暴力的支撑性，该组织是否危害一方，是否造成恶劣的社会影响等。

第二，应当全面搜集黑恶势力组织相关的间接实物证据。在软暴力和严重犯罪行为中，均可能留下一些间接实物证据，如在强迫交易行为中，可能留下合同和交易凭证；在寻衅滋事行为中，可能出现被堵塞的钥匙孔、被泼油漆的墙面、在被害人家和单位闹事留下照片等；在敲诈勒索行为中，可能留下金钱的转账凭证、威胁恐吓的聊天记录等；在非法侵入住宅行为中，可能留下被破坏的门闩、被破坏的家具等。此类间接证据能够反映黑恶势力社会影响的外在表现形式，与被害人的言词证据相互印证，达到证实心理强制、社会危害性存在的标准，使证据链条更加完整，证明力进一步提升，也可以用于排除言词证据中的一些虚假陈述。

第三，注意搜集黑恶势力组织相关的电子证据并进行固定。在大数据时代，黑恶势力组织实施软暴力或多或少都会留下一些电子数据资料。譬如，在黑恶势力软暴力行为中，黑恶势力会通过向被害人发送短信、微信、网上留言等方式对被害人进行恐吓纠缠。在敲诈勒索行为中，黑恶势力往往可能留下与被害人的聊天记录、通话记录等。此类电子证据也是黑恶势力侦察中的一类重要的证据，但是具有易损毁灭失、易删除、证据形式要求较为严格等特点，需要及时地通过合法的方式提取固定电子证据。收集电子证据的程序、内容、方式等如不符合要求，那么该证据自身的真实性、合法性、证明力及与待证事实的关联性便会不被认可。以微信聊天记录为例，仅仅依靠截图并不足以成为电子证据，需要提供使用终端设备登录本方微信账户的过程演示、提供聊天双方的个人信息界面以及提供完整的聊天记录。应当告知并帮助当事人保存好微信的原始载体以便在将来法庭上出示，或者及时进行电子证据公证。

（三）建立重点人员及行业的黑恶势力大数据分析预警机制

应充分运用大数据技术进行黑恶势力组织犯罪信息搜集、研判、预警及侦查。大数据时代，侦查人员可以获取大量的信息，只有对其进行有效的分析方能使得信息转换为有用的情报。黑恶势力组织早期犯罪行为的情报信息通常隐藏在海量的数据线索之中，通过人力去进行第一波分析往往效率低下，可以建立相关数据分析模型，利用数据搜索、数据挖掘等技术，从大量的数据信息中分析出可能与黑恶势力组织犯罪相关的信息，再通过人工进行第二波分析，从而获取有利于防控和侦查的情报。

首先，建立围绕重点人员的线索跟踪和分析机制。如上文所述，黑恶势力主要成员主要来源有二：一是犯罪前科人员，包括在押人员、刑满释放人员、劣迹人员等；二是吸毒人员、有吸毒史人员、无业人员等因其社会关系的特殊性、复杂性，接触到黑恶人员、黑恶线索甚至加入黑恶势力组织的可能性较其他人更大，因此侦查机关应注重将此类人员作为获取黑恶线索的重要途径。在上述人员有犯罪行为动向时，对其之间的社会关系进行综合分析，有利于对黑恶势力组织化和行为趋势进行更加准确的研判。围绕犯罪前科人员、劣迹人员等、吸毒人员、无业人员等，关联其密切关系人，建立重点人员全息档案，融合其身份信息、动态轨迹信息、社会交往信息等对重点人员实施动态管控。黑恶势力在实施软暴力行为前后多有一些异常表现，例如其进行威胁恐吓前可能会购买定制横幅、红油漆等作案工具，实施前以及过程中相互间联系频繁等。而大数据分析有利于及时发现上述异常信号，帮助侦查机关主动发现黑恶势力早期犯罪线索。[1]

其次，围绕韶关市黑恶势力经常涉足的领域和行业，建立黑恶势力监控和预警机制。韶关市黑恶势力犯罪存在的领域和行业相对比较集中，主要为赌博、民间借贷、屠宰、食品、自然资源开采等。通过对上述领域和行业的社会基础数据信息和主要组织的行为模式进行研判，建立黑恶势力预警分析模型，及时发现异常情况。对此，需加强与各个部门之间的数据共享和联动程度，各部门定期联合对重点领域和行业进行摸底调查，利用数据挖掘、数据碰撞等技术从相关数据库中获取重点领域和行业的情报信息，如人员异常行为和频繁联系信息、异常交易信息、工程非正常延期等情况，在发现异常情况时，及时进行实地调查，对重点人员、重点领域和行业的警情进行预警，及时进行分析研判是否存在黑恶势力组织活动。同时，要增强大数据情报分析能力。

此外，根据需要，可适时搭建和完善韶关市地方政府数据统一开放平台，将政府掌握的数据资源汇总到统一的平台，整合各部门的情报信息资源，打破部门之间的数据壁垒，使其成为黑恶势力信息搜集、研判和侦查的重要资源。[2]同时，也可对接入相关场所的监控系统实现实时监控报警。由于黑恶势力犯罪涉及社会生活的方方面面，因此行政执法、市场监管、银行、税务、社区等其他部门在黑恶势力防控中也起着重要作用。这些部门往往能最先发

---

〔1〕 易文涛：《浅析大数据背景下黑恶势力软暴力犯罪侦查》，载《网络安全技术与应用》2022年第8期。

〔2〕 王燃：《大数据侦查》，清华大学出版社2017年版，第110页。

现黑恶势力的行为线索。同时，完整的数据资源也有助于发现黑恶势力行为动向，例如银行掌握的资金往来信息可以成为洗钱行为的线索和证据。搭建地方数据统一开放平台，促进线索、数据等资源的沟通共享，有利于提升黑恶势力组织犯罪防控的整体合力。

论市域社会治安防控机制中的深度预防原则

——以韶关市为例

王　蒙*

摘　要： 通过早期对韶关市相关职能部门与机构的调研访谈，笔者作出了有关市域社会治安防控面临的相应难题的诊断。秉承习近平法治思想中蕴含的底线思维、防范应对各类安全风险中所应保持"从最坏处着眼、向最好处努力"的初衷，提出可将深度预防原则运用于其治安防控机制建设，在推进智能化的同时，嵌入包容性、激励性、回应性配套规则体系，充分提升多元主体参与市域社会治安防控机制建设的意愿与能力，使其有序、有效、持续地参与社会治安防控，最终达到多元协同增效的良好状态。

关键词： 深度预防；包容性；激励；回应性；协同增效

一、深度预防原则与社会治安防控概念考辨

所谓治理，即各种公共的或私人的、个人和机构管理共同事务的诸多方式的集合。自党的十九大以来，打造"共建共治共享"的社会治理格局已经成为我国各类社会治理的根本遵循。无论是在市域社会治理的语境下，还是在社会治安防控的场域，无不强调要注重调动社会各种力量参与到其进程中，并将处理好多元主体参与的意愿、参与的能力以及参与的持续性等问题作为着力点。凸显全过程、包容性、双向交互联动性特点。[1]

社会治安所指向的对象，包含了同公共安全和社会秩序相联系的人、地、

---

　　* 王蒙（1989年-），男，湖北监利人，韶关学院政法学院教师，西南政法大学国际法学院博士研究生，研究方向：国际环境法、国际卫生法。
　　〔1〕 江必新：《推进国家治理体系和治理能力现代化》，载《光明日报》2013年11月15日。

物、事等。而治安防控的落脚点在于控制，其本质是对人类行为方式的一种可预期的干预，并将这种行为控制在法律设定的范围内，使其不易发生危害公共秩序的后果。治安防控所包括的打击、防范、管理、控制、建设和教育手段和方式，本质来看是一种全过程的控制。正是由于社会治安防控背后所蕴含的全过程、链条式特质，社会治安防控体系是一项系统化的社会控制，社会治安防控建设是一个动态的过程，其尤为注重弹性和灵活性。因此，社会治安防控体系建设先天所具有的全过程、链条式特质，决定了其必须深深扎根于社会生活的各个层面和角落，并立基于科学的分工，强调各单元的协调、合作以及配合。在这一进程中，除了需要充分借助一切可以动员的社会力量来提供助力，各防控要素也会根据防控体系的整体需要，分别被赋予专业化的职能。此外，社会治安防控体系建设还寻求各防控要素间的良性互动。如此，方能切实、有效地防范、管控与化解市域社会所面临的各种形形色色的治安风险与隐患。

从有关社会治安防控机制的现有研究来看，有学者从网络技术运用的视角出发，立基于实体社会的防范与虚拟社会的防范结合构想，提出了网上网下的协调机制建设思路，主张建设全方位、立体化的治安防控体系。[1]并据此确立情报主导防控的理念，通过着力提升情报的搜集与分析处理水准来提升治安防范决策的精准度与效率。[2]

而蕴含"从最坏处着眼、向最好处努力"的深度预防原则，恰恰与社会治安防控机制所追求的全过程、链条式、穿透性及实现要素间的协力内容不谋而合。预防，即为先发制人的防范威胁。将预防运用于治理领域的突出表现形式为对前端治理与源头治理的大力倡导，以及依循相应类别的风险与矛盾潜力，预先识别风险隐患，并绘制风险热点和风险分布图。而深度预防原则对前端治理与源头治理进行升级，遵循"疑有从有"的原则及"安全胜过后悔"的理念。所谓"从最坏处准备、向最好处努力"，正是对深度预防原则最形象、最贴切的表述。其核心要义是通过智慧化平台、公众参与、多元主体协同共治来实现前端与末端治理相结合，以穿透式的方式来防范、化解潜

---

〔1〕 沈惠章：《社会治安防控工作的"网上""网下"协同机制建设》，载《河南警察学院学报》2021年第6期。

〔2〕 李斌：《西部地区立体化社会治安防控下的情报机制》，载《中国刑警学院学报》2020年第4期。

在风险隐患。其实现路径是通过智慧化、信息化，汇聚多元力量，并精细化地塑造相关社会风险事件的信息监测、报告、预警、公开、开放利用、交流体系，从而达到覆盖风险防控全过程的管控效果。

深度预防原则强调在应对各种社会治安风险的进程中，要优先考虑事前的预防机制。一方面，事前采取有效的措施，尽量减少社会治安可能造成的危害后果；另一方面，又要在事后采取有效的措施来消除由社会治安事件造成的对利益者的损害。深度预防是一种正外部性的事前预防。同时，也是一种事前激励。其源自全球气候治理，并且随后也在核安全领域得到应用。[1]从社会效率的角度来看，使违法行为少发生或不发生，其效率比单纯的事后救济要高得多。[2]这一原则主要是为了在充满不确定性的现代风险社会，协调好防范决策的精准度与社会效率问题。其对于智慧化信息治理能力、公众参与、多元主体的协同性都提出了更高的要求。风险全过程管控理念、平战结合的基层应急管理机制、韧性治理建设也都应蕴含其中。

二、韶关市市域社会治安防控机制的现实图景

从上年度对韶关市相关地区及职能部门调研情况来看，社会治安防控建设的主要进展有：在智治方面，全市各个地区都突出强调基层智慧治理能力建设，注重利用网格化管理模式来构建共建共治共享社会治理新格局。如整合了公安技术手段、情报资源、本地采集的社会信息数据，实现了基于实战的打击、管控、防范、预警"四位一体"合成化作战模式。依托广东省社会治安综合治理系统、广东省一体化信访信息系统、12345网络问政等网络平台，实现"互联网+基层治理"模式，综合治理信息化水平不断提升。提升基础设施信息化、智能化水平，着力提高精确打击能力和动态管理能力。如仁化县近两年投入800万余元建设全域覆盖高清AI视频图像采集点225个、新建人脸识别点30个、新建微卡43个、新建治安卡口3套，推动全县视频建设达到千级规模，升级改造城市视频专网，实现重点公共区域、重点行业要害部位的覆盖率达到100%。在智慧警务模式上，着力提高精确打击能力和动态

〔1〕 Jorge Vinuales & Suerie Moon, "A Global Pandemic Treaty Should Aim for Deep Prevention", *The Lancet*, Volume 397, Issue 10 287, 2021, pp. 1791~1792.

〔2〕 徐孟洲：《经济法理论对法学基础理论的几点创新》，载《法学论坛》2008年第3期。

管理能力，公安工作智能化水平显著提升，为维护社会治安、打击各类违法犯罪活动提供了强有力的保障。在各乡镇，以村为基本单位，划分网格，构筑信息上通下达的社区、农村网格化管理模式。依托村（社区）统一划分综合网格，明确网格管理服务事项，加强群防群治、联防联治机制建设，完善应急预案。

在自治方面，通过"红袖章"筑牢基层治理群防群治基础。如发动在家的党员、志愿者积极参与村（社区）社会治安联防联控。组建"红袖章"治安联防组织 132 个，发展"红袖章"治安联防人员 2485 名。完善区、镇街、村居委三级协同联动基层治理架构。激发社会组织活力，完善以网格化治理为载体的联动共治体系。深化社区网格化管理，推动驻社区单位包片区、公职人员和社区干部包楼栋。联防联控方面，筑牢青少年健康成长的防火墙。实施"维护妇女儿童合法权益协作机制、净化青少年成长文化环境、建设青少年文体生活设施、推进法治校园建设、织牢校园周边治安防护网、强化义务教育控辍保学联保联控责任"。源头治理方面，实施多元化解关口前移，形成多方参与、部门联动的矛盾纠纷多元化解决良好局面，确保实现社会治理能力现代化，实现部门多元、人员多元、化解方式多元。在农村地区，注重激活农村基层组织的"神经末梢"，提高基层社会的治理水平。南雄市在推动市域社会治理的进程中，探索出了通过组建村小组微信工作群的方法，做到了"发动群众、组织群众、依靠群众"。有效实施了群众路线，努力让群众成为社会治安防控的"主角"，确保在遇到风险隐患时信息能及时传达上来，推动问题得到快速、及时解决，力图打造一个全民参与、快速响应、高效应对格局。

尽管取得了上述成就，但不容忽视的是，本市的社会治安防控也仍然存在一系列问题亟待解决。

（一）社会治安防控的行动水平难以适应其面临的交织叠加的多重风险

社会治安问题直接影响人民群众的生命财产安全。《关于加强社会治安防控体系建设的意见》就指出，社会治安防控所要实现的总体目标为"努力使影响公共安全的暴力恐怖犯罪、个人极端暴力犯罪等得到有效遏制，使影响群众安全感的多发性案件和公共安全事故得到有效防范"[1]。也就是说，要

---

[1] 孟建柱：《提高工作预见性 营造安全稳定的社会环境——学习贯彻习近平总书记关于政法工作的重要指示》，载《社会治理》2017 年第 2 期。

解决好与老百姓切身利益最密切相关的平安问题，使得威胁社会安全的各类违法犯罪得到有效控制、广大群众人身和财产安全得到有效保障、日常生活生产秩序得到有效维护。[1]

从对本市的调研访谈情况来看，目前的风险预警机制还不完善，还没有树立充分利用科学技术手段来防控风险的思维方式。这主要表现在对公共安全的风险识别仍旧以经验判断为主，社会治安防控部门没有及时收集到有效数据，或者没能在第一时间根据这些数据信息进行智能预警和预防，没能做到对高危人员、事件进行精细化管控、预警。对于公共安全风险防控，更多地呈现出一种被动式的方式，"重打击、轻防范"，将公共安全风险防控的重点放在如何打击违法犯罪、降低风险危害上，以减少风险的扩散和避免次生风险的发生为主，这与市域社会治理所反复强调的全程治理、源头治理存在脱节。此外，在访谈中还有一些最新的社会舆论与大众关注度较高的问题，对此目前还缺乏及时的回应机制。

（二）社会治安防控的主体力量与防控的任务深度难度不相匹配

在社会治安防控中，防控的力量是否充足、能力是否足够，都将直接影响到治安风险防控工作的成效。众所周知，长期以来，社会治安防控体系建设的核心力量主要在于公安局等警察组织。以政府作为单一力量进行防控的传统治理模式显然已经无法保证风险防控的效果和持久性。如前面所述，社会治安风险的防控无比庞杂繁琐，其对社会治安防控主体力量与能力都提出了极高的要求。以往过于依靠警力的模式，显然难以满足当下日益多元化的社会治安防控需求。无论何时，治安防控的警力配备总归是有限的，其本身担负着繁重的日常治安防控事务，若想更细致地开展治安防控工作，则警力不足等现实问题将不可避免，也因此难以取得预期的治安防控效果。

韶关市在推进社会治安防控机制建设中的访谈情况也确证了当下市域社会治安防控对社会外围组织的包容性与吸引力还不够，政社之间的合作始终带有一种政府主导、包办一切的色彩，仍然过分强调政府的角色而轻视社会组织的作用。在许多情形下，只给予社会组织极其有限的自主空间。就基层治安防控机制而言，"治保会"等群众自治性治安保卫组织逐渐弱化或者虚置

---

[1] 郭金云：《坚持基层社会治理为了人民》，载《光明日报》2022年7月26日。

化现象较为普遍。[1]

究其原因：一是在沉入社区开展组织、动员等基础工作上，基层民警落实得不到位，致使社会公众对社会面的防控网建设不知情或知之甚少；二是基层组织功能超载、基层社会服务供给不精准、基层协同治理乏力、基层抗风险能力不强、基层干部胜任力不足等现实问题日益凸显。此外，由于基层经费不足且工作内容繁杂琐碎，致使作为"战斗堡垒最前线"的基层人员工作积极性不高，防控工作难以有效开展。再加之活动经费不足，举报奖励、以奖代补措施不够丰厚，目前仅能依托"爱心信用商家联盟"为志愿者提供优惠措施。由于欠缺健全的奖励机制，使得公众参与治安防控积极性难以得到提高。另外，在一些乡村（社区）中，由于人口流失、流动较为普遍，空巢化现象严重，这在很大程度上也导致村（社区）社会治安防控力量极为薄弱。

（三）社会治安防控相关信息互联互通度不足影响防范的精准性与成效

在与南雄市公安局调研座谈时，相关领导同志提出：近年来，公安、信访、维稳、司法部门在政法委的直接领导下，建立了较为完善的协同联动和应急处置机制，隐患苗头性信息能够做到快速共享互通。但公安机关与住建、国土、林业、教育等职能部门的信息通报机制不够健全；与镇（街道）村委一级对于一些未涉及违法犯罪的线索、情报信息互通不及时。这对于快速发现社会的治安风险隐患并作出对相应事宜的最佳调整造成了妨碍，在很大程度上削弱了治安风险源头防范的成效。此外，在其辖区内，"雪亮工程"和公安治安视频监控已覆盖各镇村主要道路、重点区域，南雄160所中小学、幼儿园"一键报警"系统实时接入公安机关报警平台，但偏远村庄、老旧小区视频监控网建设，受本级财政经费限制的影响，投入不足，尚未100%覆盖到位。并且，大部分小区视频监控网络均尚未统一接入业务主管部门，视频监控资源难以实时共享。另外，一些监控点使用年限长、故障率高、清晰度不够，并且随着城市扩容发展，新城区、新路段尚未健全视频监控点，需重新规划布点。

立体化社会治安协同防控机制尤为重视不同主体之间的沟通机制及信息

---

〔1〕 郑永君：《属地责任制下的谋利型上访：生成机制与治理逻辑》，载《公共管理学报》2019年第2期。

公开机制建设，着力于实现各个主体信息资源的共享。[1]而在当下韶关市的社会治安防控机制中，综合协同的治安防控信息畅通不够，未能实现快速、便捷的搜集各类线索。加上一些职能部门以及基层组织在社会治安防控领域的责任意识薄弱，相应的责任追究制度的落实力度也不够，使得开展有针对性的防范、打击和消除治安风险及隐患的效果大打折扣。

三、深度预防原则运用于市域社会治安防控机制的可能性

（一）习近平法治思想中蕴含的底线思维为深度预防原则的实施奠定了理论基础

早在2019年1月21日的省部级主要领导干部坚持底线思维着力防范化解重大风险专题研讨班上，习近平总书记便就如何坚持底线思维的问题进行过系统化的阐述。2020年新冠疫情肆虐之际，在主持中央政治局常委会会议时，习近平总书记再次提出，在面对严峻复杂的国际疫情和世界经济形势时，要坚持强化底线思维，保持清醒头脑，增强忧患意识，未雨绸缪，立足最差情况，争取最好局面，积极妥善应对各种潜在风险与威胁。[2]习近平总书记赴四川考察并围绕防汛减灾工作作出重要指示，进一步阐发了要筑牢安全防线，当树底线思维，加强对潜在威胁的研判，做好针对性的预警、防范。

在人们日益面临的不确定性风险和挑战越来越多、不可预料的事情急剧增长的社会大环境下，坚持底线思维，就是在面对各类安全风险隐患问题时，着力提升对安全风险隐患的监测预警能力以及智能化预报预测能力，科学有效预判潜在的风险，全方位梳理、排查、消除各种风险的淤点、堵点。具体到社会治安防控领域，则是要求构建社会治安防控机制时，不能心存侥幸，应树立"时时放心不下"的责任感，尽可能把各种可能的情况想全想透，并针对社会治安防控可能存在的潜在风险点，制定周详、完善的措施，确保有备无患，防患于未然。发现问题，及时研究解决。预判风险是防范风险的前提，只有形成准确的预判，才能做到统筹协调、分类施策、精准拆弹。在社会治安领域强调坚持底线思维，就是要增强社会治安领域的风险防范意识，增进对治安各领域各环节的风险隐患点的识别，深化社会治安风险规律及机

〔1〕 缪文升：《谈基于社会协同的治安防控机制》，载《公安研究》2013年第9期。
〔2〕 刘志明：《坚持底线思维 防范化解风险》，载《经济日报》2022年8月23日。

理研究，切实提升基层监测预警能力，增强预警的精确性和有效性。同时，因地制宜地建立健全社会治安风险点预警信息发布应急预案，强化以预警信息为先导的部门应急联动机制，推广递进式的预报预警服务。在做好针对性的预警、防范等工作之外，还应当格外关注高风险点、薄弱环节。通过拉网式排查隐患，紧盯关键部位和薄弱环节，织密织牢防御网，并将防控关口前移等。以上所阐述的底线思维所指引的安全或灾害治理方式，与深度预防原则所追求的防范效果无疑是极为契合的。

（二）数字化建设为社会治安防控践行深度预防原则提供了现实基础

在《大数据时代》这一著述中，维克托·迈尔·舍恩伯格就形象地概括了数字化建设所独有的功效。他指出："运用大数据这一技术手段后，无需再借助因果关系的发掘、由因到果或由果溯因来解决问题，而只需要借助于事物之间相关关系的发掘，就可以让数据说话，作出判断，形成推论，产生智能方案。"[1]

随着人工智能技术的发展，以及在强调推动社会治理体系与社会治理能力现代化的时代使命感召下，将现代智能技术与基层社会治理相结合，形成以智能技术为支撑，集合多元治理诉求、整合多方治理资源、促进多元主体参与、打造多元治理平台、满足多元主体需求、提升多元主体信息处理能力，[2]以此来作为助推基层社会治理的一种手段，早已在中国大地全面铺开。

无疑，"智能化"在当下已经成为破解基层社会治理难题的"技术密码"。智能科技研发，升级智能感知、智能采集、智能分析、智能预警、智能决策等技术的涌现，使得全要素、全过程、全链条的智能化水平成为可能。[3]一方面，借助数字化方式去获取、提炼和分析数据，可以极大地消除以往难以解决的各种信息不对称的难题。通过科技赋能、数据治理的智治路线，可以打破领域、时空限制，破除数据交换壁垒和信息处理延迟障碍，构筑起多元信息、数据实时协同治理的生态圈，提高应对急剧变化的敏捷性，增强在

---

〔1〕《访谈：理念引导、数据支撑、创新驱动，切实提高预测预警预防各类风险能力》，载 http://www.sohu.com/a/117039257_482343，访问日期：2016 年 10 月 24 日。

〔2〕宫志刚、李小波：《社会治安防控体系若干基本问题研究》，载《中国人民公安大学学报（社会科学版）》2014 年第 2 期。

〔3〕陈宇舟、郭星华：《"智能化"：破解基层社会治理难题的"技术密码"》，载《光明日报》2022 年 7 月 20 日。

面临不确定性时的弹性。另一方面，为便利多元主体共同参与基层社会治理，通过对政务数据、公共服务机构服务数据、互联网平台公共数据等各类数据资源的整合，数据共享机制的完善，社会治理数据库的建设，使得大数据"千里眼""顺风耳""雷达站"的作用得到进一步的彰显。近些年，在社会治安防控领域立体化、信息化体系建设的实践，正是以追求实现精准预警、精细防控、精确打击为出发点的。希冀通过科技引领和信息驱动，借助大数据这一新的技术手段，便捷、全面地提取与社会治安领域有关的数据信息，提升其决策分析、资源配置、调度指挥的精准性，消除风险与化解矛盾的及时性，打击犯罪的实效性，多方参与的便捷性、积极性。

总之，这一切都为逐步提升社会风险识别、预警、应对的智能化水平，提高矛盾风险的预测预警预防能力，推动构建预防性社会治理新模式奠定了坚实的基础，也为贯彻、实施、强调全过程、链条式、协同性、穿透式的深度预防原则提供了有力的技术支撑。

（三）市域社会治理试点地区的成功经验为在社会治安领域践行深度预防原则提供了实践基础

在中央政法委的牵头下，在全国范围内选拔了一些试点地区，开展市域社会治理现代化示范点建设。这些试点地区在推动市域社会治理现代化的进程中，就社会治安防控问题，也纷纷出台了相应的举措。如做实网格治理、整合平台阵地、强化科技支撑、强化群防群治、完备治理体系、采取多样的方法手段、汇聚充分的资源力量等，切实拧紧筑牢防范风险安全阀与保护群众的防护网。这一切都为韶关市在市域外社会治安防控机制建设中有效应对各类重大挑战、抵御重大风险，落实全过程、链条式、协同性、穿透式的深度预防原则提供了诸多的可供参考借鉴之处。

如南通市在市域社会治理试点工作中，坚持治未病、防未然，聚焦源头、聚力防控，探索建立"制度规范、标准引领、科技支撑、服务为先"的社会稳定风险评估"南通模式"。主要做法有：在行动理念上变"事后处置、被动维稳"为"事前预防、主动维稳"；在智治上，通过在全市范围内安装智慧感知系统，达到了日常监控与数据在平台上实时巡查反馈的效果；在回应性上，通过全域巡防，做到第一时间预警，并进行调查、处置；通过数据共享、预警预判、联动指挥、行政问效等，全面整合网格化、12345、数字城管和大数据管理等基础平台，汇聚县区、市级部门政务数据资源和全市"雪亮工程"

视频资源，便捷地实现日数据交换量。另外，建立稳评嵌入机制、分类评估机制、专家评审制度，着眼于"早"抓防范、着眼于"小"抓处置，强化预测预警预防。搭建平安稳定风险监测预警指标体系，向社会发布平安稳定指数，以此来作出"趋势预警"。对于社会稳定风险指数波动较大的情形，及时发出提示单，督促整治。构建了"横向到边、纵向到底、双向畅通、多向循环"的涉稳风险一体化处置机制。

大连市在立体化社会治安防控体系建设进程中，通过布建、联网与整合各类新型装备设备，升级和优化公安智能感知大数据平台，全面提高预测预警预防能力，实现了敏锐感知、精准导防。大连市通过汇聚整合公安警务数据、政府管理数据、社会资源数据、网络数据等，打造了纵向贯通、横向集成、共享共用、安全可靠的社会信息数据资源共享平台，并真正做到了可以互通共享、深度应用。[1]实时而有效的全方位监控，对社会全要素实现即时性的在线掌控、预防评估，才能便于快速反应、妥善处置以及社会秩序破坏后的高效重建。此外，在充分发挥无穷民力、实现群防群治的基础上，通过组织发动村一级和团体组织参与，树立立体治安防控思维；吸纳社会化治安辅助力量，推广"警企联动""义警队"等不断涌现的群防群治品牌，使其成为社会治安防控体系建设中不可或缺的力量，如此既增强了基层实力、激发了基层活力，也提升了基层治安防控的能力。[2]

四、深度预防原则运用于社会治安防控机制的关键抓手

（一）强化社会治安防控机制的包容性建设，有效地将多元主体纳入其中

在现代社会里，没有一个行为者有充分的行动潜力去单独主导一种特定的管理活动。尤其是当代许多危机与灾难，根源复杂，影响交织叠加，在危机应对与管理上，单个行为体效果往往极其有限。故而，必须集聚众人的智慧来共同应对。而要将众人有序、有效地组织起来，包容性的机制不可或缺。只有如此才能最大限度地将多元主体纳入，并从根本上解决社会治理"低组织化"难题，筑牢政府、市民和社会之间的密切关系，保障防控成效的有力

---

〔1〕 于龙、罗颖：《风险防控视角下立体化社会治安防控体系建设研究——以大连市为例》，载上海市法学会编：《上海法学研究集刊》，上海人民出版社2021年版，第223~227页。

〔2〕 潘从武、朱祥明、王龙平：《精准预警 精细防控 精确打击》，载《法治日报》2022年4月20日。

提升。[1]

要广泛吸纳公众参与：一方面，要通过加强宣传，引导市民参与。另一方面，还应确保公共决策的包容性，实现参与各主体之间的充分沟通与协商，促进基础性共识的达成。而实现其贯穿全过程的参与，除了可以提高决策的质量和合法性，也将极大地增进相互之间的信任、理解和支持，双向互动，提质增效。[2]

在社会治安防控机制领域，业已由公安机关"包打天下""一家独揽"转变为全民参与共治。目前正大力倡导立体化社会治安防控机制，除了公安机关外，也重视吸纳企事业单位、非政府组织、社会团体、人民群众等诸多社会力量共同参与，希冀以此来构筑以"公安机关为主导，群防群治作为依托"的模式，注重将各个社会力量的资源有机汇聚起来，形成运行平稳、有效的治安防控体系，实现社会治安的各领域、各层面的紧密衔接、协同配合，形成群防群治的良好局面，而这一切的实现，均离不开具有最大限度的包容性的各利益主体的"参与-协商-共识"交往互动模式。[3]因此，应着力提升社会治安防控机制的包容性。一方面，要依凭数字化平台和信息化手段，使社会团体、公民个体能更加便捷地参与维护社会治安的活动，筑牢多元主体协调共治的联动模式。为此，应继续着力提供多种反映和沟通渠道，确保全体公民都可以低门槛地参与其中。同时，还应注意激发人民群众的积极性，动员民众参与社会治安风险的排查与防范。如充分发动有文化、有素质、有责任心的村民、新乡贤、志愿团队等各行各业的社会力量组建平安志愿者队伍，让更多的社会主体积极投身于平安社会建设的洪流。还可通过参与渠道的拓宽，引导其融入，助力持续深入分析排查安全生产领域风险隐患的管控和防范工作，有效预防各类安全生产事故的发生。以治保会、内保组织、保安组织等各种形式的群众性治安联防组织为依托，充分挖掘各种社会资源，把加强人防、巩固物防、普及技防有机结合起来，广泛开展各种自防协防工

---

[1]　章群、牛忠江：《市域社会治理现代化：内涵逻辑与推进路径》，载《西南民族大学学报（人文社会科学版）》2022年第8期。

[2]　胡业勋、王彦博：《社会治安防控体系中智能化嵌入困境及优化》，载《中国人民公安大学学报（社会科学版）》2020年第4期。

[3]　邓集文：《政府嵌入与社会增能：包容性治理实现的双重路径》，载《郑州大学学报（哲学社会科学版）》2020年第6期。

作，深化基层平安零发案创建活动，严密构筑多层面的专群防控体系。

一言以蔽之，贴近公众，构建以人民为中心的政社互动平台机制和数据开放机制，积极推动公共平台以及数据信息的开放与共享，与社会公众建立起畅通无阻的沟通协商与反馈系统，更加广泛、充分地吸引公众参与。[1]并以引领式的价值认同来正人心，以友好型的情感认同来暖人心，使公众从心理层面理解和支持治安防控工作，强化其主人翁意识和使命担当，为其在治安防控工作方面贡献力量提供更多的机会和渠道，最终达成一种多元主体共同参与、自上而下与自下而上双向良性互动的防控模式，方能最大限度地消除社会治安风险隐患。

（二）做深、做实社会治安防控机制的激励性规则，增进公众参与的积极性与能力

机制中最活跃的核心因素是人，无论怎样进行制度设计，最终都得仰赖制度贯彻执行落实，否则，也只能是虚言与空文。鉴于"民力无穷"，要全面有效的应对、防范及化解社会治安热点和监管难点问题，及时跟进和弥补治安领域存在的盲区和短板问题，离不开社会公众的大力支持和积极参与。只有积极吸纳公众协力推进，形成防控力量的最大合力，方能显现出社会治安领域全过程、链条式、协同性、穿透式深度预防的威力。

而要真正获得公众的支持，就必须回归到人的特质这一先决问题上。人们并不生活在抽象世界而是生活在具体而现实的冲突之中。从边沁的观点来看，快乐和痛苦支配我们的所行、所言、所思，趋利避害是人的本性，以此认识为前提，才能设计引导人类行为的方法策略。从法治的角度来看，人的本性无疑就是理性与自利的。由于激励不是建立在强力、强制、强迫的基础上，而是行为体在权衡利弊、进行利益对比之后，在自主、自觉的基础上作出理性选择。其对行为体诱惑力、引导力以及对个体行为的激发促进作用要远远好于惩罚。因此，通过赋予权利、增进收益、减少成本或给予特殊待遇或资格，能够改变行为主体的行为方式，并对其内心施加影响，进而实现诱导或控制人的行为的功效。诚如霍曼斯所言："如果一个人的行为能够经常得到报酬或奖励，那么该人从事该行为的意愿会更高，不断地、反复地给予刺

---

[1] 邓小章：《贵州省 G 市社会治安防控体系建设困境与对策研究》，载《经济研究导刊》2019年第15期。

激，就会引起行为惯性，久而久之，就会成为一种惯行。"因此，要有效提升社会公众参与社会治安防控机制的积极与主动性，就必须形成一种有效的激励机制，利用一定的诱因来调动和激发其积极性、维持积极性、稳定其追求行为目标的意愿程度。

从已有的激励法学的研究成果来看，仅由道德来激励会导致正外部性供给严重不足。因此，必须实现从依靠道德激励正外部性到依靠法律激励正外部性的转变。这类制度化的法律激励，通过着眼于权利、义务、责任的分配，成本收益的配置以及资格、待遇、荣誉的赋予等激励方式来发挥规则教育、引导、规诫人、鼓舞人的功能，逐步将人导入向上向善与利他的行为倾向，[1]并逐渐熔铸到内心中，久而久之转化为其内心的自觉。

将其运用于推动公众参与社会治安防控机制建设领域，这就意味着应当做深做实激励机制，通过明确激励主体，提升激励力度，统一激励标准，规范激励程序，增加激励资金，提高激励效益，强化激励责任。在大力提倡和鼓励广大人民群众积极参加群防群治的同时，健全与完善一系列与之相配套的奖励制度。例如，对群众提供线索查处违法犯罪行为给予重奖。且要确保奖励制度具备可操作性，使得其尽量详细、具体。对此，共青团仁化县委员会在上一年度所作社会治理现代化工作进展情况报告也有体现。其报告特别提出要完善激励措施，加大宣传力度；完善举报奖励、以奖代补等激励措施，发动更多的商家加入"爱心信用商家联盟"，为志愿者提供更加丰厚的激励措施，广泛动员平安志愿者参与社会治理。另外，还要注重发挥道德激励教化作用，引导居民群众崇德向善，形成与邻为善、以邻为伴、守望相助的良好氛围；营造"人人学先进、个个争模范"的良好氛围，充分发挥模范引领作用。

（三）狠抓落实回应性机制，实现社会治安防控机制各主体之间的良性互动，确保提质增效

就理论而言，我们所应当构建的社会治安防控机制，其实就是一种多元治理主体共同参与、有效互动、协同防范与应对的"融合治理"模式。[2]合作、协同、各主体间相互影响与高效互动、协同应对就会尤为关键。深度预

---

[1] 付子堂：《法律功能论》，中国政法大学出版社1999年版，第68页。
[2] 符平：《缔造引领型融合治理：脱贫攻坚的治理创新》，载《学术月刊》2021年第7期。

防原则所强调的全过程、链条式、协同性、穿透式风险隐患的把控，就要避免在风险防控的任何环节掉链子。在社会治安防控中引入深度预防原则意味着应关注社会治安每一个领域及其各个环节，做好最严密的防备。而这一效果的实现，离不开全社会的参与。

从实践看来，也的确有不少热心的普通居民以及社区工作者，积极、主动地加入了治安防控网络。由于其长期在社区工作，对于社区人员异常流动或社区治安异常情况有着直观而具体的体验，也更易通过观察发现某些异常治安因素。在他们将这些因素汇报给社区民警或者警务机关时，倘若警务机关能够及时予以回应和防控，则既可以及时弥补防控中的短板盲区、消除风险隐患，也能提升参与公众的成就感、获得感，使得其参与的意愿和动力更足。倘若是社区民警或警务机关能进一步定期对他们展开宣传与培训，引导其合理识别简单的治安风险，帮助其掌握基础的治安防控技巧与方法，那么，一方面，可以切实提高志愿者风险意识和风险辨识能力，增进其参与治安防控的积极性与专业水平，使其具备更高的平安守护服务能力，成为警务人员开展治安防控工作的有效辅助力量。[1]另一方面，在反复的交相式互动中，也会增加彼此的互信度，使得合作的意愿更足，协同合力更易达成。但是，如若警务机关不及时予以回应，则无疑会极大地挫伤公众参与的热情，也会加剧其对警务机关的不信任。

故而，在治安防控机制建设中，有关职能部门应从公众的视角出发，构筑起相关职能部门与社会公众之间的交互式互动平台与信息反馈机制，强化对相关职能部门与公众在双向互动工作方面的考核问责，并将其作为综合考核评价、奖惩任免的重要依据。

总之，确保及时对公众提出的要求或意见建议予以有效回应，使得社会治安风险防控中与公众之间协同性、互动性得到有力保障，方能使得社会治安防控机制建设迈入"自上而下与自下而上双向互动推进"的轨道，逐步向全过程、链条式、协同性、穿透式的深度预防目标靠近。

---

〔1〕 刘征：《新时期立体化社会治安防控体系建设路径与策略探讨——评〈立体化社会治安防控体系建设〉》，载《中国安全科学学报》2021 年第 8 期。

健全市域社会治安防控机制的实践与思考

——以韶关市为例

李晋魁　郭　哲*

摘　要： 为健全市域社会治安防控机制，韶关市积极开展深入实践，进行了如"八个一"勤务机制、"六合一"专项行动工作机制、"八大专项"行动工作机制等一系列行之有效且具有韶关特色的机制建立探索，取得了显著成效。但在实践的过程中，仍存在交通安全事故与网络诈骗等案件时有发生、联防联控运行不畅、法治保障不够强大等问题。为解决这些问题并更进一步健全市域社会治安防控机制，韶关市应健全多元主体联防联控机制、完善线上线下协同机制、加强法治保障机制、建立道德教化机制、优化考评机制，以持续维护国家长治久安与社会和谐稳定。

关键词： 市域；社会治理；治安防控体系；现代化；治安防控机制

一、市域社会治安防控与市域社会治理的关系

以习近平总书记为核心的党中央高度重视社会治理工作，党的十九大明确指出"推进国家治理体系现代化"[1]是全面深化改革的总目标。市域社会治理体系现代化是国家治理体系现代化在市域层面的具体体现和基本组成单元，[2]而

---

* 李晋魁（1996年-），汉，广东韶关人，韶关学院政法学院教师，经济学在读博士，研究方向：应用计量经济学、环境经济学、政策评估计量学；郭哲（2002年-），汉，广东梅州人，广东松山职业技术学院大三在读学生，研究方向：行政管理学。

〔1〕 现代化是一种特殊的社会转型过程。具体指社会在日益分化的基础上进入一个能够自我持续增长和创新、以满足整个社会日益增长之需要的全面发展的过程。

〔2〕 许晓东、芮跃峰：《市域社会治理智能化的体系构建与实现路径》，载《江西财经大学学报》2021年第6期。

市域社会治安防控体系现代化作为市域社会治理体系现代化不可或缺的重要环节，[1]对于提高公安机关驾驭复杂局势的能力、维护国家长治久安与社会和谐稳定具有重要地位和重大意义。[2]那么，市域社会治安防控体系如何才能实现现代化并长期有效地运行呢？要解决这一问题，就必须要研究如何健全市域社会治安防控机制，否则市域社会治安防控体系的现代化建设将难以得到有效的保障。[3]与此同时，健全市域社会治安防控机制也是市域社会治理体系现代化的目标之一。[4]由此，本文聚焦市域社会治安防控机制，并以韶关市为例，深入探讨健全市域社会治安防控机制的实践与思考。

二、韶关市健全市域社会治安防控机制的实践及现实意义

"防控"是"治安"的本质要求，社会安定有序的局面，是通过"治安主体"对引发治安问题的"各种社会因素"进行控制来实现的。[5]这里，"治安主体"[6]和引发治安问题的"各种社会因素"存在一种控制与被控制的关系。而机制则是指一定范围内各要素之间的结构关系和运行方式。通俗来讲，机制就是一种能使某种关系得到长期维持和有效运行的可操作性方法论。故市域社会治安防控机制，可以被理解为能够使市域社会"治安主体"对引发治安问题之"各种社会因素"进行有效控制的可操作性方法论。由此，健全市域社会治安防控机制，就可以被理解为在实践中寻找和探索这种能够使社会长治久安的有效且可操作的方法——其对提高公安机关驾驭复杂局势能力、维护国家长治久安与和社会和谐稳定亦具有重要地位和重大意义。

---

〔1〕 姜晓萍、董家鸣：《市域社会治理现代化的理论认知与实现途径》，载《社会政策研究》2019 年第 4 期。

〔2〕 林海滨：《构建完善的社会治安防控体系的实践和思考——以福建省宁化县为例》，载《江西警察学院学报》2022 年第 1 期。

〔3〕 石启飞：《社会治安防控体系现代化的动力机制——基于行动者网络理论的视角》，载《山东警察学院学报》2020 年第 2 期。

〔4〕 许晓东、芮跃峰：《市域社会治理智能化的体系构建与实现路径》，载《江西财经大学学报》2021 年第 6 期。

〔5〕 石启飞：《社会治安防控体系现代化：基于内涵、理论和模式的研究》，载《山东警察学院学报》2019 年第 5 期。

〔6〕 治安主体包括党委、政府、公安机关、司法监察机关、企事业单位、人民群众、社会治安组织等，其中公安机关是关键行动者。

（一）实现警务效能的改善

2019 年，韶关市委、市政府提出了"力争公安派出所建设成效走在粤东西北地区前列"的目标。此后，以派出所"八个一"〔1〕勤务机制为主要内容的改革热潮迅速在韶关市的 133 个派出所全面铺开，全市公安派出所基础工作进一步夯实，"打防管控服"能力得到全面提高。"八个一"勤务机制，健全了韶关市域社会治安防控机制，实现了韶关警务效能的改善。韶关市"八个一"勤务机制的具体实践及相关成效如下：

（1）每周一研判，精准把脉社会治安状况。市内各派出所通过每周的情报信息综合研判会，对本辖区各类情报信息进行综合研判，并形成预警指令，有针对性地开展打击防控工作。

（2）每周一提示，有效增强群众防范意识。韶关西河派出所所民欧阳碧瑶表示，派出所通过张贴宣传通告、公众号推送、微信群发等方式，定期向群众通报辖区治安和防疫情况，开展防疫、防火、防盗、防骗等宣传，同时建立起派出所与镇街、村居的工作联系微信群，以及时通报辖区防疫、治安、矛盾纠纷等情况，共同做好防范工作，显著提高了群众卫生与安全防范意识。

（3）每日一设卡，织密社会面治安查控网。在防疫方面，各卡点检查来往车辆时，除测温登记外，同时检查是否有疫情重点地区的来往车辆，并对发现的此类来往车辆进行劝返。

（4）每周一走访，及时发现社会安全隐患。韶关高新派出所副所长刘伟洲表示，本派出所通过每周深入群众、走访重点单位，密切了与群众的联系、主动了解了群众的需求，并积极受理群众的求助、收集各类线索，致力于消除治安隐患。例如，2019 年疫情爆发时，每周一走访联合辖区三人小组及时对辖区涉疫人员开展了滚动式走访排查，及时落实居家隔离等管控措施，确保社区患者、疑似人员、疫情发生地人员早发现、早报告、早隔离。

（5）每月一检查，织密重点阵地防控网。市内各派出所每月按要求对辖区内特种行业、消防重点单位及"三小"场所〔2〕等开展内部安保、治安和

---

〔1〕 即"每周一研判、每周一提示、每日一设卡、每周一走访、每月一检查、每村（居）一组织、每日一内查、每周一训练"。

〔2〕 三小场所，即小档口、小作坊、小娱乐场所，小档口是建筑面积在 300m² 以下的场所，小作坊是建筑高度不超过 24m，且每层建筑面积在 250m² 以下的场所，小娱乐场所是建筑面积在 200m² 以下的场所。

消防检查，及时发现和整改安全隐患、消防缺陷和治安漏洞。

（6）每村（居）一组织，织密群防群治工作网。"八个一"实施以后，韶关1466个行政村居全部建立一支由本村（居）人员参加的不少于5人的"红袖章"治安联防队伍，协助派出所民警开展治安联防工作。韶关西河派出所副所长刘文海表示，通过"每村居一群组、每日一寻访和每周一调解"的工作机制——借无穷民力支撑有限警力，充分发挥了治安联防队员"宣传员""情报员"和"调解员"的作用，更好地帮助和服务了群众、更有效地化解了群众之间的矛盾纠纷。

（7）每日一内查，规范内务管理。每天利用交接班时段，由值班的所领导统一组织内务卫生和警容风纪检查，确保了办公、备勤场所的干净整洁和队伍纪律作风的严整。

（8）每周一训练，提升素质能力。打铁还需自身硬，广泛推行"一所一教官""一帮一""一案一评"等练兵方法，组织民警和辅警开展实战和体能技能训练，提高了派出所民警和辅警的业务素质和履职能力。

"八个一"勤务机制健全了韶关市域社会治安防控机制，实现了韶关警务效能的改善。自"八个一"勤务机制实施以来，派出所民警积极学习"枫桥经验"[1]，亲身体会到了新机制给工作带来的实际成效，工作更加积极主动，执法服务更加规范有序，工作质效得到有力提升，实现了从"重打击，轻防范"到"打防结合，以防为主"的转变。八个一勤务机制的推行，让全市133个派出所面貌焕然一新。全市每天新增警力500多人次参与社会治安巡逻查控，街面见警率、管事率大幅提高，震慑预防和打击防范的综合效能初步显现。广东警官学院治安系教授叶氢表示，韶关"八个一"警务机制是主动警务的具体体现，是新时代下"枫桥经验"的新发展，是社会共治共享、社会治理理念的一种创新和发展，具有可复制性，可以成为市域治安防控的样本推广开来。

---

[1] 枫桥经验，是指20世纪60年代初，浙江省诸暨县（现诸暨市）枫桥镇干部群众创造的"发动和依靠群众、坚持矛盾不上交、就地解决、实现捕人少、治安好"的"经验"。之后，"枫桥经验"得到不断发展，形成了具有鲜明时代特色的"党政动手，依靠群众，预防纠纷，化解矛盾，维护稳定，促进发展"的枫桥新经验，成了新时期把党的群众路线坚持好、贯彻好的典范。

（二）促进市域社会治理体系和治理能力现代化

近年来，韶关市高度重视社会治安集中清查整治"六合一"[1]专项行动工作。在市公安局党委的统一部署下，市域内各公安局集中组织开展社会治安集中清查整治"六合一"专项行动，进一步排查、整治了各类治安隐患、挤压了犯罪空间、强化了社会面治安管控，并形成了有韶关特色的"六合一"专项行动工作机制，即立足韶关实际，使"六合一"专项行动长期有效运作的可操作性工作方法，保障了韶关市域社会治安防控体系现代化的实现及其长期有效运行，进而促进了韶关市域社会治理体系和治理能力的现代化。

近年来，南雄公安机关高度重视基层社会治理体系和治理能力现代化建设工作，以创建市域社会治理现代化城市为契机，结合社会治安防控立体化建设及落实"六合一"专项行动工作，大力推进基层智慧治理能力建设、基层矛盾纠纷排查化解、社会稳定风险防范、基层法治宣传工作，有力有效地维护了南雄社会大局的持续平稳。尤其是在 2021 年以来（截至 2021 年 9月），南雄公安机关紧紧围绕庆祝建党 100 周年安保维稳这一重大政治任务，集中组织开展"六合一"清查整治等行动，深入基层排查化解社会矛盾纠纷，深入村小组、房地产领域、工矿企业等排查涉劳资纠纷等不稳定因素，搜集摸排化解不稳定因素 14 起，联合市卫健局等单位，重新摸排精神障碍患者，对 3 级（含以上）重性精神病人落实管控措施，有效防止精神病患者肇事肇祸案事件的发生。

2021 年以来，仁化县公安局主要围绕全县出租屋排查整治、"三非"外国人排查，[2]寄递渠道落实安全制度检查，道路交通秩序整治，社会面集中清查，反诈宣传和"国家反诈中心"APP 推广安装六个方面重点展开"六合一"专项行动工作。截至 2021 年 8 月，全县已开展三轮清查整治行动，累计出动警力 759 人次。此番清查整治行动共排查出租屋 268 间，检查寄递企业分支机构及网点 138 个，检查物流点 36 个，发现隐患 29 个，并责令限时整改；排查出仁化县外国人共 3 人，3 人均为外籍新娘，非"三非"外国人；排查暂住（流动）人口 1233 人次，涉诈重点人员及家属 66 人次，精神障碍

---

[1] "六合一"主要指出租屋排查整治，寄递渠道落实安全制度检查，道路交通秩序整治，社会面集中清查，反诈宣传，和国家反诈中心 APP 推广安装等六个方面重点工作的统一实行。

[2] "三非"外国人，是未经合法手续而在中国非法就业、非法入境和非法居留的所有外国人的统称。

患者、非访滋事、个人极端、涉枪涉爆、吸毒、前科等治安重点人员 259 人次，其他人员 857 人次；共查获违法人员 26 人，侦破案件 10 宗（刑案件 2 宗，治安案件 8 宗）；检查网吧、KTV、洗浴休闲按摩、酒吧、棋牌室等场所 235 间；检查爆破作业现场，易制爆危险化学品使用单位、烟花爆竹零售点、民用枪支使用单位、刀具销售企业 128 间；排查易制毒化学品企业、化工产品市场、医药化工企业以及濒临破产倒闭、出租转让的厂房仓库等场所 38 间；检查旅馆 345 间；共出动警力 170 人次设置联合执勤点 12 个，查处交通违法行为 410 起，其中查处酒醉驾 13 起，查扣违法车辆 139 辆，查处交通违法人员 14 人；反诈宣传和"国家反诈中心"APP 推广现场宣传教育群众 1457 人次，推广安装"国家反诈中心"APP1110 人次。

在市公安局党委的统一部署下，2021 年市公安局抽调机关警力下沉到乐昌市，会同乐昌市公安局各警种部门警力，集中开展"六合一"社会面清查整治行动。当日行动按照既定方案，全警参与、持续发力、重点攻坚、有序推进。据官方统计，此次清查行动该市共排查重点人员 885 人次、检查重点场所 382 间；排查出租屋 459 间、流动人口 454 人；侦破刑事案件 2 宗、查获犯罪嫌疑人 2 名，收缴管制刀具 45 把；推广安装"国家反诈中心"APP1795 人次；设置联勤执勤点 4 个，查处交通违法行为 213 起、查扣违法车辆 160 辆、查处交通违法人员 162 名、查处酒醉驾 10 宗。此轮清查，除整治本地社会治安外，还通过实战积累的经验，为公安机关后续开展"六合一"清查行动探索了新样板，即可复制、可操作性强的工作机制等。

在市公安局党委的统一部署下，市域内各公安局集中组织开展社会治安集中清查整治"六合一"专项行动，在成绩卓著的同时形成了有韶关特色的"六合一"专项行动工作机制，保障了市域社会治安防控体系现代化的实现及其长期有效运行，进而促进了韶关市域社会治理体系和治理能力现代化。

（三）提高人民的获得感、幸福感、安全感

近年来，韶关市高度重视社会治安集中清查整治"六合一"专项行动工作的同时，亦重点关注着"八大专项"行动工作。"八大专项"行动包括"三项打击""三项整治"和"两项活动"。"八大专项"行动的实施以来（截至 2021 年 8 月），在取得显著成效的同时，亦形成了具有韶关特色的"八大专项"行动工作机制，有力打击了危害国家政治安全、电信网络诈骗和突出刑事犯罪，有效整治了社会治安秩序、交通安全秩序和执法突出问题，积极开展好了"我为群众办实事"和"学党史、严党纪、铸警魂"强纪利民活动，显著提高了韶关人民的获得感、幸福感与安全感。针对"八大专项"行动工作的实践与成效，以下具体以韶关市域内的仁化县公安局的实践经验为例进行呈现。

（1）三大打击。第一，在打击危害国家政治安全违法犯罪方面：开展"法轮功"敏感期安全防范工作和"圣母月马拉松祷告"活动，做好"斋月节""开斋节""古尔邦节"安保维稳工作；做好境外非政府组织（NGO）在仁化的活动报备，督促引导相关组织依法备案；开展"敲门行动"，走访调查邪教在册人员 28 人，暂未发现邪教违法活动；对全县 125 个村（居）进一步深化非法宗教活动底数摸排调查，暂未发现非法宗教活动；定期走访涉教人员，了解相关人员工作、生活状况，加强宣传教育，督促相关人员遵纪守法。第二，在打击治理电信网络诈骗违法犯罪方面：启动互联网预警线索下发机制，积极配合市反诈中心做好群众的预警和劝阻工作，2021 年以来（截至2021 年 8 月）拨打预警电话 6100 余次，发送预警短信 800 余条，上门入户预警劝阻 58 余次；共抓获涉电信网络诈骗违法、犯罪嫌疑人 51 名，其中"两卡"行动抓捕 41 人，破案 14 宗，打掉开办卡团伙和收贩卡团伙各 1 个，查获贩卖公民信息 30 条，查获手机卡 12 张，刑事拘留 9 人，逮捕 7 人，取保 5人，起诉 5 人。第三，打击突出刑事犯罪专项行动方面：2021 年 5 月份，仁化县实现"三类警情"均同比下降，为全市"三类警情"均同比下降唯一县（市、区）。2021 年以来（截至 2021 年 8 月），全县共破刑事案件 116 宗，同比上升 36%。其中，共侦破毒品犯罪案件 6 宗，共查处吸毒人员 23 人，社区戒毒 7 人，强戒 5 人，刑事拘留 6 人，逮捕 7 人，打掉制贩毒团伙 1 个，破获市目标案件 1 宗，平安关爱行动毛发筛查的总完成率为 100%。

（2）三大整治。在整治社会治安秩序方面：排查各类不稳定因素 12 起，稳控 12 起；强化爆破作业安全管理"两个标准"的执行，完善爆破作业项目和单位管理；对全县 KTV、旅馆业，沐足、按摩场所、餐馆等人员密集场所开展清查，有效消除安全隐患；积极开展 5 轮校园安全检查工作，全县范围共排查学校 107 所，对排查发现的安全隐患通报党委政府、教育主管部门并跟踪落实整改。在整治交通安全秩序方面：联合县安委办根据系统防范化解道路交通安全风险工作部署要求，牵头县政府办、应急、交通、公路、住建等职能部门及国省道沿线乡镇政府部门，对包括国道 323 线周田三岔路口、韶赣高速周田路口和锦霞大道等在内的 30 处安全隐患点进行现场勘察，由县系统防范化解道路交通安全风险工作专班将梳理问题发文至各成员单位，并明确相关职责和整改完成时限，完成锦霞大道封闭路口、韶赣高速周田路口大货车禁停和茨菇塘事故多发路段等 21 处安全隐患点整治工作。截至目前共查处（纠）各类交通违法行为 28 200 多起，其中，查处机动车违停 4886 余起、闯红灯 1014 起、酒后驾驶 298 起（二次酒驾 13 起、醉驾 52 起）、不礼让斑马线 1600 起、无证驾驶 1147 起、驾乘摩托车不戴安全头盔 1162 起、超员 140 起、超载 215 起、暂扣摩托车 3500 余辆次、清理僵尸车 16 辆。在整治执法突出问题方面：有序推进"减刑、假释、暂予监外执行"案件评查和重点案件交叉评查，成立工作专班，抽调专门力量，针对自查发现问题的案件开展评查，已纠正案件 26 宗，暂未发现属于信访重点人管理记录，暂未发现列入公安机关当前正在侦办的案件或属于当前涉黑恶重点布控人员，暂未发现相关人员信访事项、网上舆情情况、涉警纪检监察案件的信访事项。

（3）两大活动。在"我为群众办实事"活动方面：制定了《"我为群众办实事"实践活动工作方案》，高考前夕主动对接县广播电视台，以县政府名义发布《关于高考期间实行道路交通管制事项的通告》，确保考试期间道路畅通有序和减少车辆行车噪声；加强对仁化中学考点周边特别是露天广场、文化娱乐场所等部位的巡查管控，为高考营造安静环境；对考生申请加急办理居民身份证落实"四个优先"（优先受理、优先签发、优先制证，优先发放），确保急需用证考生快速领取居民身份证。高考期间，考前服务增设服务点，为丢失或忘带身份证的考生快速提供身份信息证明，确保高考考生不误考；开辟送考绿色通道，对涉考车辆予以优先通行便利，交警"爱心护考"小分队护送考生 5 人次；调整大岭红绿灯各路口车道数量和绿灯放行时间，有效提高该路口通行力；落实摩托车驾驶证"送考下乡""带牌销售"政策，今年来共受理报名人 3547、考试人 3144、合格制证 2188 人，累计带牌销售摩托车 855 辆、电动自行车 1757 辆。在"学党史、严党纪、铸警魂"活动方面：组织全体民警、辅警、职工参加粤警工会"学党史"系列测试以及仁化县"党在我心中"党史知识竞赛，选派精干警力参加仁化县"党在我心中"党史知识竞赛并荣获二等奖；局班子成员、各科所队长以召开集体会议、谈心谈话等形式，持续做好"自查从宽、被查从严"政策宣讲，积极开展教育整顿民警自查事项报告填报和谈心谈话。

"八大专项"行动的实施以来（截至2021年8月），在取得显著成效的同时，形成了具有韶关特色的"八大专项"行动工作机制，有力打击了危害国家政治安全、电信网络诈骗和突出刑事犯罪，有效整治了社会治安秩序、交通安全秩序和执法突出问题，积极开展好了"我为群众办实事"和"学党史、严党纪、铸警魂"强纪利民活动，显著地提高了韶关人民的获得感、幸福感与安全感。

三、目前韶关市社会治安防控存在的问题

近年来，韶关市域内各公安局在健全社会治安防控机制上不断探索，使辖区内的警务效能得到了一定的改善，社会治理体系和治理能力现代化获得了一定的促进，人民的获得感、幸福感、安全感得到了显著的提高，社会安定大局得以维稳。但在防控效能、联防联控、法制保障等方面都还存在问题与短板，亟待认真解决。

一是在防控效能方面：交通安全事故和电信网络诈骗、盗抢骗等案件时有发生，"打、防、控、管、服"力度有待进一步加强。[1]二是在联防联控方面：主要是党建引领的社会参与制度运行不畅、镇街行政执法能力不足、综合应急演练少、社区物业管理薄弱等。[2]近年来，公安、信访、维稳、司法在政法委的直接领导下，建立了较为完善的协同联动和应急处置机制，隐患苗头性信息能够做到快速共享互通，但公安机关与住建、国土、林业、教育等职能部门的信息通报机制不够健全；与镇（街道）村委一级，对于一些未涉及违法犯罪的线索、情报信息互通不及时，在一程度上影响源头治理成效，如邻居纠纷、重点人员动态，村委、村小组主动报备少。[3]三是法治保障方面：主要表现为基层法治宣传形式方面不够新颖，[4]基层法律人才缺乏、各部门面对基层提供的服务多而不集中，[5]个别基层干部在思想和工作中仍然欠缺法治思维、部分农村村民参与基层治理热情不高，法治宣传橱窗不能专栏专用、

---

〔1〕 仁化县公安局。
〔2〕 曲江区政法委。
〔3〕 南雄市公安局。
〔4〕 南雄市公安局。
〔5〕 曲江区司法局。

内容更新不及时;[1]机关办公场所不足、资金较为困难,专业人才缺乏等[2]。

四、健全市域社会治安防控机制思考

建立健全市域社会治安防控机制,就是要健全能使市域内的治安主体发挥最大作用、防控效能达到最大化的可操作性强的方法论。总体而言,基于目前韶关市社会治安防控存在的问题与健全市域社会治安防控机制的迫切需求,本文围绕社会治安防控多元主体、空间方式、强制力保障、道德支撑和可持续发展五个方面构建了一套市域社会治安防控机制,即多元联防联控机制、线上线下协同机制、法治保障机制、道德教化机制和考核评价机制。这一套机制是健全市域社会治安防控机制的重要抓手和发力点。

(一)健全多元主体联防联控机制

社会治安防控体系现代化建设是一项复杂的系统工程,任务艰巨繁重,单靠公安机关"单打独斗"是难以有效推动的。[3]要使社会治安防控体系现代化建设得到有效推动,必须建立多元主体联防联控机制。而除关键主体公安机关外,其他治安主体主要包括党委,政府,司法、教育等各机关部门,企事业单位,人民群众,社会治安组织等。[4]

公安机关作为社会治安防控的关键行动主体,做好治安防控是其本职工作,必须根据已有相关经验理论指导不断实践、不断总结新的指导理论,从而不断提高自身的"打击破坏社会治安不良分子、防止社会治安案件发生、管理和控制社会治安、服务人民群众"的能力。同时,应当建立健全建公安机关与党委,政府,信访、维稳、司法、住建、国土、林业、教育等机关部门的协同联动机制、应急处置机制,隐患苗头性信息能够做到快速共享互通,和信息通报机制。此外,要切实把党领导一切工作的宗旨落实到社会治安防控工作上,建立各机关部门、企事业单位与村(社区)党组织联建共建机制,并在实际运行中注重内容的落实和质量的保障,摒除任何形式的形式主义,

---

[1] 仁化县司法局、南雄市司法局。

[2] 南雄市司法局。

[3] 林海滨:《构建完善的社会治安防控体系的实践和思考——以福建省宁化县为例》,载《江西警察学院学报》2022年第1期。

[4] 石启飞:《社会治安防控体系现代化的动力机制——基于行动者网络理论的视角》,载《山东警察学院学报》2020年第2期。

确保长期有效发挥党员的先锋模范作用，抓好党建在社会治安全方面的引领与协调工作。此外，还应积极动员人民群众，联合各类社会治安组织，成立由本村（居）人员组成的不少于5人的"红袖章"治安联防队，协助派出所开展治安联防工作，借无穷民力支撑有限警力。

（二）完善线上线下协同机制

大数据时代的到来及其不可逆转的大势，使得网络虚拟社会对社会生活各个领域的影响越来越突出，在其给我们带来极大便利的同时，也严重冲击了现有的治安防控体系。尤其是网络犯罪，如窃听网络、污染高科技、制造网络病毒等，使得社会治安防控工作的难度在不断加大。

可以说，伴随大数据时代而形成的互联网虚拟社会开辟了社会治安防控的新版图。如今线上治安已经受到了严重的威胁，这揭示了现在只有线下的治安措施已经不足以维持和谐稳定的社会秩序，还必须有线上的治安措施。而要实现最优化维稳和谐社会，线上线下的治安措施亦不能是分开的，而是应该有机结合，这就意味着必须建立健全社会治安防控的线上线下协同机制。由此，必须充分运用信息化手段加强安全防范，利用以网络为代表的现代化信息工具，在传统治安防控工作的基础上，不断完善并有力推动立体化社会治安防控体系建设，提高动态化、信息化条件下驾驭社会治安局势的能力。在社会治安防控工作中，将"线上"信息搜集研判与"线下"核查管理的具体工作结合起来，将实体社会治安防控工作与虚拟社会治安防控工作结合起来，提升整体防控的档次，维护社会的安全与稳定。[1]

（三）加强法治保障机制

法治是人类政治文明的重要成果[2]，依法治国是党和人民治理国家的基本方略，健全社会治安防控作为保障国家安全和维护社会稳定、进行社会治安综合治理的一项系统工程同样离不开法治。在我国这样一个拥有14亿人口体量的人口大国，希望人人都可以依靠自己主观的道德——单纯依靠"人治"，做到维护社会秩序稳定、国家长治久安是不现实的。由此，必须有相对更为客观的强制力保障——法治保障机制。

---

〔1〕 沈惠章：《社会治安防控工作的"网上""网下"协同机制建设》，载《河南警察学院学报》2021年第6期。

〔2〕 王建新：《社会治安防控体系法治保障研究》，载《中国人民公安大学学报（社会科学版）》2015年第2期。

　　而基层治理是一切社会治理的基础，是一切社会治理理论机制发挥作用的场所，社会治安防控机制作为公安机关等社会治安主体有效控制违法犯罪行为等引起治安问题的各种社会因素的可操作性强的方法论，同样离不开基层。因此，要建立健全社会治安防控的法治保障机制，必须重视完善基层公共法律服务体系，加强和规范村（居）法律顾问工作；必须加强基层法治人才队伍建设，提升基层党员、干部法治素养，注重提高基层干部的依法行政意识、依法办事水平，才能有效地防范风险，促进基层组织将法治思维和法治方式融入村（社区）内部公共事务管理的各个方面，才能引导群众积极参与、依法支持和配合基层治理。

　　（四）建立道德教化机制

　　法治保障之于社会治安防控，保障的仅是社会治安防控秩序的底线。另外，仅仅重视法治保障，可能会使得人们的道德沦丧、民风变得不再朴素，因为法律制度的更新周期往往是较短的，既定的法律无法把一切规则说尽，总会存在一些漏洞，而人们通过这些漏洞，可以享受到相对更为丰厚的回报，人性趋利，打法律擦边球、钻法律漏洞的现象是无法避免的。由此，要真正实现社会和谐稳定、国家长治久安，仅有法治保障是不够的，还应该使德治和法治紧密结合起来，在法治保障机制的基础上建立道德教化机制。

　　建立健全市域社会道德教化机制，这是一种基于从根源处预防治安问题发生而提出的维稳方案和美好愿景。要使之得到贯彻落实并发挥作用，需要市域内各级各地公安机关同本辖区内的文明办紧密联合，由地区文明办牵头坚持以习近平新时代中国特色社会主义思想为指导，紧紧围绕党史学习教育、精神文明建设、疫情防控等中心工作，勠力全面提升市民文明素质和城市文明程度，为城市的安定祥和提供强大的精神动力和道德支撑。具体可以从以下三个方面展开行动。一要加强公民思想道德建设：可以开展先进典型选树宣传活动，树立榜样作用；发布诚信"红黑榜"，利用"3·15"消费者权益日等重要时间节点广泛开展诚信教育活动，推进诚信制度化建设；常态化要求公职人员起到模范带头作用、遵守文明行为规范；持续深化文明交通、文明餐桌、文明旅游、文明网络等文明引导行为，组织各有关单位常态化开展文明劝导志愿服务活动。二要深化各类文明创建活动，加强对各镇（街）开展文明村镇创建活动的工作指导和检查。文明办组织人员到各镇（街）对文明村镇创建活动开展专项督导，并督促各镇（街）加强文明村创建活动资料、实地点位对标建设。三要深入开展移风易俗行动。充分利用县电视台、"仁爱仁化"APP、"仁化发布""文明仁化"微信公众号、视频抖音和大小喇叭、横幅标语、公益广告等线上线下方式进行广泛宣传，并组织各镇（街）、各网格责任单位进村入户发放倡议书，引导广大群众文明过节和文明祭扫，倡树文明新风，逐步形成勤俭节约、文明生活新风尚。

（五）优化考评机制

任何工作、任何机制，只有通过科学、合理且可行的督导考评，才可能及时发现执行过程中存在的偏差与问题，才能就最新情况对原计划和策略进行及时、有效的调整，从而最大限度地确保预定目标的达成，实现最佳效果。社会治安防控机制也不例外。建立科学合理且可行的考核机制，是社会治安防控现代化建设的重要环节，[1]是引导和拉动社会治安防控机制的可持续发挥作用的有效途径，[2]是社会治安防控水平持续提高、社会秩序保持长期稳定和谐的关键保障。此外，科学、合理、可行的考核办法不仅能检验社会治安防控工作的效果，还可以起到激励和鞭策的作用。

社会治安防控工作的考评机制应当符合客观全面、简便易行的原则；考核的内容和标准既要全面、统一，也要考虑当地的实际情况；考核结果要及时公布，并据此奖优惩劣、追究责任，这样才能保障社会治安防控工作中责任的落实。[3]在实施过程中，要充分利用大数据、云计算等信息化手段，整合公安机关现有的考核评估力量。[4]总之，建立科学、合理、可行的社会治安防控考核评价机制，在符合客观全面、简便易行标、准统一大原则的同时，还要关注地区间存在的异质性——做到具体问题具体分析，并及时公布考核结果据此进行奖惩追责，最后在开展落实的过程中要充分利用起大数据、云计算等先进技术的优势，做到治安防控考核的信息实时化、全程动态化，实现治安防控工作的每个步骤和环节都有记录、有评估、有反馈、有改进，使

---

〔1〕 郭奕晶：《论社会治安防控体系的考核机制》，载《公安理论与实践（上海公安高等专科学校学报）》2008年第4期。

〔2〕 吕绍忠：《警务视阈中网络社会治安防控的体制机制创新》，载《河南警察学院学报》2017年第6期。

〔3〕 郭奕晶：《论社会治安防控体系的考核机制》，载《公安理论与实践（上海公安高等专科学校学报）》2008年第4期。

〔4〕 吕绍忠：《警务视阈中网络社会治安防控的体制机制创新》，载《河南警察学院学报》2017年第6期。

整个治安防控工作实现良性循环。

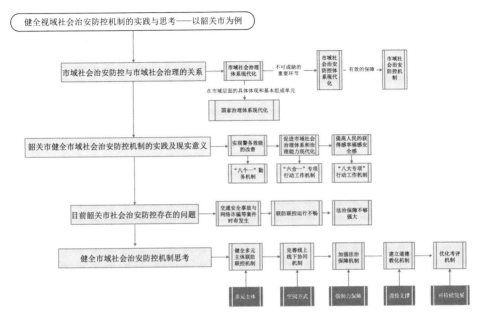

图1 全文逻辑框图

韶关市基层社会治理体制的改革亮点及改进建议

曾保根[*]

曾保根[*]

2021 年 4 月，《中共中央、国务院关于加强基层治理体系和治理能力现代化建设的意见》公布。该意见指出："基层治理是国家治理的基石，统筹推进乡镇（街道）和城乡社区治理，是实现国家治理体系和治理能力现代化的基础工程。"坚持党对基层治理的全面领导，把党的领导贯穿基层治理全过程、各方面。坚持全周期管理理念，强化系统治理、依法治理、综合治理、源头治理。坚持共建共治共享，建设人人有责、人人尽责、人人享有的基层治理共同体。

经中央政法委批复，韶关市于 2020 年被列入全国市域社会治理现代化第一批试点城市。为了更好地助力加快推进韶关市市域社会治理现代化试点工作，打造具有韶关特色、市域特点、时代特征的社会治理新模式，韶关市先后制定了《韶关市关于加快推进市域社会治理现代化的实施意见》《韶关市加快推进市域社会治理现代化"十四五"规划》，为市域社会治理现代化擘画了发展蓝图。并在市、县、镇三级均成立了由党委主要负责人为组长的市域社会治理现代化工作领导小组，切实发挥党组织在基层治理中的引领作用。本文主要从党全面领导基层治理制度建设和基层政权治理能力建设两个层面梳理韶关市基层社会治理体制的改革亮点、现实问题以及未来改进建议。

---

　　* 曾保根（1974 年-），男，江西吉安人，教授、博士，韶关学院政法学院副院长，研究方向：政府治理与改革理论。

　　基金项目：广东省哲学社会科学规划项目"技术治理理论视野下新时代社区治理运行机制研究：基于四种典型模式的经验分析"（GD20CZZ03）；韶关学院科研项目"'主体—结构—过程'分析框架下社区治理模式比较与发展研究"（SZ2019SK05）；广东省教育科学规划课题"'四个走在全国前列'背景下广东省社区治理模式创新跟踪调查研究"（2019GXJK022）。

一、调研设计

（一）调研地点

为了保证调研工作的信度与效度，课题组采取了分类随机抽样方法，在韶关市辖属的 5 县、2 市、3 区中共选取了 5 个县（市、区）开展调研活动。其中，在 5 个县中，分别选取了代表了高、中、低三类不同经济发展水平与社会治理能力的乳源县、仁化县和新丰县；在 2 个县级市中，选了经济发展水平与社会治理能力处于上游的南雄市；在 3 个区中，选了经济发展水平与社会治理能力处于中游的曲江区。

（二）调研方法

课题组主要采用了文献调查、集体座谈、问卷调查、统计分析和制度分析等研究方法。

（1）文献调查法。课题组通过检索中国知网、百度引擎和查阅韶关学院图书馆馆藏资料等方法，先后收集了与基层治理体系和治理能力现代化相关的专著二十余本、期刊和报刊论文一千余篇。旨在尽可能全面掌握该领域的现有研究成果。课题组同时注重广泛利用国内外各种数据库收集社会治理方面的文献，从国内外相关文献中借鉴基层治理体系和治理能力现代化的经验与做法。

（2）集体座谈法。课题组采取集中座谈方式，先后与曲江区、南雄市、仁化县、乳源县和新丰县 5 个区县市的政法委和相关职能部门分管领导以及乡镇（街道）、村（社区）代表进行了深入交谈。参加座谈的单位有政法委、组织部、宣传部、编办、团县（区、市）委、司法局、公安局、民政局、住房和城乡建设管理局、政务服务数据管理局，部分乡镇（街道）和村委（居委）等。

（3）问卷调查法。课题组设计了两份网络调查问卷：一份是适用于基层党政工作人员的《韶关市基层社会治理体系和治理能力现代化研究》调查问卷；另一份是适用于居民村民的《韶关市基层社会治理体系和治理能力现代化研究》调查问卷。课题组共回收了网络问卷 2739 份，其中，基层党政工作人员问卷 1628 份，居民村民问卷 1111 份。总体看来，问卷样本充裕，具有较强的说服力。

（4）统计分析。课题组运用 SPSS 软件对调查数据进行统计处理，在进行信度和效度检验的基础上，对调研数据进行整理和统计分析。

（5）制度分析。课题组运用制度分析框架，在现有制度框架范围内，对韶关市基层社会治理体系与治理能力现代化建设的未来思路和可行路径，提出系列具有针对性的政策建议。

二、改革亮点

（一）党建引领基层社会治理取得明显成效

（1）基层党组织建设和领导体制得到进一步加强。一是成立了基层社会治理现代化领导小组。从县（市、区）层面来看，各地成立了以县委书记、市委书记（县级市）、区委书记为组长的领导小组；从乡镇（街道）层面来看，成立了以乡镇（街道）党委书记为组长的领导小组。从而强化了基层治理现代化过程中党的领导体制。二是加强了村委会（居委会）基层组织队伍建设。在今年新一轮村（社区）"两委"换届选举过程中，党委严把"入口关"，对"两委"班子成员候选人实行乡镇（街道）党委提名制；实行书记和主任"双肩挑"制度，如南雄市村（社区）"双肩挑"比例高达99.57%。同时，大幅提升"两委"班子成员中的中共党员比例，如南雄市村委会成员中的中共党员比例达到98.19%。三是强化了基层党组织的决策领导地位。凡是涉及基层组织"三重一大"事项（重要事项、重要问题、重要工作和大额资金），先由党委或党支部审议通过，如仁化县长期实行"四议两公开"制度。

通过以上改革措施，基层党组织建设得到明显加强，党建引领基层治理的作用得到进一步强化和巩固，基层党组织在基层治理过程中发挥了战斗堡垒作用。调研数据表明（见表1）：92.81%的基层党政干部认为，实行了党组织对基层各类组织和各项工作的统一领导；87.59%的基层党政干部认为，制定了在基层治理中坚持和加强党的领导的相关制度；82.13%的基层党政干部认为，涉及基层治理重要事项、重大问题都要由党组织研究讨论后按程序决定；85.81%的基层党政干部认为，村（社区）实现了书记和主任"双肩挑"制度；等等。

表1 健全基层治理党的领导体制调研数据表

选项 ♦	小计 ♦	比例
实行了党组织对基层各类组织和各项工作的统一领导	1511	92.81%
制定了在基层治理中坚持和加强党的领导的相关制度	1426	87.59%

选项◆	小计◆	比例
涉及基层治理重要事项、重大问题都要由党组织研究讨论后按程序决定	1337	82.13%
积极推行村（社区）党组织书记通过法定程序担任村（居）民委员会主任、村（社区）"两委"班子成员交叉任职	1397	85.81%
注重把党组织推荐的优秀人选通过一定程序明确为各类组织负责人，确保依法把党的领导和党的建设有关要求写入各类组织章程	1263	77.58%
创新党组织设置和活动方式，不断扩大党的组织覆盖和工作覆盖，持续整顿软弱涣散基层党组织	1250	76.78%
推定全面从严治党向基层延伸，加强日常监督，持续整治群众身边的不正之风和腐败问题	1357	83.35%
其他（请填写）［详细］	7	0.43%
本题有效填写人次	1628	

（2）推行了党委领导的乡镇（街道）管理体制改革。为了贯彻落实韶关市政府第十五届四十五次常务会议审议通过的"将111项县级以申请类和公共服务类事项职权下放到乡镇（街道）实施"的改革要求，各县（市、区）启动了新一轮乡镇（街道）管理体制改革：一是优化整合乡镇（街道）党政机构和资源，在乡镇（街道）层面统筹设置了党建工作办、党政综合办、应急管理办、综治维稳办、公共服务办等十余个党政机构。二是推进行政执法权限和力量向基层延伸和下沉，各乡镇（街道）统一设置了副科级内设机构——综合行政执法办公室（综合行政执法队），配备了编制和执法人员，各区县市将二百多项事项县级行政处罚权调整由乡镇行使，乡镇的执法权限大大增加。三是建立三级网格制度，在社区和行政村建立一级网格，在居民小组（小区）和村民小组（自然村）建立二级网格，在连片楼栋和农村党员联系区域建立三级网格。

在这一轮乡镇（街道）管理体制改革过程中，始终坚持以党组织领导为主导，打破单位之间和组织之间的行政隶属壁垒。通过各级党组织的引领，统筹汇聚乡镇村委（街道社区）、机关事业单位、楼长、业主委员、村长、村干部、网格员等各类组织和人员的力量，实现基层社会治理工作由原来的"单打独斗"向"群策群力"和"深度融合"转变，尽可能激活多元基层治理主体的积极性、主动性和能动性。形成以网络化为载体、以信息化为支撑、以法治化为保障的乡镇（街道）管理新格局。

表2　构建党委领导的乡镇（街道）管理体制改革调研数据表

选项 ◆	小计 ◆	比例
深化基层机构改革	1489	91.46%
统筹党政机构设置、职能配置和编制资源	1397	85.81%
设置综合性内设机构	1191	73.16%
除党中央明确要求实行派驻体制的机构外，县直部门设在乡镇（街道）的机构实行属地管理	1178	72.36%
继续实行派驻体制的，纳入乡镇（街道）统一指挥协调	1213	74.51%
其他（请填写）［详细］	7	0.43%
本题有效填写人次	1628	

通过以上改革措施，进一步深化了基层机构改革，有效统筹了党政机构设置、职能配置和编制资源，设置了综合性内设机构。调研数据表明（见表2）：91.46%的基层党政干部认为，深化了基层机构改革；85.81%的基层党政干部认为，能有效统筹党政机构设置、职能配置和编制资源。

（3）党建引领的社会参与制度得到进一步完善。一是强化社会组织的党组织建设，增强党对社会工作的领导，支持社会组织参与社会治理、开展公共服务，引导社会组织加强诚信自律建设。二是重视社区物业组织中的基层党建工作。社区推荐优秀党员，按照法定程序担任业主委员会成员，引进实力强、服务好的物业公司管理小区，保障党的领导与居民自治的有机融合。三是强化省市"两新"组织中的基层党组织建设。针对新社会组织，严格按照省市"两新"组织党建工作相关要求，根据属地管理和业务主管部门管理的原则具体划分给各乡镇（街道）党（工）委和有关单位进行对接。其中，仁化县还将新社会组织的党组织建设纳入了"书记项目"，党组织书记作为第一责任人，分管领导作为直接责任人，确保新社会组织党建工作"有人管，有人抓"；针对"五类"非公企业，各区县市要求符合单建党组织条件的企业应做到"应建尽建"，对暂不具备单建条件的，加大力度组建联合党支部，做到"两个覆盖"（中心工作在哪里，组织就覆盖到哪里）。

通过以上改革措施，有效构建了以党建为引领、以群众需求为导向的社会参与制度，充分发挥了"两新"组织在基层社会治理中的积极作用。调研数据表明（见表3）：94.29%的基层党政干部认为，通过党建带群建，较好地履行了组织、宣传、凝聚、服务群众的职责；84.95%的基层党政干部认为，统筹基层党组织和群团组织资源配置，很大程度上起到了支持群团组织承担公共服务职能的作用；84.03%的基层党政干部认为，组织党员、干部下沉参与基层治理、有效服务群众。

表3　完善党建引领社会参与制度调研数据表

选项 ♦	小计 ♦	比例
党建带群建，履行组织、宣传、凝聚、服务群众职责	1535	94.29%
统筹基层党组织和群体组织资源配置，支持群团组织承担公共服务职能	1383	84.95%
培育扶持基层公益性、服务型、互助性社会组织	1367	83.97%
支持党组织健全、管理规范的社会组织优先承接政府转移职能和服务项目	1296	79.61%
搭建区域化党建平台，推行机关企事业单位与乡镇（街道）、村（社区）党组织联建共建	1263	77.52%
组织党员、干部下沉参与基层治理、有效服务群众	1368	84.03%
其他（请填写）[详细]	7	0.43%
本题有效填写人次	1628	

（二）基层政权治理能力建设得到明显加强

（1）乡镇（街道）行政执行能力得到进一步强化。一是成立了由乡镇（街道）党委书记任组长的基层政权建设领导小组，以行政村（社区）为单位，划定网格，对每个村小组（小区）网格实行村干部（居委会干部）包村包区。并且，每个乡镇（街道）班子领导干部挂钩联系一个村小组（小区），实行班子成员联点帮带制度，确保基层党组织战斗堡垒坚固有力。二是各县（市、区）根据《韶关市乡镇权力清单和责任清单》，制定了深化乡镇体制改革以及完善基层治理体系的实施方案，明确了乡镇党委和政府的工作权责，设立了综合行政执法办公室（综合行政执法队），将县直部门派驻在乡镇的事业单位全部下放给乡镇管理。对继续实行派驻体制的，要求建立健全纳入乡镇统一指挥协调的工作机制，全部纳入乡镇工作平台，工作考核和负责人任免需要征求所在地乡镇党委意见。

表4 乡镇（街道）行政执行能力调研数据表

选项 ◆	小计 ◆	比例
加强乡镇（街道）党（工）委对基层政权建设的领导	1511	92.81%
依法赋予乡镇（街道）综合管理权、统筹协调权和应急处置权，强化其对涉及本区域重大决策、重大规划、重大项目的参与权和建议权	1411	86.67%
根据本地实际情况，依法赋予乡镇（街道）行政执法权，整合现有执法力量和资源	1351	82.99%
推行乡镇（街道）行政执法公示制度，实行"双随机、一公开"监管模式	1275	78.32%
优化乡镇（街道）行政区划设置，确保管理服务有效覆盖常住人口	1258	77.27%
其他（请填写）[详细]	┃ 7	0.43%
本题有效填写人次	1628	

通过以上改革措施，进一步加强了乡镇（街道）党委对基层政权建设的领导，增强了乡镇（街道）行政执行能力。调研数据表明（见表4）：

92.81%的基层党政干部认为，乡镇（街道）管理体制改革加强了乡镇（街道）党（工）委对基层政权建设的领导；86.67%的基层党政干部认为，依法赋予了乡镇（街道）综合管理权、统筹协调权和应急处置权，强化了对涉及本区域重大决策、重大规划、重大项目的参与权和建议权；82.99%的基层党政干部认为，依法赋予了乡镇（街道）行政执法权，整合现有执法力量和资源；等等。

（2）乡镇（街道）为民服务能力得到进一步提升。一是承接上级民政部门的权力下放，围绕乡村振兴战略，重点强化乡镇（街道）公共服务职能，贯彻落实社会救助、社会福利等民政领域制度，为广大民众和残疾人提供基本公共服务，为留守儿童、留守妇女、留守老人等特殊人群和困难群体提供基本社会服务。二是加快公共服务基础设施建设和改造，在乡镇（街道）设立公共服务中心（站）、残疾人康复中心、农村居家养老服务站、社区康养中心、流浪乞讨人员救助安置中心等，为民众提供"一站式""一窗式"服务，为民众办理基本养老保险、基本医疗保险以及其他业务提供便利。

通过以上改革措施，进一步提升了乡镇（街道）为民服务能力。其中，南雄市在全市18个乡镇（街道）和236个村（社区）建立了公共服务中心（站），实现城乡社区综合服务设施覆盖率100%，为打通服务群众"最后一公里"奠定了坚实基础，真正做到便民利民；乳源县建成了10个农村居家养老服务站和6个社区康养中心，在很大程度上缓解了老年人的养老难题。

（3）乡镇（街道）议事协商能力得到进一步增强。一是乡镇（街道）党政机关更加关注涉及群众切身利益的事务事项，并将其纳入党委政府的重要议事日程，充分征求广大民众的意愿，重视发挥各级人大代表和政协委员的作用。二是不断完善和规范村（居）党务、村务、财务公开制度，在村（居）委所在地和交通要道周边设置村（居）事务公开栏和联系箱，方便群众观看，接受群众监督。三是推动有条件的村（社区）设立村（居）民议事厅，依托村（居）民议事会、决策听证会、民主评议会等多种参政议政渠道，开展村（居）民说事、民情恳谈、百姓议事、妇女议事等各类协商活动，利用互联网、微信公众号、微信群等多种现代媒体平台，进一步拓宽和畅通社情民意交流渠道，有效打通村（居）民表达意见诉求的渠道和途径。

通过以上改革举措，进一步增强了乡镇（街道）议事协商能力。调研数据表明（见表5）：89.07%的基层党政干部认为，进一步完善了基层民主协商制度；88.02%的基层党政干部认为，围绕涉及群众切身利益的事项确定乡镇（街道）协商重点，由乡镇（街道）党（工）委主导开展议事协商；83.23%的基层党政干部认为，乡镇（街道）议事协商过程中重视发挥人大代表、政协委员的积极作用；等等。

表5　乡镇（街道）议事协商能力调研数据表

选项	小计	比例
完善基层民主协商制度	1450	89.07%
围绕涉及群众切身利益的事项确定乡镇（街道）协商重点，由乡镇（街道）党（工）委主导开展议事协商	1433	88.02%
完善座谈会、听证会等协商方式	1301	79.91%
注重发挥人大代表、政协委员作用	1355	83.23%
探索建立社会公众列席乡镇（街道）有关会议制度	1186	72.85%
其他（请填写）［详细］	6	0.37%
本题有效填写人次	1628	

（4）乡镇（街道）应急管理能力得到进一步提高。一是建立了"党政同责、一岗双责、齐抓共管"的应急管理责任制度，明确了"地方政府属地监管、行业主管部门直接监管"的应急管理原则。二是乡镇（街道）设立了应急管理办公室（指挥中心），成立了统一指挥的应急管理队伍，储备了一定的应急物资。三是高度重视应急预案管理，常态化开展风险研判、预警和应对等工作，每年组织综合应急演练。

通过以上改革措施，强化了乡镇（街道）应急管理的属地责任和相应职权，在较大程度上提升了基层政府的应急管理能力。调研数据表明（见表6）：90.54%的基层党政干部认为，强化了乡镇（街道）属地责任和相应职权，构建了多方参与的社会动员响应体系；91.95%的基层党政干部认为，乡镇（街道）健全了基层应急管理组织体系，细化了应急预案，做好风险研判、预警、应对等工作；87.90%的基层党政干部认为，乡镇（街道）建立了统一指挥的应急管理队伍，加强了应急物资储备保障；等等。

表6　乡镇（街道）应急管理能力调研数据表

选项	小计	比例
强化乡镇（街道）属地责任和相应职权，构建多方参与的社会动员响应体系	1474	90.54%
健全基层应急管理组织体系，细化乡镇（街道）应急预案，做好风险研判、预警、应对等工作	1497	91.95%
建立统一指挥的应急管理队伍，加强应急物资储备保障	1431	87.9%
每年组织开展综合应急演练	1299	79.79%
市、县级政府指导乡镇（街道）做好应急准备工作，强化应急状态下对乡镇（街道）人、财、物支持	1277	78.44%
其他（请填写）[详细]	7	0.43%
本题有效填写人次	1628	

（5）乡镇（街道）平安建设能力得到进一步巩固。一是镇街全面推进维稳综治中心规范化建设，合理划分职能，配备专职人员，实行实体化运作，通过综治信息系统与其他相关部门进行资源整合和信息共享。推进综治网格化建设与管理，定岗、定责、定员，实现"人在网中，事在格上"。二是持续打击防范电信网络诈骗和毒品活动，通过"一线双联"和"民情夜访"等工作措施落实包村包户责任制度，通过"面对面"宣传和主题集中宣传等活动，有效提升了群众对电信诈骗的防范、鉴别和自我保护能力。三是完善社会治安防控体系，加快推进"雪亮工程"建设进度，实时掌控辖区社会治安状况；持续推进"扫黑除恶"工作常态化，整顿行业乱象；加大"红袖章"平安志愿者队伍建设，助力开展疫情防控宣传和治安联防工作。四是加强公共安全保障工作，完善公共安全风险监测预警体系，提高对重点领域、环节和人群的持续动态监测和预警能力。

通过以上改革措施，进一步增强了乡镇（街道）平安建设能力。调研数据表明（见表7）：95.02%的基层党政干部认为，加强了乡镇（街道）综治中心规范化建设，发挥其整合社会治理资源、创新社会治理方式的平台作用；92.20%的基层党政干部认为，完善了基层社会治安防控体系，健全了防范涉黑涉恶长效机制；87.53%的基层党政干部认为，健全了乡镇（街道）矛盾纠纷一站式、多元化解决机制和心理疏导服务机制；等等。

表7　乡镇（街道）平安建设能力调研数据表

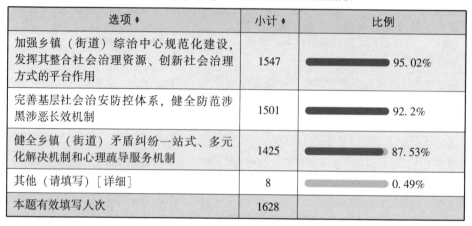

选项	小计	比例
加强乡镇（街道）综治中心规范化建设，发挥其整合社会治理资源、创新社会治理方式的平台作用	1547	95.02%
完善基层社会治安防控体系，健全防范涉黑涉恶长效机制	1501	92.2%
健全乡镇（街道）矛盾纠纷一站式、多元化解决机制和心理疏导服务机制	1425	87.53%
其他（请填写）［详细］	8	0.49%
本题有效填写人次	1628	

三、存在的问题

（一）基层党组织建设存在弱项

（1）基层党组织建设的契合性有待强化。基层党组织建设往往"谈起来实、做起来虚"的现象表现在，基层党组织建设格局与基层社会治理中许多关键领域缺乏实质性契合，如基层党组织在领导社区公共服务体系建设过程中缺乏实际抓手，尤其是在社会保障、物业矛盾、拆迁改造、邻里纠纷等基层痛点、难点问题上功能发挥不力；基层党组织在引领社会组织和社会力量参与基层社会治理方面缺乏有效的执行和落实机制。

（2）基层党组织引领基层社会共治稍显乏力。共建共治共享是基层社会治理的重要原则。基层党组织引领基层社会共治是一个多元主体共建共治共享的体制架构，但无论是体制内单位或个体对基层党组织建设的参与，还是"两新"组织对社会领域党建的参与，都缺乏内在动力。目前，党建引领主要通过党的组织网络覆盖和工作载体来开展工作，如辖区共建、在职党员进社区、两新组织党建等活动在初期对于引导共治有序发展具有重要意义，但长期来看缺乏深层次的黏合度与关联性，未能形成党组织对社会多元主体的有效吸纳，激励机制和长期活力不足。导致基层党组织在引领乡镇（街道）迈向基层社会共治的过程中表现乏力。

（二）基层政权治理能力建设存在短板

（1）基层政权治理能力建设内容有短板。行政执行能力、为民服务能力、议事协商能力、应急管理能力和平安建设能力成了衡量和评价基层社会治理能力现代化的五个指标。总体来说，韶关各县（市、区）都在全力推进乡镇（街道）五种政权治理能力建设。但是，客观实情反映，各乡镇（街道）在建设过程中存在着明显的不平衡、不充分现象。凡是涉及财政资金投入大、专业技术要求高的领域，基层政府均会明显感到力不从心，如行政综合执法领域的行政执行能力，基本医疗保险和社会保障等为民服务能力建设，危机和风险研判、预警应对等应急管理能力等，都存在明显短板。

（2）职能下沉与财政投入不匹配。在调研过程中，各基层领导干部反映最多的焦点问题就是财政经费问题，认为财政能力不足是制约乡镇（街道）加强基层政权治理能力建设的首要因素。基层社会治理改革的一个重要趋势，就是将原来由县级政府履行的部分行政职能逐步下沉下放给乡镇（街道）政府。基层政府的社会管理职能与公共服务职能有所扩张，社会管理面扩大，服务理念增强，服务项目增多，这意味着乡镇（街道）政府应该在社会管理与公共服务领域加大财力投入。然而，乡镇（街道）财政是典型的"吃饭"型财政。不管是基础设施建设还是民生项目实施，都需要争取大量的上级资金和项目支持，乡镇（街道）财政支出高度依赖财政转移支付，缺少财政自主权。而上级政府分配给各乡镇（街道）的转移支付金额有限，乡镇（街道）的财政分配并未随着基层社会治理职能的扩大而增加，这就造成了职能下移与财政投入之间的紧张程度加剧，导致基层政府无力支撑乡村（社区）社会各项事业和经济的发展。

（3）基层社会治理人才建设明显不足。在调研过程中，乡镇（街道）政府普遍反映的另一个重要问题就是基层社会治理人才建设明显不足。伴随着行政职能下沉给基层政府，基层政府所需要的社会治理专业人才也随之剧增。然而，现实问题是，由于编制数量的限制，许多基层政府无法及时招聘有编制的专业技术人才。往往通过合同制和聘用制招聘一些非编工作人员，但这些工作人员的文化程度并不高，专业性也不强。虽然韶关市近几年招聘了一定数量的"丹霞英才"，充实到了乡镇（街道）政府机关，但由于这些人才是事业编，与公务员编制存在较为明显的福利待遇差异，且他们必须在乡镇扎根一定年限。因此，不少"丹霞英才"通过公务员招考、研究生考试等方式，离开了基层政府，基层政府队伍建设呈现明显的不稳定状态。

四、改进建议

（一）进一步完善党全面领导基层治理的制度体系

（1）以大融合创新治理模式建强党组织体系。党的力量来自组织，组织覆盖和有效融合是党组织发挥作用、引领治理的前提。不断扩大基层党建工作的覆盖面，把党的组织机构延伸到各个领域、各个角落，同时积极探索创新党组织设置方式，采取分类、联合、挂靠等多种方式组建党组织，健全完善县（市、区）、乡镇（街道）、村（社区）、村小组（小区）四级党组织体系，实现基层党建工作全覆盖。按照"扁平化"要求着力打破行政隶属壁垒，推行街道"大工委制"和社区（村）"大党委制"，有机联结辖区内单位、行业及新兴领域党组织，构建覆盖基层治理各领域的组织网络。如深圳市充分发挥街道党工委的"轴心"和"龙头"作用，开展"党建+小区业委会""党建+社区社会组织""党建+社区居委会"计划，构建核心明确、统筹力强的区域化党建组织体系，为各种社会力量创造发挥作用的机会和空间。

（2）以构建区域化党建平台克服党组织行政化倾向过去。韶关有些地区的基层党组织功能多是以行政性管理为主，"条块分割"易造成"碎片化"。为此，需要构建区域化党建平台，统筹区域内各种可能提供的公共服务，规划和配置资源，使得所提供的公共服务更加精准，更能满足群众需求，更多地向嵌入式服务转变。同时，把党的政治和组织优势转化为基层治理优势，以公共服务引领带动社会资源、市场资源的整合，引导多元主体参与社区治理，促进基层治理发挥实效。如江门市健全市、县、镇、村、组5级党群服务中心，成功构建了基层党建"10分钟服务圈"。

（3）以工作关口前移推动基层治理力量下沉。党的工作最坚实的力量支撑在基层，最突出的矛盾问题也在基层。把基层治理的工作关口前移，主动将人力、物力、财力沉下去、融进去，落实领导干部"包片挂点"联系和研究解决问题工作机制；探索农村基层治理创新，建立村民理事会、乡贤咨询委员会等；将中央、省、市、区、镇五级党代表安排到村（社区）党代表工作室（站）履职，探索出"党代表联系服务居民特色工作法"。如深圳全面启动社区巡察，组建40多个巡察组对240个社区党组织开展交叉巡察，发现和推动基层治理方面的问题；茂名先行开展村级组织向党组织报告工作，推动民生微实事项目规范开展；湛江探索实行"街道社区吹哨、机关部门和党员双报到"机制，为群众提供精准、有效的特色服务。

（4）以建构网格化治理模式营造共建共治共享浓厚氛围。"网格化"是以县（市、区）为单位，将辖区划分为城市网格、村居网格、企业网格，构成无缝对接的网络，在发现和分析问题中解决问题，让社会治理更快捷准确。为此，创新"小网格+大党建"或"小支部+大片区"的治理模式，指定网格内单位及社区（村）党组织作为责任单位，实现组织共建、资源共享、机制衔接、功能优化，扎实做好党建引领社会治理的各项基础工作。如云浮市在镇村领域搭建党建网格化平台，由各镇组建"镇-村-组"三级党建服务网格，在每个自然村网格内建立党员工作坊，设立若干个带动力强、责任心强的党员中心户，带动网格其他党员定期联系服务村民群众。

（二）加强基层政权治理能力建设

（1）补强基层政权治理能力建设短板。加强基层政权治理五种能力建设，既是保证我国基层政权稳固的重点任务，也是增强基层政权防范、应对和化解各种风险挑战的重要策略，对于完善基层治理模式、解决发展不平衡不充分问题具有重要意义。在践行过程中，关键是要补齐建设短板，五种能力要齐头并进，形成整体合力，从而增强基层政权为民办实事的能力，提高行政效率，不断增强百姓对基层政权的信赖。目前，各乡镇（街道）迫切需要提升行政综合执法能力、应急管理能力和社会保障服务能力，可以采取"走出去"和"请进来"等多种方式，通过"走出去"方式，主动前往经验丰富的兄弟地市进行考察学习；通过"请进来"方式，邀请行业专家和学者前来"传经送宝"，以便快速补强短板。

（2）探索财权事权相匹配的有效途径：

第一，上级政府在下放行政职能的过程中，要主动赋予与乡镇（街道）政府相匹配的公共财政经费，提升其履行行政职能的能力，避免基层政府出现"巧妇难为无米之炊"的尴尬境地。上级财政职能部门需要对基层政府每年财政收支数据进行科学测算，尽可能为基层政府拨付充足的财政经费。

第二，基层政府可以在社会治理五大领域，探索独树一帜的亮点、精品和特色，打造"一乡（街）一品""一村一特"，在乡村振兴和基层社会治理诸多专项资金和各类品牌、经典案例评比中，冲击国家级、省级和市级特色和荣誉，争取更多的上级专项经费。

第三，基层政府要广开渠道，积极宣传海外侨胞、本地成功人士、在外知名乡贤踊跃捐资投资，为本地社会治理贡献力量。对于目前急需发展的某些公共服务机构建设或服务设施建设，如农村医院、农村养老院、社区医院、社区养老院等，基层政府可以以互助合作组织为依托，在不增加群众负担的基础上，采取支持、资助、群众自愿集资、社会团体捐助等多种方式共同分担资金压力等。

（3）加强基层社会治理人才队伍建设。"招得进、用得好、留得住"是基层社会治理人才队伍建设的重要原则。基层政府需要结合乡村振兴战略和基层社会治理改革趋势，做好人才队伍建设规划：

第一，在人才引进环节，优先招聘引进应急管理、法学、行政管理、大数据管理等专业性强、技术含量高的人才，严格控制从事日常行政管理岗位的职位数量。日常行政管理岗位可以采取合同制、临聘制和劳动服务外包等方式充实管理队伍。

第二，提升在岗工作人员综合能力。各乡镇（街道）政府需要加强与大专院校之间的密切合作，定期或不定期地开展各式各类培训和学历提升工程，以最短时间和最低成本提升在岗工作人员的业务能力和综合能力。比如，可以通过委托韶关学院或有资质的培训基地举办短期培训班方式，开设行政综合执法专题、行政管理素养与艺术专题，快速提升工作人员的执法能力和管理水平。也可以通过与高校开展合作，委托高校订单培养高素质应急管理、法律本科人才的方式，为基层政府源源不断地输入专业的社会治理人才。

参考文献：

［1］丁晋清：《党建引领基层社会治理的创新探索》，载《光明日报》2019 年 8 月 8 日。

［2］全林：《党建引领城市基层治理的现实困境与优化路径》，载《上海交通大学学报（哲学社会科学版）》2021 年第 1 期。

［3］陈越良：《科学把握新时代基层政权建设新部署新要求》，载《中国党政干部论坛》2021 年第 8 期。

［4］张胜、王斯敏：《提升五种能力让基层政权更稳固》，载《光明日报》2021 年 8 月 12 日。

［5］林尚立：《构建简约高效的基层管理体制》，载《经济日报》2018 年 4 月 18 日。

［6］韩志明：《面向治理碎片化的再组织化——基层党建引领的治理优势及其效能》，载《治理现代化研究》2021 年第 5 期。

［7］李文钊：《重构简约高效基层治理体系的中国经验——一个内外平衡机制改革的解释性框架》，载《河南师范大学学报（哲学社会科学版）》2020 年第 2 期。

［8］徐勇：《中国农村村民自治》（增订本），生活·读书·新知三联书店 2018 年版。

［9］邓大才：《中国乡村治理：从自治到善治》，中国社会科学出版社 2020 年版。

［10］康琴：《泸州：深化村务公开的"新样本"》，载《廉政瞭望》2021 年第 1 期。

［11］李建平：《基层拿得出　家底能算清　百姓看得懂——看甘肃省〈村务公开规范〉制定亮点》，载《农村经营管理》2020 年第 10 期。

［12］陈柏峰、吕健俊：《城市基层的网格化管理及其制度逻辑》，载《山东大学学报（哲学社会科学版）》2018 年第 4 期。

［13］王法硕：《智能化社区治理：分析框架与多案例比较》，载《中国行政管理》2020 年第 12 期。

［14］高立伟：《党建引领下的基层治理智能化精细化研究》，载《人民论坛·学术前沿》2019 年第 21 期。

市域社会治理现代化中的德治探索及启示

——基于韶关市的考察分析

赵　丽*

市域社会治理是国家治理在市域范围内的具体体现，在国家治理体系中具有枢纽性作用，是国家治理的重要基石。[1]中国共产党第十九届四中全会通过的《中共中央关于坚持和完善中国特色社会主义制度　推进国家治理体系和治理能力现代化若干重大问题的决定》明确提出要"加快推进市域社会治理现代化"[2]。随后，全国市域社会治理现代化工作会议召开，宣告启动全国市域社会治理现代化试点工作，探索具有中国特色和鲜明时代特征的市域社会治理新模式。2020年5月，韶关市被中央政法委批复为全国市域社会治理现代化首批试点城市，对标国家治理体系和治理能力现代化的总目标，全市上下积极行动，开启了以德治建设为重点"三治"融合的市域社会治理创新实践。由于柔性管理和道德理性的鲜明特点，德治在推进市域社会治理现代化中有着不容忽视的地位与作用。因此，分析德治在市域社会治理现代化中的功能作用，并在此基础上梳理韶关市德治建设的具体实践，探讨韶关市德治建设带来的经验启示，对于完善基层治理体系、提高基层治理能力具有重要意义。

一、德治在市域社会治理现代化中的功能作用

所谓德治，是指用道德来引导规范社会成员的行为、调节社会关系的一

---

　*　赵丽（1963年-），女，内蒙古通辽人，韶关学院政法学院副教授，硕士，研究方向：生态文明与区域经济发展。

〔1〕　陈一新：《新时代市域社会治理理念体系能力现代化》，载《社会治理》2018年第8期。

〔2〕《中共中央关于坚持和完善中国特色社会主义制度　推进国家治理体系和治理能力现代化若干重大问题的决定》。

种社会治理方式。[1]德治的思想在我国由来已久，春秋战国之交传统德治思想就有了长足发展，人们熟知的儒家学派创始人孔子，继承和发展了商周时期的德治思想，提出"为政以德，譬如北辰，居其所而众星共之"，主张用道德教化治国理政，流传数千年的经典名言"道之以政，齐之以刑，民免而无耻；道之以德，齐之以礼，有耻且格"，反映了孔子对道德教化的重视。传统的德治思想主导了中国封建社会的政治运作，其精髓及合理内核在当今社会仍具有显著的借鉴价值。德治，究其实质，是以道德自律规范人们的行为，是一种重要的柔性治理方式。在现代基层社会治理中，陌生人社会使得人与人之间有着较强的疏离感和较低的认同度，此时单纯依靠外力维持社会秩序，难免要付出高额的行政成本，而且效能也要大打折扣。要想摆脱这一困境，就必须重视德治的教化功能与作用。众所周知，德治的效力凭借的是人们心中的良知以及社会舆论形成的道德力量，即通过道德劝善可以唤醒人们的良知和戒律，约束人们的行为，进而形成价值共识基础上的集体行动。德治以其感召力和劝导力引人向上向善，促进形成价值共识，形成社会凝聚力，对于降低社会治理成本、提升社会治理效能、形成良善的治理秩序[2]有着重要意义。因此，推进市域社会治理现代化，不仅要重视法律制度的刚性约束，还应该重视道德规范的柔性约束。

（一）弘扬优秀传统文化，树立社会文明新风尚

党的十九大报告指出："文化是一个国家、一个民族的灵魂。文化兴国运兴，文化强民族强。没有高度的文化自信，没有文化的繁荣兴盛，就没有中华民族伟大复兴。"中华传统文化历经数千年的传承与发展，有很多被广为称颂的传统美德历久弥新，成了当今社会治理的行动指引和行为规范。例如，"温良恭俭让"是儒家提倡的待人接物的五大准则，也是中华民族的五大传统美德，它倡导为人要温和、善良、恭敬、节俭、谦让；"仁义礼智信"则是儒家提出的"五常"之道，即做人最起码的五个道德准则，倡导做人要仁爱、忠义、礼和、睿智、诚信。这样的处事原则和态度反映了古人对道德修养的基本要求，同时也框定了德治的行为准则，至今仍有很强的现实性和教育意

〔1〕 高艳芳、黄永林：《论村规民约的德治功能及其当代价值——以建立"三治结合"的乡村治理体系为视角》，载《社会主义研究》2019年第2期。
〔2〕 张莹、丁胜：《城市社区治理中的德治实践与经验启示——基于贵阳市白云区的考察》，载《贵州民族研究》2021年第6期。

义。观今宜鉴古，无古不成今。推进治理体系和治理能力现代化，优秀传统文化中的德治理念仍有借鉴价值，可以将其融入新时代德治建设的实践，从而实现社会主义核心价值观与优秀传统文化的有机结合。从客观意义上讲，在市域社会治理实践中，充分挖掘传统德治思想的政治智慧和现代价值，并将崇德向善文化融入社会治理，既有助于弘扬和传承中华优秀传统文化，使之在社会主义现代化建设的实践中得以发扬光大，也有助于抵制拜金主义、享乐主义、功利主义、极端个人主义等不良思潮，遏制奢侈浪费、攀比炫耀、酗酒赌博、厚葬薄养、封建迷信等不良风气，破除陈规陋习，树立文明新风。

（二）生成自发秩序，降低社会治理成本

良好社会秩序代表着安定有序，是市域社会治理的目标之一。根据哈耶克的社会秩序二元观，社会秩序既有自发秩序，也有建构秩序。建构秩序亦即人为秩序，是由人（政府）设计创造出来并依靠大量的资源配置来维系的一种秩序。有学者认为，如果一种秩序只能依靠外力型投入才能维系，那么这种秩序的生命力必然是脆弱的。[1]而生命力脆弱的秩序难以达成"治理有效"的结果，实现市域社会治理现代化仅有建构秩序是不够的，还需要自发秩序的补充。自发秩序，有学者将其定义为"形成于一定场域内，基于人们的天然联系、价值共识和行为规范，并经历史沉淀和检验而自发生成的秩序"[2]。在市域社会治理实践中，自发秩序是对建构秩序的有力补充，也是降低社会治理成本的有效方式。当今时代，伴随着工业化、城镇化、市场化的纵深发展，传统的熟人社会逐渐为陌生人社会所取代，人们之间关系的维系也逐渐由情感依赖转为理性化处理。在这种情况下，德治作为自发秩序的生成要素必然大有可为，因为德治可以唤醒人性当中的道德意识，提高人们的思想道德素养，从而形成时代背景下的行为规范和行动规则，并使规范、规则成为人们的价值共识和行动自觉。换言之，德治是一种以人们普遍认同的道德规范和公共规则来约束人们的行为、指引人们的行动，进而达到调节社会秩序的治理理念和治理方式，其根本目的在于促进社会和谐稳定。若是德治缺失，制度规范缺少社会成员的自觉维护和遵守，那么社会治理成本就会大幅升高。反之，依靠道德劝善使社会成员拥有更好的道德素养，拥有维护社会秩序、

---

〔1〕 丁胜：《乡村振兴战略下的自发秩序与乡村治理》，载《东岳论丛》2018年第6期。
〔2〕 丁胜：《乡村振兴战略下的自发秩序与乡村治理》，载《东岳论丛》2018年第6期。

履行社会责任的行动自觉，有助于低成本地推动社会治理过程，提高社会治理效能。因此，推进市域社会治理现代化，必须加强德治建设，以德治从个体层面建构行为规范，提升个体的社会公德意识、共同体意识，进而生成良善的社会治理秩序，降低社会治理的成本。

（三）弥补法治不足，提升社会治理效力

法治亦即法律制度治理，是基层社会治理的主导秩序和根本保障。[1]法治规范社会成员的行为，凭借的是法律的权威性和强制力，其本身具有强制性，亦代表着法律制度介入社会生活的广泛性和正当性。在现代社会里，法治已经广泛渗透到基层社会的方方面面，法律的规范作用维护了社会秩序，保障了社会的和谐稳定。但是，这并不意味着法治无所不能。事实上，法律调整的范围是有一定局限性的，法治也会有鞭长莫及的地方，理想的法治效力离不开道德力量的支持，只有德法相济，才能最大限度地发挥德治和法治的作用。[2]当前，我国社会的法律体系包罗万象，法规越来越健全，这种自上而下建构的公共治理规则为调节基层社会治理秩序提供了重要保障，但同时也面临着诸多困境。例如，法律法规因其所能调整的社会关系的有限性而对某些悖德行为、"搭便车"现象无能为力。再如，一些法规制度在实践中难以"落地"，尤其是在乡村社会，历史传承下来的非正式制度（或者说民间规则体系）影响深远，村民们更乐于以民间规则来调节矛盾、解决纠纷。法治的鞭长莫及之处，正是德治可以展现其社会功能之地。[3]蕴含一定道德要求的民间规则具有弘扬"真善美"的正向激励作用，可以弥补法治的不足，提升社会治理的效力。因此，推进市域社会治理现代化，不能忽视德治的柔性约束，要使法律约束和道德约束刚柔并济，协同建构良好的社会秩序，形成和谐的人际关系。

二、韶关市在市域社会治理现代化中的德治实践

依托社会主义核心价值观、优秀传统文化、社会公德、职业道德、家庭

---

〔1〕 施远涛、赵定东、何长缨：《基层社会治理中的德治：功能定位、运行机制与发展路径——基于浙江温州的社会治理实践分析》，载《浙江社会科学》2018 年第 8 期。

〔2〕 肖志康：《乡村治理体系中德治的功能及实现路径》，载《贵阳市委党校学报》2020 年第 6 期。

〔3〕 唐莉萍：《论"法治"和"德治"的内涵及其关系》，载《贵州社会科学》2002 年第 5 期。

美德、个人品德等德行建设构建德治体系，是推进市域社会治理现代化的重要方式。近年来，韶关市积极开展德治建设，为基层社会治理中的法治与自治的有效运转奠定了坚实基础。韶关市德治建设的具体实践突出体现在以下几个方面：

（一）深入挖掘、保护、利用红色资源，以红色文化德润人心

韶关市位于粤湘赣三省通衢的"红三角"地区，是一片有着深厚文化底蕴和光荣革命传统的红色热土。这里红色革命遗址众多，经省党史办确认的红色革命遗址多达502处，拥有红军长征粤北纪念馆、中共广东省委（粤北省委）机关旧址、梅关古道等一大批著名红色资源，承载了丰富的革命历史，形成了韶关红色文化。在推进市域社会治理现代化中，韶关市着力发挥红色资源的教育功能，通过活化红色资源、发扬红色传统，使不畏艰难、勇往直前、患难与共等红色精神深入人心，成为治理体系和治理能力现代化的助推器。一是注重发挥法治的引领、保障作用，积极开展红色资源普查，推进红色资源保护立法，出台《韶关市红色资源保护条例》，以法治的力量促进红色资源保护，传承红色基因，赓续红色血脉，从而让红色精神德润人心，培育奋发向上、甘于奉献的革命精神。二是大力培育市域内的红色文化品牌，如"原中央苏区县""革命老区县""红色古村"等，挖掘红色资源的文化内涵和历史价值，推出红色旅游精品线路，打造红色文化教育和红色旅游新样板。借助"红色+乡村""红色+研学"等旅游新业态，韶关市充分发挥红色文化资源的教育功能，有效推进了红色精神与传统道德的深度融合。三是着力打造"社区吹哨、党员报到"工作机制，培育"红袖章"平安志愿者、红色物业等一系列红色品牌，不断丰富红色基因，汇聚红色动能，破解基层社会治理"最后一公里"难题。

（二）打造粤北绿色屏障，以环境之美促进居民的道德融入

韶关是北部生态发展区的5个成员之一，是北部生态发展区的中坚力量，生态环境基础良好，生态资源丰富，是广东省重要的生态屏障。近年来，全市上下积极践行"绿水青山就是金山银山"的发展理念，坚持走生态优先、绿色发展之路，在守住守好绿色屏障方面取得了实效。在实践中，韶关市锚定"全力筑牢粤北生态屏障，打造绿色发展韶关样板，争当北部生态发展区高质量发展排头兵"的目标，以生态保护为主旋律，认真书写绿色发展大文章。其一，以广东南岭国家公园建设为契机，推动自然保护地整合优化，着

力打造特色鲜明的自然保护地体系，提升粤北生态屏障带来的绿色福祉。其二，以全域创建国家森林城市为抓手，统筹推进山水林田湖草生态修复试点项目，如矿山地质环境治理、造林更新、河湖治理等，加快生态修复保护，补齐绿色发展短板。其三，推进生态环境保护体制机制建设。完善生态发展考核评价制度，实行环境保护"党政同责、一岗双责"考核制度，使各级党政领导干部扛起了守护粤北生态屏障的重任；完善重点企业环境监管制度，督促重点企业履行生态保护修复责任；完善环保督察整改工作制度，推动各项环保督察整改，守住守好粤北绿水青山。目前，韶关市的森林生态治理修复、历史遗留矿山生态修复等取得了良好成效，区域内生态环境质量明显改善，顺应了广大人民群众对美好生活环境的向往，增强了居民的生态道德融入。

（三）以弘扬崇德向善之风向社会传递正能量

"见贤思齐焉，见不贤而内自省也。"一个有序的社会，离不开榜样示范对人们行动的引领。多年来，韶关市十分重视道德模范的榜样示范，通过"感动韶关十佳道德模范""韶关好人""文明家庭""平安家庭"等一系列评选活动，持续发掘、宣传先进典型和榜样人物，一大批普通百姓身边的可亲、可敬、可信、可学的道德模范、好家庭、新乡贤涌现出来，成了引领文明新风尚的重要力量。为充分发挥道德模范的教化引领作用，全市各区县积极搭建德治一线平台，弘扬礼仪文明、孝老爱亲、崇德向善之风，通过选树先进典型和榜样人物，在全社会树立看得见、学得到的道德标杆，并通过道德（文化）讲堂、新时代文明实践中心（所、站）等载体宣传道德模范和榜样人物的先进事迹，向社会传递正能量，凝聚价值共识，引领文明风尚。在实践中，曲江区建立了1个新时代文明实践中心、10个实践所、110个实践站，常态化开展道德模范及身边好人专题展览、宣讲进社区活动，讲述好人故事，让听众感同身受，在社会形成浓厚的学习道德模范的氛围。乳源县于2018年8月被中央文明办确定为新时代文明实践试点县，自此开启了文明实践试点工作，目前先行先试已经取得阶段性成果，文明试点经验在全省获得推广。全县共建立了1个新时代文明实践中心、12个实践所、104个实践站、126个实践点，组建志愿服务队伍376支，通过志愿服务项目、文明实践活动等，大力宣传身边好人、道德模范的先进事迹，引导居民加强道德修养，提高道德水平，城乡文明程度明显提升。

（四）以"一约四会"提升乡村德治水平

市域社会治理是城市社会治理与农村社会治理的融合体。[1]推进市域社会治理现代化，同样需要乡村社会充满活力、和谐有序，亦需要在乡村建立现代社会道德秩序，提升乡村的德治水平。为此，韶关市以促进移风易俗、培育文明乡风为目标，以"一约四会"为抓手，大力营造喜事新办、丧事简办、厚养薄葬、孝善敬老的良好新风。通过推进规范村民日常行为的村规民约的修订，通过红白理事会、道德评议会、村民议事会、禁毒禁赌会等乡村自治组织的建立，逐步引导村民破除攀比炫富、大操大办、铺张浪费的陈规陋习。目前，全市1209个村全面完成了村规民约的修订，有4篇村规民约入选"广东百篇优秀村规民约（居民公约）"[2]，小小村规民约撬动了乡村"大治理"。在推进村规民约修订的同时，全市各区县还积极推动建立红白理事会、道德评议会、村民议事会和禁毒禁赌会等群众自治组织，如曲江区成立了1210个村民理事会，理事会成员有村小组长、村民代表、村党员、宗族带头人、退休回乡的干部或人大代表等；仁化县125个村（居）均设有红白理事会、道德评议会、村民议事会和禁毒禁赌会，并定期组织村民代表召开会议，明确红白喜事具体操作标准等。"一约四会"充分挖掘了乡村熟人社会蕴含的道德规范，扎实推进移风易俗，培育睦邻友好的文明乡风，在规范村民行为、增强村民参与意识和责任意识、引导文明新风尚方面发挥了基础性作用。

三、韶关市德治实践的几点启示

韶关市社会治理中的德治实践聚焦红色基因、绿色环境、榜样力量以及行为之美，全面营造以德治教化人的浓厚氛围，在为市域社会治理注入生机和活力的同时，也提供了诸多完善柔性治理的借鉴与启示。

启示之一：红色精神与传统道德有机融合是新时代德治建设的动力源泉

中华优秀传统文化蕴含着丰富的德治思想，历经数千年的历史沉淀，至今仍有着强大的生命力和影响力。"大道之行，天下为公""公生明，廉生

〔1〕 陈成文：《市域社会治理现代化的理论蕴含与实践路向》，载 https://news.gmw.cn/2019-11/22/content_ 33339783.htm，访问日期：2019年11月22日。

〔2〕 陆瑶：《广东百篇优秀村规民约（居民公约）发布 韶关4篇入选》，载 http://www.sgxw.cn/2022/0817/36045.shtml，访问日期：2022年8月17日。

威""言必信，行必果""静以修身，俭以养德""积善之家，必有余庆"等经典名言让人时时警醒，发挥了导人向上向善的重要作用。当然，传统的德治思想也有其历史局限性，新时代的德治建设不能囿于历史文化，继承和弘扬其精华的基础上构建具有时代特色的德治体系才是正确的做法。近些年来，韶关市注重将红色文化和传统道德相结合，探索了具有本地特色的新型德治建设路径。一方面，通过榜样评选、道德宣讲、媒介宣传等手段加强公民道德宣传，强化居民的公德意识，提升居民的道德素养，以使全社会形成一种崇德向善的精神风貌。另一方面，通过开展红色革命遗址调查，深度挖掘本土的红色资源、红色文化，从而全面把握历史事件和历史人物的英勇事迹。在此基础上，积极开展"红色韶关"宣讲活动，向社会公众传递不畏艰险、奋发向上、甘于奉献等红色精神，同时通过打造红色旅游精品路线推动对红色资源的开发使用，进一步强化红色教育功能。红色精神与传统道德的有机融合，增强了"以德润心、以德立行、以德化人"之功效，为新时代德治建设提供了不竭源泉。韶关市的德治实践表明，德治建设不仅要重视对优秀传统道德的继承和弘扬，而且要重视对红色资源这一宝贵精神财富的挖掘与利用。因为红色精神能够赋予人们砥砺前行的力量，是激发人们奋进向上的精神源泉。将红色精神与优秀传统道德有机融合，对于铸就新时代市域社会治理新动能来说至关重要。

启示之二：生态文明与传统生态道德有机融合是新时代德治建设的助推器

绵延五千多年的中华文明孕育了博大精深的中华传统文化，积淀了宝贵的精神财富。其中，"道法自然""天人合一"等生态道德观强调遵循自然规律、人与自然和谐一体，集中体现了古人的生态理念和生态智慧。传统的生态道德观十分重视对自然生态环境的保护，追求人类社会和自然生态系统相互协调、和谐共生，这与生态文明的要求不谋而合，构成了建设生态文明的思想基础和培养生态美德的理论渊源。在实践中，韶关市牢牢把握自身作为粤北生态屏障的功能定位，以建设生态文明为目标，以绿色转型发展为手段，探索了生态文明与传统生态道德有机融合的德治路径。作为重要的生态功能区，韶关市深知居民的生态素养和生态道德对生态文明建设的成效影响巨大，因而始终把提高居民生态素养和生态道德放在重要位置，积极利用传统文化的生态道德资源广泛开展生态文明教育，使居民能够掌握基本的生态常识，知道生态环境保护对人类社会生存发展的意义，同时也让居民深切感受到：

人并非自然的主宰，人类可以利用自然，但自然规律是不可违背的，人与自然和谐发展才是正道。由此，让广大居民认识到生态治理和生态环境保护的必要性，进而将生态文明、人与自然和谐发展的价值理念融入行动规范，成为行动指引。通过各种形式的生态文明宣传教育，韶关市不遗余力地培育了居民的生态素养和生态道德，不仅教育引导广大居民树立生态环境保护责任意识，而且还注意将善德善行的生态美德渗透到社会生活的方方面面，以此激发全社会对大自然的热爱、尊重和感恩之情。生态文明价值理念与传统生态道德观有机融合，增进了居民面对生态环境时的道德融入，丰富了德治建设的内容，起到了助推德治建设的作用。

启示之三：德治与法治有机融合是推进市域社会治理现代化的有效之道

德治是激发"良法善治"的内生动力，在现代基层社会治理中，这种内生动力不可或缺。究其原因在于道德本身属于自发的精神力量，道德规范必须得到社会成员的普遍认同方能具有权威性和劝导力。因此，德治要转化为具有可操作性的社会实践，就必须借助法治的力量，通过明确具体的规则制度使某种价值体系获得人们的普遍认同，并且乐于遵照执行，只有这样，精神引导、道德劝善等才能潜移默化地发挥影响作用。否则，市场经济中常见的"搭便车"行为、悖德越俗事件就很难得到及时制止，甚至可能会产生负向激励的效果，使整个社会失去效率。当然，法律的权威性也有其建立的前提，即人们对法律的普遍信任与共同遵守。没有这一点，法律的权威性也将不复存在。而人们对法律的普遍信任乃至共同遵守，在一定程度上依赖于价值共识，或者说依赖于由德治权威铸就的共同信仰。归根结底，德治与法治是相辅相成、相互促进的，处理好二者的关系，有利于形成社会凝聚力，有利于提高社会效率，整个社会才会有强大的生命力和发展活力。在市域社会治理中，韶关市很好地把握了德治与法治之间的关系，并注意将二者有机融合，谱写了基层治理体系和治理能力现代化的新篇章。一方面，全市上下进一步加强了普法学习，通过法律法规的宣传教育，引导广大居民自觉遵从法律法规等刚性规则，从而为德治的实施保驾护航；另一方面，通过宣传某种社会认可的价值体系，在人们心中种下公认的戒律和道义，从而引导广大居民自觉遵守社会自发形成的规则、民约，维护社会自发形成的良好秩序。总之，法安天下，德润人心。建构和谐的社会秩序，二者缺一不可。德法相济，才是推进市域社会治理现代化的有效之道。

论法与道德的多重关系

梅献中*

摘　要：道德与法律、德治与法治，自古以来就存在着多重复杂的关系。总体来看，主要表现为并行关系、递进关系、反转关系、互补关系和内嵌关系。在并行关系中互不隶属，在递进关系中道德会转化为法律，在反转关系中法律会转化为道德，在互补关系中二者相互弥补不足，在内嵌关系中道德规范往往会融入法律规范。只有正确认识并处理好这些关系，才能建设好国家法治，促进市域社会治理现代化和法治化。

关键词：道德与法律；德治与法治；并行关系；递进关系；反转关系；互补关系；内嵌关系

道德与法律、德治与法治有着丰富的内容，自古以来就存在着多重复杂的关系，历来都是政治家、法学家关心的基本问题。[1]中国古代社会以德化民、德主刑辅的法律传统使得法律和道德共同发挥着社会控制的二元手段的作用，德法互补互用成了一个悠久的法律传统，是中华法系最主要的特色之一。[2]从西方国家法治建设的历程来看，他们同样重视道德规范的作用。但道德与法律、德治与法治的内在关系极其复杂，需要从多角度加以审视，也需要在新形势下不断赋予新内涵、给出新解释。在当前，厘清道德与法律、德治与法治的关系，对我们建设社会主义法治国家、法治政府和法治社会，促进市域社会治理现代化与法治化都具有十分重要的意义。

＊　梅献中（1969 年—），男，汉族，韶关学院政法学院法学系主任，法学硕士，副教授，研究方向：行政法治、地方立法。

〔1〕　张文显主编：《法理学》（第 5 版），高等教育出版社 2018 年版，第 374 页。

〔2〕　张晋藩：《依法治国与法史镜鉴》，中国法制出版社 2015 年版，第 28 页。

一般认为，法律、法治属于政治建设和政治文明，道德、德治属于思想建设和精神文明；道德与法律、德治与法治并不是彼此对立、矛盾冲突的，而是互相补充、互相促进的。[1]这种观点长期占据理论界分析道德与法律、德治与法治这两个概念范畴的主流。但在笔者看来，二者的关系是错综复杂的，远远超过了上述观点中的分析认识。笔者认为，它们至少存在以下几重关系。

一、法与道德的并行关系

道德与法律、德治与法治一直是两个相互独立的概念，经常并行不悖，但内在关系极为密切。其中的第一层关系就是并行关系。所谓并行关系，就是二者互不交叉、互不嵌入，而是各行其道，在各自领域内发挥作用。甚至无论社会如何发展，相关道德规范也不会转化成法律规范。如在参加宴席时在符合个人身份的座位上就座，异地返乡时是否携带礼物看望没有赡养抚养关系的亲朋好友，和别人会见聊天时的声音大小，以及饭后剔牙时是否用手遮住嘴巴，等等。上述礼仪规范几乎全凭各地风俗习惯和个人喜好，不可能进入法律调整的空间和视域。在此问题上，宣扬、倡导法治，通过立法调整相关社会行为规范几乎是没有意义、没有必要的。靠村规民约、社区公约、社团章程等，倡导文明礼仪，或通过长辈对晚辈、老师对学生日常的传帮带、引导和教化，即通过"德治"，能收获更好的效果。此时，借用传统文化典故和儒家伦理规范，结合现代文明精神，利用合适的机会和平台进行宣扬、提倡是一种值得采取的方式。

道德与法律、德治与法治所具有的并行关系，并非都具有相容性，也可能具有互斥性。即某些道德无论如何都不可能转化成法律，法律和道德也不可能相互弥补。如，某些农村地区就存在着这样一种习俗：女儿出嫁后就不再赡养亲生父母，父母一旦去世，女儿也不享有财产继承权。这种约定俗成的习俗或曰"道德"，在某些地方沿袭已有很多年，甚至在《继承法》实施这么多年、《民法典》又延续了《继承法》的继承规则后，当地风俗依然如此。很明显，当地的这种风俗并不符合法律规定，不可能转化为法律规范，只要当事人不发生这样的纠纷，不提起这样的诉讼，司法机关也不会主动纠正当地风俗存在的问题。根据私法自治原理，在效力问题上，如果二者不发

---

[1] 张文显主编：《法理学》（第5版），高等教育出版社2018年版，第374页。

生冲突，习俗的归习俗、法律的归法律，法律不可能直接干预当地的习俗，此时当地的习俗仍然可以施行；如果二者发生冲突，习俗的效力必然要让位于法律。这是一个典型的道德与法律、德治与法治相并列，道德无法转化成法律，法律也不主动纠正、弥补道德不足的例子。

二、法与道德的递进关系

道德与法律、德治与法治的调整范围并非都是截然分明的，二者的界限可能会被打破，打破的方法常常是原来本属道德、德治的问题，后来随着社会经济发展和思想文化的变迁，逐渐被纳入法律规范，或制定专门的立法，使道德法律化。如酒后驾车、喜吃"野味"、在国家组织的考试中冒名顶替、组织作弊或逢年过节拒绝回家看望老人，以及高空抛物等现象，在以往的法律中几乎难觅其踪影，充其量是道德问题而不是法律问题。但是，随着汽车时代的到来，驾车出行越来越普遍，加上传统好客文化、酒文化的影响，酒后驾车以及由此造成的交通事故日益严重，酒驾从没有立法规定到有立法规定，从不违法到违法，再到"醉驾入刑"，[1] 呈现出了明显的从道德到法律、从德治到法治的递进关系。又如喜吃"野味"的陋习在传统文化中并不被认为违法，甚至没有相关的立法予以规制。但是，随着生态环保问题的日益重要和对人与自然关系的重新认识，爱护环境、维护生物多样性、保护具有重要生态、科学、社会价值的野生动物[2] 的观念蔚然成风，喜吃"野味"的陋习必须被改变，法律逐渐将保护野生动物的条款写入立法，并逐渐扩大保护的范围和保护的方法。[3] 再如，考试冒名顶替或组织考试作弊，以往立法机关和社会公众并不觉得这种现象危害有多严重，对考试作弊者，往往以违

---

〔1〕《刑法》第 133 条之一【危险驾驶罪】规定："在道路上驾驶机动车，有下列情形之一的，处拘役，并处罚金：（一）追逐竞驶，情节恶劣的；（二）醉酒驾驶机动车的；（三）从事校车业务或者旅客运输，严重超过额定乘员载客，或者严重超过规定时速行驶的；（四）违反危险化学品安全管理规定运输危险化学品，危及公共安全的。机动车所有人、管理人对前款第三项、第四项行为负有直接责任的，依照前款的规定处罚。有前两款行为，同时构成其他犯罪的，依照处罚较重的规定定罪处罚。"

〔2〕《野生动物保护法》第 2 条第 2 款规定："本法规定保护的野生动物，是指珍贵、濒危的陆生、水生野生动物和有重要生态、科学、社会价值的陆生野生动物。"

〔3〕《野生动物保护法》第 24 条第 1 款规定："禁止使用毒药、爆炸物、电击或者电子诱捕装置以及猎套、猎夹、捕鸟网、地枪、排铳等工具进行猎捕，禁止使用夜间照明行猎、歼灭性围猎、捣毁巢穴、火攻、烟熏、网捕等方法进行猎捕，但因物种保护、科学研究确需网捕、电子诱捕以及植保作业等除外。"

反考试纪律加以批评教育、纪律处分了事。但是，随着法治社会建设的推进和通过考试作弊获取的潜在非法利益导致社会不公平感的增强，社会公众逐渐认识到了考试作弊的社会危害性，认为考试作弊尤其是在国家组织的考试中作弊的，不应当仅仅通过校规校纪处分和批评教育解决，而应当将其纳入法治化轨道，乃至进行刑罚处罚。[1]这也鲜明地体现了由道德到法律、由德治到法治的递进关系。逢年过节时，拒不回家看望老人，日常也不进行情感交流和精神慰藉，只提供金钱物质帮助或赡养，在很长时期以来，这种现象并不违法。但是，随着城市化的快速发展、社会转型和观念变革，尤其是人口大规模流动带来的独居老人增加，逢年过节时拒绝回家看望、陪护老人的现象越来越多，不但使老人的物质生活陷入困顿，更重要的是老人的精神与情感生活也很孤寂凄凉，形成一种日益突出的新的社会问题。于是，"常回家看看"不但是一首歌的名字和情感呼吁，还逐渐成了一种法律上的责任。虽然法律条文没有"常回家看看"的直接文字表述，但立法精神已经十分明显。[2]高空抛物现象也能说明这个问题，我国《民法典》明确规定了高空抛物的民事责任，《刑法》修正案也明确规定了高空抛物罪。高空抛物的现象应当说自古都有，因为古代一定也有不少高层建筑，同时也有高空抛物的行为，虽然高层建筑不像现在这么多，高空抛物的现象也不像今天如此多发。但是，随着城市化的快速发展，高层建筑越来越多，人们也越住越高，高空抛物的现

---

〔1〕《刑法》第282条之二【冒名顶替罪】规定："盗用、冒用他人身份，顶替他人取得的高等学历教育入学资格、公务员录用资格、就业安置待遇的，处三年以下有期徒刑、拘役或者管制，并处罚金。组织、指使他人实施前款行为的，依照前款的规定从重处罚。国家工作人员有前两款行为，又构成其他犯罪的，依照数罪并罚的规定处罚。"

〔2〕《老年人权益保障法》第14条第1款规定："赡养人应当履行对老年人经济上供养、生活上照料和精神上慰藉的义务，照顾老年人的特殊需要。"第18条第1款、第2款规定："家庭成员应当关心老年人的精神需求，不得忽视、冷落老年人。与老年人分开居住的家庭成员，应当经常看望或者问候老年人。"《民法典》第1254条规定："禁止从建筑物中抛掷物品。从建筑物中抛掷物品或者从建筑物上坠落的物品造成他人损害的，由侵权人依法承担侵权责任；经调查难以确定具体侵权人的，除能够证明自己不是侵权人的外，由可能加害的建筑物使用人给予补偿。可能加害的建筑物使用人补偿后，有权向侵权人追偿。物业服务企业等建筑物管理人应当采取必要的安全保障措施防止前款规定情形的发生；未采取必要的安全保障措施的，应当依法承担未履行安全保障义务的侵权责任。发生本条第一款规定的情形的，公安等机关应当依法及时调查，查清责任人。"2021年3月1日开始实施的《刑法修正案（十一）》将高空抛物入罪，即《刑法》第291条之二"高空抛物罪"，具体规定为："从建筑物或者其他高处抛掷物品，情节严重的，处一年以下有期徒刑、拘役或者管制，并处或者单处罚金。有前款行为，同时构成其他犯罪的，依照处罚较重的规定定罪处罚。"

象以及由此造成的危害也越来越大。为了防范、避免此类现象造成更多的人身伤亡、财产损失，维护人民群众"头顶上的安全"，不但《民法典》，而且《刑法》也将高空抛物纳入了规制。相关责任人的责任，不单纯是过去的批评教育和民事赔偿了，而是可能同时要承担刑事责任。这也是从法律到道德、由德治到法治转化的一个典型。

三、法与道德的反转关系

道德和法律、德治和法治并非完全是递进关系。有时，法律还会转变为道德、法治还会转变为德治。随着社会经济文化的发展，人们的思想观念也会发生变化，过去被认为非常严重的违法犯罪行为，后来发现不那么严重，甚至是可以被理解和接受的，有的可能还是应当被鼓励的。于是，从禁限，到默许，再到鼓励，道德和法律、德治和法治的关系就呈现出了一种反转关系。例如，历史上的"腹诽罪""海禁"立法，新中国成立后刑法曾规定的"投机倒把罪""流氓罪"，以及现在已经放宽的人口与计划生育法，从中都可以看到若干道德和法律、德治和法治之间反转关系的影子。

"腹诽"的意思是心怀毁谤，指内心不满，有意见却并不说出来，只在心里嘀咕牢骚。《史记·平准书》记载："汤奏当异九卿见令不便，不入言而腹诽，论死。自是之后，有腹诽之法。"腹诽罪危害极大，也极不公平。试想，一个对某些现象看不惯的人，私下嘀咕几声，又没有宣扬其思想、实施其行为，怎么可能是犯罪呢？或许嘀咕的事是自己的家事、邻里的事，或许是个人生活中遭遇的某种不愉快，如果司法机关仅凭当事人的几声嘀咕就对当事人定罪，实在是十分可怕的事。现代刑法早已不再将腹诽入罪，我国现行《刑法》也不可能再规定腹诽罪，腹诽一事可交由道德评判。不过，随意嘀咕、牢骚满腹，尤其是在公共场合的此种行为，虽然不是违法犯罪行为，但毕竟也不完全符合现代社会礼仪规范和公序良俗，因而也是不提倡的。据了解，"海禁"在我国宋代已有，元代、明代、清代亦有海禁，因近代清朝海禁影响最大，故"海禁"一词多指向清代海禁。史载，顺治十二年（1655年）6月，朝廷曾下令沿海省份"无许片帆入海，违者立置重典"。海禁的法律政策对海外交流和经济活动造成了消极影响。新中国成立后，尤其是改革开放以来，我们不但不再海禁，反而大规模鼓励海外贸易和文化交流活动，对促进我国经济发展和社会文明进步，起到了重大作用。不过，不规范的经济贸易和文化交流也是不被允许的，道德上的约束始终存在。"投机倒把罪""流氓罪"在我国1997年之前的刑法中曾有规定，这两个罪名被人们称为"口袋罪"。口袋罪是对刑法中一些因内容抽象概括、范围边界模糊，容易混淆罪与非罪、此罪与彼罪等罪名的形象称呼，往往也会因此冤枉一些人，因而不是一种很好的刑法规范。后来，这两个罪名逐渐被分解为具体、明确的几种犯罪，这样既便于定罪，也便于刑罚。更重要的是，把一些似是而非、属于正常的市场经营活动的行为不再定为犯罪，而是交由行政法规或行业规范、职业道德来约束；对行为举止不够文雅甚至放荡不羁的人，不再以"流氓罪"定罪处罚，而是更多地将其行为视为一种伤风败俗的不文明现象，由所在学校、基层群众自治组织、企事业单位等进行批评教育或给予党纪政纪处分。"投机倒把罪""流氓罪"的取消，是一个国家法治文明进步的表现，也体现了法律向道德、法治向德治的反转关系。人口与计划生育法在我国的实施，也很能说明这一点。长期以来，我国的人口与计划生育法，采取严格的"一对夫妇只生一个孩子"的法律政策，对违反者处以严厉的党纪政纪处分和法律责任。近年来，随着我国青壮年劳动力的比例下降和人口老龄化问题的日益凸显，国家逐渐改变以往较为苛刻的人口与计划生育政策，修改人口与计划生育法，允许生二孩，甚至逐渐放宽到允许生三孩。"一对夫妇只生一个孩子"的立法已不复存在，取而代之的是提倡和鼓励生育，并积极向育龄夫妇提供各种优惠的帮扶措施。这一现象，也不妨说体现了法律向道德、法治向德治的反转关系。

法律转变为道德、法治转变为德治并不意味着道德、德治比法律、法治更重要，绝非是传统儒家所认为的"道之以政，齐之以刑，民免而无耻；道之以德，齐之以礼，有耻且格"[1]。而是在于揭示二者之间存在着这种转化关系，在时机成熟的时候，立法机关、社会公众应当依照法律途径，及时将法律转变为道德、法治转变为德治，这样才能与时俱进，取得更好的社会治理效果。

四、法与道德的互补关系

所谓互补关系，就是道德、德治的弱点由法律、法治补强，法律、法治

---

[1]《论语·为政》。

的弱点由道德、德治弥补，二者一阴一阳、一柔一刚、一弱一强、一隐一显，相得益彰，发挥协同治理的最优效果。道德与法律、德治与法治相比，前者是阴的、柔的、软的、隐的，后者是阳的、刚的、硬的、显的，二者的特点、内容、规律、方法不同，因此必然需要宽严相济、综合施策。

道德、德治是阴的、柔的、软的、隐的，非明确的、刚硬的、公开的，而且道德谴责往往是无期的，它们潜藏于人们的内心深处和价值观念、生活习俗当中。它们往往是不成文的，对人们的行为规范发挥着潜移默化、春风化雨的作用，引导社会成员分清是非、去伪存真、弃恶向善。通过道德无形的评判和观念的约束，使人自觉地改正自身的不足，积极融入符合公众整体价值取向的社会群体，并对违背社会整体道德观念和价值取向的某些个人，通过负面评价、不予合作、批评教育等方式，达到使其回归社会文明主流、整饬社会秩序的效果。同时，道德不像法律那样有"时效"，它们发挥作用几乎没有时间限制。如在特定地域上某人发生的不道德行为，只要其仍然在这个地域上，周围人的负面评价就会一直持续，很难消除，除非其真正"洗心革面、重新做人"。就此而言，道德虽然不具有国家强制性，但是其威力也是巨大的。另外，道德还具有地域性，在特定地域上某人发生的不道德行为，其他地域上的人往往并不了解，因而到了别的地方，负面的道德评判对他的约束自然会消失。这也显示出了道德、德治的缺陷。

法律是阳的、刚的、硬的、显的，意即公开的、透明的、刚性的，而且是有"时效"限制、有国家强制性，同时又是普遍性的。这是法治的优点，同时也是它的缺点，这些缺点通过道德与德治来弥补。人在社会之中，各种利益交织、关系复杂、误解繁多、矛盾重重，难免会发生各种冲突，有时纷争激烈、不可调和，甚至会大打出手或以命相搏。此时，若仍然靠无形的道德约束和社会舆论评判，不但难以解决问题，甚至会蔓延发展出更大的问题，从而使得人心不安、社会失序。这种结果，于人、于己、于家、于国，都是有害的。在这种情况下，国家立法机关必须通过立法，制定各种行为规范，包括可以剥夺某些犯罪人生命的刑罚规范，来达到约束社会成员、解决社会矛盾、实现良法善治的目的。

但法律也有缺点，有时还很明显。如法律具有公开性，强调一视同仁、法律面前人人平等。但有些案件却不适合公开，通过道德机制对当事人进行评判和约束，可以弥补法律公开性的不足。又如法律具有时效性，基于及时查处案件、节约司法成本、稳定现有社会秩序的目的，法律不可能无限期地追究某个违法犯罪行为人的责任，而必须通过时效等制度加以克制。此时，道德往往会发挥作用，通过无限期的社会舆论负面评价来弥补法律追责时效性的掣肘。再如，法律在地域上具有普遍性，缺乏"地方特色"和内在的人性关怀，这是法律的不足，恰好可以通过道德、德治来弥补。道德、德治往往具有地方性，关注人的内心、贴近人的实际，因而可以发挥法律调整机制的不足。

五、法与道德的内嵌关系

所谓"内嵌关系"，非为"你中有我、我中有你"的关系，而是道德观念深深嵌入在法律规范之中，法律规范中始终有道德的影子。诚如平常人们所言的："违反道德的行为不一定违法，违法的行为一定违反道德。"可以说，古今中外，没有道德、不讲道德的法律，几乎是不存在的。合道德性也意味着合理性，合乎人之常情、人们的价值观念和社会的普遍共识。只有这样，法律才能被信仰、被遵守，才能有其生命力。中世纪经院哲学家、神学家托马斯·阿奎那曾说：法律之所以为人信仰，并不仅仅在于它的苛严与威仪，更在于它正义的慈悲心。[1]"只有通人性的法律才能真正有利于塑造一个社会的法律信仰和民族品格，否则会得不偿失。"[2]我国历史上有重以德化民、主张德主刑辅的法律传统。从周初的"明德慎罚"，到汉代的"德主刑辅"，再到唐朝的"德礼为本、刑罚为用"，都体现了德法之间的紧密关系和法律中浓厚的道德色彩。德礼入律，道德法律化，增强了法律的权威性和可行性，也支持了法律的稳定性。[3]

法律中蕴含道德规范，有的是隐性的，有的是显性的。隐性的道德规范存在于法律条文内部，需要通过解释和探究才能发现。这些条文往往具有技术系、专业性，常常并不能直接看到，如《产品质量法》《道路交通安全法》《传染病防治法》等法律中的大多数条款，它们的规定虽然是技术性的，但也必须"合理"，符合人们的认知规律和生活经验。显性的道德规范往往通过法

---

〔1〕 刘仁文：《司法的细节》，广西师范大学出版社 2016 年版，第 343 页。
〔2〕 刘仁文：《司法的细节》，广西师范大学出版社 2016 年版，第 50 页。
〔3〕 张晋藩：《依法治国与法史镜鉴》，中国法制出版社 2015 年版，第 28 页。

律条文的文字表述就能发现，这些规范在法律中也大量存在，如我国《宪法》序言的规定，就具有非常多的道德内涵。《公务员法》第 14 条第 6 项规定，公务员应当"带头践行社会主义核心价值观，坚守法治，遵守纪律，恪守职业道德，模范遵守社会公德、家庭美德"。该条对公务员的道德要求，至少就有"职业道德、社会公德、家庭美德"三项。《民法典》第 7 条规定："民事主体从事民事活动，应当遵循诚信原则，秉持诚实，恪守承诺。"第 8 条规定："民事主体从事民事活动，不得违反法律，不得违背公序良俗。"以上两条规定的"应当遵循诚信原则，秉持诚实，恪守承诺""不得违背公序良俗"等内容，不就是道德规范吗？通过道德与法律的内嵌关系可以认为，那种把道德和法律对立起来的观点是错误的，所谓"一手软、一手硬""一手抓德治、一手抓法治"的观点，并非一种科学的观点。因为法律之中就有道德，"法律就是最低限度的道德"。

当然，如果把习惯法也作为法的一种表现形式的话，同样可以把内嵌关系理解为法律也内嵌于道德之中。

六、法与道德多重关系的若干启示

通过上述讨论可以发现，道德与法律、德治与法治的关系十分复杂，既可以表现为并行关系、递进关系，也可以表现为反转关系、互补关系，还可以表现为内嵌关系，在不同情况下，它们发挥作用的方式和效果是不同的。这对于我们建设社会主义法治国家、法治政府和法治社会，促进市域社会治理现代化与法治化具有十分重要的启示。

其一，法治建设不能仅仅依靠法治，主张一切都靠立法、法律解决问题，从而陷入"法律万能主义"。建设社会主义法治国家、法治政府和法治社会，固然需要大量的立法，法治建设的最主要、最基础的工作，仍然是立法先行、有法可依。但是，法律毕竟是社会规范的一种，而不是全部，其他社会规范的作用是法律所无法代替的。如"在法律之外的其他社会调整机制中，道德是非常重要的常规机制"。[1]习近平总书记指出："法律是准绳，任何时候都必须遵循；道德是基石，任何时候都不可忽视。"[2]实际上，不但法律和道德

---

〔1〕 张文显主编：《法理学》（第 5 版），高等教育出版社 2018 年版，第 375 页。
〔2〕 习近平：《习近平谈治国理政》（第 2 卷），外文出版社 2017 年版，第 133 页。

在各自领域发挥着作用，在很多情况下无法互相替代，其他社会规范也是法律无法代替的。这就启示我们，在建设社会主义法治国家、法治政府和法治社会的过程中，一方面要加强法治建设，凡是能通过制定立法、适合依法解决的，就用法律机制加以规制；另一方面千万不要忽视道德和其他社会规范建设，如村规民约、社团公约、自治章程、各种单位的规章制度等，只有这些规范发挥好各自的功用，才能相得益彰、相辅相成，实现建设法治国家的目标。

其二，根据道德可向法律转化、德治有时转变为法治的现象，立法机关和社会公众应当重视及时把握经济社会和法治文化发展变化的规律，及时将某些原属道德范畴、由道德调整的问题制定为法律，包括地方立法。如果忽视这一现象，任由某种不道德行为造成的恶劣影响发展蔓延，侵害当事人的重要权利，危害社会公共利益，侵权人却得不到及时的法律制裁，那也必将危及法治社会、法治国家建设的根基，这是十分有害的。实践证明，我国近年来出现的原本属于道德调整的问题，通过立法机关及时制定或修改法律，将道德法律化，很好地化解了社会矛盾，解决了社会纠纷，起到了非常好的作用。但这一工作绝非是一劳永逸的事，而是时刻处在发展变化之中。只要经济社会在不断发展，人民群众对美好生活的向往需求不止，那么道德法律化的命题和任务就永远不会停歇。立法机关和社会公众，应当时刻关注这一问题，经常调查研究，回应社会关切，探讨对策措施，适时加以立法，推动法治国家、法治社会不断向前发展。

其三，根据道德与法律、德治与法治的反转关系可以认为，有时法律会向道德、法治会向德治转化。这一现象告诉我们，任何立法都不能一劳永逸，立法者要根据社会发展和变化情况，适时开展法律的修订、废止工作，避免法律与社会相脱节，造成法律阻碍社会进步的后果。法谚云："罗马的归罗马、凯撒的归凯撒。"适合法律、法治调整的问题，就交由法律、法治调整；发现不再适合用法律、法治调整了，就应当及时修订法律，删除或修改相关法律规范，乃至废止某些过时的立法，将相关社会问题交由其他社会规范、伦理道德加以约束和评判。

其四，通过道德和法律的互补关系可以认为，道德和法律各有其优点，也各有其缺点，在法治与治理中，在市域社会治理现代化建设中，应当注意扬长补短、扬长避短，综合发挥它们的作用。尤其是在建设法治国家过程中，千万不能一切都靠法律办事，搞"法律万能主义"。法律万能主义，也必然是法律虚无主义。道德具有非明确性、非刚硬性、非公开性、非规范性和地域性，道德谴责具有无形性、无期性。而法律则具有明确性、刚硬性、公开性、规范性和普遍性，法律制裁具有有形性、时效性。我们看到，以上道德和法律各自的优缺点，也会体现在德治与法治之中，表现出各自的功能特点和效用情况。对此问题，我们需要认真、辩证地对待。一方面，要发挥德治的作用，做好社会道德建设，弘扬优秀传统文化，倡导社会现代文明，营造良好的社会风尚，打牢社会治理的根基，做好社会诉源治理工作，通过多元化纠纷解决机制把社会矛盾努力化解在第一线。另一方面，要加强法治建设，使全民崇尚法治、信仰法治，通过科学立法、严格执法、公正司法、全民守法，发挥法治的固根本、稳预期、利长远的作用，在最大限度上发挥法在治国理政中的基础性作用，努力建设社会主义法治国家。习近平总书记指出，在全面建设社会主义现代化国家的新征程上，我们要更好地发挥法治固根本、稳预期、利长远的保障作用。所谓法治要"固根本"，即是强调法治的功能在于基本社会行动框架的建立和秩序的构建；法治要"利长远"，即是强调法治不是简单地总结过去的经验，解决已发生的争议，而是要确保长治久安；法治要"稳预期"，即是强调法治要对社会运行的复杂性和不确定性进行充分把控和预测，形成稳定的社会运行机制，用法治来事先安排规则，引领社会活动。[1]习总书记多次指出，法安天下，德润人心。法治的重点是人的外在行为，德治的重点是人的内心世界。法律有效实施有赖于道德支持，道德践行也离不开法律约束。

近年来，广东实施法治乡村建设，大力推进市域社会治理现代化和法治化。应当看到的是，乡村治理不能仅靠法律、法院、法治，更要靠民风、民俗、民意，还要靠领导干部的模范带头作用。一个村庄如果干部清廉、作风优良、做事民主、民风淳朴，就不会有多少法律纠纷，村庄一片祥和。反之，一个村庄如果干部贪腐、作风不正、做事独断、民风刁蛮，那必定矛盾丛生、纠纷不断。所以，推进社会道德建设有时比法治建设更基础，它起着引领和支撑作用。但道德建设如果没有法治的刚性约束和强力保障，也是不可持

---

[1] 韩大元：《构建基于宪法的社会共识与知识谱系十分必要》，载《北京日报》2022年7月25日。

续的。

总体而言，法律不仅能够调整个人行为，还具有调整社会各阶层关系和重大利益关系，使占主导地位的社会秩序制度化、合法化功能；不仅能够调整普遍的社会关系，而且担负着巨大的政治、经济、文化组织任务。因而，法律必然是实现国家管理职能、推动经济社会发展的最重要、最经常、最不可或缺的手段，在整个社会规范体系中，不可避免地起着主导作用。[1]

其五，根据道德与法律、德治与法治的内嵌关系可以认为，道德与法律、德治与法治，绝非二元分割、完全独立的关系，而是存在着十分紧密的内在联系。在成文法国家，道德规范往往是法律规范的一部分；在判例法国家，道德规范也蕴含于各个判例之中。即使是习惯法，往往也是从交易习惯、传统习俗、公共道德所形成的共识中演化而来。历史上从来不存在缺乏道德规范的法律，只是道德规范在法律规范中或显性或隐性而已。这一点给我们的启示是，在制定立法时，千万不能忽视道德在立法中的位置和作用，要使立法尽可能关注道德、表达道德、实现道德。一部高质量的立法，应当是充满着人道主义关怀，符合人们的认知规律和社会共识的立法，是便于执法、司法和守法的具有较高合理性，因而也具有实质合法性的立法。所谓"道德的归道德、法律的归法律"，不是一种对道德和法律关系完整性的认识，只是一种毫无根基的空想和臆语，在这种思想的指导下，是不可能制定出高质量的法律的。

结 语

"夏虫不可以语冰，井蛙不可以语海。"道德与法律、德治与法治，并非存在着这种截然分明的关系，它们的关系是错综复杂的。所谓"一手抓道德、抓德治，一手抓法律、抓法治"的观点，是对国家法治和社会治理的一种简单化理解，不是一种可取的态度。习近平总书记指出："法律是成文的道德，道德是内心的法律"；"法律是准绳，任何时候都必须遵循；道德是基石，任何时候都不可忽视"。[2]正是说明了道德与法律、德治与法治之间错综复杂的关系，对此我们必须保持高度清醒的认识，并从各个角度入手，把道德与法

〔1〕 张文显主编：《法理学》（第5版），高等教育出版社2018年版，第375页。
〔2〕 习近平：《习近平谈治国理政》（第2卷），外文出版社2017年版，第133页。

律、德治与法治建设好。市域社会治理是有着特定地域范围的治理，特定的地理空间往往会形成特有的社会习俗、文化观念和法治意识，在推进市域社会治理现代化的过程中，这些社会习俗、文化观念和法治意识容易被人们简化为道德与法律、德治与法治的对应关系或互补关系。这些认识既有积极的一面，也有消极的一面，关键是要对其有清醒而全面的认识，并综合性地加强地方社会建设，重视其他社会规范尤其是道德规范的作用，并努力加强、改进地方立法，融通道德与法律、德治与法治之间的多重关系，这样才能实现市域社会治理现代化和法治社会、法治国家建设的目标。

"德性"市域社会治理的理论基础与行动路径

——韶关"善美城市建设"的认知与感悟

沈新坤*

摘　要：理解市域社会治理的概念意义不仅要明确中国语境下的"社会治理"概念意义，更要懂得其"市域"限定赋予的"层级"和"场域"的意义。市域社会治理（方式）是有德性的，其臻境应该是"善"与"美"的交融。韶关市"善美城市建设"的实践表明，德性市域社会治理往往是沿着"思政导向"和"艺术导向"的二元路径展开的，且二者是相互依存和相互转化的。

关键词：德性；市域；社会治理；善美

一、问题的提出及其研究评论

自党的十八大以来，习近平总书记从党和国家事业发展全局和战略的高度，就推进国家治理体系和治理能力现代化提出了一系列新理念、新思想、新战略，为我们加快推进市域社会治理现代化提供了行动指南。市域社会治理是国家治理在市域范围内的具体实施，是国家治理的重要基石。[1]结合本文的研究主题，社会治理存在如下特点：

首先，社会治理研究的学科视野过于集中，从而显得较为偏狭。从文献检索的情况来看，除了实践部门的相关社会治理经验梳理之外，有关社会治理研究基本上均集中在行政管理、法学、政治学3个学科，这似乎是与社会治理的多元性要求相违背的。

---

* 沈新坤（1974年-），男，韶关学院政法学院副教授，博士，研究方向：社会工作、社会治理。
〔1〕　陈一新：《推进新时代市域社会治理现代化》，载《人民日报》2018年7月17日。

其次，行政管理、法学、政治学在学科研究方面有一个共同的特点是，研究方向问题非常突出：一是突出强调社会治理的政治方向，二是内含社会治理的"进化"方向。前者过于强调党和政府在社会治理中的主导性地位和功能发挥，大多数社会治理研究在这方面都不惜笔墨，且笔调高亢，而对于社会力量参与的铺陈则相对较弱，且笔调低沉，呈现出了被动式参与和仪式性参与的特点。后者对社会治理手段，则有社会进化论和科学理性主义倾向：集体性有选择地遗忘（甚至拒绝）曾与等级社会高度关联过的"权治"；"法治"作为理性科学化的现代化手段，被过分渲染；"德治"手段要么被忽视，要么被过分美化。简单来说，大多数研究深受自己的政治或价值判断影响，陷入了理论化、应然式的研究，因此相关的实然研究显得弥足珍贵。

最后，在社会治理研究中，存在理论与实践脱节的问题。一方面，大量基于社会治理实践的社会治理经验梳理缺乏理论支撑；另一方面，社会治理的理论研究脱离现实基础而陷入理论化的应然式。具体是市域社会治理的主题，由于"市域社会治理是国家治理在市域范围内的具体实施"主要属于实践范畴，因此有关市域社会治理的研究基本上都是经验研究。虽然有人进行了有关"市域社会治理的概念的社会学意义，探讨了市域社会治理的构成要素"的理论研究[1]，但是这种理论研究太少，而理论与实践结合的市域社会治理研究则几乎空白。

本文尝试突破传统社会治理研究的学科（行政管理、法学、政治学等）界限，引入社会学、美学、生态学等多学科视野，从韶关市"善美城市建设"实践的认知与感悟出发，探讨"德性"市域社会治理的理论基础与行动路径。

二、德性市域社会治理的理论基础

社会治理是一个世界范围的共同议题，但是不同国家对社会治理却有着不同的认知和理解。因此，我们首先应该从中国语境理解社会治理的涵义。"德性市域社会治理"不是一般意义上的社会治理，因为"市域"和"德性"的限定有着深刻的理论意义。

（一）社会治理的概念阐释

从汉语词典的解释来看，"治理"的"理"有多种不同解释，结合"市

---

[1] 陈成文、张江龙、陈宇舟：《市域社会治理：一个概念的社会学意义》，载《江西社会科学》2020年第1期。

域社会治理"的主题情景，"理"的本义应该是指"物质组织的条纹"，引申为"条理"。很显然，"条理"是指人类活动要达到的某种状态，名词作动用，即"使……有条理"的意思。从干预人们的活动行为的目标来看，"使之有条理"都是为了实现人们生产、生活的"秩序井然"。

治理的"治"首要意思就是"办理"，因此"治理"就办理相关事情（或是事务）使之有秩序。（结合社会治理的问题意识，往往会产生"降服""治疗""医治"的迁延意义）在汉语词典中的"治"还有"安定或太平"的意义。因此"治"还往往具有一语双关的意味，既包含了办理过程，也蕴含着对美好结果的期待。因此，根据字面理解，社会治理就是人们通过各种手段处理各种相关事情，实现社会的和谐发展。

然而，近代以来，人类的社会治理活动受到了民族解放运动、民主运动和科学运动等活动的直接影响，从而使得"社会治理"被赋予了更为丰富的意义。

1. 社会治理：国家治理的预设

在国内很多治理研究中，有时社会治理的概念不同于国家治理的概念，有时则将国家治理和社会治理的概念混同使用，或者说不加区分地进行使用。为此，我们必须从有关国家与社会的"一体论"和"二元论"的角度才能理解其中的缘由。

正如侯利文所说，原始社会时期，国家尚未形成；城邦时期，社会国家化的混沌状态；封建专制国家时期，高度专断的王权（皇权）实现了对社会的全面垄断与高度控制，这些都表明在现代启蒙运动，特别资产阶级民族解放运动以前，国家与社会是同一的。[1]国家与社会的真正分离，始于现代民族国家的兴起。现代民族国家的兴起肇始于启蒙运动，而启蒙思想家主张"社会本体论"。经由资产阶级革命产生的民族国家，强调财产私有，崇尚个人自由，倡导自由的市场经济，主张国家充当市场社会的守夜人。虽然，西方国家也出现了以黑格尔为代表的"国家本体论"的声音，大萧条后国家干预社会的程度也有所提高，福利国家也有所发展，但是社会仍然相当独立，思想也是相对多元的。因此，在资产阶级统治的国家里，国家与社会不仅分

---

〔1〕 侯利文：《国家与社会：缘起、纷争与整合——兼论肖瑛〈从"国家与社会"到"制度与生活"〉》，载《社会学评论》2018年第2期。

离，而且在某种程度上是对立的，即两者之间存在张力，具有某种此消彼长的关系。

不同于西方资产阶级革命式的民族国家，新中国是经由无产阶级革命成立的，是人民当家做主的国家。换句话说，作为无产阶级革命式的社会主义国家，新中国极度彰显社会理性，[1]使其本来就具有"社会"属性。在新中国成立早期，还进一步形成了国家统摄社会的局面，即国家与社会一体化。国家统摄社会的结果使社会失去了动力，革命式社会主义建设最终陷入了极度困境。改革开放后，国家开始放权于社会，两者开始分离，这种分离只是为了促进发展，特别是促进经济发展的活力。

由于"国家-社会"的分离不是目标，而是手段，因此在我国，国家和社会在本质上还是一致的。在此逻辑下，我们就不难理解我国国家治理和社会治理的关系了：国家治理包含但不限于社会治理[2]，社会治理是对社会的治理，它是国家治理在社会层面的体现。

由此可见，市域社会治理可以借鉴世界社会治理的经验，但是不可不考虑国情而照搬照抄。

2. 从社会管理到社会治理：国家治理的转型

一方面，在世界范围内，新公共管理理论的兴起与公民社会的发展，使得政府改革中的"善治行政"与对政府绩效责任的高度关注成了一种目标追求和发展趋势；另一方面，进入 21 世纪后，随着政治改革的深入，以及社会的发展壮大，党和政府积极探索社会管理创新，并于党十八届三中全会正式提出社会治理的命题，从而开启国家治理的转型。

社会管理与社会治理，虽然只有一字之差，却包含质的飞跃：首先，社会治理顺应了科学和民主的发展趋势，摈弃了传统社会管理中的政府全能主义，主张多元主体参与社会治理，并且强调多元治理主体之间的合作式治理。其次，社会治理包含了科学和效率的命题。在社会分工日益细化和复杂的时代，社会事务及社会问题的解决日益依赖党、政府、专家系统（这里所谓专家并特指理论专家，也指实践专家）和社会力量之间的协作，因此社会治理

〔1〕 沈新坤：《乡村社会秩序整合中的制度性规范与非制度性规范——改革开放以来乡村社会秩序的实践》，华中师范大学 2008 年博士学位论文。
〔2〕 冯仕政：《社会治理新蓝图》，中国人民大学出版 2017 年版。

是一种协作式治理。

（二）市域社会治理的层级与场域

市域社会治理是国家治理在设区的城市区域范围内的具体实施。[1]同一般社会治理的概念相比较，市域社会治理的概念有着"市域"限定赋予的"层级"与"场域"。

1. 市域社会治理的层级——兼论市域社会治理的自治内涵

我国政府机构的管理层次最常见是五级制，即"中央-省-市-县-乡（镇）"。其中市是指设区和下辖县的市。市域社会治理的"市域"（进一步讲就是"市"），强调行政管理的层级，即是地级市的。当然，社会治理层级是不同行政层级的。我国社会治理层级可以被划分为中央社会治理（主要国务院及其各部委的治理职能）、省级社会治理、市域社会治理和县域社会治理3个层级。国家社会治理着眼于顶层设计，县域社会治理着眼于基层实践，而市域社会治理则属于中间层级，处于承上启下的位置，是架设在国家社会治理与县域社会治理之间的桥梁，发挥着枢纽性作用。[2]

当然，作为国家治理体系和省级社会治理体系的一部分，市域社会治理是一个相对完整、独立的体系，因此也是一个"自治"系统。结合前面对国家治理和社会治理关系的分析，我们不难理解，我国市域社会治理的"自治"不是西方国家社会治理中强调"市域"权利的"自治"概念，而是强调"市域"对"国家"的义务的"自治"概念，即市域社会治理中的层级责任担当意识，努力完成市域范围社会治理任务，成为国家和省级层级社会治理中的合格者，甚至优秀者。

因此，市域社会治理的层级主要是确定市域社会治理在国家治理体系中的位置，明确相应的责任。在这里，市域社会治理要有宏观大局意识、政治意识，也就是我们常说的要讲政治。不仅要学习和贯彻国家治理的思想、理念和战略，特别是党的十八大以来党的"治国理政新理念新思想新战略"，而且也要贯彻和执行本省地方社会治理的相关规定。

---

〔1〕 陈成文、张江龙、陈宇舟：《市域社会治理：一个概念的社会学意义》，载《江西社会科学》2020年第1期。

〔2〕 陈成文、张江龙、陈宇舟：《市域社会治理：一个概念的社会学意义》，载《江西社会科学》2020年第1期。

2. 市域社会治理的场域与治理特色

众所周知，随着人类文明的发展，传统城市的"围墙"被打破，城市逐步成了一个开放的社会系统。不仅如此，城市开放逐渐提升了城市发展的张力——城市引领区域发展和"城乡一体化"的发展理念逐步形成，很多大一点的城市都成了辖区、辖县的"城"与"乡"并存的城市，"市域"概念也由此形成。因此，从地理上来讲，市域社会治理并不是仅指城区范围内的社会治理，而是整个市辖范围内的社会治理。

布迪厄这样说过："我将一个场域定义为位置间客观关系的一网络或一个形构，这些位置是经过客观限定的。"场域是一种具有相对独立性的社会空间，相对独立性既是不同场域相互区别的标志，也是不同场域得以存在的依据。布迪厄的场域概念，不能被理解为被一定边界物包围的领地，也不等同于一般的领域，而是在其中有内含力量的、有生气的、有潜力的存在。

当然，"市域"的概念不仅具有特定的地理空间意义，也具有时间意义。对该"市域"相对应城市的过去、现在和未来，人们应该重视城市的历史记忆，但是更关注现在和未来。

市域社会治理是对特定"（城）市"相关的时空的所有存在（包括人、物和精神）的一切治理。因此，在市域社会治理中，治理主体应该树立市域时空观，才能使市域社会治理朝着更完善的方向发展。

正如臧雷振所说，国家治理或社会治理不是仅仅用一个简单操作蓝图或定义就可以说明的，而是要考虑到地理环境（地缘情景）。[1]市域社会治理就是凸显了社会治理中的"市域"地缘情景。

（三）市域社会治理的德性

1. 市域社会治理式的结构

张康之教授在《公共管理伦理学》一书中论述了不同社会历史时期，社会的治理模式、方式和制度，如表1所示：

---

〔1〕 臧雷振：《国家治理：研究方法与理论建构》，社会科学文献出版社 2016 年版。

表1　不同时期社会的治理模式方式和制度

社会历史基础	农业社会	工业社会	后工业社会
社会治理模式	统治型	管理型	服务型
社会治理方式	"权治"	"法治"	"德治"
社会治理制度	"权制"	"法制"	"德制"

不可否认，张教授这种类型学分析，为我们认识不同社会历史的社会治理模式、社会治理方式和社会治理制度提供了参考视角。不过，需要指出的是，这种理想类型的研究，很容易把人们的认知带入一种误区：把这种类型分析视为社会进化，甚至是单线进化。

或许从农业社会到工业社会再到后工业社会，以及从统治型、管理型社会治理再到服务型社会，是存在某种单线社会进化的，但是作为社会治理方式，从"权治"到"法治"再到"德治"，以及社会治理制度从"权制"到"法制"再到"德治"，却绝对不是单线社会进化的。

需要指出的是，作为社会治理的规范依据，"权治""法治"和"德治"是社会治理手段的基本结构要素。从结构–功能论的角度来说，社会治理方式应该具有结构的完整性，否则就会出现明显的"功能"缺陷，甚至是难以为继。也就是说，尽管不同社会历史基础形成了不同的社会治理模式，但是就具体运用的治理方式而言，"权治""法治"和"德治"都是同时存在的，只不过不同模式下它的权重或者说侧重点有所不同而已。毋庸置疑，在农业统治型社会，社会治理方式主要是"权治"，但是它同样存在着"法治"和"德治"的元素，其中人类早期存在各种法典以及对贤达者的德行记录就是例证。即使到了后工业社会，也不是只有"德治"，不要"权治"和"法治"。只不过，相比于农业社会工业社会，"德治"在后工业社会所发挥的作用更为突出而已。事实上，后工业社会也同样需要"法治"和"权治"。众所周知，"法治"是社会治理的基本手段，也是基本保障，因此后工业社会"德治"是离不开"法治"的。

长期以来，人们把"权治"视为等级社会的产物。因此，可能有人认为后工业社会有"德治"和"法治"，但是不能有"权治"，应该是毫无疑问的了。不过，遗憾的是，后工业社会同样有并需要"权治"。

然而，"权治"离开等级社会，一样有其生存的环境，因为"权治"可以在非等级的工业社会和后工业，与领导者个人的能力和魅力相联系。只不过，这时的"权治"受到了"法治"和"德治"的制约（此时"权制"与等级社会下的"权制"有着本质的区别）。在此前提下，在社会治理中，一位有主见、做事果断的领导要比一位缺乏主见、优柔寡断的领导要有用得多。再者，"权治"也是与社会职位相联系的。如果人们不承认"职位"权威，社会治理也是无法自上而下开展的。

因此，在现代社会治理中，"权治"不仅必要而且客观存在，我们不能视为不见。现在大多研究均将社会治理手段视为法治和德治的二元体系，而将"权治"排除在外，是值得商榷的。

不仅"权治""法治"和"德治"是同时存在的，而且是彼此关联，并且能够相互转化的。因此，市域社会治理的研究或讨论，不能选择性只谈"法治"，而忽略"德治"和"权治"，特别是"权治"。否则，就会有陷入机械论、僵化论的危险。

2. 市域社会治理的德性

所谓市域社会治理的德性，是指市域社会治理的手段及其措施符合社会道德期待，经得起社会道德的考量。毫无疑问，德性市域社会治理首先体现为"德治"，但是它并非仅限于此，它还包括德性考量下的"法治"和"权治"。事实上，"法治""权治"与"德治"三者是处于纠缠与互构之中的。

在"权治""法治"和"德治"这三种治理手段中，"权治"取决于拥有权力主体的好恶，具有"人治"的特征，具有不确定性，且"权治"在人类历史上曾与等级社会以及社会压迫高度关联，因此"权治"常常被污名化，从而成为谈论的"禁区"。"德治"虽然一直受到人们的关注和推崇，但是由于它取决于人的主观判断，没有客观的标准，既具有"人治"的特征，也具有不确定性。因此，"权治"和"德治"无法成为现代社会治理的保障。而"法治"具有科学、客观和公正的现代禀性，因而受到人们无条件的推崇，从而奠定了"法治"保障地位。因此，在研究中谈论"法治"，不仅显得高大上，而且合理合法。

党的十九届四中全会确定要建立"党委领导、政府负责、民主协商、社会协同、公众参与、法治保障、科技支撑的社会治理体系"。很显然，党中央确立的社会治理体系只谈及了"法治"，而没有提到"德治"和"权治"。但彰显"法治"的保障地位，并不意味着"德治"和"权治"不重要。

首先，"德治"在市域社会治理现代化中发挥着不可替代的重要作用。2022年6月7日，中央政法委召开第八次市域社会治理现代化试点工作交流会，中央政法委秘书长陈一新强调"要在市域社会治理中充分发挥德治教化作用"。他指出，德治是国家治理的重要方式，是社会治理方式现代化中体现传统文化精髓的重要标志，"德治教化"是实现市域"善治"的重要基石。为此，他进一步强调要充分发挥以法隆德的重要功能，要广泛凝聚以德辅治的强大动能。[1]

其次，"权治"在市域社会治理现代化中同样不可或缺。市域社会治理是一个自上而下的过程，既离不开党和政府的强有力推动，也离不开相关负责人的作为（不作为就是懒政），因此市域社会治理不可避免地具有"权治"的因素。"权治"涉及"个人权力"和"公权"（来自党和政府）。在等级社会里，由于"权力"至上，无法有效受到"法律"和"道德"的约束，很容易沦为人奴役人、人压迫人的工具。在现代社会，无论是"个人权力"还是"公权"都应该受到法律和道德约束，在此前提下个人权力和公权的发挥便是利他主义的，是有助于社会发展的，这就意味着"权治"具有了德性（当"权治"受到"道德"和"法治"约束而发挥正向功能时，"权治"也就具有了"德性"）。

（四）德性市域社会治理的臻境：善美之城

从伦理关系来讲，市域社会治理主要是要处理好市域内"人与人之间的关系"和"人与自然之间的关系"。[2]中国传统文化，特别是道家文化，强调用"德"来回答"人与人之间的关系"和"人与自然界之间的关系"，以达到"善"和"美"的境界。

1. 德性市域社会治理的"善"境

从哲学角度来讲，回答"人与人之间的关系"和"人与自然界之间的关系"必然涉及人性的善与恶。不言而喻，人们期待市域社会治理的结果应该是"善"的正面判断。在社会治理的手段结构中，不受外在制约的"权治"的结果具有不确定性，即可能是"善"，也可能是"恶"；"法治"的人性基础虽然是"恶"，但是目标也是"善"；德治的人性基础就是善，德治的结果

〔1〕陈一新：《要在市域社会治理中充分发挥德治教化作用》，载 https://baijiahao.baidu.com/s?id=1735151802707111561&wfr=spider&for=pc，访问日期：2022年8月26日。
〔2〕陈成文、赵杏梓：《社会治理：一个概念的社会学考评及其意义》，载《湖南师范大学社会科学学报》2014年第5期。

也是"善",即"德治"是"以善致善"。因此,相比于"权治"和"法治","德治"更彰显人性"善"。德性市域社会治理首先体现为"德治",但不仅限于此,因为前面的分析指出,当"权治"和"德治"的人性基础受到有效制约时,就会产生"弃恶扬善"的好结果,此时"权治"和"德治"也属于"德性市域社会治理"的范畴。

2. 德性市域社会治理的"美"境

用"德"回答"人与人之间的关系"和"人与自然界之间的关系",还涉及人们有关"美与丑"都判断。不言而喻,人们期待市域社会治理的结果应该是"美"的正面判断。

费孝通先生曾从文化生活角度将"人与人之间的理想关系"描述为"各美其美,美人之美,美美与共,天下大同"。其中,费孝通先生所谓的"美",就是指各种文化符合人们各自的道德诉求。在日常生活中,人们还将道德高尚称为"心灵美"。

不仅如此,我国传统道家文化也用"德"回答"人与自然界之间的关系",主张"道法自然"。即人的行为符合天道,也符合自然规律(符合自然规律,给人以"美"的感受),就是一种有德的行为,即心灵美。当然,"德性市域社会治理"主张人的行为不仅应该顺应自然规律,而且还强调应该是"逆熵"行为,即促进事物向着有规律的方向发展,也就是朝着好的方向发展。结合场域论的观点,德性市域社会治理应该充分利用和挖掘一切美好的资源,来促进美好结果的形成。

3. 德性市域社会治理的臻境:善美交融

"德治"能产生"善"和"美"的结果,而"以善为德"和"以美为德",以及"以善致善"和"因美致美"的"德治"逻辑表明,"善"和"德"以及"美"和"德"都是互构的,而互构是具有传递性的,即"善"和"美"也是互构的。因此,市域社会治理的德治臻境就是"善美交融之城"(简称"善美之城")。

正是意识到这一点,很多市域社会治理都提出了"善美城市建设"的想法。其中,韶关市市域社会治理较早提出了"善美城市建设"的口号:"韶关市正在创建全国文明城市,中国韶关善美之城。"由此可见,韶关市市域社会治理触摸到了德性市域社会治理的精髓或灵魂,也必将为全国众多"善美城市建设"提供参考借鉴。

三、德性市域社会治理的行动路径

将前面的理论基础分析和对韶关市市域社会治理的调研分析相结合，发现德性市域社会治的"善美城市建设"有着独特的二元行动路径：一是思政导向的德性市域社会治理；二是艺术导向的德性市域社会治理。

（一）思政导向的德性市域社会治理

在韶关市委和政法委的领导下，各市域社会治理主体讲政治、有担当，积极开展了形式多样的德性市域社会治理活动。这种思政导向的德性市域社会治理大致循着以下三个方面展开：

1. 市域社会治理主体的德性治理

从韶关市的市域社会治理来看，德性市域社会治理首先是从市域社会治理主体的德性治理开始，这是一个有关市域社会治理的动员学习过程。就学习内容而言，主要是社会主义社会治理思想，包括新时代习近平治国理政的思想以及党和政府社会治理的方针和政策，党委和政府部门关于推进社会治理的会议决定，党和政府有关领导有关社会治理的讲话，等等。

由于市域社会治理的动员学习基本都是在党委和政法委主导下开展的，因此动员学习过程带有较为浓重的思想政治教育色彩。一方面，要求市域社会治理主体用党的"治国理政新理念新思想新战略"武装头脑，熟悉有关市域社会治理的"新方针新政策"；另一方面，要求各市域社会治理主体抑制惰性，要求他们积极发挥个人的能力和职权，积极探索市域社会治理的创新。因此，"动员学习"既是给参与社会治理主体赋能，也明确了其责任担当。

2. 鼓励性德性市域社会治理

所谓鼓励性德性市域社会治理，就是通过倡导和鼓励良好的道德品质与行为规范来开展市域社会治理，它同我们常说的"德治"的理念比较契合。

鼓励性德性市域社会治理强调道德和道德教化在市域社会治理中的作用，它劝导和鼓励一切崇德向善的活动或行为。由于个体的道德行为往往始于模仿，而正是人的模仿性决定了道德楷模在德性塑造上的特殊作用。美国学者R. 奥迪认为："德性无法通过学习各种道德领域的价值观念而获得，它通常是通过模仿与社会化而形成的，如果没有榜样，它也许便无法教予人。"[1]也

---

〔1〕 崔斌：《国民德性的拯救：公共管理伦理的对策性价值》，载《行政论坛》2007 年第 5 期。

正因为如此，在开展鼓励性德性市域社会治理活动的过程中，人们特别重视"榜样的力量"。

例如，在韶关市的市域社会治理中，全市及所辖区县围绕社会道德、职业道德和家庭美德等方面开展了诸如"韶关市十大杰出青年""韶关好乡贤""韶关好人""韶关好网民""韶关十佳道德模范""韶关市技术能手""韶关最美警察""韶关十大最美家庭"等评选活动。其中，"韶关十佳道德模范"包括助人为乐、见义勇为好人、诚实守信好人、敬业奉献好人、孝老爱亲好人等不同道德模范类型。在评选活动结束后，还会将道德模范个体（包括个人、家庭和单位）的事迹，以文字、图片和视频等形式，通过网络、电视、报纸、宣传墙等不同媒介进行广泛宣传，让遵守道德、弘扬美德的个体获得认可，也让其他个体能够学习道德模范经验，培养自身的道德素质。[1]不言而喻，这种道德模范评比及其宣传活动，可以使人们在竞争中激发道德意识，认识到美好的品德可以带来荣誉，遵守道德可以让生活更美好。[2]

另外，韶关市市委宣传部、市文明办还推出了"红榜"信用制度。所谓"红榜"制度就是相应的职能部门根据相关法律法规、行业信用等级评级标准，将具有良好信用记录的企事业单位或个人纳入"红榜"，并为其开辟"绿色通道"，提供服务便利，公开良好信用记录。不仅如此，红榜依托道德讲堂和诚信评选表彰活动，树立和宣传了一批诚信人物、诚信企业和诚信群体等先进典型。[3]

由此可见，鼓励性德性市域社会治理，不仅认同和鼓励人们内在的道德"自律"，而且通过评比和宣传活动进一步挖掘其价值，从而大大强化了"劝善抑恶"的效果。

3. 惩戒性的德性市域社会治理

惩戒性的德性市域社会治理就是指在市域社会治理中运用外在的"他律"规矩，特别是法律，进行惩恶扬善。[4]

---

〔1〕 顾泽楠：《我国城市社区德治的发展困境及突破路径研究》，载《改革开放》2020年第12期。

〔2〕 顾泽楠：《我国城市社区德治的发展困境及突破路径研究》，载《改革开放》2020年第12期。

〔3〕 《积极推进诚信建设制度化常态化》，载 http://www.wenming.cn/syjj/dfcz/gd/201605/t20160525_3383100.shtml，访问日期：2016年5月25日。

〔4〕 孙首娟：《关系论视角下的法治辨析——兼论法治与人治、法制、德治的关系》，载《山东社会科学》2006年第12期。

在市场经济环境下，难免会有一些个人或组织因各种主客观原因，出现各种失德甚至违法行为。失德、违法行为不仅会侵害国家、社会和人民的利益，还具有负面的示范效应，因此必须及时予以制止。中央政法委秘书长陈一新强调市域社会治理要"及时严惩跨过界线的丧德败德行为，向全社会发出道德底线不可触碰的强烈信号"。

韶关市市域社会治理也特别重视利用"他律"手段推进德性市域社会治理，它突出体现在两个方面：一是市委宣传部、市文明办负责的"红黑榜"诚信建设的"黑榜"制度。所谓"黑榜"制度，就是相应的职能部门根据相关法律法规、行业信用等级评级标准，将失信个体（包括个人和组织）拉入"黑名单"，并对其社会活动予以不同程度的限制。具体来说，个人和组织一旦被列入黑名单就会处于"一处失信，处处受制"的被动局面。二是市委政法委特别是公安机关的相关综合治理行动。其中，重点包括整治侵害妇女儿童和老年人合法权益等问题，特别是整治养老诈骗专项行动、打击拐卖妇女儿童犯罪；整治食品药品等重点领域的失信败德问题；整治网络空间乱象问题，重点整治网上"黄赌毒""坑拐骗"等违法犯罪。

（二）艺术导向的德性市域社会治理

相对于思政导向的德性市域社会治理主要体现为理性行动，艺术导向的德性市域社会治理利用艺术的无形魅力，来吸引人、感染人、感召人、化育人。因此，不同于思政导向的德性市域社会治理强调理性参与，艺术导向的德性市域社会治理强调人们的感官体验。具体来说，艺术导向的德性市域社会治理主要利用人的听觉、视觉、味觉和触觉等感官产生快乐、舒适等正向体验，触发人们对善美的认知和感悟。

显然，这里所说的"艺术"不是专业意义上的哲学艺术（也就是只有专业人员才能看得懂的艺术），而是具有"人间烟火"气息的大众生活艺术，体现的是人们的通俗智慧及其审美品质。

1. 思政市域社会治理行动的艺术沉淀

思政导向的德性市域社会治理通常是活动式。活动有开始、有结束，活动结束了人们也就会慢慢淡忘了，因此其社会治理的效果是有限的。

为了充分挖掘思政导向的德性市域社会治理效果，市域社会治理主体通常会对活动的核心题材进行艺术化处理，使之符合人们的审美情趣，并借助日常生活中的传播载体进行宣传。比如，将各种评选活动中的榜样人物的精美照片悬挂在街道或公路旁的路灯杆上，使之成为市域的一道亮丽风景线。这种艺术展示符合人们对"善美"氛围的憧憬，进而陶冶人们的"善美"情操。同时，它也可随时唤起人们对各种思政导向的德性市域社会治理活动的美好记忆。

值得注意的是，随着经济和社会的发展，党的建设和革命题材的宣传也不再像过去那样局限于简单、朴素的物质观，而是日益追求精心的艺术设计。例如，现在几乎所有党委办公室、党员活动室等党建场所，都是经过精心的艺术设计和精美的装修的，从而也会给人带来强烈的震撼，产生令人肃然起敬的庄重感。再如，走进韶关市的红色旅游景点，同样能感受到红色题材融入了厚重的建设艺术，特别是革命展览馆建设越来越多地借助场景复原、半景画、艺术浮雕等多种审美艺术形式，增强参观者视觉和心理的感官享受，提升参观兴趣，促进参观者对革命题材的深思。

2. 善美城市形象设计

城市形象是一座城市的内在历史底蕴和外在特征的综合体现，是城市总体特征和风格的反映。[1]城市形象设计往往容易受到时代发展主题的影响。韶关市是在推进市域社会治理的过程中启动城市形象设计的。因此，韶关市的城市形象设计（见图1）不仅彰显了韶关市的历史文化底蕴和外显的景观环境，而且还融入了市域社会治理的核心理念——善美。

图1　韶关城市形象设计

如图1所示，"善美韶关"城市形象 logo，将韶关的拼音"shao"进行设计的处理后，巧妙地组成了善美之城的"善"字。"善"与"韶"在谐音和

---

〔1〕　陈柳钦：《城市形象的内涵、定位及其有效传播》，载《湖南城市学院学报》2011年第1期。

字形上的完美融合，自然生成了"善美韶关"的主题图案。"善美韶关"城市形象 logo 中的色彩含有黄、绿、蓝、红 4 种色系，分别代表禅宗、森林、水系、丹霞等人文历史和自然形态。[1]

"善美韶关"城市形象是韶关市市域共同体身份认同的一种象征，"善美"市域社会治理主题的融入，提升了韶关市的市域形象。"善美韶关"城市形象设计将市域社会治理的"善美"主题以艺术方式融入人们的日常认知，并使之成为永恒的主题。由此可见，"善美"主题融入，使得韶关市城市形象的无形资产显得更加厚重了。

3. 继承和发扬传统历史文化德性

韶关是禅宗文化圣地。禅宗主张修习禅定，特别是六祖慧能主张心性本净，这对于市场经济下人们的道德修养具有积极的导向作用。换句话说，禅宗高度彰显人性的善，这也是"善美韶关"城市形象以禅宗作为韶关历史文化底蕴代表的原因。

城市形象设计必须遵循聚焦原则，这是"善美韶关"城市形象设计只关注"禅宗"的内在原因，但是这并不意味着其他市域历史文化遗产不重要。事实上，所有历史文化遗产都有其特定的价值。例如，历史上的"梅关古道"开通后，成了沟通南北的交通要道，商贸往来、族群迁徙、文化交流孕育了韶关开放、包容的精神，这就是韶关历史沉淀下来的一种传统美德。

一般来说，一个市域内有着许多历史文化遗存，它们都是在市域社会治理过程中应该保护和挖掘的资产，承载着优秀的文化传统。

因此，在市域社会治理过程中对市域内历史文化的保护和挖掘艺术建设，不仅仅是基于发展旅游增加经济收入的考量，也是为了更好地继承和发扬传统历史文化德性，促进德性市域社会治理。

4. 善意与创意地利用和改造生态环境

众所周知，自然环境是人类社会赖以存在的基础和前提，是社会物质生活和社会发展的必要条件。

2005 年 8 月，时任浙江省委书记的习近平在浙江湖州安吉考察时提出"绿水青山就是金山银山"的科学论断。这一科学论断饱含德性生态社会治理

---

[1] 参见 https://baijiahao.baidu.com/s? id = 1588456605372247239&wfr = spider&for = pc，访问日期：2022 年 8 月 26 日。

的理念："善意"地利用和改造生态环境，实现人与自然和谐共生。在德性生态社会治理的理念中，良好的生态环境不仅意味着自然财富和经济财富，而且承载着生态社会治理的德性（实质上它就是精神财富）。

一般来说，良好的生态环境可以给人带来愉悦和美的享受，涤荡人的心灵，塑造人的"善美"品性。但是，这还取决于人对生态美的认知，以及人们处理与生态环境之间关系的动机。心中有"善美"的人容易认知和感受生态美，并能产生怜惜和爱护的行为，而心中"善美"理念缺乏的人不仅难以认知和感受生态美，而且容易在无知和贪婪的驱使下，做出破坏生态的行为。因此，德性生态社会治理不会顺应人性自然而然产生，它更多地体现为人们的生态自觉行动。

韶关市属于广东省北部生态圈。因此，韶关市市域社会治理的韶关"北部生态发展区"的功能定位：一方面，韶关市有效衔接相关国家政策要求，同步制订"韶关市生态环境保护的五年规划"。与此同时，韶关市还制定了《韶关市烟花爆竹燃放安全管理条例》《韶关市野外用火管理条例》《韶关市皇岗山芙蓉山莲花山保护条例》等条例，防止和制止个人和企业实施破坏生态环境的行为。另一方面，韶关市委、市政府也特别重视有善意地、有创意地利用和改造生态环境，促进生态产业的发展，使之为我们带来经济效益的同时，促进生态文明建设。

具体来说，就是韶关市党政部门非常重视引导市域内生态旅游、生态农业和农家乐等生态生态产业的发展。这种"引导"主要体现在两个方面：一是强调保护性开发和诚实经营；二是强调创意性开发。前者侧重体现生态产业发展的"善意"，也就是彰显生态产业发展背后的个人的良知和企业的社会责任感，后者侧重于追求生态产业发展的艺术性，也就是要除了要善于发现生态美，更要通过精心设计彰显这种生态美。

结　语

德性市域社会治理有着深厚的理论基础，也有着丰富的"善美城市建设"实践。契合德性市域社会治理理念的"善美城市建设"有着"思政导向"和"艺术导向"的二元行动路径。

思政导向的德性市域社会治理强调市域社会治理的责任与担当，以及自觉行动，而艺术导向的德性市域社会治理更强调市域社会治理的艺术展示，以及人们的"善美"体验。如果说，思政导向的德性市域社会治理，渗透儒家"积极有为"的思想，那么艺术导向的德性市域社会治理，则具有道家的"无为而治"的意境，它们体现了现代市域社会治理对传统社会治理智慧的继承与发扬。

思政导向的德性市域社会治理和艺术导向的德性市域社会治理是德性市域社会治理中相互依存和相互转化的两个方面。德性市域社会治理应该两手抓，才能相得益彰。

乡村振兴政策优化研究

——基于农户调查数据的经验证据

彭　华*

摘　要：农户对乡村振兴的满意度是客观反映农户需求满足程度的重要指标，也是乡村振兴战略进一步实施的考核指标和行动指南。本文基于农民主体性视角，通过对农户乡村振兴满意度的调查，应用有序 Logistic 模型，分析调查对象个人特征、产业兴旺、生态宜居、乡风文明、治理有效和生活富裕变量等因素对乡村振兴满意度的影响。研究结果表明：产业兴旺、生活富裕、生态宜居、户主人口变量、乡风文明、治理有效变量都对研究区乡村振兴中农户满意度存在不同程度的正向影响，重要性依次递减，回归系数依次为 5.173、3.394、3.128、1.302、1.160、0.829。根据模型综合分析和研究结论，提出当前乡村振兴政策优化重点在于乡村产业发展、基础设施建设和金融教育制度完善。

关键词：乡村振兴；满意度；有序 Logistic 模型；政策优化

一、研究问题与文献述评

乡村振兴是全面建设社会主义现代化国家的重大历史任务。中央在《乡村振兴战略规划》中提出，要"激活乡村振兴内生动力，形成系统高效的运

* 彭华（1973 年-），男，韶关学院政法学院教授，博士，研究方向：城乡基层治理。

基金项目：广东省哲学社会科学十三五规划项目"粤港澳大湾区城乡融合激励政策的效应测度及优化研究"（GD20CZZ04）、韶关学院科研项目"乡村振兴中多元主体参与的政策激励研究"（SZ2019SK04）阶段性成果。

行机制"。然而，乡村振兴中为什么出现"等、靠、要""干部干、群众看"等奇怪现象？是政府问题还是政策问题？背后到底隐藏着何种逻辑？中国"强政府、弱社会"的结构特征决定了乡村振兴离不开政府的推动。由于乡村异质性和农民需求多样性，如何评估振兴的实践效果，做到精准振兴？如何动员乡村自主性参与乡村振兴行动？这些都是值得关注的问题。

当前，乡村振兴主要集中于"应然"和"实然"研究。乡村振兴的应然研究主要从理论上阐释乡村振兴的意义。"实施乡村振兴战略对于决胜全面建成小康社会而言具有至关重要的现实意义"[1]，"乡村振兴是国家全面振兴的有机组成部分"[2]，"缩小城乡差距，促进城乡均衡发展，实现城乡居民生活质量等值"[3]。理论上的研究有助于廓清认识，厘清乡村振兴发展理念及意义。但是，如何促进乡村振兴，从理论到实践仍有很长一段路要走。

乡村振兴的应然研究：其一是国外乡村振兴的经验借鉴。如日本乡村振兴运动研究[4]，韩国新村运动的成功经验及重要因素研究[5]，美国以立法为保障、以市场为基准，分阶段、有侧重地推进乡村振兴研究[6]。其二是乡村振兴战略指标体系研究。构建了"六化四率三治三风三维"[7]和乡村产业发展指数、乡村宜居环境指数、乡风文明指数、乡村治理效力指数、乡村生活富裕程度等乡村振兴评价指标体系[8]。其三是乡村振兴战略发展对策研究。实施乡村振兴战略应"抓好顶层规划设计、制度供给和要素保障，推进农

〔1〕 张晓山：《全面建成小康社会：乡村振兴》，载《中国经济学人（英文版）》2020 年第 1 期。

〔2〕 党国英：《关于乡村振兴的若干重大导向性问题》，载《社会科学战线》2019 年第 2 期。

〔3〕 何仁伟：《城乡融合与乡村振兴：理论探讨、机理阐释与实现路径》，载《地理研究》2018 年第 11 期。

〔4〕 茹蕾、杨光：《日本乡村振兴战略借鉴及政策建议》，载《世界农业》2019 年第 3 期。

〔5〕 ［韩〕韩道铉：《韩国新村运动带动乡村振兴及经验启示》，田扬译，载《南京农业大学学报（社会科学版）》2019 年第 4 期。

〔6〕 胡月、田志宏：《如何实现乡村的振兴？——基于美国乡村发展政策演变的经验借鉴》，载《中国农村经济》2019 年第 3 期。

〔7〕 贾晋、李雪峰、申云：《乡村振兴战略的指标体系构建与实证分析》，载《财经科学》2018 年第 11 期。

〔8〕 张淑云：《徐州市乡村振兴的评价指标与策略》，江苏科技大学 2018 年硕士学位论文。

业供给侧结构性改革"[1]，"避免'一刀切'式振兴、运动式振兴、输血式振兴、黑色振兴等政策误区"[2]。

上述研究主要采用"自上而下"的研究视角。"自上而下"的视角忽视了农民乡村振兴的主体地位。乡村振兴要避免代替农民选择，激活乡村振兴内生动力，形成系统、高效的运行机制，需要完善研究视角，采用"自下而上"的方法，在乡村振兴实践中，从农民需要出发，做到精准振兴。

据此，本文基于研究区域农民对各项乡村振兴指标的满意程度调查数据，运用有序 Logistic 模型研究农户满意度的影响要素，进而探索农民对乡村振兴的最紧要需求，并提出促进农户乡村振兴满意度提高的政策优化建议，为推进乡村振兴提供镜鉴。

二、数据来源与样本特征

笔者于 2019 年 7 月和 8 月通过发放问卷、入户访谈等方式调查了农户对乡村振兴的认知和满意度。本次调查共发放 700 份调查问卷，收回 672 份，有效问卷 642 份，问卷回收率为 95.5%，问卷有效率为 91.7%。

在此次的调查受访对象中，男性占 65.8%，女性占 34.2%；85.7% 为小学和初中学历，仅有 2.5% 为大专及以上学历，大专及以上学历者主要是在村委会工作的选调生，这反映了当前农村人才匮乏的现状；49.5% 的受访者年龄在 61 岁~70 岁，51 岁~60 岁占比 29.0%，二者合计占调查总数的 78.5%，这也反映了当前调查地"空心化"下的农村大多为留守老人的事实。从家庭年均收入看，44.6% 的受访农户中家庭年均收入在 10 000 元~25 000 元之间，家庭年均收入高于 35 000 元的受访农户仅占 12.2%，反映出调查地农村经济收益效率较低。

三、模型选择与计量结果分析

（一）模型建立

在前文分析的基础上，我们建立了如下计量模型来研究农户对乡村振兴

---

〔1〕 廖彩荣、陈美球：《乡村振兴战略的理论逻辑、科学内涵与实现路径》，载《农林经济管理学报》2017 年第 6 期。

〔2〕 刘润秋、黄志兵：《实施乡村振兴战略的现实困境、政策误区及改革路径》，载《农村经济》2018 年第 6 期。

满意度与影响因素之间的关系：

$$y = x\beta + \varepsilon \tag{1}$$

其中：y 是二值离散因变量，表示农户对乡村振兴的满意度，x 是一组由自变量构成的向量，包含描述乡村振兴的 5 个维度变量和户主人口变量；β、ε 分别为待估参数及随机误差。

本文中，乡村振兴选取了"产业兴旺、生态宜居、乡风文明、治理有效、生活富裕" 5 个维度 17 个指标，户主人口变量 4 个指标，一共 21 个指标作为自变量。以农户对乡村振兴的态度作为因变量。

在问卷的设计中，农户对乡村振兴满意度是非线性的离散变量，如果用普通最小二乘法（OLS）对参数进行估计，参数的估计量会是非一致性的。这个问题通过对因变量进行 Logit 变换，用极大似然估计法（ML）加以解决。所以，在本文中，对因变量进行归类处理，将打分为 4 和 5 的结果归入"满意"一类，取值为 1，而打分为 1、2 和 3 的结果归入"不满意"一类，然后利用 Logistic 回归进行参数估计。[1]因此，本文选用二项分类 Logistic 回归模型分析影响农户对乡村振兴态度的因素。

模型中农户对乡村振兴的态度是因变量，将"满意"定义为 $Y=1$，"不满意"定义为 $Y=0$。设 $Y=1$ 的概率为 p，$Y=0$ 的概率为 $1-p$，X_{ki}（$i=1$，2，$\cdots$，6）代表影响乡村振兴意愿的不同自变量，则：

$$p_i = e^{\beta_0 + \sum_{k=1}^{6}\beta_i X_{ki}} \Big/ 1 + e^{\beta_0 + \sum_{k=1}^{6}\beta_i X_{ki}}, \quad 1 - p_i = 1 \Big/ 1 + e^{\beta_0 + \sum_{k=1}^{6}\beta_i X_{ki}}$$

进一步做对数变换得到二元 Logistic 回归模型的线性表达式如下：

$$\ln\left(\frac{p_i}{1-p_i}\right) = \beta_0 + \beta_1 X_{1i} + \beta_2 + X_{2i} + \beta_3 + X_{3i} + \beta_4 + X_{4i} + \beta_5 + X_{5i} + \beta_6 + X_{6i} + u_i \tag{1}$$

（二）变量选取及说明

本文对农户满意度的测量使用学者们都常用的 Likert 五分量表，对"很不满意、不太满意、一般、比较满意、非常满意" 5 个级别的定性变量，分别赋值"1、2、3、4、5"。

---

[1] 程静、杜震：《基于感知价值的农户政策性农业保险满意度研究》，载《金融理论与实践》2018 年第 7 期。

以"产业兴旺、生态宜居、乡风文明、治理有效、生活富裕"5个维度17个指标和户主人口变量4个指标，一共21个指标作为自变量内容如下：

（1）户主人口变量。选取性别V1、年龄V2、受教育程度V3、家庭年均收入V4共4个变量。相对于城市开放，农村趋于保守。对于长期生活于农村的人来说，其接受新事物的程度和受教育程度与个体经验呈正相关关系。教育程度低、年龄大，其接受新事物的能力较低，对新事物更可能采取怀疑与排斥态度，其对新事物满意度可能较低；反之则较高。一般而言，家庭收入和满意度也呈正相关关系，年均收入越高的家庭，对生活的满意度越高，故而对乡村振兴的满意度也较高。

（2）产业兴旺变量。本文引入的产业兴旺变量主要从产业关联度的视角出发，选取了乡村休闲农业和乡村旅游发展情况，餐馆、商超，电子商务配送点，乡村企业发展等指标，具体包括"您对所在乡村休闲农业和乡村旅游发展情况满意吗？V5""您对附近餐馆和商超满意吗？V6""您对所在乡村电子商务配送点满意吗？V7""您对所在乡村企业发展情况满意吗？V8"。这些指标反映了农产品加工业、物流业和服务业的发展，是产业兴旺的主要内容。本文预期，产业兴旺变量对乡村振兴满意度具有正向影响。

（3）生态宜居变量。环境就是民生，良好的生态环境是最普惠的民生福祉。[1]本文主要基于居住的便利性、舒适性方面的考虑，引入的生态宜居变量包括"您对所在村庄绿化覆盖率满意吗？V9""您对所在村庄道路交通情况满意吗？V10""您对所在村庄生活污水治理情况满意吗？V11""您对所在乡村卫生厕所普及率满意吗？V12"。本文预期，生态宜居变量对乡村振兴满意度具有正向影响。

（4）乡风文明变量。乡风文明不仅反应了乡村居民的生活状态，也反应了乡村居民的精神状态，映射了他们的生活方式和精神生活空间。本文主要从乡村文化基础设施的角度，引入的乡风文明变量包括"您对当地的社会风气满意吗？V13""您对所在乡村体育健身场所满意吗？V14""您对所在乡村图书文化室建设满意吗？V15""您对所在乡村卫生室建设满意吗？V16"。本文预期，乡风文明变量对乡村振兴满意度具有正向影响。

（5）治理有效变量。该变量包含三个要素："您对所在乡村治理水平满意

---

［1］ 习近平：《习近平谈治国理政》（第2卷），外文出版社2017年版，第137页。

吗？V17""您对所在乡村村民委员会的服务质量满意吗？V18""你对村级信息化服务平台覆盖率满意吗？V19"。其中，村级信息化服务平台覆盖率是衡量自治设施现代化的指标。本文预期，治理有效变量对乡村振兴满意度具有正向影响。

（6）生活富裕变量。"家庭的收入水平"是反映农户富裕程度的核心指标，"农村养老保险"反映乡村振兴基础保障。本文引入的生活富裕变量包括"您对家庭的收入水平满意吗？V20""您对农村养老保险满意吗？V21"。本文预期，生活富裕变量对乡村振兴满意度具有正向影响。

综上所述，本文提出如下假说：

H_1：户主人口变量对满意度具有显著影响；

H_2：产业兴旺变量对满意度具有显著正向影响；

H_3：生态宜居变量对满意度具有显著正向影响；

H_4：乡风文明变量对满意度具有显著正向影响；

H_5：治理有效变量对满意度具有显著正向影响；

H_6：生活富裕变量对满意度具有显著正向影响。

（三）指标权重的确定

常见的用来确定指标权重的方法有：德尔菲法（专家咨询法）、层次分析法和神经网络法等。本文计算各子指标权重值时综合利用了专家咨询法和层次分析法（AHP）。具体步骤如下：首先请专家对设计的问卷进行打分，每个指标的重要性和 0~1 之间赋值（各指标重要性之和为 1）大小保持一致，共发放问卷 20 份，回收 18 份。然后，采用层次分析法（AHP），对专家给出的基础数据构造两两判断矩阵，得出二级指标的权重。[1]结果如下表 2。

表 1　各指标变量权重结果表

变量	X1				X2				X3			
	V1	V2	V3	V4	V5	V6	V7	V8	V9	V10	V11	V12
权重	1/4	1/4	1/4	1/4	1/4	1/4	1/4	1/4	1/4	1/4	1/4	1/4

---

〔1〕　程静、胡金林、胡亚权：《农户双低油菜天气指数保险支付意愿分析》，载《统计与决策》2018 年第 3 期。

变量	X1				X2				X3			
	V1	V2	V3	V4	V5	V6	V7	V8	V9	V10	V11	V12
变量	X4				X5				X6			
	V13	V14	V15	V16	V17	V18	V19		V20	V21		
权重	1/4	1/4	1/4	1/4	1/3	1/3	1/3		1/2	1/2		

（四）实证分析及结果分析

1. 模型变量的描述性统计说明

表3是变量的描述性统计结果。本文将"非常满意""比较满意"两类调查结果归并于"满意"一类，而将"一般""不太满意""很不满意"这三类调查结果归并于"不满意"一类。调查结果表明：69.14%的农户对乡村振兴"不满意"，只有30.86%的农户对乡村振兴"满意"。

表2　模型的变量及其统计描述

变量	测量指标	赋值含义和说明	平均值	标准差
满意度 Y	对乡村振兴满意度	很不满意=1；不太满意=2；一般=3；比较满意=4；非常满意=5	3.1153	0.8957
户主人口变量 X1	性别 V1	男=0；女=1	0.5607	0.4971
	年龄 V2	30 岁及以下=1；31 岁~50 岁=2；51 岁~60 岁=3；61 岁~70 岁=4；70 岁以上=5	2.9907	0.8385
	受教育程度 V3	文盲=1；小学=2；初中=3；高中=4；大专及以上=5	2.7570	0.7225
	家庭年均收入 V4	1 万元以下=1；1 万元~3 万元=2	2.8287	0.7574

变量	测量指标	赋值含义和说明	平均值	标准差
产业兴旺变量 X2	您对所在乡村休闲农业和乡村旅游发展情况满意吗? V5	很不满意=1; 不太满意=2; 一般=3; 比较满意=4; 非常满意=5	2.4206	0.5707
	您对附近餐馆和商超满意吗? V6	很不满意=1; 不太满意=2; 一般=3; 比较满意=4; 非常满意=5	2.8224	0.4901
	您对所在乡村电子商务配送点满意吗? V7	很不满意=1; 不太满意=2; 一般=3; 比较满意=4; 非常满意=5	2.4642	0.6068
	您对所在乡村企业发展情况满意吗? V8	很不满意=1; 不太满意=2; 一般=3; 比较满意=4; 非常满意=5	2.2056	0.6032
生态宜居变量 X3	您对所在村庄绿化覆盖率满意吗? V9	很不满意=1; 不太满意=2; 一般=3; 比较满意=4; 非常满意=5	3.4579	0.5525
	您对所在村庄道路交通情况满意吗? V10	很不满意=1; 不太满意=2; 一般=3; 比较满意=4; 非常满意=5	2.7227	0.6183
	您对所在村庄生活污水治理情况满意吗? V11	很不满意=1; 不太满意=2; 一般=3; 比较满意=4; 非常满意=5	2.2243	0.6705
	您对所在乡村卫生厕所普及率满意吗? V12	很不满意=1; 不太满意=2; 一般=3; 比较满意=4; 非常满意=5	2.5701	0.5264

变量	测量指标	赋值含义和说明	平均值	标准差
乡风文明变量 X4	您对当地的社会风气满意吗？V13	很不满意＝1；不太满意＝2；一般＝3；比较满意＝4；非常满意＝5	2.7009	0.6921
	您对所在乡村体育健身场所满意吗？V14	很不满意＝1；不太满意＝2；一般＝3；比较满意＝4；非常满意＝5	2.6449	0.7975
	您对所在乡村图书文化室建设满意吗？V15	很不满意＝1；不太满意＝2；一般＝3；比较满意＝4；非常满意＝5	2.6636	0.8133
	您对所在乡村卫生室建设满意吗？V16	很不满意＝1；不太满意＝2；一般＝3；比较满意＝4；非常满意＝5	2.7695	0.7684
治理有效变量 X5	您对所在乡村治理水平满意吗？V17	很不满意＝1；不太满意＝2；一般＝3；比较满意＝4；非常满意＝5	3.0280	0.6999
	您对所在乡村村民委员会的服务质量满意吗？V18	很不满意＝1；不太满意＝2；一般＝3；比较满意＝4；非常满意＝5	2.9315	0.7082
	你对村级信息化服务平台覆盖率满意吗？V19	很不满意＝1；不太满意＝2；一般＝3；比较满意＝4；非常满意＝5	2.3022	0.6267
生活富裕变量 X6	您对家庭的收入水平满意吗？V20	很不满意＝1；不太满意＝2；一般＝3；比较满意＝4；非常满意＝5	2.6044	0.8381
	您对农村养老保险满意吗？V21	很不满意＝1；不太满意＝2；一般＝3；比较满意＝4；非常满意＝5	1.6199	0.5233

2. 回归参数估计结果

表 3　模型的估计结果分析

解释变量	回归系数	Wald 值	发生比率
常量	−35.910＊＊＊	4.592	0.0000
户主人口变量 X1	1.302＊	0.026	2.7631
产业兴旺变量 X2	5.173＊＊＊	1.383	56.7201
生态宜居变量 X3	3.128＊＊	28.481	11.4933
乡风文明变量 X4	1.160＊	18.848	2.4732
治理有效变量 X5	0.829＊＊	3.765	1.9101
生活富裕变量 X6	3.394＊＊	38.677	14.1457
内戈尔科 R 方	0.815	卡方检验值	279.535
预测准确率	93.1%	−2 对数似然值	121.822

注：＊，＊＊，＊＊＊分别表示在 0.1，0.05，0.01 的水平上显著

本文的研究用 SPSS 统计软件处理变量数据，并进行多元 Logistic 模型回归估计，当显著性水平被设定为 0.05 或 0.01 时，模型的参数估计都是显著的，方程整体显著性检验的卡方统计量的值为 279.535，对应的 P 值为 0.000（P <0.05），说明模型是显著的。另外，预测准确率为 93.1%，内戈尔科 R 方统计量为 0.815，解释力较强。

（1）产业兴旺变量、生活富裕变量、生态宜居变量、户主人口变量、乡风文明变量、治理有效变量都对研究区乡村振兴中的农户满意度存在不同程度的正向影响，重要性依次递减，回归系数依次为 5.173、3.394、3.128、1.302、1.160、0.829。

（2）从 6 类变量对农户满意度的贡献率来看，贡献率最大的为产业兴旺变量、生活富裕变量和生态宜居变量三大类变量。具体来说，如果产业兴旺变量每提高 1 个单位，农户对乡村振兴战略满意度转为满意的发生比率是 $e^{5.173×1}$ = 56.7201，表明农户对乡村振兴战略满意度将增大 10.405 倍；生活富裕变量每提高 1 个单位，农户对乡村振兴战略满意度转为满意的发生比率是 $e^{3.394×1}$ = 14.1457，表明农户对乡村振兴战略满意度将增大 14.1457 倍；生态宜居变量

每提高 1 个单位，农户对乡村振兴战略满意度转为满意的发生比率是 $e^{3.128×1}$ = 11.4933，表明农户对乡村振兴战略满意度将增大 11.4933 倍；户主人口变量每提高 1 个单位，农户对乡村振兴战略满意度转为满意的发生比率是 $e^{1.302×1}$ = 2.7631，表明农户对乡村振兴战略满意度将增大 2.7631 倍；乡风文明变量每提高 1 个单位，农户对乡村振兴战略满意度转为满意的发生比率是 $e^{1.160×1}$ = 2.4732，表明农户对乡村振兴战略满意度将增大 2.4732 倍；治理有效变量每提高 1 个单位，农户对乡村振兴战略满意度转为满意的发生比率是 $e^{0.829×1}$ = 56.7201，表明农户对乡村振兴战略满意度将增大 1.9101 倍。

总而言之，户主人口变量和产业兴旺、生态宜居、乡风文明、治理有效和生活富裕等 5 个反映乡村振兴战略维度的指标都对乡村振兴中农户满意度存在不同程度的影响。

四、研究结论与政策优化建议

(一) 研究结论

本文基于 642 个样本，运用有序 logistic 模型进行实证研究，结果表明：产业兴旺变量、生活富裕变量、生态宜居变量、户主人口变量、乡风文明变量、治理有效变量都对研究区域乡村振兴中农户满意度存在不同程度的正向影响，重要性依次递减，回归系数依次为 5.173、3.394、3.128、1.302、1.160、0.829。具体来说：

第一，本文选取乡村休闲农业和乡村旅游发展情况，餐馆、商超、电子商务配送点、乡村企业发展等指标来反映产业兴旺变量。本文中，产业兴旺变量对乡村振兴满意度有着最为显著的正向影响。这说明，产业兴旺是直接关系到一个地方经济发展，农民增收的重要方面，因此对乡村振兴满意度的影响最明显。

第二，生活富裕变量主要包括农户家庭的收入水平和农村养老保险两个指标。本文中，生活富裕变量对乡村振兴满意度具有显著的正向作用。这说明，家庭收入水平和养老保险是最事关农户幸福的重要指标，对乡村振兴满意度的影响非常直接、显著。

第三，良好的生态环境是最公平的公共产品。本文中，生态宜居变量对乡村振兴的满意度具有显著的正向作用。这说明，直接影响农户生活的那些与"路"和"水"相关的村庄公共设施，依然是影响乡村振兴满意度的重要因素。

第四，本文中，户主人口变量对乡村振兴满意度具有正向影响。其中，农户受教育程度和家庭年均收入的增加对乡村振兴的满意度的提高具有积极向上的影响。

第五，乡风文明可以反映乡村居民的生活状态和精神状态。本文中，乡风文明变量对乡村振兴满意度的影响不太显著，这与当前乡村振兴战略还处于初级阶段，农户更关注物质经济利益等方面有关。

第六，治理有效变量主要反映农户对乡村治理水平和村民委员会服务质量的评价。本文中，治理有效变量对乡村振兴满意度的影响并不显著，这可能是由于当前乡村振兴战略还处于初级阶段，农户的民主政治素养还不高、参与意识还不强，对此不太敏感。

综上所述，乡村振兴的各个要素都对乡村振兴满意度有着不同程度的影响。乡村振兴战略的实施需要结合农户满意度的影响因素，有重点、分层次地展开。

（二）政策优化建议

农户的满意是乡村振兴战略实施的落脚点，也是判断乡村振兴战略实施效果的"试金石"。因此，政府政策应从农户满意度出发，将乡村振兴与农户自身利益结合起来，多方面提高农户满意度，促进乡村振兴的持续、有效发展。由前文可见，产业兴旺、生态宜居和生活富裕是影响农户满意度最显著因素。因此，要提高农户的满意度，重点要做好以下三个方面的工作：

1. 因地制宜大力发展特色产业，促进产业兴旺

第一，推进农村集体产权股份制改革，加强和完善农村耕地流转，实现农业规模化和产业化经营。引导村组织大力培育发展"名优特稀新"经济作物，打造一批特色优质农产品种养示范基地，推进优势特色农业标准化生产、产业化经营、专业化服务。

第二，探索发展乡村农旅养结合项目。立足不同乡村各自的特点、优势、资源及特色产业，鼓励村集体依托农业产业、自然风光、民俗风情、农耕文化等资源优势，积极发展生态观光、农家乐、农耕体验、健康养老等乡村旅游项目。

2. 加强基础设施建设，改善人居环境

第一，进一步加大道路等基础设施建设力度。"要想富，先修路"，便利

的交通有助于乡村物资流通。

第二，加大惠民工程建设。完善"村村通"工程，积极发展乡村电商，拓展线上销售渠道，带动当地特色种养殖、加工和包装、仓储物流等相关产业发展。全面实施饮水安全和改水改厕等惠民工程。加强村庄生活污水治理，提高乡村卫生厕所普及率和村庄绿化覆盖率，抓好乡村文化大院建设，积极开展群众性文化活动，丰富乡村文化生活。

3. 支持乡村金融教育发展，促进农户增收

第一，加大资金投入力度。产业发展需要资金的支持，要强化财政优先投入乡村发展的保障机制，创新乡村"企业贷""小额贷"、财产性抵押等投融资机制，引导社会资本积极参与乡村振兴的多元化投入格局，保障乡村建设与发展的投入力度不断增强、总量持续增加。因此，政府要做好顶层设计，出台金融支持乡村振兴战略的专项指导意见，完善制度安排。加大对现代农业的支持，扶持乡村特色产业发展，集中建设产业园基础设施和配套服务体系，提高乡村的可持续发展能力。

第二，加强对农户教育和技能培训的支持力度，拓宽农户收入来源。增加农村教育投入，特别是农村基础教育与职业技术教育培训等方面的投入力度，提升农村教育教学质量，提高农户受教育水平和技能。同时，加大政府农技推广投入力度，提高农业劳作效率，增强农村与农业抗风险能力，增加农民收入。

新时期韶关人口发展调查报告

彭　华*

摘　要：合理的人口结构，包括人口数量和质量，是国民经济与社会发展的基础。基于韶关市统计年鉴及调查数据研究发现，由于韶关市经济发展相对滞后、产业抗风险能力弱，以及人们生育观念变化，韶关市流入人口大于流出人口；高层次人才储备不足；人均受教育年限 9.64 年，低于全国 9.91% 的平均水平；新出生人口性别比失衡；老龄化、少子化程度加深，韶关市区老年化程度为 17.33%，县域（韶关市辖县市）老龄化程度为 18.96%。韶关在未富先老的状况下进入了深度老龄化阶段，社会养老负担重。优化韶关人口结构，需要建立使生育女性兼顾生育和就业的措施，加大公共财政对教育的投入，解决"幼教贵、幼教难"的问题，以激励婚育；完善养老服务体系，减轻家庭养老负担，为生育拓展空间；优化政务环境加大对外来人口人才的吸引力；加强性别平等宣传解决新出生人口失衡的性别比。发展老龄产业，作为韶关市的新型经济增长点。推进产业结构升级，用技术密集型产业替代劳动密集型产业，应对劳动力人口下降趋势。普及高中教育和中等职业教育，以人口质量和人才红利弥补人口数量不足及劳动力短缺的短板。

关键词：城乡融合发展；韶关人口结构；政策激励

合理的人口结构，包括人口数量和质量，是国民经济与社会发展的基础。随着工业化、城市化的发展，以及人们受教育程度的提高，人们的生育、就

---

　*　彭华（1973 年-），男，韶关学院政法学院教授，博士，研究方向：城乡基层治理。

　基金项目：广东省哲学社会科学十三五规划项目"粤港澳大湾区城乡融合激励政策的效应测度及优化研究"（GD20CZZ04）、韶关学院科研项目"乡村振兴中多元主体参与的政策激励研究"（SZ2019SK04）成果。

业、养老观念均发生了深刻的变迁，进而影响了人口结构的变化。

一、韶关市人口发展现状

（一）韶关市人口数量发展现状

1. 人口增长缓慢，流入人口大于流出人口，人口分布区域不均衡

韶关市人口总量逐渐增加，但增幅小、增长率逐渐降低，增长速度放缓。据 1982 年到 2020 年的人口普查数据统计，韶关市常住人口总量逐渐增加，但增幅小，从 2010 年截至 2020 年，人口增长数量只有 2.87 万人[1]，常住人口增长缓慢。根据 2021 年的统计年鉴数据，2015 年到 2019 年，韶关市常住人口和户籍人口总量都有所增长，但增幅较小，常住人口增速趋缓，户籍人口增速除了在 2017 年到 2018 年有所回升外也趋缓；2019 年到 2020 年期间，常住人口总量仍是缓慢增长，增速回升，而户籍人口总量有所下降，增速大幅放缓。

从人口地区分布来看，韶关市区有 1 028 460 人，占 36.02%，县域人口 1 826 671 人，占 63.98%。与第六次人口普查相比，市区人口比重占全市人口比重上升 3.73%，县域人口所占比重下降 0.46%。

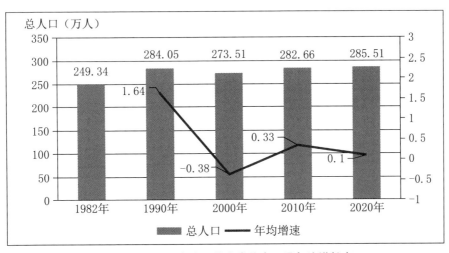

图 1　韶关市 5 次人口普查常住人口及年均增长率

---

[1]　文中数据除了特别标注，均来自韶关统计年鉴。

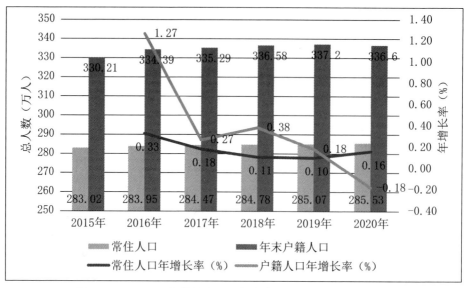

图 2 2015—2020 年常住人口、年末户籍人口及年增长率变化

2. 流动人口加快

韶关市的流动人口以省内流动人口为主。流入人口与第 6 次人口普查相比有较大幅度的增长，流入人口大于流出人口。

在韶关市第 7 次人口普查常住人口中，人户分离人口为 896 241 人。其中，市辖区内人户分离人口为 180 977 人，流动人口为 715 264 人，流动人口中，外省流入人口为 147 318 人，省内流动人口为 567 946 人。与 2010 年第 6 次全国人口普查相比，韶关市的人口流动量大幅增长。其中，流动人口增加 248 343 人，增长 53.19%；外省流入人口增加 24 929 人，增长 20.37%，省内流动人口增加 223 414 人，增长 64.84%。

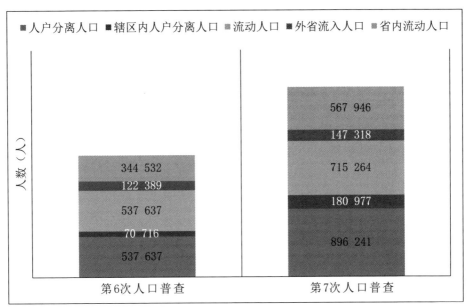

图3 第7次人口普调中韶关市的人口变化

利用年末户籍人口总数减去常住人口总数之间的差值来表示该地区的流出人口规模"即流出人口数＝年末户籍人口数−常住人口数"可知，韶关市2020年的流出人口为51.07万人，比第7次全国人口普查数据统计的流入人口少20.46万人；与2010年相比，2020年的流出人口增加了5.99万人，流入人口增加了24.84万人。由此可以看出，韶关市的人口流动速度加快，流入人口数和增长量大于流出人口数，这说明韶关市的人才吸引力在逐渐提高。

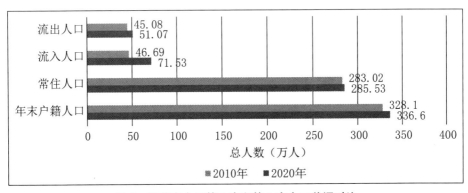

图4 韶关市人口第6次和第7次人口普调对比

3. 老年人口规模增长，韶关进入重度老龄化社会

人口年龄结构不仅对未来人口发展的类型、速度和趋势有重大影响，而且对今后的社会经济发展也将产生一定的作用。根据韶关市第 7 次人口普查公报，韶关市 60 岁及以上人口为 524 712 人，占 18.38%。65 岁及以上人口为 374 489 人，占 13.12%，远高于广东省 65 岁以上人口占比 8.58%。[1] 第5、6、7 次人口普查数据显示，韶关市老年人口不断增加，老年人口规模不断扩大，老年人口基数增大。韶关人口老龄化趋势，不仅表现在老年人口比重的增加上，而且体现在老年人口基数（总量）的增大上。2000 年第 5 次人口普查时，韶关市 65 岁及以上老年人口数为 205 396 人，2010 年第 6 次人口普查时，韶关市 65 岁及以上老年人口数已达到 285 138 人，10 年内增加了 79 742人，相比于 2010 年，2020 年第 7 次人口普查结果显示，韶关市老龄人口增加了 89 351 人。与 2010 年第 6 次全国人口普查相比，60 岁及以上人口的比重提高了 4.22%，其中 65 岁及以上人口的比重提高了 3.03%。其中，韶关市区老年化程度为 17.33%，县域（韶关市辖县市）老龄化程度为 18.96%，乐昌老龄化程度最高，达到 20.06%。这反映出县域青壮年人口流出比例大。根据联合国的统计标准，如果一个国家或地区 60 岁以上老年人口达到总人口数的10%或者 65 岁以上老年人口占人口总数的 7% 以上，那么这个国家或地区就已经属于人口老龄化社会了。

值得注意的是，第 7 次全国人口普查显示，全国 0 至 14 岁人口占总人口的 17.95%。而韶关市 0 至 14 岁人口占总人口的 21.60%，远超过全国平均数。而 0 至 14 岁的人口增长对经济发展有正向作用[2]，这将是韶关市未来人力资源的重要储备。

表 1　韶关市常住人口构成

单位：人、%

年龄	人口数	比重
总　　计	2 855 131	100.00
0~14	616 617	21.60

---

〔1〕 数据来源于《第七次全国人口普查公报》。

〔2〕 张敏、奚曦：《南京市人口结构变动对经济增长影响的实证分析》，载《河北企业》2022 年第 2 期。

年龄	人口数	比重
15~59 岁	1 713 802	60.02
60 岁及以上	524 712	18.38
65 岁及以上	374 489	13.12

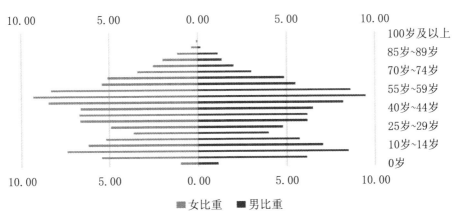

图 5　韶关市人口分布图

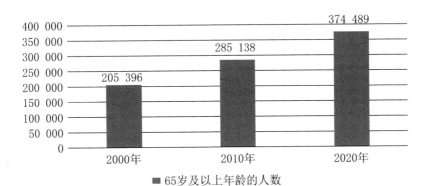

图 6　韶关市老龄人口变化

4. 家庭规模向小型化发展，核心家庭占主流地位

第 6 次普查显示：全市共有家庭数量 847 076 户，而第 7 次普查全市共有家庭户 969 413 户。一代户和二代户的占比超过 80%，而且家庭规模是一代户也是比二代户要多。从总体上看，一代户家庭占据了主流地位。韶关市第 5、6、7 次人口普查结果显示：平均每个家庭户的人口分别是 3.45 人、3.09 人、

2.76 人。户均人口规模也呈现不断递减趋势。从此可以看出，"三口之家"的潮流正在退场，而一代户将渐渐取代其成为现今家庭结构，同时也衍生了独身家庭、丁克家庭、空巢家庭等各种家庭结构。一代户更是一度成了引领当今年轻人结婚生育、家庭观念的思想潮流。一代户卷起的潮流正悄无声息地渗入年轻人的思想观念，潜移默化地改变着许多人的想法，正如现在的年轻人追求独居生活，喜欢随处漂泊，不愿受束缚，主张单身至上主义或者晚婚不育等。这也使得人口老龄化加剧、人口频繁流动。

表2　韶关市第7次人口普查不同规模的家庭户类别

分组	家庭户户数	一代户	二代户	三代户	四代户	五代及以上户
韶关市	969 413	430 031	365 897	167 008	6473	4
城市	320 509	146 527	125 450	47 438	1093	1
镇	228 426	99 552	87 450	40 073	1350	1
乡村	420 478	183 952	152 997	79 497	4030	2

注：一代户：同一辈居住或单身居住落户的情况，如夫妻二人、独居、空巢老人等等。

二代户：孩子和父母在一起居住，最典型的就是一对夫妻带孩子的"三口之家"。

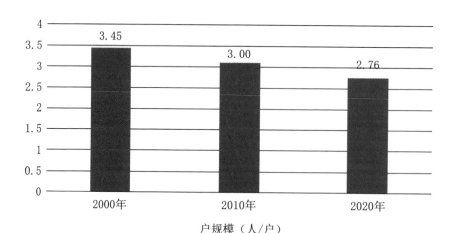

图 7　韶关市户均规模

5. 总体男女性别比差异较小，但是新出生人口性别严重失衡

根据第 7 次人口普查数据，韶关市常住人口中，男性人口为 1 452 541 人，占 50.87%；女性人口为 1 402 590 人，占 49.13%。总人口性别比由第 6 次人口普查的 103.86 下降为 103.56，下降了 0.3%。具体来看，人口性别比最高的是浈江区，为 107.05；人口性别比最低的是始兴县，为 98.50；其他县的性别比集中在 103～104 之间。总体来看，韶关市的性别比依然在国际公认的 96～106 的正常值范围。

表 3　韶关市各县（市、区）人口性别构成（单位:%）

地区	占常住人口比重		性别比
	男	女	
全市	50.87	49.13	103.56
市区（武江区、浈江区、曲江区）	51.06	48.94	104.34
武江区	50.10	49.90	100.42
浈江区	51.70	48.30	107.05
曲江区	51.49	48.51	106.16
县域	50.77	49.23	103.12
始兴县	49.62	50.38	98.50
仁化县	50.96	49.04	103.92
翁源县	50.94	49.06	103.84
乳源瑶族自治县	51.14	48.86	104.66
新丰县	51.46	48.54	106.01
乐昌市	51.02	48.98	104.16
南雄市	50.31	49.69	101.23

然而，从历年的统计年鉴的数据可以知道，新出生人口比严重失衡。从图 8 可以看出，出生人口性别比不断增长，说明在近五年的出生婴儿中，男女比例失衡严重失衡。2018 年，男婴的数量大幅度增长，男女生性别比达 111.04，超过了国际公认的正常出生人口性别比 102～107；2019 年，出生人口性别比有所回落，但是仍然超过 110。这反映出韶关市的新出生人口性别比偏高。失衡的性别比将加剧光棍问题，从长远来看，将影响社会稳定。

图 8　韶关市出生人口性别比

6. 人口自然增长率下降，负增长时代即将到来

受全面二孩政策的影响，2016 年二孩夫妇有 26.77 万对，2017 年二孩夫妇已上升到 27.99 万对。其中，在 2016 年中，接近 1.22 万对一孩夫妇生育了二孩，因此，2016 年至 2017 年的出生率增长速度迅猛；在 2017 年至 2020 年间，出生率快速下降，2020 年达到最低，为 10.47‰。与 2017 年相比，2018 年一孩夫妇已下降 2.12 万对，二孩夫妇也有少量的下降，三孩夫妇上升了 3900 对。由此可以看出，二孩政策对想生育二孩的夫妇来说并没有较大吸引力，从而影响出生率。其后，人口自然增长率持续下降。如果不采取积极的生育激励措施，韶关市人口负增长的时代即将到来。

单位：万对

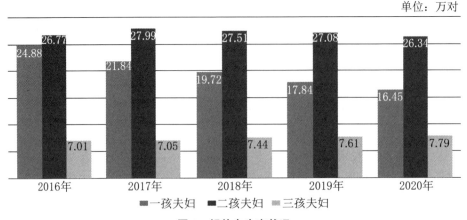

图 9　韶关市生育状况

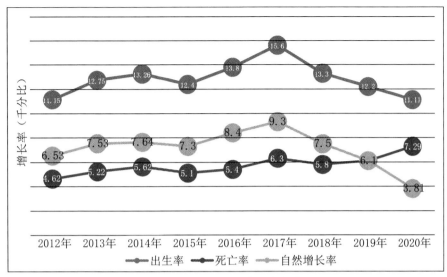

图 10　韶关市人口自然增长率

7. 常住人口城镇化趋于稳定，增速缓慢

2020 年韶关市常住人口城镇化率达 57.33%，从 2015 年的 53.60% 逐年缓慢递增，年均增长 0.74%，增速缓慢、趋于平缓，总体呈稳中有微微上升的趋势。而 2015 年至 2019 年停滞放缓于 55% 以下的人口城镇化，发展水平不够完善，城镇化水平有待提高。已有研究表明：城镇人口变量每变动 1%，经济增长将变动 0.81%。因此，加快韶关市人口城镇化将有效拉动韶关市社会经济大发展。

图 11　韶关市人口城镇化率

表4 韶关市各县市区城市化率

单位：万人、%

地 区	城镇人口	乡村人口	城镇人口比重
全 市	163.69	121.82	57.33
全 市	80.34	22.51	78.11
武江区	31.58	5.78	84.52
韶关新区	6.97	0.16	97.81
浈江区	31.17	5.26	85.55
县 域	83.35	99.32	45.63
始兴县	8.18	11.63	60.55
仁化县	7.66	10.94	41.20
翁源县	11.50	20.75	35.65
乳源瑶族自治县	8.68	10.04	46.36
新丰县	10.27	9.28	52.54
乐昌县	19.94	18.41	52.00
南雄市	17.12	18.27	48.38

（二）韶关市人口质量发展现状

1. 受教育程度有所提高，人口素质得到提高

韶关市常住人口中，拥有大学（指大专及以上）文化程度的人口为 331 559 人，拥有高中（含中专）文化程度的人口为 456 394 人，拥有初中文化程度的人口为 978 465 人，小学文化程度的人口为 744 191 人，以上各种受教育程度的人口包括各类学校的毕业生、肄业生和在校生。

与2010年第6次全国人口普查相比，2020年全市常住人口中15岁及以上人口的平均受教育年限由 9.07 年提高至 9.64 年，人口受教育年限程度稳步提高，但仍低于全国 15 岁及以上人口的平均受教育年限 9.91 年的平均水平。[1]

表5 韶关市各县市区15岁以上受教育状况

地 区	2020 年	2010 年
全 市	9.64	9.07

---

〔1〕 数据来源于《第七次全国人口普查公报》。

续表

地　区	2020 年	2010 年
市　区	10.61	10.04
武江区	10.89	10.28
韶关新区	10.77	
浈江区	10.85	10.26
曲江区	9.93	9.50
县　域	9.07	8.52
始兴县	9.17	8.58
仁化县	9.11	8.66
翁源县	9.14	8.69
乳源瑶族自治县	9.05	8.45
新丰县	9.55	9.03
乐昌县	8.83	8.40
南雄市	8.93	8.07

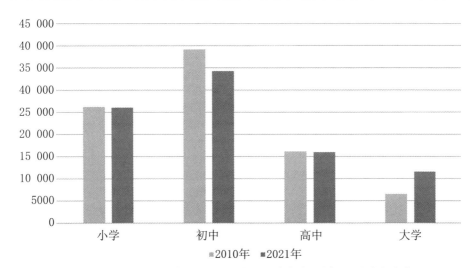

图 12　韶关市十年间每 10 万人口中拥有的各类受教育程度人数变化

通过以上数据我们可以直观地了解韶关的人才储备情况，总体拥有大学（指大专及以上）文化程度有 33.15 万人，占全市总人口的 11.6%，低于全国 15.46% 的平均数。这反映出了韶关市高层次人才储备不足。近 45% 的人拥有高中和初中文化程度，因此可以得出结论，韶关的后备军力量潜力充分。而且，随着韶关教育的深入发展，在全市常住人口中，文盲人口（15岁及以上不识字的人）为83 443人，与2010年第6次全国人口普查相比，文盲人口减少19 619人，文盲率由3.65%下降为2.92%，下降了0.73%。韶关的人口素质得到了大大的提高。总的来看，韶关仍可在高等教育大众化时代中收获较大"人口质量红利"。

2. 韶关学院毕业生留韶人数总体不多，区域内人才流失严重

然而，需要关注的是，韶关学院作为地方院校，其培养的人才大部分均会去往珠三角地区。每年7000多的毕业生中，留韶的毕业生所占比例为10%～11%左右，人才流失较为严重。

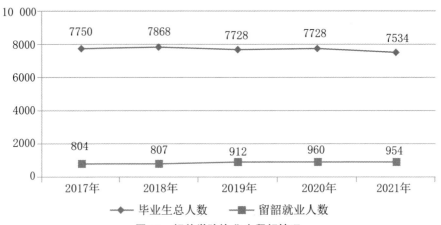

图13　韶关学院毕业生留韶情况

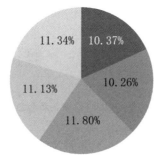

图14　韶关学院毕业生留韶率

二、韶关市人口发展的影响因素

为了获得影响韶关人口发展的因素，课题组采用网络问卷调查方式，获得有效问卷 1818 份。考虑到生育年龄，分别以 20 世纪 70 年代、80 年代、90 年代为调查对象。其中，男性 636 份，占比 34.98%；女性 1182 份，占比 65.02%。在家务农 821 份，占比 45.16%；城镇工作 997 份，占比 54.84%。30 岁以下 306 份，占比 16.83%；31 岁~40 岁 805 份，占比 44.28%；41 岁以上 707 份，占比 38.89%。样本分布较为均衡，具有较强的代表性。

（一）总体生育意愿低

调查数据显示：二孩的生育意愿低，被调查者仅有 35.58% 的人愿意生二孩，仅有 15.03% 的人愿意生育三孩，而有 84.97% 的人不愿意生育三孩。总体来说，韶关人口对二、三孩的总体生育意愿不高。

第10题：您是否愿意生二孩 [单选题]

选项 ⇕	小计 ⇕	比例	
是	185		35.58%
否	335		64.42%
本题有效填写人次	520		

田表格　饼状　圆环　柱状　条形

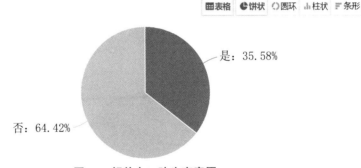

是：35.58%

否：64.42%

图15　韶关市二孩生育意愿

第12题：您是否愿意生三孩 [单选题]

选项	小计	比例
是	167	15.03%
否	944	84.97%
本题有效填写人次	1111	

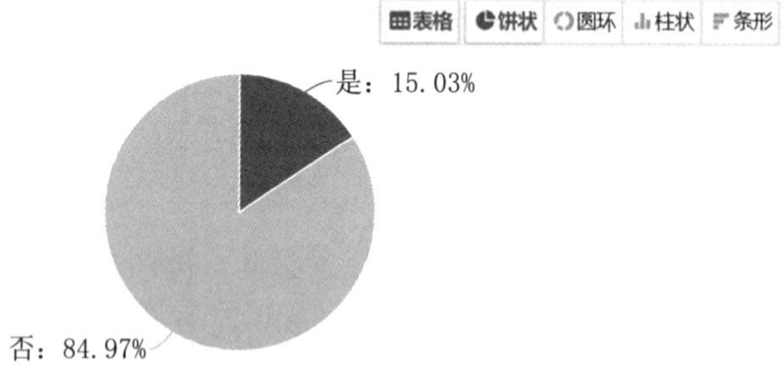
表格
饼状
圆环
柱状
条形
是：15.03%
否：84.97%

图 16　韶关市三孩生育意愿

从问卷调查结果来看，在不愿意生二、三孩的大比例人数中，有 50.35%的人因为经济原因不愿意再生育一个孩子，可以看出二、三孩的生育意愿低受经济因素的影响大，多数家庭因为生育二、三孩的生育成本过大而放弃选择生育。因此，韶关市对于生育成本和后续抚养经济的压力应该给予密切关注和适当政策支持。有 21.5%的人因为年龄因素，在身体以及时间上都不能够支持自己再生育与抚养的意愿。

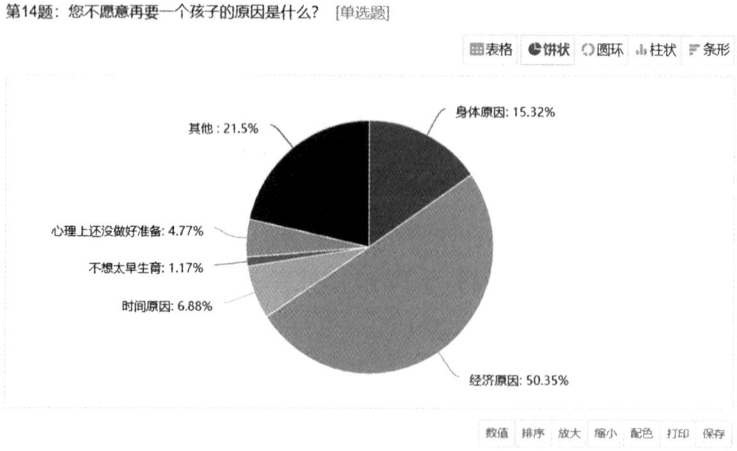
第14题：您不愿意再要一个孩子的原因是什么？ [单选题]
表格
饼状
圆环
柱状
条形
身体原因: 15.32%
其他 : 21.5%
心理上还没做好准备: 4.77%
不想太早生育: 1.17%
时间原因: 6.88%
经济原因: 50.35%
数值
排序
放大
缩小
配色
打印
保存

图 17　不愿生育意愿状况

（二）结婚率下降，影响出生率

民政局的最新数据显示：在 2015 年至 2020 年间，韶关结婚登记人数逐年降低。其中，初婚人数从 2015 年的 5.05 万人次不断下降，2020 年降低了接近 2 万人；离婚率持续攀升。

结婚率下降，离婚率升高会直接导致出生率下降。目前，韶关的生育主力是"80 后"和"90 后"，但是随着时间的增长，"80 后"慢慢地已经失去了最佳生育时间。根据国际标准，最佳生育年龄是 25 岁~30 岁，所以"80后"将逐渐退出生育主力，"90 后"将会跟进，未来"90 后""00 后"将会成为真正的生育主力。但是从韶关的人口金字塔可以看出，25 岁~30 岁的男女比重都少于 30 岁~44 岁。从人口数量来看，"90 后"似乎无法支撑起人口补充需求，出生率将进一步下降。

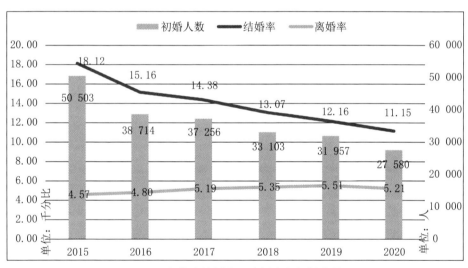

图 18　韶关市结婚率、离婚率与初婚人数

（三）城镇、农村的婚育观念差异大

问卷调查数据显示：韶关农村和城镇的初婚年龄有很大的差距。农村的初婚年龄集中在 25 岁以下，城镇的初婚年龄集中在 25 岁~30 岁，可以看出农村人更愿意早结婚。反观在城镇的数据，选择在 25 岁~30 岁结婚的人数远高于选择在 25 岁以下结婚的人数，且人数超过问卷中的 50%。现代婚姻观念冲击比较严重的城镇中，初婚年龄在 25 岁~30 岁，31 岁以上的数据均超过农

村，多数人选择比较晚进入婚姻。一方面，婚姻推迟对生育水平的影响很大，随着年龄的增长，怀孕的风险也更大。另外，结婚太晚，时间精力不够了，就不一定会生二孩、三孩；另一方面，晚婚也会影响总的人口出生率，比如原来 20 岁生孩子，现在快 35 岁、40 岁生孩子，这样就会影响人口代际传承的频率，从而影响人口总量。

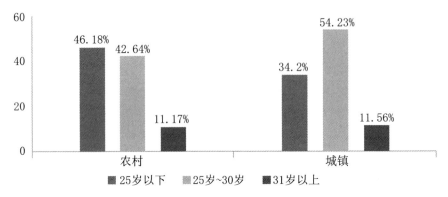

图19　韶关农村、城镇的初婚年龄分布图

第 15 题：您的初育年龄为（未生育可不填）…[单选题]

X\Y	25岁以下	25-30 岁	31 岁及以上	（空）	小计
农村	453(40.48%)	486(43.43%)	91(8.13%)	89(7.95%)	1119
城镇	171(24.46%)	357(51.07%)	77(11.02%)	94(13.45%)	699

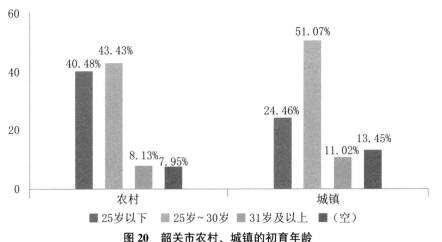

图20　韶关市农村、城镇的初育年龄

从韶关市人口发展调查部分数据中居住地与生育情况的交叉分析结果来看，不管是农村还是城镇，初次生育在 20 岁~30 岁的人数是最多的。然而，与城镇相比，农村妇女在 25 岁以下生育的比重很大，且人数接近于 25 岁~30 岁的人数。这说明，农村妇女受到传统观念的影响大于城镇，农村妇女中有一大部分人选择早生育孩子，而城镇妇女可能受到较为现代的观念思想，生育意愿相对于传统的早生观念不同，因此 25 岁以下的生育年龄比重对比农村妇女有明显降低。

第 9 题: 您现在有几个孩子？ [单选题]

X\Y	没有	1个	2个	3个及以上	小计
农村	46(4.11%)	108(9.65%)	645(57.64%)	320(28.60%)	1119
城镇	102(14.59%)	264(37.77%)	281(40.20%)	52(7.44%)	699

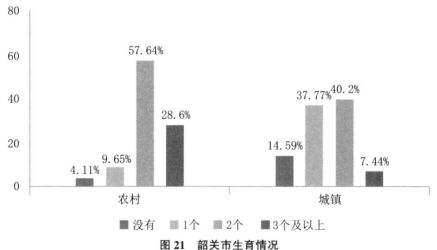

图 21　韶关市生育情况

从调查部分数据中居住地与生育情况的交叉分析结果来看，农村拥有二孩的人数占 57.64%，而三孩及以上的人数占 28.60%，二者叠加超过 85% 的农村人口拥有 2 个或 2 个以上的孩子，农村人口拥有 2 个以上的小孩现象较为普遍。同时，未有小孩的占比较小，仅有 4% 左右，可以说明农村人口可能都较为愿意生育小孩，并倾向于生育 2 个以上的小孩；而城镇人口中，一孩人数占 37.77%，拥有二孩的比例占 40.20%，而三孩及以上的人数仅占 7.44%，说明城镇人口更偏向于生 1 个~2 个孩子，同时城镇人口中有 14.59% 的人没有孩子，对比农村人口的 4.11% 差距巨大，可知城镇人口未拥有小孩人数占比较重，可能城镇人口更倾向于不生育小孩，或只生育 1 个~2 个孩子，生育意愿较小。相比于城市，韶关农村受传统的思想观念——早日成婚生子——的影响更为深刻。在传统观念当中，人们希望早婚早育，多子多福；时间上，要早结婚，早生孩子；数量上，不仅要生，还要多生。这就在一定程度上提高了妇女的生育意愿，如在上图中，农村妇女生二孩的人数占比最大，生 3 个及以上的比重大于城镇的比重。

（四）受教育程度影响着结婚和生育情况

问卷调查显示：受教育年限与初婚年龄有着紧密联系。学历在初中及以下的人在 25 岁以下结婚的情况超过 50%，并且学历越高，选择在 25 岁以下结婚的人就越少；学历在研究生及以上的人选择在 25 岁~30 岁结婚的情况达到 76.36%，并且学历越低，选择在 25 岁~30 岁结婚的占比越少。

生育意愿的普遍偏低会导致韶关未来劳动力人口缺乏，相关数据显示，预测未来韶关劳动力比重有所下降，新生儿的数量以及生育率的降低会导致未来 10 岁~15 年的劳动力资源不足，现存于韶关的预备劳动力不稳定，流动人口数量大，同时随着劳动力的短缺，65 岁及以上的老龄人口抚养压力随之增大，二、三孩的生育意愿少导致核心家庭结构增加，独生子女需要负担 4 个老人的养老问题，对劳动力人口本身的抚养压力增加，而相应的，韶关市的养老负担增加，社会责任增大，劳动力资源不足及养老问题带来的双重问题将是韶关面临的一大挑战。

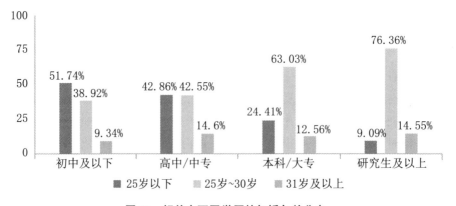

图 22　韶关市不同学历的初婚年龄分布

（五）家庭抚养比大，年轻人负担重

基于第 7 次人口普查韶关市抚养比的图表数据可知，韶关市的城市少儿抚养比为 26.90%，老年抚养比为 16.91%，而农村少儿抚养比为 35.71%，老年抚养比为 23.30%。无论是少儿抚养比还是老年抚养比，韶关市的农村抚养比都要比城市的抚养比高，这也意味着农村家庭的负担会比城市家庭更重，同时也说明农村家庭会更愿意多生育孩子，一个家庭要赡养的老人会更多，而城市家庭不会太愿意多生孩子，要赡养的老人也不多。但从侧面可看出，城市老年人的文化水平比农村老年人要高，而且对待多生育孩子的观念也不同。另外，这可能也与城市消费水平更高有一定关系，多生育孩子城市家庭的消费负担可能会比农村更高。

第 5 次人口普查时，整个韶关地区的少儿抚养比为 38.5%，老人抚养比为 11.2%，而第 6 次人口普查时，韶关市的少儿抚养比为 27%，老人抚养比为 21%。到第 7 次人口普查时，韶关的少儿抚养比为 33.08%，老人抚养比为 20.09%。由 2000 年至 2020 年韶关市抚养比这个图表分析，2000 年至 2010 年，少儿抚养比下降，而老年抚养比翻了将近一倍，这与我国的计划生育控制出生人口有很大的关系，同时这也导致人口老龄化加剧。另外，从 2010 年到 2020 年这 10 年来看，少儿抚养比增长，而老年抚养比有所下降，可以看出，我国在不断放开计划生育控制，进而缓解人口老龄化问题，但是效果甚微。从另一方面来看这也加重了劳动人口的抚养负担。总的来说，现在韶关市的家庭抚养比越来越大，即家庭负担越来越重。抚养比的加重也影响了年轻人的生育意愿。

表 6　第 7 次人口普查韶关市抚养比

韶关市	人口数（人）	抚养比（%）		
	合计	总抚养比	少儿抚养比	老年抚养比
整个韶关市地区	2 855 131	53.17	33.08	20.09
城市	952 247	43.81	26.90	16.91
镇	684 648	57.12	37.85	19.27
农村	1 218 236	59.01	35.71	23.30

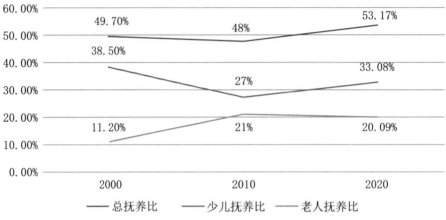

图 23　韶关市人口抚养比变化

（六）教育支出与收入不匹配，育儿成本高

韶关市幼儿园学费包括管理费、伙食费、代办费和其他保险费，另外还有服务性收费，包括托管费、校车费、生活用品费、外出活动费用等。收费标准是由幼儿园等级和性质来决定的，学费高低也是由这两个因素决定的。其中公办幼儿园管理费为小中大班 300 元/月~600 元/月；民办幼儿园管理费小班最低 1500/月，中大班最低 1200 元/月。伙食费每人每天 10 元，托管费每人每天 3 元，校车费每人每天 10 元，按最低标准算，公办幼儿园每个月学费需要 500 元。对韶关市人均可支配月平均收入不足 5000 元来说，幼儿学费是一笔不菲的开支，这对于有二孩或三孩的家庭，更是沉重的负担。

从韶关市公共教育经费投入以及韶关市人均可支配收入对教育成本来看，韶关市一般公共教育经费支出占全市总支出的 15.52%，比上年仅增长 1%，公共教育经费增长速度和占一般公共预算支出比例都低于韶关市周围经济发展水平相似的城市。一般公共教育支出的增速和比重不仅与城市的经济、教育发展水平有关，也与当地政府的对教育的重视程度有关。

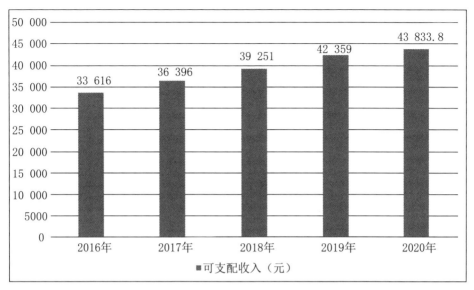

图 24　韶关市人均可支配收入

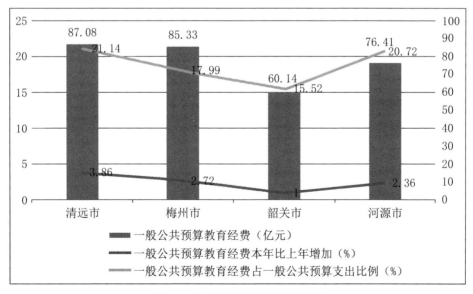

图 25　广东省不同地市教育支出

（七）经济发展相对滞后，产业就业抗风险能力弱，吸纳人才能力不足

经济发展水平是人口分布的决定性因素，人口分布数量往往和生产总值

呈正相关关系。韶关市经济处于广东省第 16 位，远远低于珠三角经济发达地区，对人才吸引力较弱。截至 2020 年，韶关市共有法人单位 43 875 个，产业活动单位 49 530 个，其中从业人员 578 446 人。而 2019 年韶关市共有法人单位 36 730 个，产业活动单位 41 783 个，其中从业人员 545 062 人。数据显示，韶关市社会从业人员及其职工人数呈下降趋势。

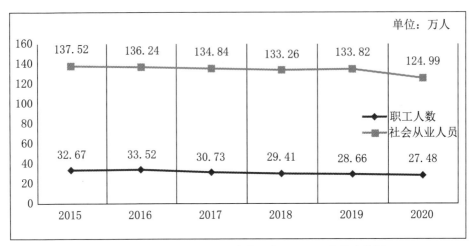

图 26　2015—2020 年韶关社会从业人员及职工人数变化图

三、韶关人口新态势应对策略

生育年龄推迟和不愿多生育是社会发展的客观事实。适宜的人口数量和质量是社会经济发展的基础，为了应对人口老龄化、少子化和劳动力短缺现象，政府需要未雨绸缪，出台积极的人口激励政策。

（一）制定婚育激励措施

一个地区的结婚率与生育率息息相关，针对韶关市结婚率逐年下降以及生育意愿低的问题，有必要推行鼓励婚育的政策措施。建立使生育女性兼顾生育和就业的各种关于延长产假和产后一段时间的留岗培训、弹性工作、灵活就业的女职工就业保护制度，解决女职工生育的后顾之忧，有效激励生育，优化人口结构。

（二）加大公共财政对教育的投入，解决"幼教贵、幼教难"问题

加大对婴幼儿养育的财政投入，建设"三岁以下婴幼儿健康养育工程"

专项基金，加大扶持托儿托班建设力度，发展 3 岁以下婴幼儿托育服务，减轻家庭照护 3 岁以下婴幼儿的负担，激励适龄妇女生育。

严格依照国家标准，配建幼儿园，通过补建、改建或就近新建、置换、购置等方式解决场所问题。加大政府财政支出，在小区配套幼儿园必须办成公办园，或采用民办公助的方式，委托办成普惠性民办园，不得办成营利性幼儿园。

加大教育的公共资金投入，向生育二孩或者多孩的家庭发放生育津贴，给予个人所得税减免，降低养育二孩或者多孩的成本，减少学生家长的货币开支，从而降低孩子抚育成本中的教育成本。

（三）完善养老服务体系，减轻生育后顾之忧

韶关市的家庭抚养比重大，现阶段年轻人的养老负担较重。此外，随着经济的快速发展，养儿成本、住房成本与教育成本越来越高，居民的经济负担加重，而韶关市的人均收入水平却跟不上经济发展的速度，人们自然不愿再多生育二孩、三孩。要增强人民的生育意愿，需要完善居家养老、社区养老、托管养老等养老服务体系建设，减轻家庭养老负担，为生育拓展空间。

（四）推进产业结构升级，应对劳动力人口下降趋势

为应对生育率的降低，和老龄化进程加快，劳动力下降趋势，通过技术进步，提高劳动生产率，加快产业升级，用技术密集型产业替代劳动密集型产业。

（五）完善政务环境，加强外来人口吸引力

人口老龄化和少子化带来的人口结构失衡将阻碍经济增长。因此，加快韶关市对外来人口及高人力资本的引入，不仅改变了原有的人口结构，大大延缓了老龄化速度，也可以在一定程度上抵消人口老龄化的负面作用，为经济建设带来"人口红利"，从而长期促进经济增长。因此，政府要进一步简化户口迁移的要求和程序，提高相关政府部门的办事效率，为韶关市人口迁入创造便利条件。

（六）以化解危机为契机，积极应对老龄化

人口老龄化趋势是不可逆的，老龄化会增加社会保障的公共支出，带来的医疗成本增加及医疗负担加重、养老支出增加、劳动力短缺、储蓄率降低，对经济增长具有负效应。而且，人口红利也会随之消失，这就要求我们利用人口老龄化的契机，促进产业结构转型升级，发展老龄产业，作为韶关市新

型经济增长点。

(七) 加强性别平等宣传，平衡男女性别比

目前，韶关市的出生男女性别比明显失衡，长久保持这样的状态不利于社会的稳定发展。因此，现阶段亟须采取平衡男女性别比的措施。加强性别平等宣传工作，对公众开展社会性别教育，弱化社会性别差异，使得男女平等的新思想在人民群众中生根，最终形成"生男生女一个样"的观念，实现人口性别比例大体平衡。

(八) 重视教育在促进人口高质量发展方面的作用

韶关市要重视本市教育事业的发展，充分发挥教育功能，建立完善的现代教育体系，推动韶关建设学习型社会，促进韶关人口高质量发展。普及高中教育和中等职业教育，以人口质量和人才红利弥补数量不足的短板。

市域社会治理现代化背景下社区德治运行机制研究

——以韶关市 C 市为例

馬全中　黄　璞*

摘　要：市域社会治理现代化背景下社区德治面临着相关改革缺乏足够的经济资源的支持，社区德治参与主体建设仍显薄弱，社区德治建设内容仍欠完善等问题。未来建设社区德治的建设路径包括构建动态多元的经费资源机制，构建社区德治主体良性发展的机制，完善市域社会治理的社区德治内容等。

关键词：社区；德治；市域社会治理

一、文献回顾与问题提出

近年来，党中央和国务院对国家治理体系和治理能力现代化越来越重视，各级地方政府对地方治理体系和治理能力现代化也逐渐重视。国家治理体系和治理能力现代化是一个复杂的系统工程，它不仅涵盖政治、经济和社会等多个领域，还包括纵向上不同层级的现代化。在我国的地方治理体系中，市作为统筹城乡发展的重要治理主体，市域社会治理现代化也非常重要。市域社会治理现代化也是一个复杂的工程，它不仅包括法治，更是包括社区德治等内容。在市域社会治理中，德治与法治相比，发展和推进相对落

---

* 马全中（1974 年-），男，河南信阳人，博士，韶关学院政法学院教授，研究方向：服务型政府和社会组织；黄璞（1985 年-），男，湖南洞口人，博士，韶关学院政法学院讲师，研究方向：基层治理理论与实务。

基金项目：广东省教育科学规划课题"'四个走在前列'背景下广东省社区治理模式创新跟踪调查研究"（2019GXJK022）。

后。因此，如何推进市域社会治理中的社区德治，是市域社会治理现代化中的一个重要内容。

关于如何推进德治，理论界和实践领域都给予了较大的关注。目前理论界关于德治的研究主要集中在如下几个方面。第一，德治与法治和自治的结合。德治作为一种社会治理的手段或者工具，在很多时候并不是独立存在的，它总是与法治和自治等手段结合在一起发挥作用。李小红认为，在乡村利益结构日渐复杂的背景下，德治、法治和自治更加需要有机融合，因此，"三治融合"的实现需要以利益主体为中心推进"三治融合"，以政治权力为依托建构"三治融合"权力体系，以村党组织为核心统合农村多元组织，以村民会议为基础激活"三治融合"决策机制，以村民自治为载体推进外德内法。[1]陈潮辉认为，德治、法治自治只有在宪法的统领下才能实现内在的自洽，只有在《宪法》这一媒介的作用下，三治才能实现内在的统一，在治理现代化的语境下，发挥自治的活力，增强法治的保障，发扬德治的正气。[2]第二，研究儒家文化等传统因素在德治中的作用。学者们对德治的实施路径比较感兴趣。部分学者认为，德治应该注重发掘传统文化中的德治因素。沈小勇认为，传统文化尤其是儒家文化对社会治理具有重要作用，儒家文化注重道德主体对心灵的教化作用，注重文以化人、涵养人性、化民成俗，德治功能卓著，重构德治文化需要注重四个方面的价值理念。[3]周申倡认为，在封建社会，我国实行的教化-控制型的统治方式，新中国成立以后，我国实行的是教化-改造式的乡村德治，而在改革开放以后，我国则实行的是治理-善治型的治理方式。[4]第三，德治的实施路径研究。凡超认为，德治和法治是互为前提、互相补充的关系，"德治是乡村治理法治化的价值根基，它以道德引领、道德融

〔1〕 李小红、段雪辉：《农村自治、法治、德治"三治融合"路径探析》，载《理论探讨》2022年第 1 期。

〔2〕 陈潮辉：《推进乡村治理现代化："三治结合"及其宪法逻辑》，载《湘潭大学学报（哲学社会科学版）》2022 年第 1 期。

〔3〕 沈小勇：《中华传统德治文化的价值意蕴与当代重构》，载《贵州社会科学》2021 年第 3 期。

〔4〕 周申倡、戴玉琴：《从"教化—控制"到"治理—善治"：基层治理模式递嬗中的乡村德治》，载《江海学刊》2020 年第 6 期。

合、道德评价等载体形式承载着道德支撑功能"。〔1〕施远涛认为，温州注重慈善文化的德治方式具有重要意义，它是本土性资源和地域性规范的最佳结合，它是基层治理从为民做主向由民做主的一种转变；通过加强党的建设，能够进一步实行从德制走向德治。〔2〕

从总体上而言，目前关于德治的研究内容已经非常丰富，相关研究已经基本涉及德治的各个方面。但是，目前关于德治的研究还存在一些问题。例如，关于如何在社区开展德治，特别是如何在市域社会治理现代化的背景下加强社区德治，这些方面的研究目前还相对缺乏。基于此，本文以 C 市为研究对象，分析 C 市在市域社会治理现代化改革中如何推进社区德治，分析相关改革经验，探讨未来完善的具体路径。

二、市域社会治理社区德治案例：韶关 C 市文明家庭实践

选取 C 市为市域社会治理社区德治的研究案例，主要基于两点理由：一是 C 市文明家庭评选实践能够比较集中地反映市域社会治理中德治的发展情况，能够反映基层政府推进社区德治的思路和先进做法，也能探求未来市域社会治理发展的路径；二是韶关市作为首批国家市域社会治理现代化的试点城市，已经取得了一定的改革成绩。C 市在市域社会治理现代化德治实践中有其独特做法，特别是该市推行的文明家庭评选活动，对乡村德治具有突出的推进效果。

C 市位于广东省东北部，是韶关市托管的一个县级市，该市在人口、经济、社会发展等方面在韶关市 3 区 7 县中均处于相对比较领先的位置。在市域社会治理方面，该市积极推进多种举措，积极推进市域社会治理现代化的发展。在推进德治方面，C 市积极推行文明家庭评选活动，并且出台了文明幸福家庭积分细则。具体而言，C 市文明幸福家庭评选机制主要表现在以下几个方面：

（1）健全运行机制。C 市构建"市-乡镇-村（社区）"三级文明幸福家庭运行机制。在村和社区层面，C 市设立行政村（社区）新时代实践站。行

〔1〕 凡超、李炳烁：《论道德在乡村治理法治化中的功能路径——以道德引领、道德融合、道德评价为视角》，载《学习与探索》2022 年第 3 期。
〔2〕 施远涛、赵定东、何长缨：《基层社会治理中的德治：功能定位、运行机制与发展路径——基于浙江温州的社会治理实践分析》，载《浙江社会科学》2018 年第 8 期。

政村（社区）负责接收部门单位配送物质和社会捐赠物质纳入积分兑现使用；负责在充分调研、充分协商的基础上，按照方便群众的原则，签约确定本村（社区）文明幸福卡积分兑换的定点超市或商店；负责宣传发动群众积极参与乡村振兴发展建设并主动参与积分登记和兑换；负责登记发卡、积分统计、认定、核发兑换券等具体工作；负责文明幸福家庭卡积分兑换的其他日常运行管理工作。乡镇（街道）新时代文明实践所则负责指导本辖区试点的行政村（社区）文明幸福家庭积分兑换工作，对辖区试点的行政村（社区）文明幸福家庭积分卡兑换工作进行考核，并根据考核结果向新时代文明实践中心提出运行资金核拨申请。在市层面，市新时代文明实践中心负责统筹全市文明幸福家庭卡积分兑换工作，制定相应的实施方案、运行办法和资金管理制度，指导镇（街道）开展试点工作；负责抽查核实各试点乡镇（街道）对所辖村（社区）文明幸福家庭卡积分兑换工作考核结果，并根据考核结果拨付运行资金。

（2）建立完善的社区幸福家庭积分考核机制。C 市社区文明幸福家庭有完善的积分机制。该市新时代文明实践中心在充分调研的基础上，研究制定了相关文明幸福家庭积分细则，各村对意见稿进行讨论然后定稿。积分细则主要包含积分获得、积分认定、积分兑换、积分监督 4 个部分。在积分获得部分，主要考察居民在乡风文明、生态宜居等方面的工作或者贡献。积分认定的管理者则是村（社区）党群理事会根据细则认定积分，部分积分（如参加志愿活动）可以当场认定，其他积分需要提供佐证材料。积分兑换是将积分兑换为物品的环节。群众可在新时代文明实践站兑换物品，也可以兑换统一印制的兑换券，到村（社区）指定的积分超市兑换物品。积分监督环节则是采取多种措施将积分及物品兑现情况予以公开，接受监督。一是建立公开栏和建立微信群，二是设置监督员，对积分兑换实行全程监督。

（3）构建完善的工作责任制。为落实新时代社区文明幸福家庭积分工作，C 市把此项工作纳入了村社区、乡镇、街道的文明创建考核，且作为各级政府年度考评的重要工作。在思想认识层面，C 市要求各街道乡镇重视文明幸福家庭评选工作和新时代文明实践站的建设工作。

C 市自从开展文明幸福家庭积分评比试点以来，试点工作卓有成效。各个试点村各项评比活动有序展开，居民参与踊跃。自 2021 年以来，南雄选取了 7 个社区或行政村作为文明幸福家庭。各个试点村自实行试点以来，在促进环境卫生改善、促进优良家风、提升志愿服务水平等方面都有了较为明显的改善。以南雄灵潭村为例，自从试点以来，该村群众积极参与文明幸福家庭评比工作。"我们对各家各户卫生环境、优良家风、志愿奉献等方面进行评定，并按照分值评定进行积分，积分兑换大大地激发了村民参与积分评比的积极性。"灵潭村村干部黄祖伟为文明幸福家庭积分评比积分兑换活动点赞："下一步，我们村将注重线上线下结合，广泛宣传创建成果和经验，书写乡村振兴美丽前景。"〔1〕从总体上看，C 市开展文明幸福家庭积分评比对于提升村民文明言行、善行义举起到了重要的作用，总体改革效果明显。

三、市域社会治理社区德治面临的问题与挑战

总体上讲，C 市在社区文明幸福家庭积分评比上的改革实践是富有成效的，是一种积极有效的改革探索。同时，南雄文明幸福家庭积分评比也取得了一些明显成绩，收获了较为显著的改革成效。当然，目前社区德治还存在一些问题和挑战，这些问题和挑战的解决，对于推进市域社会治理现代化的德治建设具有重要意义和价值。

首先，相关改革缺乏足够的经济资源支持。C 市在文明幸福家庭评比过程中，为推动和提高居民的积极性，居民可以用积分来兑现物品。通过物质性的激励来提升居民的积极性。目前，该市文明幸福家庭积分兑现物品的经费主要来自于捐献和相关部门提供以及政府拨款。现在，C 市在 2021 年共选取 7 个行政村（社区）作为试点单位，各种奖品所需经费还相对较少。这种小规模试点所需经费相对较容易满足，但大规模推行相关改革措施，则会遭遇经费严重短缺的问题。在调研过程中，某部门负责人说："社区文明幸福家庭评比在全市进行推广，目前关键在于经费的提供，如果能够提供一定数目的经费，则这项改革必定能取得较为显著的成果。这也是本项改革的难点，这需要上级部门加以统筹解决。"在与其他改革相关部门的访谈中，被访谈者也都提及了经费短缺问题。经费是否充足对于文明幸福家庭评比而言非常重要，只有具有充足的奖品支持，才能调动群众参与的积极性。而且，经费资源还必须能够持续支持活动的开展，也即必须提供一个可持续发展的经费来

---

〔1〕 参见 https://m. hai wainet. en/middle/3541083/2022/0109/conten-32341090 I. html，访问日期：2022 年 1 月 9 日。

源渠道才能保证相关改革措施的展开。显然，为了进一步推动文明幸福家庭的评比，为了促进相关市域社会治理社区德治的推进，必须化解相关改革的资源问题。而且，化解资源困境必须从体制和机制上来解决这个问题。

其次，社区德治参与主体建设仍显薄弱。市域社会治理现代化建设需要多元主体的参与，社区德治建设要充分发挥党委领导、政府负责、社会协同和公众参与的原则。在 C 市文明幸福家庭积分评比过程中，党委领导是其重要特点。该市党委和政法委对于文明幸福家庭积分评比非常重视，相关改革措施设计较为科学、合理，相关领导也非常重视。该市乡镇、社区对文明幸福家庭试点也非常重视。虽然在市域社会治理文明幸福家庭积分评比这一改革中，党委领导和政府负责等方面取得了较为优异的成绩，但是在社会协同和公众参与等方面仍有改进和拓展的空间。第一，社区德治建设社会协同稍显薄弱。在 C 市文明幸福家庭积分评比中，社会组织参与较少。社会组织既包括一些大的慈善组织，也包括缺乏群众主动成立的社区社会组织。社会组织等社团组织在德治建设中的重要作用在于，他们能够在一定程度上调动群众的积极性，能够减轻政府在社会治理方面的负担和压力，能够提高市域社会治理的成效。第二，公众的参与积极性仍有提升空间。调动广大群众的积极性，是市域社会治理社区德治建设是否成功的关键。目前，在德治建设中，群众参与社区德治的深度、广度还存在局限。这体现在部分群众对参与德治建设态度淡漠，没有真正理解德治建设的意义和价值上。

最后，社区德治建设内容仍欠完善。C 市幸福文明家庭评比是一个积极的尝试，其开拓性和改革性乃至先进性都是毋容置疑的，但是，从内容上来看，文明幸福家庭评比在德治内容上还存在着不完善的地方，还有改进的空间。第一，该评比方案中德治只是评比活动的一个组成部分。从该评比方案中可以看到，种植农作物等指标成了评比的重要内容。相关德治指标只是评比方案中比较重要的指标，但不是非常重要的指标。换言之，其他指标的设置及其权重高导致容易冲淡德治内容。例如，方案将评比内容分为产业发展分、生态宜居分、乡风文明分、治理有效分等几个方面，相关评比基本涵盖乡村治理的很多方面。显然，评比方案为乡村和社区治理提供了很好的抓手，也符合当前社会治理的实际。但是，从德治角度来说，社区德治的重要性略显不足。第二，社区德治内容的非系统化。在评比方案中，相关德治内容主要包括乡村红白事治理、关爱弱势群体等。很多德治内容尚未在评比方案中得到体现。换言之，该方案中社区德治内容尚未系统化，相关评比内容还需进一步完善化、系统化。推进社区德治，需要注重德治内容建设，要全面把握德治的内涵，同时将德治内容系统化，德治内容也要具体化、指标化，德治指标要便于操作，便于量化和评比。

四、市域社会治理社区德治建设的机制构建

如何化解市域社会治理现代化社区德治建设的困境呢？这需要从经费资源、社区德治内容建设、主体参与等诸多因素上来进行建设。

（一）构建动态多元的经费资源机制

在市域社会治理过程中，无论是法治建设，还是德治建设，抑或是其他制度建设，比较普遍的问题是经费资源的短缺问题，这是一个普遍的问题。显然，这一问题仅仅靠单一的路径是无法得到解决的，这需要从多个层面来进行解决。对于市域社会治理的德治问题，需要从政府支持、社会捐赠、转变群众观念等三个方面入手。

（1）加大政府财政支持力度。为促进基层政府推进市域社会治理现代化社区德治的改革，需要上级政府加大财政支持力度，以帮助地方政府推进市域社会治理现代化改革。特别是在一项改革试点时期，更需要上级政府加大对相关改革的经费支持。首先，争取国家和省政府层面对市域社会治理社区德治的支持。这几年国家和省对市域社会治理现代化改革非常重视，因此，可以尝试向国家和省政府层面申请相关经费。这可以作为一种拓宽改革经费的思路。其次，在市层面加大对相关改革市（区、县）的改革力度支持。市政府可以加大对试点县区相关德治改革的试点，在经费支持上予以倾斜，以支持这些试点县区探索相关改革经验，在此基础上将改革经验进一步细化。另外，各级政府可以尝试设计市域社会治理现代化改革专项资金，以统筹推进相关治理现代化改革措施。同时，为规范相关改革资金的科学、合理使用，也需要制定改革专项资金管理和使用以及分配办法。总之，为推进市域社会治理现代化改革，各级政府需要在资金上加大对相关社区德治改革的资金支持。各级政府需要合理负担相关经费支持责任，科学制定社区治理德治经费的分配方案和筹措方案。正如调研中相关改革的负责人所说，如果能够在经费上提供充足支持，文明幸福家庭评比活动肯定会收获良好的效果。

（2）建立市域社会治理现代化社区德治资金的捐赠机制。为推动社会治

理德治建设，提升德治改革力度，促进社区德治更早见到成效，需要从多个方面筹措德治改革资金。其中，一个重要的德治改革资金筹措途径是建立社会治理现代化的社区德治资金捐赠机制。在一般人的观念里，社会捐赠主要是慈善救济，实际上，社会捐赠的途径不仅局限于此，也可以为德治改革建立捐赠机制。即通过引导将社会捐赠投入市域社会治理德治，建立德治改革基金，以奖励在德治改革中涌现的先进分子。具体捐赠机制建立办法包括：第一，市、县、乡级政府以及村层面建立德治捐赠基金，吸纳社会各界捐赠的资金，这些资金专门用于推进地方进行德治建设，专款专用。各个基层政府层面都设立德治专门账户，以用于德治相关改革举措的推进。同时，在村层面也设立专门捐赠账户，加强管理。第二，发动致富先进分子和能人对村和社区进行捐赠。一般而言，对于本地的致富能人或者社会贤达人士而言，他们是有一定意愿对乡村德治进行改进，也有一定意愿进行捐赠的。因此，可以引导和激发这部分人士的积极性，引导他们自愿对市域社会治理的德治进行捐赠。但需要强调的是，引导社会贤达和致富能人进行捐赠一定要自愿，不可强迫等。第三，要建立社会治理社区德治基金的监管和管理制度。要将每一笔账目加以公开，即每一笔账目的资金来源和用途等全部予以公开，公开方式要多样化，特别要注重通过互联网加以公开，以方便群众监督。

（3）转变群众观念，逐步提升精神激励的力度。在社会治理现代化德治建设中，为推进社区德治建设，提升人民群众的德治水平，在推进改革的初期，在一定程度上通过物质奖励的方式能够促进人民群众道德水平和文明程度的提高。但是，必须要认识到，物质奖励的效果是有限度的，而且伴随着时间的推移，物质奖励的效果会逐渐减弱。另一方面，德治经费的供给也不是无限的。因此，在市域社会治理现代化的德治建设中，要逐步实现从物质激励转变为精神激励，逐渐转变为精神激励为主、物质激励为辅。首先，在社区德治建设中，要有意识地向群众进行社会主义核心价值观教育，使社会主义核心价值观融入每一个村民（居民）的心中，使他们时时刻刻以社会主义核心价值观作为行为的准则和内在的价值观念。第二，在市域社会治理现代化社区德治建设中，多设立荣誉性奖励，增强村民和居民的荣誉意识和荣誉感。即以精神性的奖励代替物资奖励。通过以精神性奖励代替物质性奖励的方式，有效缓解德治改革措施经济资源缺乏的问题。这在德治改革举措大面积推广时更要意义。因为，在德治改革试点时筹措资金较为容易，但当社区德治改革大面积推广时，如需同样规模的资金则比较困难。第三，努力在居民和市民中形成良好的家风、族风和村风。在一些传统村落，可以有效发挥良好家风、族风的作用。

（二）构建社区德治主体良性发展的机制

在市域社会治理德治建设中，社区德治主体建设非常重要。如前所述，在加强党委领导和政府负责的基础上，还要特别注重社会协同和公众参与。概言之，构建市域社会治理社区德治的主体建设目前需要从引导和发展社会组织参与德治建设、促进公众参与和构建德治合作机制等方面入手。

第一，引导和发展社会组织参与社区德治建设。社会组织等社团组织在德治建设中能够发挥较为重要的作用。例如，在文明幸福家庭积分评比中，社会组织可以引导公众参与，提高群众参与相关活动的积极性。另一方面，社会组织甚至可以承担相关文明幸福家庭的评比活动，让群众自我组织和自我参与。引导和发展社会组织参与德治建设，一方面可以采取鼓励地区性乃至全国性的社会组织参与市域社会治理的社区德治。即采取引进来的方式，引入其他地区的社会组织，发挥这些社会组织专业性强的功能。另一方面，也可以采取孵化和培育社区社会组织参与。相对于前一种方法，培育社区社会组织更具有可操作性。因为社区社会组织更熟悉地方群众，更关心社区事务，更有利于地方德治建设。在孵化和培育社区社会组织的时候，要特别注重培育这些社会组织的德治功能，注意培育这些组织的宣传教化和模范带头作用，要特别注重对这些社会组织负责人的培育和引导。换言之，这些社区社会组织的主要功能要聚焦于移风易俗、宣传教化，宣传教化的重点在于注重宣传社会主义核心价值观。基层政府需要加强对这些社会组织的引导，使他们在功能、组织和行动上逐渐发展完善，以能够承担起市域社会治理现代化中的社区德治功能。

第二，促进公众参与社区德治建设。公众参与社区德治建设是德治能够成功的关键环节，因此要采取措施促进公众积极参与德治建设。首先，需要使公众认识到社区德治的重要性和价值。德治建设关乎人民群众的切身利益，与每个群众和居民的利益息息相关。地方政府要大力宣传德治的重要性，宣传方式要采取群众喜闻乐见的方式，宣传途径要多样化。总而言之，要促使全体群众了解德治的重要性。其次，要采取多种方式使村民和群众了解社区德治的内容和德治的方式。基层政府和基层组织需要向村民和居民宣扬社会主义核心价值观等内容，要向村民和居民讲解传统优秀文化的重要性，要向村民和居民讲清优秀家风和优秀族风的重要价值。

第三，疏通公众参与社区德治的方式和方法。拓宽公众参与社区德治的途径和方式。公众参与德治应该是全方位的，从德治项目设计、到德治项目评比和监督，都应该有公众的参与。例如，在 C 市文明幸福家庭评比过程中，在评比内容、积分认定、过程监督等阶段都应该有公众的参与。通过公众参与，一方面能够提升公众的积极性，提升对市域社会治理德治的认识，也能够提升市域社会治理德治的质量。再如，在文明幸福家庭积分评比中，具体评分项目的确定也可以引入居民和村民，通过居民和村民参与讨论，能够确定德治的重要事项，能够促使公众加深对德治的认识。

第四，构建公众参与社区德治的合作机制。促进公众参与需要构建公众参与的合作机制。首先，应该在制度层面规定社区德治建设必须引入公众参与，这需要成为一种硬性规定。其次，要构建公众参与的合作机制。例如，明确村民和居民在哪些环节可以参与。以文明幸福家庭积分评比为例，可以规定公众在积分项目、积分分值、监督评比等方面进行参与。可以明确公众参与的具体时间和地点。相关德治改革方案要对公众参与的具体方式作出规定。例如，在德治项目确定问题上，要明确通过村民大会或者村民代表会议来承担。相关德治改革方案的合作机制要尽可能细化，并且公众参与的机制也要不断完善。例如，公众参与机制要处理好全体村民参与和村民代表参与的关系；当村民意见分歧较大时，具体表决规则应该如何等。另外，要发挥合作机制中党委在其中的领导作用。如何促进公众参与，需要注重发挥党委的领导作用和带头作用。党组织和党员要发挥带头作用，同时要注重培育群众中的积极分子和先进分子，引导他们积极参与移风易俗、改善家风、族风的行动之中。当然，构建公众参与的合作机制，还要注重考虑如何将公众参与和发挥党委领导的带头作用以及社会组织的协同作用结合起来，以实现社区德治建设共建、共治、共享的新格局。

（三）完善市域社会治理的德治内容

市域社会治理中的社区德治非常重要，但促进德治首先要对德治内容加以完善。完善社区德治内容注重德治专项建设，要从党的政策出发，德治内容要富有特色。

第一，加强社区德治的专项建设。在 C 市幸福文明家庭建设过程中，幸福文明家庭只是评比方案中的一个方面。虽然这种改革的创新性和效果比较明显，但如果在此基础上能够制定一个专门的社区德治建设方案，会对市域社会治理现代化中的德治更有帮助。在专项社区德治建设行动中，德治是活动的主要内容。相关制度设计或者评比指标完全围绕德治来进行。各级领导和干部需要认识到德治建设的重要性。在一定程度上，德治建设之所以滞后于法治，部分原因在于人们低估了德治的重要价值和重要意义，导致德治建设相对落后。一些地方德治改革方案都是融合在其他改革方案中的。这些综合性的改革方案对促进德治确实具有一定的促进作用，但深入推进德治，还需要进一步推动德治专项建设。加强社区德治专项建设既可以推动德治综合改革，即全方位多层面推进德治；也可以推进德治专项建设，例如在城乡推进移风易俗专项建设的内容。在市域社会治理现代化社区德治建设中，要拟定德治建设规划，要有条不紊地推进德治工作。同时，德治工作要注重重点，要紧紧抓住党和政府德治要求，切实推进德治建设。

第二，社区德治内容要紧扣党的方针和政策。市域社会治理现代化社区德治内容要紧扣党的方针政策。党的十九大报告明确指出："要坚持社会主义核心价值观体系。"必须坚持马克思主义，牢固树立共产主义远大理想和中国特色社会主义共同理想，培育和践行社会主义核心价值观，不断增强意识形态领域主导权和话语权，推动中华传统文化创造性转化、创新性发展，继承革命文化，发展社会主义先进文化，不忘本来、吸收外来、面向未来，更好地构筑中国精神、中国价值、中国力量，为人民提供精神指引。从十九大报告我们可以看出，德治建设的根本抓手是发扬和坚持社会主义核心价值观体系。社会主义核心价值观是根本引领，是德治旗帜和方向，这是市域社会治理现代化的根本。任何德治建设的方案都必须紧紧抓住社会主义核心价值观的纲。其次，社区德治建设还需要对中华传统文化进行创新性发展。一方面要继承传统文化中的精髓，使中华民族的传统美德得到继承和弘扬，另一方面也要根除一些传统习俗中的糟粕。最后，要发扬和继承革命文化。党在革命和建设过程中形成了很多优良的文化传统。这些传统都是我党的传家宝和宝贵财富。在市域社会治理现代化建设中，这些都是社区德治建设的重要内容，同时也是德治建设必不可少的重要组成部分。

第三，社区德治内容要富有特色。如前所述，德治要注重全面发展，同时也要有所侧重。在市域社会治理现代化社区德治中，德治更需要注重因地制宜、富有特色。一方面，市域社会治理中的德治可以发掘地方特色；另一方面，德治建设要因地制宜。社区德治地方特色要注重地方上特有的德治资源，例如在韶关，德治可以与红色资源相结合。德治因地制宜主要是德治要针对某一地方德治最紧要的问题开展。

红色党建工程引领乡村社会治理实践研究

黄一映*

摘　要: 建设"红色村"党建示范工程,推进农村基层党组织建设和保护利用红色资源同部署、同推进,在乡村社会治理实施背景下,发挥犁市当铺红色资源农村基层党组织建设营养剂的作用,打造一批红色资源丰富、地区特色鲜明、社会影响广泛的红色党建工程。以政治建设为统领,全面推进思想建设、组织建设、队伍建设、阵地建设,把制度建设贯穿其中,整体提升基层党建质量,深入挖掘保护利用"犁市当铺"及周边红色资源,以红色研学推动基层党建,引领乡村社会治理研究深入开展。

关键词: 乡村治理;红色党建工程;犁市当铺

党的十八大以来,以习近平同志为核心的党中央高度重视红色文化遗产保护利用工作。习近平总书记强调,"要发扬红色资源优势,深入进行党史、军史和优良传统教育,把红色基因一代代传下去","要把红色资源利用好、把红色传统发扬好、把红色基因传承好"。习近平总书记关于弘扬红色文化、保护利用红色资源的重要论述,为新时代推进红色资源保护利用和传承发展提供了重要遵循。

为充分挖掘保护利用红色资源,全面提升农村基层党组织建设水平,统筹谋划、集中指导推进,聚焦政治建设、思想建设、组织建设、队伍建设和制度建设,整体提升基层党建质量,深入挖掘、保护、利用红色资源,推动形成红色文化宣教区,[1]吸取红色精神力量推动乡村振兴引领基层党建和基

---

* 黄一映(1979年—),女,汉族,广东韶关人,韶关学院政法学院副教授,博士,研究方向:思想政治与地方治理。

〔1〕《广东全面启动"红色村"党建示范工程》,载《南方日报》2017年12月25日。

层治理，把红色党建示范点建设成乡村振兴背景下乡村红色党建工程的典范。

一、红色党建工程引领乡村社会治理实施的意义

充分认识红色党建工程实施是学习贯彻党的十九大精神，推动习近平新时代中国特色社会主义思想在农村基层落地生根、结出丰硕成果的重大举措，是基层党建引领脱贫攻坚、推进乡村振兴的重要实践，是保护利用红色资源、加强革命传统教育的创新之举。红色党建工程建设注重挖掘红色文化和党建亮点，弘扬红色文化基因，推动形成红色文化和党建工作融合发展的宣教区。

充分利用红色资源和红色教育基地，开发红色革命教育课程，注重传承红色文化，把红色文化作为党性教育的重要内容，渗透到党员干部群众之中。[1] 结合乡村振兴建设充分利用"红色村"红色资源，结合当地现有的研学景点形成研学线路，向游客加以宣传、推介，形式红色研学新亮点，体现红色党建工程的实施意义[2]。

发掘本地红色资源不但可以提升当地的人文品味特色，还可以强化党的红色基因的影响力和感染力。红色资源往往是本地先进英烈人物优秀事迹的载体，是本地传统高尚品德和精神的化身，是当地人文素养的重要体现。红色资源还是党性修养教育、政德修炼强化、国防观念提升的重要场所。红色基因必须得到传承和发扬，它是广大仁人志士为了国家的解放、人民的自由用自己的青春、热血凝聚而成的，是我们宝贵的精神财富，也是激励我们牢记初心不忘使命，永远保持共产党员的先进本色，永远与人民群众心连心、同呼吸、共命运，永远坚持从群众中来、到群众中去，端正对人民群众的根本态度，永远认真践行全心全意为人民服务的宗旨。

二、红色党建工程犁市当铺的形成

犁市当铺地处韶关市北郊 13 公里，依傍在武江河岸，离浈江区犁市镇政府约 300 米。犁市当铺是一座青砖木结构的建筑群，分住房、油铺、仓库、门面四部分组成，总建筑面积 1075 平方米，是晚清时期的建筑。1984 年 4 月

---

〔1〕《广东全面启动"红色村"党建示范工程》，载《南方日报》2017 年 12 月 25 日。
〔2〕习近平：《在河北省阜平县考察扶贫开发工作时的讲话》，载《人民日报》2012 年 12 月 29 日。

原曲江县人民政府公布为县级文物保护单位，2006 年 6 月韶关市人民政府公布为市级文物保护单位。

（一）犁市当铺红色历史溯源

犁市当铺是民国时期八一南昌起义军朱德部旧址，1927 年 12 月，朱德率领南昌起义部队的一个团 400 多人，准备到广州参加起义，途经韶关城郊时，得知广州起义失败，遂带兵转移北上，到达犁市，并以当时国民党军范石生 16 军一四〇团的名义，驻扎在犁市街西侧李达财的当铺里（即现在犁市当铺），朱德化名王楷，住在当铺的楼上。

期间，在中共中央的指示下，朱德部队团结当地农民，开展武装斗争，进行土地革命，广泛联系当地农军及退守队伍，参加北江区域的农民暴动，扩大和深入北江的土地革命，两次派兵支援曲江西水农民暴动。攻打重阳大沙洲地主、重阳乡冯佩赞和民团头目雷丰霖，取得大捷。1928 年 1 月，朱德军队离开犁市向湖南宜章出发。朱德部队在犁铺头期间，对农民武装斗争的大力支持，大力激发了粤北广大群众的革命热情，燃起了粤北革命的烈火，在粤北地区农民武装斗争乃至土地革命战争史上留下了浓墨重彩的一页。

（二）犁市当铺红色党建乡村社会治理实践教育开展

加强宣传教育对犁市当铺革命遗址进行整体修复和串联建设，让建设使用率高、承载力强，示范意义较大的党员（党史、爱国）教育基地，依托犁市镇当铺遗址开展瞻仰史迹、缅怀先烈、现场教学等互动体验活动，推动形成红色文化宣教区。依托党的建设阵地，探索运用新媒体平台，讲好红色故事，传承红色精神，开展"主题党日""党员志愿服务"等活动，以及群众喜闻乐见的文体活动，宣传党的政策法规，在丰富精神文化生活的过程中凝聚群众，做好乡村振兴背景下的红色党建工程引领。

利用好犁市当铺红色教育资源教育党员群众还是一种成本投入相对较小、精神产出相对较大的重要途径。使用犁市当铺红色教育资源不但可以节约时间成本、交通成本，还有利于激发党员干部群众的本土情结，加深人民群众热爱故土的感情，为中国特色社会主义事业贡献强大的精神力量。使用犁市当铺教育资源可以让人民群众体会到党风、政风的转变，消除以外出参观红色教育基地之名行公款研学之实的风险，密切了党群、干群关系，在一定程度上巩固了党在基层的执政基石。

保护和发掘好犁市镇"朱德当铺"的教育资源，加强对红色遗址的保护、修缮，结合粤北地区红军长征革命历史资源和周边地区研学线路资源，凸显犁市镇特色和红色元素，做好弘扬红色文化这篇大文章，努力将"朱德当铺"建设成为优秀的党性教育基地、红色研学经典景点、爱国主义教育示范基地。

三、红色党建引领乡村社会治理的做法

（一）犁市当铺历史资料的收集

史料的搜集：寻访知情人、见证人，做录像、录音；到市、区史志办、博物馆、档案馆、图书馆等查阅相关史料，包括革命先烈传记、回忆录、革命史、权威党刊文集，辅以参考一些专家的研究成果，进行文字方面的资料整理。

充分挖掘红色资源，传承红色精神，把犁市当铺党建阵地标准化建设与挖掘、保护、利用红色资源相结合，在对年久失修、破损严重的犁市当铺进行保护和修复，收集、整理民间收藏的革命斗争史料和烈士遗物，挖掘、研究民间流传的革命故事，对重要历史事件进行场景复原的基础上，统筹规划建立鲜明的犁市当铺党建阵地，使红色基因展现红色文化。

（二）犁市当铺红色党建的目标

第一，以政治建设为统领，全面推进思想建设、组织建设、队伍建设、阵地建设，把制度建设贯穿其中，整体提升红色党建质量，深入挖掘、保护、利用"犁市当铺"及周边红色资源，把犁市当铺打造成粤北红色文化宣教示范点，汲取红色精神力量，推动基层党建引领脱贫攻坚和基层治理。[1]

第二，发展特色产业，推动乡村振兴。收集整理"犁市当铺"历史资料，挖掘犁市社区红色事迹、红色旧物等，充实完善陈列馆和周边配套设施。犁市当铺红色资源和当地的研学资源相结合，还可以提升当地特色研学品牌的影响，催生一批新消费、新业态、新体验，推进人民群众的充分就业和收入增长。大力宣传"犁市当铺"红色事迹，通过宣传标语、媒体报道、网络推广、研学合作等方式大力发展犁市社区"红色"产业，打造"党建+研学+扶贫"发展模式，发挥本地优势，带动犁市镇经济发展和乡村振兴。

（三）犁市当铺红色党建的作用

在实行社会主义市场经济的今天，要坚持继承和弘扬红色精神，同时也

---

〔1〕《广东全面启动"红色村"党建示范工程》，载《南方日报》2017年12月25日。

要不断创造新的成绩、积累新的经验，为红色精神增添新的内容。红色文化资源开发是一种独具特色的资源开发形式，它既是资源利用的有效途径，又是红色文化的精神回归。开发犁市当铺红色文化资源对于培养社会主义核心价值观、加强中国共产党以民为本的执政理念、助推中原经济区建设和共筑中国梦具有现实意义。如何科学、合理地开发利用犁市当铺红色文化资源是一个实际问题。

传承犁市当铺红色文化和保护犁市当铺红色文化资源是一切开发利用犁市当铺红色文化资源的前提条件。现阶段，不仅要提升犁市当铺红色文化资源的知名度，还要加强广大人民群众对犁市当铺红色文化资源的认知和认同。借助新兴媒体、文艺作品和红色研学的宣传与推广，使红色文化资源进一步渗透到广大人民群众的日常生活中，弘扬社会主义价值观，提升党建的思想引领作用。[1]

四、红色党建引领乡村社会治理的问题和改进措施

（一）红色党建引领实践存在的问题

1. 历史文化内涵未深化

犁市当铺是朱德同志革命时居住的，承载着浓厚的红色精神文化内涵，但当前红色研学并未对其历史文化内涵进行进一步的深化挖掘，发展内容不够丰富，形式过于简单，不能较好地展现文化的感染力、凝聚力、吸引力。犁市当铺和现在大多数的红色研学一样，多是对历史事件的叙述，以及图片呈现，枯燥无味，游客缺乏深入了解的好奇心和兴趣。历史文化本身是乏味的，但研学的特点是吸引游客，两者如果无法融合起来，用红色研学生动化、直观化展现历史，就没有作为研学发展的意义。此外，历史文化的内涵是很多人想要了解的，但是犁市当铺缺乏对其的深化，由此一来就更难吸引人了。

2. 研学资源缺乏相结合

犁市镇虽然有犁市当铺这个红色研学资源，但是这是革命文化，缺乏吸引力。过于突出强调政治文化，没有将当地的自然生态景观和人文景观融入进去。犁市当铺所在的犁市镇实际上有许多生态环境资源，比如富饶的农产品，环丹线的新农村建设都非常引人入胜。犁市镇的红色研学资源相对单一，

---

〔1〕《广东全面启动"红色村"党建示范工程》，载《南方日报》2017 年 12 月 25 日。

且与地方研学资源缺乏有机结合和统一管理，所以难以长期吸引游客，导致没有收获想要的研学效果。

3. 对外宣传力度不够

将犁市当铺打造成红色研学阵地本身是极具教育意义的，但过分凸显其教育意义，而忽略其"研学"意义，则会使得其吸引力、可参观性大大减弱，无法满足人们的精神享受。其次，人们对于犁市当铺的历史事迹知之甚少，主要是由于宣传力度不够。

4. 受经济发展水平影响

犁市镇一直经济发展较慢，开发研学需要较好的经济基础。基于此，经济发展缓慢严重影响了犁市当铺红色研学基地的开发，无法贯彻落实国家对红色研学的方针政策。经济发展不充分，基础设施建设必然相对落后，由此带来的是专业人才的匮乏，这些都给犁市镇红色研学开发带来了负面影响。同时，经济发展的不平衡、不充分也一定程度上影响了人们思想的解放，当地的许多居民受教育程度相对较低，文化水平不高，同样会导致文化遗产由于得不到好的保护而遭受破坏。

（二）红色党建引领实践的改进措施

1. 充分发掘历史文化内涵

政府和红色研学开发机构应该在保证历史文化原状的基础上，深入挖掘和宣传犁市镇的历史文化内涵。收集相关的历史事迹，可以尝试对历史文化作进一步研究，将其引进犁市镇红色研学。与此同时，可以采取图文结合、声像结合、视频短片等方式丰富宣传手段。此外，也可在景区内以广播宣传的方式讲述人物历史事迹和生活事件，既增强人们对历史的了解，也提高景区吸引力，营造轻松、舒适的研学环境。

2. 整合红色研学资源及周围资源

犁市镇的红色研学可以在开发历史文化资源的基础上加入自然资源和人文资源，以此多元化犁市镇的研学景点，吸引更多的游客。当然，在进行资源整合时，要充分考虑资源契合度，结合地方实际，在最大限度地保留红色资源原貌基础上，发挥附近生态资源优势，高效整合、综合开发，既要吸引游客，又要科学发展，避免造成资源浪费。

3. 加大红色研学的宣传力度

宣传是文化研学发展的重要推手，宣传好不好会在很大程度上影响文旅业整体发展。当前，向上媒体资源丰富，宣传面广、效率高，可以尝试拍一些景区视频和历史文化视频，创建犁市镇红色研学网站、建立微信公众号，通过线上载体吸引游客。当然，也可以在犁市镇拍摄一些电影电视，既宣传了犁市镇的红色研学，又促进了犁市镇的经济发展。犁市镇红色研学属于政治项目，政府也应当为此出力，制定相关法律法规，规范游客的行为和网站的建设，为其奠定一个良好的法律基础。

4. 双向提高犁市镇的经济发展水平

犁市镇地区的经济水平相对较低，但是研学业的开发必然离不开经济支持，目前犁市当铺可以被当作红色研学发展，为此政府和上级部门可以尝试着吸引一些投资，解决资金不足的问题。在解决之后，发掘更多资源，开发更多的项目，吸引游客，从而促进经济的发展。经济得到发展后，可再次适度开发资源，有效避免资金不足的问题，这样就可以双向提高犁市镇的经济发展水平，是一种循环的经济发展模式。

结　语

红色文化开发力度在很大程度上与地方政府推进力度相挂钩，犁市镇建设红色研学，旨在让人们了解犁市当铺的革命历史，传承发扬红色精神，爱国主义教育基地，并带动当地的文化经济发展。开展"红色村"党建示范工作，将农村基层党组织建设与保护利用红色资源紧密结合起来，与实施乡村振兴战略，打赢脱贫攻坚战，引领基层治理紧密结合起来，按照组织"抓示范、创特色、带整体"的总体思路，政府应将红色研学作为乡村社会治理的基地，加强创新，不断完善，在实践中发掘自己的优势和特色，发挥红色资源农村基层党组织建设营养剂的作用。

社会工作参与市域社会治理的实践途径研究

陈　彬　李晓晴*

摘　要：市域社会治理的关键在于多元主体的共同参与，作为第三方专业治理力量的社会工作，因其本身所具有的特点优势，能够在市域社会治理中发挥重要作用，助力实现市域社会治理现代化。社会工作可以通过直接向服务对象提供服务、协调社会各方之间的关系、整合社会各个领域的资源、向党政部门反馈社会信息等途径参与市域社会治理，发挥社会工作的专业优势，推动市域社会治理现代化进程。

关键词：市域社会治理；社会工作；参与

一、问题的提出

中国社会治理理论经历了三次重大突破，即从中华人民共和国成立到改革开放之前的政府计划管理模式，从改革开放到中国共产党第十八次全国代表大会期间党和政府主导的社会管理模式，以及十八大以后政府和社会多元联合治理的社会治理模式。刘金发指出，根据政府计划实施的计划管理模式，社会冲突是有限的。2013 年，中共十八届三中全会召开后，"社会管理"一词在政府工作报告中被正式替换为"社会治理"，它明确要求完善和发展中国特色社会主义制度，推动国家治理体系和治理能力的现代化，并把"创新社会治理体制"列为推进"国家治理体系和治理能力现代化"的一个重要内容。此外，会议还明确指出，"创新社会治理体制"是推动"国家治理体系与治理

---

* 陈彬（1975 年-），男，湖南沅江人，韶关学院政法学院副教授，社会学博士，研究方向：社会学理论、民间组织、社会工作本土化；李晓晴，韶关学院政法学院 2019 级社会工作专业本科生。

能力的现代化"建设的重要组成部分，并对"创新社会治理体制""完善社会治理"等作出了较详细的介绍。至此，我国国家治理理论跃升到社会治理。[1]随后，十四五规划提出了"推进国家治理体系和治理能力现代化""加强国家治理体系和治理能力现代化建设"。

2018年，陈一新首次提出"市域社会治理"的概念，并于当年7月在《人民日报》上以《推进新时代市域社会治理现代化》为题，较系统地论述了市域社会治理相关理论。2019年，《中共中央关于坚持和完善中国特色社会主义制度 推进国家治理体系和治理能力现代化若干重大问题的决定》明确了"构建基层社会治理新格局"，同时提出了"加快市域社会治理现代化步伐"的要求，它标志着中国社会治理发展到了一个崭新的阶段。市域社会治理现代化试点工作已被提上党和政府的重要议事议程，成了新时代基层社会治理现代化的重要目标。市域社会治理是国家治理在市域范围的具体实施，是市域范围内党委、政府、群团组织、经济组织、社会组织、自治组织、公民等多元行动主体，在党委领导、政府负责、民主协商、社会协同、公众参与、法治保障、科技支撑的社会治理体系基础上开展的一种社会行动，是国家治理的重要基石。社会工作专业机构作为当代中国社会的一种重要社会组织，如何将其专业优势发挥到市域社会治理领域成了本文的核心议题。

二、社会工作参与市域社会治理的必要性

市域社会治理是将国家的宏观治理放到地方上，各地根据自身情况开展局部试验，目的是在市域范围内把重大的矛盾风险化解，把问题解决。在新的历史时期，由于人民群众的价值取向、行为偏好、情感需求等体现出复杂多元化的特征，政府提供的"整体性"公共服务受到了严峻的挑战。在这种情况下，国家提供的"整体性"公共服务不仅不能解决人们的需求，还可能造成资源浪费，从而降低社会治理的效能。因此，政府必须努力改变以往的服务方式，以更好地满足不同人群的需求。社会工作能够根据服务对象的需求和情况进行分析，并为其提供所需服务，将资源用到实处，在帮助服务对象解决社会问题的同时还能在一定程度上避免资源浪费。社会工作最初兴起

---

〔1〕 张来明、李建伟：《党的十八大以来我国社会治理的理论、制度与实践创新》，载《改革》2017年第7期。

于工业时代，以社会的弱势群体为服务对象，通过调整社会关系，加强社会各方的沟通与协作；有效地整合社会资源，为弱势群体提供更多的服务，以帮助他们解决实际问题；通过开展服务项目，帮助他们改善生活条件和实现发展目标等方式为弱势群体提供更多的帮助和支持。同时，社会工作作为一支专门从事社会第三方治理的力量，它与市域社会治理的理念和目的具有很高的一致性。

（一）在理念上高度契合

2004 年 9 月，党的十六届四中全会上首次提出"建立健全党委领导、政府负责、社会协同、公众参与"的社会管理格局。直至 2013 年党的十八大报告中进一步强调，要"加快形成党委领导、政府负责、社会协同、公众参与、法治保障的社会管理体制"，提出以"公众参与"为指导方针，改进中国社会治理。2019 年，党的十九届四中全会通过了《中共中央关于坚持和完善中国特色社会主义制度 推进国家治理体系和治理能现代化若干重大问题的决定》。该文件提出"必须加强和创新社会治理，完善党委领导、政府负责、民主协商、社会协同、公众参与、法治保障、科技支撑的社会治理体系，建设人人有责、人人尽责、人人享有的社会治理共同体"。再一次强调了公众参与的重要意义，强调公众是推动社会进步、促进社会发展的重要力量。即每个人都应该有权积极地参与社会治理，发挥自己的作用，为我国的社会治理做出自己的贡献。在上述社会治理模式下，政府应当充当"电力分配器"的角色，提倡政府放权并赋予社会权力，提倡"多个主体、多个中心"的治理模式，注重政府与社会的多元共治和社会的自我治理。

从理念上看，社会工作注重民本导向。社会工作将困难人群作为服务的主体，注重服务对象的参与。但在实践中，社会工作服务的主要对象常常是处于社会边缘的弱势人群，虽然这一类群体在社会中所占比例不大，但却是社会治理中至关重要的一部分。在追求社会稳定的道路上，如果对这部分人的问题的治理失灵，那么这部分人就可能会成为社会的"最不安定因素"。近些年来，我国社会工作在解决社会弱势群体问题方面进行了诸多实践和理论研究，为日后服务这类群体提供了理论支撑和专业工作方法参考。社会工作人员在为案主提供服务时，重视服务对象的参与，注重重新构建起他们的社会支持网络，以促使患者重返社会，实现"助人自助"。而坚持以人民为中心则是做好市域社会治理的起点和归宿。可见，两者在理念上高度一致。

（二）在目标导向上高度契合

从目标上看，社会工作通过专业知识和技能帮助服务对象解决各种社会问题，以帮助人民解决社会问题、推动社会和谐为己任。它不仅注重服务对象的参与，而且注重以结果为本、以过程为本。在社会工作看来，仅仅取得好的结果并不是其目标追求，服务对象的观念、态度如果不改变，其行为也不可能改变，所取得的结果也不会持久。社会工作注重通过对服务对象的思想、态度进行转变，进而使他们的行为发生变化，采用"标本兼治"的方法，从根本上解决服务对象所面临的问题，这对于缓和社会矛盾、消除社会风险、维持社会稳定都具有积极作用。市域社会治理的重点在于构建多元主体共同参与的社会治理体系，最终实现市域社会的和谐与稳定的目标。可见，二者在目标取向方面依然契合。

当前，我国正处于社会转型阶段，经济、政治、文化等多方面发生了深刻变化，社会矛盾和问题也越来越突出，各类弱势群体问题也逐渐出现。这些问题产生的原因有很多，仅靠政府或者某一方面的力量很难将其解决，往往需要整合各方的力量。整合多方资源恰恰是社会工作的能力之一，由社会工作介入帮助困难群体解决问题不仅可以充分发挥和体现社会工作的专业性，也会使社会资源得到较为充分的利用，同时能够解决社会问题，从而维护社会稳定，一举多得。因此，社会工作参与市域社会治理是必要的，也是社会发展的需要。

三、社会工作参与市域社会治理的有效途径研究

随着我国经济的发展和社会改革步入深水区，"政府失灵"的现象越来越突出，基于社会工作的本质属性，其能提供直接服务、协调关系、推动群众参与、整合社会资源、进行政策宣传、倡导政策等，社会工作在其中承担着不同的职责。社会工作根据服务对象的需要和社会治理的要求，发挥优势，以弥补"政府失灵"所造成的缺陷。为了弥补"政府失灵"，社会工作可以通过介入社区等领域来提升居民生活质量，促进城市管理与社会发展。

社会工作者以其特有的职业价值观和服务观念，在市域社会治理中发挥着重要作用。为了更好地实现其职业价值，有必要采取一系列措施，以确保社会工作者能够更好地参与市域社会治理，并取得显著的成效。因此，如何使社会工作在实践中更好地发挥其职业价值已成为当前迫切需要解决的问题。

在市域社会治理过程中，社会工作者可以通过以下几个途径充分利用自身的专业优势，促进市域社会治理现代化。

（一）直接向服务对象提供服务

社会工作者能够在市域社会治理中扮演直接服务者的角色。社会工作者能够为有困难需要帮助的对象提供专业服务，它根据服务对象的需求和专业评估来提供服务，以帮助服务对象解决问题，促进社会和谐。具体而言，社会工作者可以通过提供心理辅导、教育咨询、就业指导等服务，帮助服务对象解决实际问题，并协助他们重新构建社会支持网络，以促进其回归社会独立生活。例如，当发生突发公共事件时，社会工作者可以充分利用其自身的专业知识和经验，以积极的态度和专业的方式为人们提供心理辅导，安慰人们的情绪，帮助他们克服畏难情绪，鼓励他们自立自救。此外，社会工作者还可以积极参与各种突发公共事件的处理，有效地缓解事件带来的压力，保障社会稳定。另外，社会工作者还可以通过政府购买公共服务参与市域社会治理。政府围绕社会各类人群的各种服务，预估计划购买社会工作服务，社会工作者为解决上述群体的困难进行评估和制定相应计划并实施，协助政府解决社会发展的痛点，维护社会公平正义，保证社会和谐、健康发展。

（二）协调社会各方之间的关系

社会工作者能够在市域社会治理中充当关系协调者的角色。一方面，社会工作者能够在各个领域协助不同个体在和谐的环境下进行有效的沟通交流，促进个体间的相互理解和解决矛盾，促进社会和谐。如在社区居民产生矛盾时，社会工作者选择合适的工作方法能够安抚居民情绪，协调居民之间的关系，使得居民之间能够和平相处，避免矛盾激化，让他们能够在和谐、友好的氛围中共同发展。又比如，医务社工，在患者病情严重的时候，患者本人有可能陷入一种恐惧的情绪。这时，社会工作者可以对患者进行综合分析，对患者的状况有一个清晰的认识，并在此基础上慎重地选择一种科学的工作方式，对患者进行有效的干预，帮助医生与患者进行沟通，让患者的情绪得到稳定，使其摆脱恐惧情绪，更加积极地接受治疗。此外，医务社工也可以利用专业知识和技能来缓解患者的心理压力，让他们能够更好地康复，并且社工能够帮助医疗机构协调好医护人员和病人及其家属的关系。另一方面，由于社会工作的特殊属性，社会工作者与党政部门的联系较之其他治理主体更加密切，能够在党政部门与其他治理主体之间充当"桥梁"，促进政府治理主体与其他治理主体之间的交流联系，并且能够起到引导其他治理主体参与市域社会治理。

（三）整合社会各个领域的资源

社会工作者能够在市域社会治理中充当资源整合者的角色。资源整合作为社会工作的重要能力之一，在发生突发公共事件时能够帮助社会工作者在突发公共事件中采取有效行动，社会工作者可以运用其所属机构的资源网络，筹集所需的日用品、药品及医疗设备和食品等物资，并分配给有需要的人。另外，在服务社会边缘人群时，往往需要链接多方资源来帮助解决服务对象的问题。比如，社工发现社区里有一个流浪汉长期流浪街头，为了让他能够找到一个落脚之地，社工便会积极链接社区里的志愿者、义工以及爱心人士等资源来帮助解决这个问题。社会工作者通过资源整合的方式，将社会各个领域的资源进行调动并最大限度地利用起来，使社会资源得到充分利用，在解决社会问题的同时避免资源浪费。

（四）向党政部门反馈社会信息

社会工作者能够在市域社会治理中充当信息提供者的角色。在市域社会治理的参与过程中，社会工作者要注重信息采集，必须下基层调查研究现状，了解清楚现实情况，收集公众提出的意见、建议及政策执行成效等资料，并将结果及时反馈给相关部门，使之能够作出正确决定。社会工作者还可以在政府、广大人民群众之中建立一条高效的交流渠道，社会工作者充当信息传递的媒介，可及时获取信息、聚集人民群众的社会观点，更具有广泛代表性。更重要的是，社会工作者能够站在群众立场上去认识、去了解社会问题，同时还能通过与公众的互动来获得民意支持和反馈。这样做可以帮助社会公众高效地表达自己的需要，还有助于政府理解人民的真正需要。

四、社会工作参与市域社会治理存在的困难及其完善建议

社会工作者运用其自身专业技能和优势，能够在各个方面介入市域社会治理现代化，但在实践过程中，来自社会各方的不理解、不接受和排斥，以及参与途径缺失和自身专业能力不足等问题给社会工作的介入带来了一定的挑战。这些问题直接或间接地影响社会工作介入的效果，社会工作的专业性和优势难以得到充分发挥。基于此，笔者将针对社会工作介入市域社会治理现代化所存在的困难提出一些完善建议，促进社会工作的参与，推动市域社

会治理现代化。

（一）社会认同度较低及其完善建议

尽管现代社会工作在我国专业化、职业化初见成效，但它还没有获得全社会的广泛认同，这种情况导致社会工作在参与社会治理的过程中容易造成救助对象、其他有关机构或部门对其误解、拒绝、抵制，很难真正发挥社会工作优势。为此，推进专业社会工作在市域社会治理中的介入进程，首先必须形成良好的接受社会工作提供服务的社会环境。从政府层面来看，政府应转变原来的传统观念，要增强政府部门对于社会工作意义的理解以及对于社会工作专业的认同感，并积极吸收相关部门与领域中的社会工作力量。在群众方面，社会工作要取得社会成员的认同，加强宣传和教育，让群众了解到专业社会工作的重要性、专业性以及优势所在。增强群众对社会工作专业性的认识，避免将专业社会工作等同于一般的志愿服务。社会成员对社会工作的了解程度、认同程度与接纳程度是推动社会工作专业成长的基本力量。只有在政府和公众的共同努力下，才能使社会工作介入市域社会治理更有成效。提升社会工作介入市域社会治理中的社会认同，这将有助于提高社会工作参与城市社会治理的可能性，提升其参与市域社会治理的能力。

（二）相关制度缺失及其完善建议

从实践来看，政府购买公共服务直接关系到社会工作在市域社会治理领域的参与。由于政府采购的随意性较大，对社会工作组织获得公益服务项目的稳定性产生较大影响，使得社会工作组织在公共服务提供方面缺乏稳定的基础，无法充分发挥其专业优势。为此，应加强政府购买公共服务制度的建设，以确保社工机构能够持续、稳定地获得项目，并在市域社会治理中充分发挥其专业优势。有学者指出，政府购买公共服务项目要克服"随意性"。必须在经济与社会发展规划中将政府购买公共服务的制度列入，把政府采购公共服务项目经费列入一般的地方财政预算，并加大对这一领域的支持力度。在法制社会中，法律法规是社会工作提供服务的保障，地方政府应该充分运用地方立法和政策制定的权力，为社会工作的参与构建一个职责清晰、权责明确的市法规体系，使社会工作在参与市域社会治理中有法可依。要加快构建一个现代化的社会工作制度。要以坚持党委政府对社会工作的领导为核心，不断完善社会工作参与市域社会治理的促进机制、协调机制、评估机制和激励机制等，进一步推进社会工作参与城市社会治理的制度化、规范化和科学化。对于在实践中社会工作专业人才的流失严重现象，应当建立健全社会工作人员的职业保障体系，制定出一套科学、合理的社会工作人员职称评定标准，保证社会工作专业人员的工资待遇水平。这些是吸引并稳定大部分社会工作专业人员长期投入专业化社会治理和服务的重要因素，这不仅可以帮助提升他们的工作热情、提高他们的技能水平，更能激励他们持续努力，更好地为社会提供服务，更好地发挥自身的作用。另外，也能推动社会工作专业人才队伍的发展，有助于进一步提高社会工作服务在社会治理中的水平，推进其专业化。

（三）社工专业能力与水平较低及其完善建议

社会工作者本身职业能力水平的高低是影响社会工作介入市域社会治理成效是否显著最根本的因素。截至 2022 年，全国有 92.9 万人取得社会工作者职业水平证书，但我国社会发展对专业社会工作者的需求量较大，社会实际需要的缺口仍然很大。在实践过程中，理论上由专业社会工作者从事的服务项目的工作人员中有相当一部分人并未接受专业的社会工作课程教育，还有部分接受过社会工作教育的社工由于师资力量欠缺、教学资源不足等原因，专业水平不符合社会要求。所以，在当前新时代背景下，为了提高市域社会的治理成效，就需要提高对社会工作者的职业能力水平要求。此外，由于社会工作是一项实践工作，因此对社会工作者也提出了更高的要求，它要求社会工作者具备较强的沟通能力、收集数据能力、分析问题能力、制定计划能力、处理突发事件能力、安抚他人情绪能力，而这些技能并非天生就具有，而是需要通过长期学习和实践才能获得。所以，为了提高社会工作者在市域社会治理中的职业素养，要建立健全社会工作人才的培训制度，培养社会工作者在市域社会治理中的职业能力，提高其职业素养。在国家和党委政府方面，应将强化社会工作专业人员队伍建设纳入议事日程，加快建立健全相关制度，并重点加强社会工作人才培养。

结　语

社会工作可以为困难群体提供帮助，从而实现促进他们正常生活的目标，同时还可以预防问题的再次发生，解决基本民生问题，从而推动社会和谐发展，这与市域社会治理的理念具有很强的一致性。我们的社会处在一个转型期，社会矛盾越来越突出，而且越来越复杂，种类也越来越多，仅依靠党委政府解决社会治理过程中的社会问题的做法已不再适用，而社会工作作为受过专业理论和工作方法教育的社会力量，在参与市域社会治理现代化建设方面较之一般组织和公民具备更专业的理论知识和工作方法。由于人们价值取向、情感需求等不同，社会民生问题也更加复杂多样，仅依靠政府或任何一方都难以解决，往往需要链接多方资源才能解决问题。资源链接是社会工作者必备专业能力之一，社会工作者在资源链接上具有很强的工作能力，能够快速、有效地调动各类资源以帮助政府或社区等解决问题。因此，社会工作介入市域社会治理是经济社会发展到一定阶段的必然产物。

脱贫攻坚背景下农民政治信任差异研究

朱代琼　马颖仪*

摘　要：随着现代化建设的推进和全面深化改革的深入，"三农"问题仍然是政治发展和社会稳定一个不可忽略的问题。农民对政府的信任是对政府行政的合法性和政策有效性的考验，政府提高行政效率、执行相关政策、管理社会公共事务等必须获得农民的支持和拥护。基于脱贫攻坚背景，主要采用文献研究法与问卷调查法来进一步研究所处不同经济及环境情况的农民政治信任的差异，分析农民对于政策制度、政府机构以及政府成员这些维度的信任差异存在的原因，为缩小农民对政策、政府及其相关成员不信任这种差异提出对策与建议，为进一步促进行政改革、社会发展进步及共同富裕做出创新研究。

关键词：政治信任；脱贫攻坚；农民；政府

农民政治信任问题关系到全面深化改革任务的推进程度和农村民主政治的推行成本和效果，政府施行的有关解决"三农"问题的政策和各种惠农政策取得了显而易见的效果，但是随着农村改革建设的深入，加上农村自身的封闭性和农民的政治心理偏差，改革建设也遇到了很多挑战。其中，农民的政治信任问题尤为突出。在脱贫攻坚的大背景下，农民在当代社会的地位仍然是重要且牢固的。因此，进行农民政治信任差异研究，可以加强农民政治信任，促进农民政治参与、适应时代发展要求，也为实现理论创新开辟了农民政治信任研究新路径、为农民加深政治信任理解提供了新依据、为政府改善"三农"问题提供了理论参考，并对促进建设和谐农村，推进基层民主政治建设具有重要意义。

---

　　* 朱代琼（1986 年-），女，讲师，博士，研究方向：网络舆情治理、基层社会治理、公共政策分析，通讯作者；马颖仪（1999 年-），女，韶关学院本科生，研究方向：基层社会治理。

一、问题提出

当前，学术界针对自己研究的方向与目标对政治信任从不同角度进行了定义，人们常会把政治信任当成是处理政府与公众关系的一个关键点去分析，对此很多学者都有其独特的见解。李泽环指出，脱贫攻坚是我国的特定概念，指的是从 2015 年底到 2020 年特定时间段的一项针对剩余贫困人口、贫困村、贫困县，通过精准帮扶措施，帮助扶贫人口脱贫、贫困村出列、贫困县摘帽的一项重点工作。[1]刘建军认为，政治信任属于政治心理范畴，是一种政治心理，政治信任主要表现为人们对政治实践的感受与理性思考，它包括对整个政治制度以及官员的评价。[2]这个观点则将政治信任划入心理行为范畴，认为其是一种精神现象，即人们在社会实践当中对政治行为和关系体会到的自己个人的直观感受，并对这些感受进行加工处理，形成一种政治情感态度。赖西如认为，研究基层政治信任问题，必须关注农民与政府公信力的关系。政府的公信力是政府的公职人员通过实际的宣传与操作，从理论与实践层面获得农民的支持与信赖，以争取获得更多的信赖资源，保证职权的顺利行使。政府只有认真履行人民通过法律赋予的职能，保证高效、廉洁的运行轨迹，才能够赢得群众的拥护和爱戴，并随之产生政治信任。[3]这种观点更多地是要关注政府公信力的问题，争取从民众身上取得信赖，进一步促进政府高效工作。有学者认为，政治信任包括人际信任（即公众对政府行为体、政府行政人员的信任）和组织信任（即公众对政治制度、政治机构的信任）两个维度。[4]程国强和邓秀新则认为，新发展阶段巩固拓展脱贫攻坚成果面临着许多新的挑战：一是脱贫人口返贫风险成因复杂多样，制度性、环境和个体性因素影响大，城乡发展差距大，尤其是基本公共服务不均等问题较为严重，城乡在居住、就业、社会保障、教育、文化、医疗等方面差距明显。二是扶贫产业

---

〔1〕 李泽环：《脱贫攻坚视角下和龙市乡村振兴的路径与对策》，吉林大学 2020 年硕士学位论文。

〔2〕 刘建军：《论社会转型期政治信任的法治基础》，载《文史哲》2010 年第 4 期。

〔3〕 赖西如：《当前中国农村政治信任问题分析——基于漳平市新桥镇六个村的调查》，集美大学 2016 年硕士学位论文。

〔4〕 Z. X. Wang, "Political Trust in China: Forms and Causes", Lynn White (ed.): Legitimacy: Ambiguities of Political Success or Failure in East and Southeast Asia, World Scientific Press, 2005, pp. 113~139.

可持续发展能力不强，人才、资金、市场和配套服务短板突出。[1]

国内外学者对于农民政治信任的研究相对较少，研究成果主要集中于理论架构、信任的起源及层级差异方面，对于贫困地区的农民政治信任研究较少，将脱贫攻坚和精准扶贫政策与农民政治信任相结合，针对实际扶贫效果对于农民满意度的影响做出了实证的研究调查，探索了脱贫攻坚背景下农民对于政策制度、政府机构与政府成员之间的差异。农村脱贫攻坚工作一直在进行当中，也不断随着社会的发展进步与政府的资金、政策、人力的投入，让农民感受到了精准扶贫带来的好处。笔者将农民作为政治信任研究的主体，纵向上对政府机构，横向上对政策制度、政府成员的评价与感受进行研究，以探索农民政治信任的内容差异。

对于政治信任的界定，笔者认为应该是多元化的、多方面的。政治信任不同于普通的人与人之间的人际交往信任，而更多是立足于在政治生活当中观察政治关系，在政治行为当中体现出政府与民众之间的互动与沟通的关系。政府的有效行政作用于农民的政治态度，农民对政府的积极或消极评价反作用于政府的工作，在此过程中，提高农民对政府的信赖程度，促进政府的廉洁、高效建设，形成一个合理循环体系。

二、研究设计

（一）研究方法

本文主要通过文献研究法和问卷调查法进行研究。

文献研究法是指充分对多个文献进行阅读、理解和参考。采用该方法主要是为了能了解目前国内外研究现状和为研究提供理论依据。研究所涉及的文献主要包括以下几类：第一，与脱贫攻坚相关的文献。对其深入了解是为了把握我国脱贫攻坚最新的研究进展，研究的不同理论视角，从而明晰研究的问题和确定研究的思路。第二，与政治信任相关的文献。探讨梳理农民政治信任的现状和影响因素等，对提高政府公信力具有重要的启发意义。第三，其他文献。除上述文献外，本文还参考了与精准扶贫、政策制度、政府机构和官府成员等相关具有重要意义的文献。

---

〔1〕 程国强、邓秀新：《新阶段巩固拓展脱贫攻坚成果面临的挑战与政策建议》，载《中国工程科学》2021 年第 5 期。

问卷调查法是指运用设计的问卷对特定的调查对象进行了解与征集他们的评价与意见，对所研究的问题提出指标维度假设并进行测量，收集并整理分析问卷数据，得出研究结论。另外，进行简单的 SPSS 或 STATA 软件操作对问卷进行分析研究，并通过广泛查阅文献及归纳信息，在参考其他文献及专家学者的研究成果的基础上，通过不断思考总结，形成自己的观点。

（二）研究思路

本文研究思路主要为：首先对不同地区的农民政治信任差异研究的背景、意义进行浅析，提出本文研究问题。然后，对国内外学者有关农民政治信任的文献综述、研究方向等展开思考，形成本文所运用的有关农民政治信任差异的影响因素、现状分析。在此基础上，借鉴学者们的研究理论，对"脱贫攻坚""政治信任"等核心概念进行界定。其次是研究设计。这一部分主要是从农民对政策制度、政府机构、政府成员 3 个不同维度的政治信任差异为切入点提出研究假设，然后确定这 3 个测度指标来对政治信任进行测量，最后对测量的数据与结果进行理论分析与实证分析。以此来讨论脱贫攻坚对农民政治信任的影响和农民对于 3 个维度的差异信任研究等。最后是得出研究结论与提出对策建议。针对实证研究出来的结论，对提高农民政治信任，减小农民政治信任差异提出合理可行的对策建议。

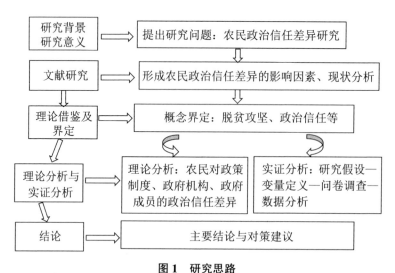

图 1　研究思路

（三）研究假设

针对形成农民政治信任差异的现象，提出以下假设。

1. 农民的政治信任存在对政策制度的理解差异

董礼胜和孙山认为，政治信任是政治合法性的一种体现，反映了公民对国家政治运行、政策实施的支持和认可。在政治信任的支持下，面对危机、风险，政治组织有更大的空间和能力进行应对和调整。农村地区的政治信任不仅关系着农村和农民自身的发展，更为重要的是，影响着整个社会的稳定和国家政治运行的总体进程。[1]这个观点肯定的是政治合法性在政治生活当中占据的重要地位，体现公民对国家政府单方面的评价与要求、农民对政府的信赖程度对政府执行各项政策与行使权力的作用。研究发现，不同年龄阶段及不同文化水平的人对政治信任的理解存在明显差异。在农村，学历在高中以上的人群，特别是受过高等教育的人，他们对国家的政策方针了解足够多，明白现阶段是脱贫攻坚战的关键时刻，清楚政府推行这些政策措施的意义，在一般情况下都支持和信任政府。而对于老年人来说，特别是没受过什么文化教育的老年人，由于教育的缺失，接触新鲜事物比较少，接受新挑战的能力比年轻人要弱得多，而且由于文化水平不高，甚至不认识几个字，对于政府发布的公告文件，有的时候无法了解其中的含义，因此，对于这些群体来说，他们对于政治信任的问题大多是被动的、模糊的。

2. 农民存在对政府机构信任的差异

卢春龙的研究结果表明，公共文化服务的满意度对农村农民的基层政府信任贡献最大。[2]在现代社会，人们在享受着经济高速发展带来的好处的同时，也还有一些偏远地区的贫困农民正在承受着衣食住行的困境带来的生活上的艰难。因此，有一些贫困地区正在发展当中，还没有真正脱贫，感受不到生活发生了很大的变化。因此，对政府的信任程度并没有脱贫地区的高，或者是还没有达到他们理想的地步。农民感受不到在政府机构的领导下带来的明显的生活改善，他们则会消减甚至丧失对政府机构的政治信任。不过，有些地区的基层或者上级政府对所在地区进行了精准扶贫改造，我国很多地区的农民也

---

〔1〕 董礼胜、孙山：《中国农村地区的政治信任问题研究——基于 S 省 Y 市 6 个乡镇的实证分析》，载《福建行政学院学报》2016 年第 6 期。

〔2〕 卢春龙、张华：《公共文化服务与农村居民对基层政府的政治信任——来自"农村公共文化服务现状调查"的发现》，载《政法论坛》2014 年第 4 期。

感受到了脱贫攻坚带来的前途和光明，让他们不再为吃穿而烦恼，实现了地区的真实脱贫。所以，已经实现了脱贫的农民更能感受到政府机构为经济收入的增长做出的不懈努力，且带来了生活的美好变化，就会对国家和政府更有信心。

政府的形象与态度对人们的政治行为有很深刻的影响，政府的"干与不干""干得好与不好"有时会直接决定公众的政治信任差异。政府的负面影响愈演愈烈，政府的公信力也会受到威胁。政府的公信力是政府工作的靠山，任何行政行为都离不开公众的支持。

3. 农民存在对政府成员信任的差异

王丛虎认为，由于政府公信力的提升关键在于如何赢得民众信任，而信任来源于其直接感受，所以基于感知的腐败状况是决定民众是否信任政府的关键要素。[1] 在农村，农民平时关注政治的程度不够深，很多时候都是基层政府干部去村里面挨家挨户走访群众、下达通知，给村民讲解政策的变化，帮助村民解决生活和生产上的种种困难，基层干部与群众的联系更为紧密。所以，出于村民对基层干部的熟悉与了解，他们更愿意相信基层干部能为他们干实事。对于上级政府、省级政府或者中央政府，村民们接触的机会相对来说比较少，常常会对他们下达的通知或施行的政策无动于衷。

另外，受权力的驱使与利益的诱惑，政府官员腐败现象并未杜绝，官员一方面以权谋私，搞暗箱操作；一方面权钱交易，各取所需，各种失职渎职、贪污腐败、贿赂行为层出不穷。在各种腐败现象的阴影笼罩下，对于落后的农村而言，这无疑是雪上加霜，农民参政的条件本来就很局限，甚至对参政的流程与事项一无所知，村干部不但不帮助农民理解政策，不引导他们参与其中，在其位不谋其职，反而从中谋取私利，难免会让农民的政治信任处于低谷，村干部享受额外的收入，损失的却是村民的利益，导致村民对政府人员很失望。此外，政府公职人员办事效率低、办事效果差、工作态度不好等问题也会导致政府绩效和公信力低下。

（四）测度指标

对于在脱贫攻坚背景下农民的政治信任差异问题，国内很多学者对其测度指标作出了不同的研究分析。朱恩亮认为，影响农民政治信任差异的因素

---

〔1〕 王丛虎：《政府公信度与腐败认知度的关系——兼评透明国际 CPI 排名方法》，载《教学与研究》2014 年第 6 期。

主要有主体因素（主要包括政治效能感、人际信任和传统政治文化认同）、客体因素（主要包括公共服务质量水平官员名声和制度信任）、介体因素（主要有媒介公信力）。[1]我们可以发现，学者们强调的农民对政治参与、文化服务、官员本身和制度的满意度和敏感度是衡量政治信任的一个重要尺度。农民参与政治生活，亲身体会政治哲学的魅力，是农民了解政府政策制度的一个重要途径。政治信任对政治合法性和政治稳定具有重要意义，政治信任的测量指标是多方面的，本文结合不同农民对脱贫攻坚的看法，引出了农民对制度政策的了解程度与这些政策制度给农民带来的一些变化的感知，同时也将对政府机构的信任与政府成员的信任差异作为政治信任测量的维度，因此可以显现出农民的政治参与热情，做出了何种政治行为。

1. 制度信任

章秀英和戴春林研究发现，网络媒体的使用会间接作用于政治信任，并认为网络的这种使用会提升民众的政治信任感，尤其是增加政治效能感。但这样也会影响到民众对政治治理成果的评价以及一些权威主义的价值观也将面临挑战，会消极地影响政治信任。[2]政府通常会选择在网络、新媒体平台上发布通过的一些政策制度，让大众知悉与获取信息。我们无法否认的是，网络是一个便利的窗户，使我们总能在第一时间获取最新的消息，而政府也会通过大众传媒对政治信息进行公开，民众从中对这些信息与对政府的行为进行评价。虽然在大多数情况下民众都对政府的工作表示支持和理解，并对政府保持一个积极的态度，但是由于一些群众对信息掌握的片面性与局限性，有时候会对政府作出消极的评价，这就存在了民众政治信任差异的问题，政治信任的差异也会让政府的权威面临挑战，使得政府的公信力逐渐下降，政府效能也会相对降低。在特定的情景里，对政策制度的信任受到的影响则会显得更为具体。

2. 机构信任

陈晓欣认为，政府是扶贫攻坚的主导力量，其在扶贫中既是制度供给者，又是扶贫政策的实际执行者，政府能不能处理好自己的角色定位和职能要求

〔1〕 朱恩亮：《农民政治信任的影响因素研究——基于贵溪市若干村的调查》，南京农业大学2014年硕士学位论文。

〔2〕 章秀英、戴春林：《网络使用对政治信任的影响及其路径——基于9省18个县（市）的问卷调查》，载《浙江社会科学》2014年第12期。

将直接影响精准扶贫工作的成效。[1]政治信任也受政府的办事能力与办事态度的影响。如果政府存在"不作为"的懈怠行为和"乱作为"的恶劣行为，也会削弱民众想要找政府办事的积极性。另外，对于普通民众特别是文化水平较低的农民来说，如果遭遇行政程序繁琐且政府行政效率低下的情况，大多数民众会对政府产生意见，从而怀疑政府工作的专业性与可靠性。因此，了解农民对政府部门机构设置、政府办事程序和效率、政府机构办事成果的满意程度则会成为了解农民对政府机构的信任度的重要维度。

3. 成员信任

官员的行为也影响着民众的信任度。赫瑟琳认为，政治信任是指公民对国家政治系统及相关机构或人员运作能够产生与公民预期一致结果的信念和信心。[2]政府腐败侵犯了公民的合法权利与利益，使得民众在一定程度上失去了对政府的信心，所以国家一直实行的"老虎""苍蝇"一块打反腐政策也是为了要获得群众信任而作出的重要决策，官员的廉洁程度是关系民众是否信赖的重要指标。

（五）数据分析

问卷作为用于测量人们的行为、态度和特征或者收集信息的一种社会调查，从调查者出发，调查对象主要是处于不同年龄阶段、不同学历、不同家庭条件及个人情况的农民。问卷主要分为6个部分：第一个部分是个人基本信息；第二个部分是农民对脱贫攻坚的了解程度；第三到第五部分主要是调查农民对政策制度、政府机构和政府成员的信任与满意程度；最后一个部分是了解农民对此会做出怎样的政治行为来反映他们对政治信任的差异。

本次调研一共收取了 327 份有效问卷（见表 1~表 6），男性调查者 163 人，女性调查者 164 人，调查的男女比例较均匀。此次调研能够覆盖各年龄层面的人，总体看来，18 岁~45 岁的调查者较多，其中 18 岁~30 岁的调查者占了 42.5%，31 岁~45 岁的调查者占总数 33%。从学历状况来看，拥有高中（中专）、大学（大专）或以上学历的人数占的比重较大，分别占总数 35.5% 和 42.2%。在政治面貌上，大部分调查者属于无政治阶层的群众，比例为

---

〔1〕 陈晓欣：《地方政府在精准扶贫中的角色转换研究》，福建师范大学 2018 年硕士学位论文。

〔2〕 Marc J. Hetherington, "The Political Relevance of Political Trust", *American Political Science Review*, 22（2001），201.

45.6%，共青团员比例是39.1%，中共党员（预备党员）的比例为15.3%。收入情况主要集中在中等收入层面，占调查总人数的70.6%。涉及到贫困群体与非贫困群体的对比，此次我们调查到的建档立卡贫困户有25人，占总数的7.6%，曾经是建档立卡贫困户但现如今摆脱了贫困者名单的有94人，占总人数的28.7%，非贫困者人数达208人，占调查人数的63.6%。

1. 描述性统计

表1 性别

		频率	百分比	有效百分比	累积百分比
有效	男	163	49.8	49.8	49.8
	女	164	50.2	50.2	100.0
	合计	327	100.0	100.0	

表2 年龄

		频率	百分比	有效百分比	累积百分比
有效	18岁以下	15	4.6	4.6	4.6
	18岁~30岁	139	42.5		47.1
	31岁~45岁	108	33.0	33.0	80.1
	46岁~60岁	60	18.3	18.3	98.5
	61岁及以上	5	1.5	1.5	100.0
	合计	327	100.0	100.0	

表3 学历

		频率	百分比	有效百分比	累积百分比
有效	小学或以下	3	.9	.9	.9
	初中	70	21.4	21.4	22.3
	高中（中专）	116	35.5	35.5	57.8
	大学（大专）或以上	138	42.2	42.2	100.0
	合计	327	100.0	100.0	

表4 政治面貌

		频率	百分比	有效百分比	累积百分比
有效	群众	149	45.6	45.6	45.6
	共青团员	128	39.1	39.1	84.7
	中共党员（预备党员）	50	15.3	15.3	100.0
	合计	327	100.0	100.0	

表5 家庭收入水平

		频率	百分比	有效百分比	累积百分比
有效	低收入	10	3.1	3.1	3.1
	中等水平	231	70.6	70.6	73.7
	中高水平	66	20.2	20.2	93.9
	高收入	20	6.1	6.1	100.0
	合计	327	100.0	100.0	

表6 建档立卡贫困户情况

		频率	百分比	有效百分比	累积百分比
有效	是	25	7.6	7.6	7.6
	曾经是，现在不是	94	28.7	28.7	36.4
	从来都不是	208	63.6	63.6	100.0
	合计	327	100.0	100.0	

2. 信度分析

内聚力的信度是对问卷中的每个主题之间关系的影响。一般采用克伦巴赫的阿尔法因子来衡量内部相容的可靠性。Cronbach α 系统的数值在 0 至 1 的范围内，并且阿尔法的值较高。结果表明：调查问卷的相关程度愈高，则其内在的连贯性愈高。总体来说，a 因子>0.8 代表其内在的协调能力很强，0.6~0.8 代表其内在的相容性较差。

表7　问卷总体信度检验结果

克隆巴赫 Alpha	项数
0.880	15

从总体的信度系数可以看出，标准化后的信度系数为0.880，说明问卷总体的可信度非常高。

3. 效度分析

效度是指所测的测试成果是否能反映所要检查的对象，其有效性愈高，而不是其有效性。在有效度测试方面，KMO因子与Bartlett圆型试验的差异是显著的，KMO因子的数值在0~1，且愈近1表示该量表的构效程度愈高，若巴特利圆型测验的显著性低于0.05，我们也可以认为问卷具有良好的结构效度。

表8　问卷总体效度检验结果

KMO 和巴特利特检验		
KMO 取样适切性量数		0.733
巴特利特球形度检验	近似卡方	4627.866
	自由度	105
	显著性	0.000

从总体的效度分析结果可以看出，KMO检验的系数结果为0.733，Bartlett检验卡方值为4627（Sig. =0.000<0.01），说明问卷总体的效度较好。

三、脱贫攻坚现状分析

（一）脱贫攻坚总体现状分析

习近平总书记指出，在中国新中国成立100周年之际，我们的脱贫攻坚工作取得了巨大成功。目前，9899万贫困人口已全部实现了小康，832个贫困县全部摘帽，12.8万个贫困村全部出列，当地总体贫困得到解决，完成了消除绝对贫困的艰巨任务。农村贫困群体已基本脱离了贫困，这对我国全面建设小康社会目标的实现起到了至关重要的作用。十八大以后，我国每年有1000万以上的人脱离贫困，达到了一个中等大国的水平。农村居民的生活质量明显改善，基本达到了"两不愁、三保证"，基本解决了衣食住行、上学问题；基本医疗，住房安全，饮用水安全。有将近2000万的贫困者得到了低保和特殊照顾，2400多名困难和重残人员得到了补助。[1]随着深化改革和精准扶贫的推进，我国农民在脱贫攻坚战的影响下，对于政府及干部成员的评价有所变化，在对政府的工作信任程度上存在明显差异。总体来说，农民能切切实实地感受到脱贫攻坚带来的好处与希望，对政府的态度是积极的，但是政府在执行政策和行使权力的过程当中，难免会遇到政治信任问题。章文光认为，精准扶贫政策在执行过程中存在"一刀切"现象、"府际关系"引起的坏账风险、执行保障的配套缺失等问题，应该在加强中央和地方的衔接、加强培训工作、加大监督力度、完善政策配套措施等方面做出改善。[2]

表9　脱贫攻坚信度检验结果

	删除项后的标度平均值	删除项后的标度方差	修正后的项与总计相关性	删除项后的克隆巴赫 Alpha	标准化后的 α
脱贫攻坚 1	6.10	4.373	0.764	0.666	
脱贫攻坚 2	6.01	4.650	0.574	0.756	0.793
脱贫攻坚 3	6.07	4.661	0.541	0.773	
脱贫攻坚 4	6.00	4.650	0.552	0.767	

从脱贫攻坚信度的分析结果可以看出，在脱贫攻坚上，总体的标准化信度系数为0.793，项删除后的信度系数都小于总体的0.793。因此脱贫攻坚信度较好。

表10　脱贫攻坚效度检验结果

KMO 和巴特利特检验		
KMO 取样适切性量数		0.741
巴特利特球形度检验	近似卡方	428.667
	自由度	6
	显著性	0.000

---

〔1〕　习近平：《在全国脱贫攻坚总结表彰大会上的讲话》，载《人民日报》2021年2月26日。

〔2〕　章文光：《精准扶贫面临哪些执行困境》，载《人民论坛》2019年第11期。

从脱贫攻坚的效度分析结果可以看出，KMO 检验的系数结果为 0.741，Bartlett 检验卡方值为 429（Sig. = 0.000<0.01），说明脱贫攻坚的效度较好。

（二）脱贫攻坚差异现状分析

随着深化改革和精准扶贫的推进，我国农民在脱贫攻坚战的影响下，在对政府及干部成员的评价有所变化，对政府的工作信任度上存在明显差异。总体来说，农民能切切实实地感受到脱贫攻坚带来的好处与希望，对政府的态度是积极的，但是政府在执行政策和行使权力的过程当中，难免会遇到农民政治信任问题。在农村，农民的政治信任主要来自于村委会，是农民与村委会进行互动沟通的过程。杨晓刚认为，村委会的附属化、行政化倾向使得一些村委会也习惯沿用行政命令的工作方法办事，工作不好开展，有时反而会引起村民的抵触情绪，很多事情难以推行，好事都容易变坏事，导致村委会的组织动员力弱。[1]韩耀军则在他的研究中说到：当前，在农村社会有一种奇怪的现象：大部分村民有事情的时候会直接到村委会寻求帮忙，但是当你问起你觉得你们村村委会总体上怎么样时，很多人却是满口埋怨。我们可以看到，村委会的作用在村民眼里只是个中间人的角色，而不是协调者和管理者，其功能的衰落，也是政治信任流失的一个方面。[2]

四、农民政治信任现状分析

（一）农民政策制度信任的基本现状

表 11　制度信任信度检验结果

	删除项后的标度平均值	删除项后的标度方差	修正后的项与总计相关性	删除项后的克隆巴赫 Alpha	标准化后的 α
制度信任 1	3.84	2.494	0.832	0.778	
制度信任 2	3.76	2.309	0.745	0.848	0.878
制度信任 3	3.80	2.373	0.730	0.860	

〔1〕　杨晓刚：《自然村村民自治是基层民主和乡村治理的新探索》，载《大理日报》2015 年 4 月 30 日。

〔2〕　韩耀军：《我国农村政治信任缺失分析——基于山西省吕梁市五村的研究》，山西大学 2013 年硕士学位论文。

根据制度信任信度分析结果可以看出，在制度信任上总体的标准化信度系数为 0.878，项删除后的信度系数都小于总体的 0.878。因此制度信任信度非常好。

表 12　制度信任效度检验结果

KMO 和巴特利特检验		
KMO 取样适切性量数		0.717
巴特利特球形度检验	近似卡方	551.039
	自由度	3
	显著性	0.000

根据制度信任的效度分析结果可以看出，KMO 检验的系数结果为 0.717，Bartlett 检验卡方值为 551（Sig. = 0.000<0.01），说明制度信任的效度较好。

（二）农民政府机构信任的基本现状

表 13　机构信任信度检验结果

	删除项后的标度平均值	删除项后的标度方差	修正后的项与总计相关性	删除项后的克隆巴赫 Alpha	标准化后的 α
机构信任 1	4.08	3.107	0.857	0.815	
机构信任 2	4.00	2.914	0.796	0.861	0.899
机构信任 3	4.01	2.985	0.759	0.894	

根据机构信任信度分析结果可以看出，在机构信任上总体的标准化信度系数为 0.899，项删除后的信度系数都小于总体的 0.899。因此机构信任信度非常好。

表 14　机构信任效度检验结果

KMO 和巴特利特检验	
KMO 取样适切性量数	0.728

KMO 和巴特利特检验		
巴特利特球形度检验	近似卡方	643.124
	自由度	3
	显著性	0.000

根据机构信任的效度分析结果可以看出，KMO 检验的系数结果为 0.728，Bartlett 检验卡方值为 643（Sig. = 0.000<0.01），说明机构信任的效度较好。

（三）农民政府成员信任的基本现状

表 15　成员信任信度检验结果

	删除项后的标度平均值	删除项后的标度方差	修正后的项与总计相关性	删除项后的克隆巴赫 Alpha	标准化后的 α
成员信任 1	8.02	8.147	0.802	0.791	0.856
成员信任 2	7.96	8.188	0.711	0.815	
成员信任 3	7.97	8.226	0.698	0.818	
成员信任 4	8.15	9.416	0.613	0.840	
成员信任 5	8.06	9.190	0.541	0.858	

根据成员信任信度分析结果可以看出，在成员信任上总体的标准化信度系数为 0.856。因此，成员信任信度非常好。

表 16　成员信任效度检验结果

KMO 和巴特利特检验		
KMO 取样适切性量数		0.748
巴特利特球形度检验	近似卡方	997.026
	自由度	10
	显著性	0.000

从成员信任的效度分析结果可以看出，KMO 检验的系数结果为 0.748，Bartlett 检验卡方值为 997（Sig. = 0.000<0.01），说明成员信任的效度较好。

五、脱贫攻坚对农民政治信任的影响

表 17 相关性分析

		脱贫攻坚	制度信任	机构信任	成员信任
脱贫攻坚	皮尔逊相关性	1	–	–	–
制度信任	皮尔逊相关性	.221**	1	–	–
机构信任	皮尔逊相关性	.217**	.190**	1	–
成员信任	皮尔逊相关性	.330**	.258**	.848**	1

**. 在 0.01 级别（双尾），相关性显著。

由相关分析的结果可知，脱贫攻坚与制度信任、机构信任、成员信任之间的相关系数分别为 0.221、0.217、0.330，说明脱贫攻坚与制度信任、机构信任、成员信任之间呈正相关，显著性概率均为 Sig. = 0.000<0.01，说明非常显著，即脱贫攻坚与制度信任、机构信任、成员信任有显著的正向影响。

表 18 方差分析表

模型		平方和	自由度	均方	F	显著性
1	回归	21.795	3	7.265	17.577	0.000[b]
	残差	133.503	323	0.413	–	–
	总计	155.299	326	–	–	–

a. 因变量：脱贫攻坚

b. 预测变量：（常量），成员信任，制度信任，机构信任

表 19 回归系数表

模型		非标准化系数		标准化系数		显著性
		B	t	Beta	t	
1	（常量）	1.212	0.125		9.708	0.000
	制度信任	0.128	0.049	0.139	2.597	0.010
	机构信任	-0.169	0.080	-0.207	-2.123	0.035
	成员信任	0.449	0.095	0.469	4.732	0.000

a. 因变量：脱贫攻坚

由方差分析表可知，回归模型的显著性概率 Sig = 0.000 < 0.01，说明回归非常显著。

由回归系数表可知，制度信任的系数有 t = 2.597，Sig = 0.01 < 0.05，机构信任的系数有 Sig = 0.035 < 0.05，成员信任的系数有 t = 4.732，Sig = 0.000 < 0.01，所以制度信任、机构信任、成员信任的系数显著不为 0，即制度信任、机构信任、成员信任均为重要变量。

综上结论，该回归模型为

$$y = 1.212 + 0.128x_1 - 0.169x_2 + 0.449x_3$$

其中 y 表示脱贫攻坚，x_1、x_2、x_3 分别表示制度信任、机构信任、成员信任。

（一）农民脱贫状况与政策制度信任

随着深化改革和脱贫攻坚工作的逐步推进，贫富差距也是我们社会发展需要解决的一个大难题，特别是传统的农民收入十分不稳定，生活有时会面临很多经济上的问题，通过国家提出开展的脱贫攻坚战为农民获得更多的经济来源，精准扶贫让很多贫困地区摆脱了贫困的"帽子"，生活水平日益提高，能够切实感受到党和政府的承诺，紧跟党和政府的步伐前进。民众的经济收入分配差异也造成了农民对政府政治信任的差异。处在相对落后且封闭地区的农民，受教育程度受到了大大的限制，对政府政策的理解与政治生活的参与有所欠缺，其政治信任容易偏向于极端，或对政府过于依赖或过分怀疑，始终找不到有效的平衡点，造成了政治信任的严重差异。

经过全面深化改革，中国共产党和国家领导下的一条富有中国特色的扶贫之路，使更多的贫困群众得以摆脱困境，为全面实现小康打下了坚实的基础。消除贫困、改善民生能进一步提升农民的幸福感和满足感。打赢脱贫攻坚战、实现乡村振兴、促进经济增长是全国人民的愿景，也是党和国家的奋斗方向之一。各种惠农政策取得的理想成绩也证明了脱贫攻坚战是有效的，但是由于每个地区都具有独特性，每个地区所采取的扶贫措施也有很大的差异，一项扶贫政策的下达在每个家庭和每个农民身上起到的作用并非都是一样的，就像有些家庭只有老人和小孩这些弱势群体在家留守，而缺乏真正的劳动力。因此，他们除了可以享受生活补贴之外，并不能解决劳动生产的问题，而如果家庭本身不缺劳动力且有足够的田地让他们耕作，这些家庭的工作和收入相对来说就会比较稳定，扶贫对他们来说带来的变化较大。所以，这些情况就造成了不同境遇的农民享受到的扶贫效果存在很大差异，人们会渐渐产生不公平的想法。生活逐渐宽裕的农民会对政府的扶贫政策更加赞同，也会对政府的工作更加支持和信任。反之，对于在脱贫攻坚战当中没有真正脱贫或者暂时没有脱贫的那一部分人来说，扶贫的效果没有达到他们的心理预期，所以他们对于政府的信任没有太大的变化。

（二）农民脱贫状况与政府机构信任

受政府办事的负面影响，会导致政府信服力不足。李峻登认为，尽管政府在管理社会公共事务等方面可以发挥一定的作用，但是其自身能力仍然存在局限性，并非万能的存在。例如，政府因受到搜集整理的信息不全面、不完整及信息不对称等因素的影响，容易制定不合实际的决策，产生预期外的后果。同时还指出，政府职能具有权变性特征，其在管理社会公共事务活动时，会根据阶段的不同、对象的不同采取不同的管理方式，这就要求政府能够做到根据不同环境、不同条件作出合适的政府行为，以便发挥政府职能最大效能。[1]对于文化水平不高的村民来说，他们通常搞不懂办事的流程与手续，即使有明确的办事指南也未必看得懂，类似于农村医疗保障、社会保障和补贴等申报程序，要是没有精简的程序，这些政策措施对于他们来说便只是纸上谈兵，毫无感觉。他们要是感受不了政策带来的好处、体会不了政府工作的性质，那么就代表政府的工作其实是低效的，政府的信服力也将得不到提高。

在农村，农民的政治信任主要来自于村委会，即农民与村委会进行互动沟通的过程。众所周知，我国根据自身特殊国情对村一级实行的是村民自治制度，让村民通过民主选举，选出大家支持的人来实现自我管理的目的。村民自治制度在我国实行的时间已久，也在管理村一级方面取得了许多有效的成果，但是世上没有完美的政策与制度，每个制度都会存在瑕疵。因此，每项制度都要经历时间与实践的洗礼，要接受群众的考验，要在时间长河中发现其存在的问题并且不断地去完善它，使其成为适应地方发展的、有特色的村民自治体系。在中国的政治体制下，农村村民自治体制，其民主化程度和自治化程度仍然不足，在所谓的村民管理体系当中，仍然是停留于被动监督与管理的层面，自我监督与自我管理的落实程度不够，导致村民们大多只关

---

〔1〕 李峻登：《政府职能理论与政府职能转变必然性》，载《行政论坛》1996年第3期。

注自身或者自己家庭的利益，缺乏集体利益感。对于商讨村里事务所召开的村民大会、村委大会、村民听证会等很多时候都是流于形式，村民无法从中获取真实、有用的信息，也没有解决实质性的问题。村民的民主化、自治化程度低，自然对政治生活的关注也会有所下降，导致村民政治信任的差异扩大化。

（三）农民脱贫状况与政府成员信任

王莉认为，经过多年的改革开放，国家经济建设发展迅猛，人民生活水平大幅提高，随之日益滋生的官员腐败问题也日益严重，腐败手段多样，影响恶劣，这种消极腐败现象会严重影响社会的和谐安定，严重损害党和政府的形象，严重危害党和政府的公信。[1]除了村民自身的文化素养造成政治信任的差异之外，村干部的素质也深深影响着政治信任的程度，受过中高等教育且长期受到党和国家文化知识熏陶和培养的思想觉悟较高的村干部，政治信任的程度更高，会组织、引导、支持村民参与政治生活。受教育水平越低，政治态度越摇摆不定，导致政治信任也随之不稳定。

贫困农村基本上都有一个共性，那就是交通不太方便且周围环境比较封闭，生产生活条件较差，基础设施建设欠缺，经济不发达，且有些极端落后的农村会存在传统、保守的陋习，这导致他们不愿意或者难以改变固有的消极思想，不轻易相信他人，对政府也不够信任，从而让整个地区得不到很好的发展进步。而有比较热情开放的乡规民俗的地区则比较容易接受和配合国家与政府的脱贫攻坚工作，因地制宜，更好地发展当地的经济与产业。目前，农村经济发展还是处于比较低层次的状态，发展很不平衡，很多深度贫困的地区和偏远山区的自然和人文环境都比较差。农村环境比较闭塞、交通不发达，所接收的信息不完整，且基础设施建设不全，大多数还是以粗放型的农业生产为主，商品经济滞后，经济发展速度缓慢。农民们的生活区域狭窄，思想受到极大的束缚，这些因素都会导致他们对政策的理解产生较大的偏差，从而使他们的政治信任下滑。

六、结论与讨论

（一）研究结论

本文针对在脱贫攻坚大背景下农民政治信任的差异研究，从农民对政策

---

〔1〕 王莉：《我国政府官员腐败防治问题研究》，南京工业大学2016年硕士学位论文。

制度、政府机构、政府成员的感知三个角度对农民的政治信任度进行测量。通过问卷调查，我们发现：①精准扶贫给贫困农民带来的生活水平的积极变化使农民对政府所实施的政策制度呈现出认可及信任的表现；②当前多数农民对政府推进农村农业改革发展评价较好，农民对农村社会环境改善及人民家庭收入增加持乐观态度；③在政府成员腐败和廉洁的问题上，大部分农民认为政府成员腐败是导致农民不信任的重要原因之一，但是他们对腐败惩治力度和惩治的效果比较有信心，对政府及其工作人员的工作能力、工作态度和工作成效的认同感还有待提高。

当然，政治信任这一议题涉及的学科广泛，内容极其丰富，农民政治信任仍然还有很多值得研究的话题。农民的政治信任问题是复杂的，是基于农民的主观判断与评价作出的，所以应充分考虑农民个人的思想倾向与价值评价对政治信任的作用，农民政治信任受农民个人、政府机构、政策制度、政府官员等多方面的影响。因此，要对政治信任的主体进行大样本调查研究或者进行深度访谈才能提高研究的效度。使用量化研究和质性研究相结合的方式来丰富理论成果。

（二）对策与建议

提升农民的政治信任，需要从农民和政府双方入手，形成良性互动关系。我国许多学者就提升农民的政治信任提出了很多对策建议。邓熠认为，提高政府的经济绩效是基础；提高政府的政治绩效是重点；提升政府的公共服务绩效是关键。[1]转变政府管理观念，推动服务型政府建设，既是时代的要求，是政府建设的一个崭新的方向，同时也是顺应社会发展、满足人民需要的需要。最大实数以最广大人民的根本利益为基础，以优质的服务赢得人民的信任，提高对各级政府的信任和公信力。

1. 建立健全扶贫攻坚政策制度，拓宽农民政治参与渠道

第一，扩大农民的政治参与途径，增强其参政议政意识。农民在参政议政的过程中能增加他们对政府治理及政策实施情况的了解。因此，要改变农民"事不关己"的参政态度，采用更多的激励机制支持农民参与政治治理。政府应充分考虑农民的需求与感受，为他们提供更便捷、更简单的参政议政

---

〔1〕 邓熠：《我国公民政府满意度和政治效能感对政府信任的影响研究》，电子科技大学 2020 年硕士学位论文。

的途径，激发他们参与政治生活的热情，让他们乐于参政、主动参政。

第二，完善自治模式，提高农民政治认同和民主意识。村民自治是农村管理的一个标志性特征，农民更能清楚自身真正的需求，"自己管理自己"更能有效地解决问题。为了能让村民的利益最大化，必须要完善村民自治制度，填补管理漏洞，以人为本，让村民们能树立起主体意识，从而提升农民的政治认同感。让农民当家做主，必须强调"民主"二字，是村民更设身处地地感受民主管理、民主监督等的治理模式。

第三，因需配置，扶贫效果人人共享。脱贫攻坚战的开展为很多贫困地区注入了发展的活力、带来了生活的希望，要想让脱贫攻坚战持续发挥它的影响力，必须牢牢抓住各地区经济文化发展的新机遇，利用当地独特的生产条件与发展经验，深入推进精准扶贫，将当地资源优势转化为实际的扶贫成果，让扶贫成果人人共享。从中央到地方都应深入跟进扶贫进度，重视扶贫开发工作，采用政策支持、资金支撑的方式使各贫困地区能因需配置，使其发展优势更为凸显。

2. 加大行政管理建设改革，提高行政效率

第一，完善农村基础设施建设，促进经济文化发展。实现贫困农村脱贫，最重要的一步就是要改变贫困农村物质和精神两方面都落后的状况，具体而言，要从基础设施建设、经济增长、生产经营、环境可持续发展等方面着手。在持续打响脱贫攻坚战的过程当中，农民对贫富差距拉大、收入分配不平衡等问题反映强烈，为了进一步提升农民的满足感，提高他们的政治信任，政府必须及时调整社会经济结构，找出扶贫工作中出现的的漏洞，消除两极分化，追求社会主义公平正义，促进社会和谐、稳定发展。

第二，创新管理方式，提高行政效率。提高农民的政治信任可以以提高政府绩效为切入点，要从现实出发，创新行政管理体制，创新行政管理方式，提高行政效率。具体要求为：一是要建立完善的反腐败制度与问责制度，让腐败行为无处遁形，对政府失职渎职行为予以严惩；二是要精简行政办事程序、政府简政放权，让农民能花更少的时间办成事，从而提高农民对政府的信任度。

第三，公开扶贫信息，加大监督力度。为充分取得村民的政治信任，公开扶贫信息，加大监督力度是一条必经的路径。主要从以下两个方面做起：一是实行村务政务民主公开。确保村干部在作出村务重大事项和决定时，经

过民主协商，集体讨论，作出决定的事项是关乎民众切身利益的，应事先向全体村民公布，让人民群众享有知情、参与、建言权，保证各项权利的行使都能在阳光下进行。二是健全行政问责长效机制。完善监督问责制度，在充分发挥纪检作用的同时，加强群众、社会及媒体的舆论监督，用公众是否满意来判断农村党员领导干部的工作是否合格。

3. 加大反腐力度，增强农民政治信任

第一，始终保持廉政自律的行为规范，不忘初心。当前，国家正在经历着改革、社会转轨，而腐败是一个具有历史性意义的问题。特别是在脱贫攻坚的决胜关键期，加强反腐倡廉建设至关重要，必须加强思想道德建设。两袖清风、清正廉洁是作为每一名干部最基本的行为准绳。对廉政建设和消除腐败来说，要加强监督，建立健全严密的监督检查机制，提升舆论监督、群众监督与惩治力度。在反腐行动当中增强农民对政府相关成员的政治信任。

第二，加强多方面宣传，加深认同感。加强宣传对农民的思想工作有针对性、时效性和吸引力的作用，大众传媒肩负了宣传政治信息的重要任务，线上线下相结合更能体现媒体媒介的宣传效果。随着改革与扶贫的深入，必须将政治信息正确地传播给农民，加深他们对国家与政府的认同感。既要与时俱进，又要不断创新。一是要不断丰富宣传工作的内涵，拓展宣传工作的领域，完善宣传工作的手段；二是要深入群众，认真调查研究，关注农民的真实需求，体察民情、顺民意；三是要深入宣传各项改革惠民的政策，真实报道扶贫真相，强化农民对扶贫工作的认识，增强农民的信心。

第三，重视教育，提高农民文化素养。农民的政治文化素养对其政治信任有很大影响，提高农民的政治信任要具体从以下几个方面入手：一是要重视对农民自身的教育，政府应加大农村教育的投入力度，进一步改善农村教育设备与学习环境。农民自身要树立主动学习的态度和营造富有书香气的氛围，提高自身的综合素质。二是要扶贫与扶智相结合，引导农民发扬自力更生的精神，摒弃依赖他人、依赖政府，坐以待毙的思想，要积极发挥自己的创造性，通过劳动来改变生活。三是要建立高素质的领导班子，提高村干部的整体素质，以干部为"领头羊"带动村民致富，在提高村民的思想政治觉悟的同时，使其享受扶贫带来的美好生活。

"三治融合"视域下城乡基层治理的实践探索
——以 SG 为例

罗楣宗[*]

摘 要："三治融合"是推进基层治理、实现乡村振兴的新治理体系。但当前学界对普通城乡基层的实践样态研究不足。S 市作为粤北的三线城市，在一定程度上可以代表普通城乡的实践情况。当前，S 市城乡的"三治融合"一方面发挥了党政的领导核心作用，贯彻依法治理理念，基层工作人员能主动树立德治意识，以身作则，促进村社的发展；另一方面发挥了基层力量制定乡规民约，培养乡贤文化，开始注重发挥德治在基层的凝聚作用。但还存在自治能力不足、德治内涵挖掘不够、难以形成"三治"协调的治理困扰。因此，S 市下一步需要借助政治势能的作用，充分调动群众力量发展自治，根植村社需要发挥德治功能，并形成互补配套的"三治融合"治理体系。

关键字："三治融合"；自治；法治；德治；基层治理

一、研究背景及缘起

实施"三治融合"是实现乡村振兴、推进城乡基层治理的现实需要。党的十九大报告提出要实施乡村振兴战略，解决好"三农问题"。其中，要做好农村基层工作，就要"健全自治、法治、德治相结合的乡村治理体系"[1]。报告明确提出"德治"要与"自治""法治"相结合，突出了"德治"的重

---

* 罗楣宗（1992 年-），女，广东韶关人，硕士，助教，广东韶关学院，研究方向：基层治理。
〔1〕 习近平：《决胜全面建成小康社会 夺取新时代中国特色社会主义伟大胜利：在中国共产党第十九次全国代表大会上的报告》，人民出版社 2017 年版，第 32 页。

要地位。"三治融合"在全国广泛实践，如桐乡的探索得到社会各界认可，成为"金名片"，"桐乡经验"也得到推广。自治、法治、德治的"三治融合"成为城乡基层治理实践中的应然选择。

同时，"三治融合"的实践是治理理论的践行和阐释。在公共管理领域，治理问题作为公共管理的范式之一，倡导治理主体的多元化，允许社会组织、个人、企业等参与公共事务治理，利用多元的权力影响、控制和规范公众的行为，由此"使相互冲突或不同利益得以调和并采取联合行动的持续行动"[1]，最大限度地实现公共利益。在此基础上提出的"善治"理念突出"良好的治理"的治理成效。而"治理"和"善治"与当前我国推进城乡基层治理的自治、法治和德治不谋而合。因为自治是吸收基层民众的自主力量；法治则运用国家的行政力量，对应"治理"中的多元主体；德治是通过"道德规范约束人的行为从而形成社会秩序的治理观念和方式"[2]，是对自治和法治的一种重要补充，在国家治理与居民自治中起到黏合、统一的作用，从而达到"善治"的效果。

基于基层治理实践的迫切需要和对"治理""善治"理论的实践和诠释，"三治融合"成了学界关注热点。但"三治融合"落地基层，各地的实际情况、实践经验、遇到问题有所不同，呈现动态性。因此可以尝试从不同地区的实践情况着手，以补充和丰富"三治融合"的实践经验。

二、关于"三治融合"的文献梳理

(一)"三治融合"的理论来源和功能

"三治融合"的理论来源涉及政策引导和实践总结两个方面，包括习近平总书记主政浙江时形成的雏形、"五位一体"结合说、党对农村工作的布置、城乡治理体系发展等。[3]学界在涉及"三治融合""三治合一"或"三治结合"的研究中往往提到十九大报告、十九大四中全会、十九大五中全会上的精神指示，并进一步提及《中共中央、国务院关于实施乡村振兴战略的意见》等具体领域的工作部署。从这一角度看，"三治融合"是领导层总结城乡治理

---

〔1〕 陈振明主编：《公共管理学》，中国人民大学出版社 2005 年版，第 8 页。

〔2〕 郁建兴、任杰：《中国基层社会治理中的自治、法治与德治》，载《学术月刊》2018 年第 12 期。

〔3〕 杨海莺：《近年来国内关于构建"三治结合"乡村治理体系的研究综述》，载《社会科学动态》2020 年第 5 期。

经验、经顶层政策设计后引导基层落实的一种国家治理方式。

此外，在"三治融合"推行过程中，学者们尝试从中国的古代、近代和现代治理实践中廓清"德治"的含义和功能，为基层实践提供更清晰的理论指导。周申倡等提到，在中国古代封建时期，乡村德治的道德理念的主导权和解释权被掌握在统治阶级手中，德治起到的是"教化-控制"作用；新中国成立后，社会主义在深入乡村基层，破除小农思想，建立对社会主义道德观念的认同，起"教化-改造"作用；改革开放后，随着社会基层治理的成熟，在村民自主的基础上创新性地加入德治理念，以达到"治理-善治"的目的。[1]。即基层中使用德治的手段古已有之，具有延续性，可以随着时代的发展更新其核心思想，符合治理的需要。随着德治成为当前基层治理提倡的新方式，与城乡治理体系中原有的治理手段——自治和法治——三者间的关系及功能定位需进一步厘清。自治是基层治理的核心，也是法治和德治的基础。而所有人都自由则意味着所有人都不自由，因此法治为自治和德治界定了范围，也为两种治理类型的合法性提供保障；德治作为一种软性的约束，是"对自治与法治的补充和'润滑'"[2]，"沟通'自治'与'法治'，填补两种之间的空隙"[3]。德治作为一种低成本、影响力持续绵久且能对城乡基层治理体系起到很好补位作用的治理方式，被基层治理所迫切需要。由此，"三治融合"得到了基层实践和学界的认可。

（二）三种治理类型的关系

"三治融合"治理体系是从个别乡村的成功实践经验中提炼出来的，经过总结和理论升华成为党和国家在乡村振兴、社会基层治理方面的理论指导。理论从实践中总结概括而来，当理论指导实践时就需要具体问题具体分析，根据不同的地区的情况调整实施。要指导实践首先要对构成"三治融合"的自治、法治、德治"三要素"的概念及相互关系进行梳理，进而尝试构建三种治理手段间互相协调的"融合"机制，进而达到指导不同地区社会基层治理的目的。学界对"三治融合"治理体系的研究，也从这一角度切入，总结

---

〔1〕 周申倡、戴玉琴：《从"教化—控制"到"治理—善治"：基层治理模式递嬗中的乡村德治》，载《江海学刊》2020年第6期。
〔2〕 郁建兴、任杰：《中国基层社会治理中的自治、法治与德治》，载《学术月刊》2018年第12期。
〔3〕 郭夏娟、秦晓敏：《"三治一体"中的道德治理——作为道德协商主体的乡贤参事会》，载《浙江社会科学》2018年第12期。

为以下三种观点：一是"目的-保障-基础"论。即在"三治融合"中，自治是基层治理开展的目的；法治是依法治理、依法治国的必然要求，提供治理的规范和遵循，因此是基层治理的保障；德治是传统社会业已存在的治理方式，因此是基层治理的基础。[1]持相似观点的有邓大才。他认为，自治是核心、法治是保障、德治是基础。[2]自治作为基层治理的目的，也可以被视为基层治理始终围绕的核心，法治可以作为自治、德治的保障；乡村社会以宗族、家庭、会、社、庙等组织构成，道德规范与组织紧密结合，因此德治是基础。二是"基础-保障-导向"论。裴斌在研究枫桥镇枫源村时发现，该村以自治为基础、以村规民约为保障、以乡贤文化为抓手突出德治导向。[3]陈松友等认为，"三治融合"中自治为基础，是维护基层社会稳定的重要因素；法治为根本，为民主实践提供基本框架；德治为先导，这与深深刻在国人心中的以德治国的价值理念密切相关。[4]三是融合论。这一观点关注如何在厘清自治、法治、德治的基础上，致力于将三种治理手段有机结合起来，形成一个完整的治理机制。如郁建兴认为"三治"虽有所侧重、排序有优先，但要形成一个共同作用的整体系统。邵丹萍则提出了"一翼两体"的观点，自治为"一体"，法治和德治作为"两翼"起辅助作用。[5]裴斌根据"枫桥经验"提出了"三上三下"[6]的民主决策机制，自治、德治与法治都融入机制协调运作。

（三）"三治融合"的实践考察

实践是理论的最终落脚点。"三治融合"作为基层治理的指导思想在城乡治理中得以迅速推广，并因各城乡地区差异较大而形成了形态各异的治理经

---

〔1〕 丁文、冯义强：《论"三治结合"乡村治理体系的构建——基于鄂西南 H 县的个案研究》，载《社会主义研究》2019 年第 6 期。

〔2〕 邓大才：《走向善治之路：自治，法治与德治的选择与组合——以乡村治理体系为研究对象》，载《社会科学研究》2018 年第 4 期。

〔3〕 裴斌：《治村型乡贤主导下"三治融合"的拓展和创新——基于枫桥镇枫源村的探索》，载《甘肃社会科学》2019 年第 4 期。

〔4〕 陈松友、卢亮亮：《自治、法治与德治：中国乡村治理体系的内在逻辑与实践指向》，载《行政论坛》2020 年第 1 期。

〔5〕 邵丹萍：《试论"一体两翼"乡村治理体系的构建——基于台州市路桥区乡村治理的专题调研》，载《传播力研究》2018 年第 21 期。

〔6〕 裴斌：《治村型乡贤主导下"三治融合"的拓展和创新——基于枫桥镇枫源村的探索》，载《甘肃社会科学》2019 年第 4 期。

验。学者们就不同地区的经验进行介绍、探索经验、寻访不足，尝试构建可供参考复制的治理机制：一是经典的实践经验，包括"枫桥经验"和"桐乡经验"。"枫桥经验"充分调动了治村型乡贤的积极性，推动"三治融合"治理开展，开拓了吸收多元主体参与基层治理的新路径。"桐乡经验"展示了基层实施"三治融合"可以借助党政机关的"政治势能"，吸引群众参与，形成创新机制。二是"三治融合"基层实践的拓展。例如，嘉善县实践、高桥模式、祝温村实践及鄂西南 H 县、贵阳市白云区等地的具体实践。因为"三治融合"作为基层治理和连接乡村治理"断层"的新体系，具有推广实践的重要意义。与东部沿海的成功经验相比，在中西部、非发达地区的实践中同样具有重要价值。鄂西南的 H 县[1]借助政策东风，首先对两委职能予以廓清，凸显"自治"的核心地位；其次是根据本地区经济亟待发展的实情，就村民关注的经济问题大力举措，借助云视频系统实施精准扶贫、智慧农业、远程医疗等便民服务，推进法治、自治的实现。而贵阳市白云区所涉及的基层治理情况更复杂，包括乡村、城乡结合部及城市社区的治理，强调"德治"凝聚共识、教育感化、精神引领等效果，适合流动、动态、边界模式的城市管理。

"三治融合"治理体系在实践中总结经验，经过顶层政策设计后，借助政治势能在基层全面铺开。学者们对"三治"的概念界定、关系厘清、机制构建等提出了建设性建议。在此过程中，虽然陆续对"三治融合"的典型经验、西部非发达地区实践进行了研究，但案例研究略显不足，尤其是对非发达的这类特点不突出的普通地区而言关注度较低。这类地区在全国城乡基层中占多数，因此具有研究价值。

三、"三治融合"在 SG 市的实践

SG 市是（下称"S 市"）地处广东省北部的地级市，下辖 3 区 5 县，代管两个县级市。区、县下辖的社区、乡村是城乡基层治理的最小单元。S 市作为三线城市，山多地少，经济不发达，可以作为普通城乡的代表。当前，随着基层治理的日渐成熟和德治理念的深入人心，S 市开始在基层践行"三治

---

〔1〕 郁建兴、任杰：《中国基层社会治理中的自治、法治与德治》，载《学术月刊》2018 年第 12 期。

融合"治理方式。在对 S 市下辖的各县、市、区的相关部门进行访谈后，了解当前政府部门治理方式及"三治融合"的实践成果。

（一）党政机关引领下的"三治融合"实践

1. 坚持党的领导，形成有力领导核心，助推"三治融合"实施

城乡基层治理的发展和改革离不开基层党组织的引导。"支部建在连上"是我党的光荣传统，意在发挥党组织的战斗堡垒作用，凝聚作用直达基层。城乡基层治理也需要党组织发挥坚强领导核心的作用，持续发挥党建工作在基层治理中的重要作用，组织基层党员干部发挥先锋带头作用，切实推进基层治理的完善。S 市的做法如下：一是形成直达基层的党建工作格局，为"三治融合"提供平台。有些街道在创新性地发展城市社区一体化党建新路径，从街道直达小区，在充分发挥党组织和党员作用的同时，还很好地沟通群众，为群众参与小区事务提供了机会和平台，提供了居民的凝聚力和参与感，推动了"三治融合"的实施。二是形成有效的对接机制，充分联系群众，发挥党员引领作用。松山街道的党建工作充分发挥了每名党员的节点作用，以党员作为联系沟通社区群众的网络节点，带动群众共同参与社区内的志愿活动，带动社区事务走向自主、自治、自助，与社区居民成为社区的"共建者""参与者"。

2. 依法治理，贯彻法治理念，形成崇尚法治的氛围

法治作为基层治理的手段，具有刚性约束力，为基层事务治理提供了统一、标准的规范。法治手段的"硬"约束保障了基层自治、德治的有效、有序进行，确保基层治理体系与国家治理体系的统一。法律的约束具有普遍性，因此贯彻法治理念，管理部门首先要规范自身的建设管理，在基层治理中实现法治。各地有关部门根据实际情况依法依规提高自身的规范化水平，因地制宜地制定全县范围内本部门的工作实施方案，做到部门工作有规可依、有章可循，根据要求达到部门建设标准。二是严格执法，大力打击违法犯罪行为，维护社会安定。例如，某县公安部门开展"六合一"专项行动、"八大专项"行动、三大整治等工作，就出租屋排查整治、打击电信网络诈骗、整治重点场所、处理信访工作等重点工作大力推进；某街道将综合治理工作纳入单位的重要议事议程，定期召开班子会议了解基层综治事务，着力化解基层纠纷矛盾，并建立扫黑除恶工作机制严厉打击各类违法违规活动。知法、执法、践行法，以强有力的措施确保法治的落实。三是送法到基层活动。通过法制宣传活动提高基层群众的法制意识，做到守法、信法，积极调解基层的

各类纠纷，与职能部门、高等院校、专业法律团体合作，通过宣讲、科普、法律援助等各种形式送法到基层，让群众求助有门，运用法律武器保护合法权益。法律能够切实发挥作用才能让法治的权威得以体现，确保了法治的地位和法律的尊严，基层的法治才能得以践行。

3. 树立德治意识，以身作则，坚持以正确的道德观念引导

德治要在基层治理中发挥作用，就要宣扬正确的价值观念，形成道德共识。S市在"三治融合"过程中，首先做到了以身作则，通过提高各部门的领导干部、党员、工作人员的工作素养和道德修养，形成崇尚德治的理念。各部门、社区（村）通过举办培训班、现场参观等方式提高了工作人员的服务意识和专业水平，有利于树立管理者遵纪守法、严以律己、爱岗敬业的正面形象，在基层治理中为解决疑难问题提供专业的建议和服务。通过为人民办实事的方式展示工作人员负责人的职业观念和为人民服务的坚定信念，是宣传和弘扬社会主义核心价值观的重要途径，对于推行德治教化具有良好的引领作用。

（二）城乡基层对"三治融合"的实践

作为"三治融合"的重要主体，城乡基层力量是这一治理方式的重要参与者。其中，城乡基层力量包括居（村）委会等基层自治组织、社会力量、社区（乡村）居民。他们既是基层治理的接受者，更是重要的参与者和主导者。在S市基层治理体系不断完善的过程中，城乡基层力量分别在自治、法治、德治方面展开探索。

1. 制定乡规民约，完善治理制度，夯实"三治融合"的法治基础

基层治理在坚守国家宪法、法律法规、方针政策的前提下，还要根据每村、每社区的情况制定符合实际的乡规民约，有利于基层治理的规范化。一方面，在基层治理中，S市的部分村（社）制定了合乎实际的乡规民约或居规民约，确保在基层治理过程中有贴合村（社）情的规范可以遵循。如某县鼓励各村民小组制定《村民小组重大事项"三议一审"工作制度》，各村民小组对于所涉及的集体资产使用、分配、流转等重大事宜都必须经过组委会提议、理事会商议、报村党支部和村民委员会审议、户代表或村民会议决议，保证决策的公正透明。这一决策制度成了某县各村自治过程中重大事项决议的规范。二是修订已有的村规民约，不断完善制度规范。有村庄根据本县的乡村振兴规划和基层治理推进的目标，将依法建房、农房管控风貌提升、垃圾分类、门前三包等内容写入了村规民约；有些乡村则制定完善了村委选举

办法、民主村干部评议办法、村委小组成员联系办法、"三议一审"工作制度、报账员管理制度、村务公开制度、村规民约等一系列相对完整、配套的关于乡村干部选举管理、村务治理的方法。同时，强调发挥村（居）设立的红白理事会、道德评议会、村民议事会和禁毒禁赌会的作用，形成相互配合的"一约四会"管理机制。不断完善的规范制度得到了基层群众的认可，各类基层事务的处理也有章可循，为基层自治的有序开展提供了坚实的基础和保障。

2. 培育乡贤文化，鼓励多元社会基层力量参与活动，充分发挥基层自治的创造力

随着社会经济的发展，大小城市之间、城乡之间的贫富差距不断拉大，青壮年人口也从小城市流向大城市、从乡村流向城镇。S市作为三线城市也是如此，尤其是在乡村。青壮年的流出导致乡村社会活力逐步丧失，留下的更多的是孱弱的老人或稚龄的儿童，乡土老龄化问题和留守儿童问题增加了基层治理的难度。尤其是在非发达地区，养老服务和儿童教育等问题对资源的大量需求与资源的缺乏形成了突出矛盾。因为相比于经济发展良好的地区，非发达的地区才更需要社会组织提供的服务，而由社会组织提供服务恰恰需要大量的财政支持。为解决这一困境，S市中不少的村庄主动挖掘内部资源，运用村庄的熟人网络联系本村乡贤，呼吁其通过捐赠等方式建设养老服务场所、健身场所、图书馆等，或通过出谋划策、回乡任职等方式为家乡建设提供智力支持。对从农村"走出去"又"走回来"的乡贤，各村通常以写光荣榜表扬、回乡由村干部接待、祭祖坐主桌等方式进行表彰，给予其在村庄较高的社会地位。乡贤得到乡亲的认可则更愿意为家乡事业添砖加瓦。此外，乡贤在基层治理中可以发挥标杆作用，带动村（居）民投身于基层事务治理。例如，在疫情严峻阶段，居民自发组成志愿者队伍协助核酸检测、物资派送等；在日常生活中，由居民组成的志愿者队伍组建各类文娱小组，带领老人学习"广场舞"、练书法、打羽毛球等，提供为老服务。良性乡贤文化的形成使得村庄的精英乐于为乡村治理做贡献，带领基层群众主动参与对各项事务的管理，做到自我管理、自我教育、自我服务、自我监督，充分发挥社会基层群众的智慧。

3. 注重文化培育，形成崇尚道德的氛围，逐步凸显德治导向

费孝通先生提到，中国的传统乡土社会是一种"差序格局"，以宗亲、血

缘、友谊、地缘为联系纽带，侧重于人与人之间"私"的关系。[1]虽然改革开放后，城乡人口流动频繁，乡镇的很多青壮年流入城市，但留在家乡的老人、儿童等仍处在这一关系模式中，尤其是弱势群体间组成邻里相帮的互助小组时，"差序格局"会得到进一步强化。基于私人联系形成的传统社会道德文化并不能与当代社会倡导的主流价值观相契合。因此，在"三治融合"实践中，需要去粗取精，抽取符合时代发展需要的传统道德予以继承发扬。在 S 市的各社区、村庄基层治理中，主要采取以下措施：第一，赓续传统优良村（居）风家风。传统的道德文化有合理内涵，例如注重礼仪、团结相亲、友善睦邻等，这与社会主义核心价值观中的"团结、友善"等个人价值观层面的倡导不谋而合。继承传统道德文化中的精华部分，保存了基层社会生活维系的道德礼仪，提高了基层群众对德治教化的认可度和接受度。第二，融入新时代所传扬的社会主义核心价值观。继承传统道德的合理内核，并结合主流的社会价值观念，是对基层道德文化的一种发展。当前，我们倡导践行社会主义核心价值观，但如何将之落细、落小、落实，真正融合基层治理并为群众接受，是基层治理的一大难题。各村、各社区借着镇（街）创文行动的"东风"，深化文明创建活动，开展"文明家之家""最美家庭""星级文明户"等评比活动，打造"家风家训实践基地"，紧密结合村（居）民日常生活，将时代主流价值观融入居民现实生活。通过强化"结果–反馈"的激励机制，鼓励居民作出符合社会主义核心价值观导向的行为。

四、S 市"三治融合"实践的不足

S 市的"三治融合"实践虽取得了一定成效，但其实践时间短，在探索适合本土的治理机制的过程中还存在一定不足。

（一）城乡自治能力不足，内驱力欠缺

城乡基层治理以自治为核心。基层治理作为国家治理最纵深的末梢，发挥着组织和发动群众进行自我管理、自我服务、自我教育、自我监督的重要作用。这也意味着：一方面，基层治理主体主要是基层自治组织和基层群众，另一方面，也明确了基层治理始终围绕着群众自治这一关键。但 S 市的基层治理存在自治不足的现象。

---

[1] 费孝通：《乡土中国》，北京时代华文出版社 2018 年版，第 27、33 页。

第一，村（居）委会的自治角色缺失。实际上，基层自治实践已确立多年并形成了较成熟的治理机构——村（居）委会。但村（居）委会具有"双重属性"，且依赖基层政府给予物质资源、权力资源、合法性资源，因而行政属性更突出。这是基层治理中的通病，S 市也不例外。基层治理过程中，村（居）委会倾向于"管理"基层事务，更注重扮演上传下达的管理者角色，导致自治角色的缺失。

第二，基层群众参与自治内驱力不足。对于村（居）民而言，随着改革开放和城乡人口流动加快，城市社会原子化、农村空心化现象开始出现，群众参与公共事务的内驱力不足，导致对基层治理态度冷漠。此外，群众日常参与基层治理的机会不多。以农村为例，村民参与基层自治更多的是在村委会选举，当村委班子组成后村民容易被边缘化。基层自治组织自治角色的缺失，不能有效地组织群众开展自治活动，而村（居）民参与公共事务的动力不足，这导致了 S 市在基层治理中的自治仍不充分。

（二）德治教化内涵挖掘不够，作用发挥不够充分，未形成"德制"规范

"德治"作为一种治理手段，自封建社会时期就蕴含在基层治理中。随着社会发展、社会结构和统治阶级的改变，德治原本依靠官吏、村长和宗族长老"品德"进行自上而下管理的"人治"色彩弱化，符合新时代价值观和人民群众利益的法治色彩、道德色彩日渐浓厚。S 市虽对传统的"德"进行扬弃，但对"德治"内涵的挖掘还不够。一方面，体现 S 市德治教化的具体措施的雷同。虽然 S 市不少县乡在移风易俗、弘扬家庭美德、激励个人先进品德等方面有所建树，但以上措施更多的是对其他案例的援引，千篇一律的"复刻"成功经验缺乏对本地"德"的内涵和德治实践进行深层挖掘。德治教化只能浮于表面，难以发挥作用。因为道德作为"软"法，需要被群众接受和认可才能发挥作用。而雷同的德治措施更多地系出于对上级政策的遵循和对成功经验的模范，难以在村（居）民心中形成共鸣。另一方面，对"德治"及其教化作用的理解不够深刻。当前，德治实践更多地由基层政府主导，导致基层的"德治"实践更像是为落实上级政策安排而必须实现的治理途径，因而千方百计地展示在具体措施中。而零星的治理措施最终却难以形成完整的"德制"体系。

（三）"三治"的内部关系不明确，还未形成配套措施

"'三治融合'是一种多元复合性基层治理模式"，只有实现自治、法治、

德治三种治理手段的有机融合才能 "最大程度地释放三者的叠加效应和乘数效应"。[1]这是 "三治融合" 理想的治理效果。但是，在 S 市，"三治融合" 仍处于初步阶段。就收集的访谈资料而言，"治理" "法治" 出现了多次，"德治" 一词则所占次数较少。从词频来看，S 市的社会基层治理更侧重于自上而下地推动治理，强调依法行政，但是对群众的自治和德治教化还不突出。"三治融合" 强调的是三种治理方式有机结合，互补互动的有序运作。而实践中对 "治理" 的笼统强调和对 "法治" 重视，导致对基层群众力量调动不充分。当前，自治更多依赖于基层政府和两委提供的平台和机会，也依赖于两委成员和党员干部的引导，群众的实际参与有限。此外，基层的 "德治教化" 还在倡导阶段，各种实践为成体系制度。因此，"三治" 的互补关系还未形成，相关的治理制度还不配套，未能形成以 "自治是目的、法治是保障、德治是基础的良性互动机制"[2]。而 "三治" 的具体制度不完善、不配套，导致自治、法治、德治就如三条 "各自前进的独行大道"[3]，无法实现 "1+1+1>3" 的目的，无法形成协同治理的实践样态，更难以达到融合的理想状态。

五、S 市 "三治融合" 的发展方向

(一) 坚持党的领导，充分借助政治势能，完善 "三治融合" 治理体系

在我国现行的政治制度安排下，社会基层治理改革、政策安排和落实主要依靠党组织和各级政府，基于 "政策发布单位、政策主导者、推动者间的势差" 而形成的动态能量可以被称为 "政策势能"[4]。"三治融合" 治理体系的提出、推广也借助了上下位差间存在的巨大政治势能，从而在全国迅速铺开。S 市各城乡社区在落实 "三治融合" 时：一是要紧紧把握政治势能提供的动力，借助各级权威部门及其政策的影响力向下构建 "三治" 协同的治理机制。二要借势做事，即把握政策窗口期，就各基层的切实情况向上级部

〔1〕 陈洪连、孙百才：《 "三治融合" 视域下乡规民约的实践困境与破解之道》，载《行政管理改革》2022 年第 3 期。

〔2〕 杨琴：《三治合一：乡村治理新模式——以浙江省上虞区祝温村为典型案例》，载《农村经济与科技》2017 年第 22 期。

〔3〕 陈松友、卢亮亮：《自治、法治与德治：中国乡村治理体系的内在逻辑与实践指向》，载《行政论坛》2020 年第 1 期。

〔4〕 高佳红：《从 "枫桥经验" 到 "桐乡经验"：乡村治理转型的政治势能研究——基于四十年乡村治理现代化转型的分析》，载《广西社会科学》2020 年第 8 期。

门申请项目和资金支持，加快"三治融合"创新实践步伐；借助政策落实的"声势"吸引和邀请高校、社会团体、专业部门为基层"三治融合"出谋划策。

（二）厘清职能，充分发挥群众力量

基层自治组织侧重于行政职能的执行，需进一步厘清职责范围，重视自治职能。基层自治组织中经常是"两块牌子一套人马"，承担了基层党委、基层自治机构两方面的职能，因而要列出不同身份的责任清单，既要完成上级党委和政府下达的任务，还要兼顾组织基层群众开展自治工作。同时，要带动群众组成各类志愿组织，调动群众积极性，为其构建参与平台，充分发挥群众在基层自治的主体作用。这是"三治融合"治理体系走向完善和成熟的必经之路。

（三）挖掘德治内涵，根植村社需要，融入本地特色

对"三治融合"治理体系的推广及成功经验的宣传意味这一治理模式具有普适性。但中国幅员辽阔，各地民风民情、经济发展、公民文化等情况差异较大，因此"三治融合"的具体落实情况也有所不同。德治作为"软法"，原本就根植于村社之中，因此需要深入挖掘、扬弃本土的传统道德，展示村社特色，从而起到引起共鸣、获得认可的作用，更好地调动各方资源。例如 S 市代管的某县级市有深厚的"寻根文化"，每年春节都有全国各地的人到此地宗祠寻根、祭拜祖先。这种浓厚的爱乡文化是当地"三治融合"开展的特点，还可以连接寻根人士成为新乡贤，调动各地资源促进治理的完善。对于本村（社）传统道德、传统文化特点不鲜明的村社则可以扎根于当地居民的需要，探索出一条符合村（社）情的"三治融合"之路。

（四）平衡自治、法治、德治间关系，构建互动互补"三治融合"治理
　　　 体系

S 市"三治融合"中的自治不充分、德治不突出，导致过于依赖行政力量的推动。因此，要进一步平衡"三治"的关系，促进三种治理方式的充分展开，再逐步形成"融合"的实践样态，达到"三治"互补互建的治理效果。

新乡贤参与乡村社区治理的实现机制研究

——以韶关为例

刘芳娜　马全中*

摘　要：乡贤起源于东汉，通常是指具有领导和管理才能的人们，时至今日，乡贤在乡村社区治理、乡村发展、乡村治理和乡风文明建设等方面发挥了不可替代的作用。新乡贤组织的建设和新乡贤参与乡村社区治理机制的探索是推动乡村社区治理、乡村振兴、乡村自治的必然要求。文章通过实地调研，得出了新乡贤对乡村社区治理成效是由影响关系、管理制度、参与程度所决定的。发现新乡贤管理机制存在几个问题：新乡贤管理制度的不够完善；部分新乡贤的综合能力不能满足乡村社区自治的需要；新乡贤缺乏积极性。要从以下几个方面改善：组织乡村社区新乡贤选举，增强新乡贤能力，建构完善新乡贤管理体系，创新传承弘扬新乡先贤文化，来促进新乡贤组织建设。

关键词：新乡贤；乡村社区治理；乡村振兴；社会主义新农村；

一、新乡贤文化概念界定

（一）乡贤与新乡贤

何谓"乡贤"？"乡贤"，通常指的是在乡村里拥有权力和管理才能的人

　＊　刘芳娜（1981年-），女，韶关学院政法学院教师；马全中（1974年-），男，河南信阳人，博士，韶关学院政法学院教授，研究方向：服务型政府和社会组织。

　教育部人文社会科学研究规划项目《新乡贤有序嵌入新时代乡村治理的耦合机制研究》（编号：19YJA810001）、广东省普通高校特色创新类项目《新乡贤有序参与新时代乡村治理的机制创新研究——以粤北韶关为例》（编号：2018WTSCX133）和广东省教育科学规划课题"'四个走在全国前列'背景下广东省社区治理模式创新跟踪调查研究"（编号：2019GXJK022）。

们，"乡贤"的文化赋意最初开始于尧舜时期，但真正的"乡贤"一词则出现在汉代，"乡贤"真正深入农村治理是从明清开始的。一说起"乡贤"一词，我们就容易想起中国古代传统乡村社会中的"乡绅"。今天提出"新乡贤"一词，说明当今的乡贤与过去的乡绅存在区别。传统的乡绅几乎世世代代居住在乡村，除了参加朝廷科举考试、走入仕途在朝廷为官外，基本都在乡村安身立命，并在乡村公共治理和乡村社会生活中发挥重要作用。而新乡贤则大部分是离土离乡、已经完成城市化的人群。根据推进中国农村复兴策略的现实需要，国家"十三五"规划纲要明确提出，要培育"新乡贤文化"，引起社会的广泛关注。2008 年的《绍兴晚报》曾刊登过一篇关于乡贤的专题报导，报导名为《新乡贤倾情发扬乡贤传统文化，青少年"知、颂、学"乡贤文化精神》，这篇报导在全球登发的论文中第一次采用"新乡贤"定义。2014 年《光明日刊》陆续刊登了"新乡贤-新乡村"的专题报道，从而引起了学术界的激烈讨论，随着媒体报道新乡贤话题热度的上升，新乡贤参与乡村社区治理机制的探讨也得到了政府部门和智囊决策机构的高度关注，"新乡贤"这一话题逐渐变成农民增收、农业发展、农村稳定社会问题探究的热点话题，《乡村复兴战略规划大纲（2018—2022）》对"新乡贤"的定义作出了规定，并强调培养新型的乡贤文化精神。新乡贤是指对农民有强烈家乡情感，心系家乡、有公益爱心的，能够利用自身、社会等资源致力乡村振兴的在乡或不在乡的社会贤达。在乡的乡贤大致可被分为几类：一类是看明白、看清楚了乡村的发展趋势，投乡创业，这类乡贤大都具有开拓精神和创新能力；另一类是从乡村走出去的，如农业生产经营技术专业人士、农村产业发展带头人等农业经营能人，社会名流和历史文化名人，以及农村老师、乡村医师、退休干部、大学生村官等。最常见的一类乡贤是为人处世正直，有威望、受村民尊敬，受过文化教育，有相对较高的文化水平，具备公共服务的公益精神的社会志愿者。"乡贤"的经济能力、声望、公益心都是其外在表现，而公益性则是其精神内心。

（二）新乡贤文化

"新乡贤文化"这个名词是在 2016 年全国两会讨论时期诞生的，由全国人大代表钱念孙同志提出，新乡贤文化一词的提出及与乡贤、乡村社区治理话题在全国两会上的热议对推动农村发展具有积极意义。而后为促进我国社会主义新农村的建设和发展，以及积极推动乡贤文化的发展和完善乡村治理，中共中央办公厅、国家国务院办公室颁布并印发了《有关推进中华精神继承健康发展的施工若干意见》。文件明确提出了建设社会主义新农村乡村振兴地区新型的乡贤社会文化："乡贤社会文化是富有见贤思齐、崇德向善、诚实友善等社会文化特征。"我们的社会主义新农村实行的是党领导下的村民自治乡贤自治。乡贤理事会等组织在基层党组织的领导下开展活动，主要是基层民主协商的模式，和传统的、乡贤精神传承社会主义文化的形式。乡贤们可以为村两委班子出谋划策、协助联络和信息沟通，能赋予新的现代内涵，以传统乡声文明精神为纽带，以最先进的基层干部、道德典范、身边好人的嘉言赘行为模范带动群众，积极推动新型乡村振兴乡贤治理以及乡贤文化传承文明建设的工作，这一文件的颁布和实施贯彻了培育现代新村民、涵育传承文明乡风、实现共同富裕的社会主义新农村内涵，将有利于传播传统乡土文明，从而促进新时代社会主义核心价值观与传统社会文明的创造性转化、创新性发挥；促进乡贤文化的发展及乡村振兴。在新时代的背景下，在新乡贤文化以及新乡贤参与乡村治理问题上应该如何在传统的基础上注入新的活力，是研究者、决策者所要共同面对的难题。随着时代的发展以及城市进程的加快，农村人口老龄化，人才及劳动力缺乏，农民要增收、农业要发展、农村要稳定的问题日益严重，而新乡贤文化建设作为新农村建设和乡村社区治理的要求，就是让农村经济发展得更快，农民精神与日常生活更加充实。农村社区发展、新乡贤培养与人才回归是关键，寻找有助于农村各方面发展的能人志士，打造新时代新乡贤，才能为农村社会的稳定和文化发展注入强心剂。

二、乡村治理需要新乡贤的培育及参与

（一）培育新乡贤是十八大以来党和国家为实现乡村振兴和乡村社区治理建设的政策探索

在我国乡村振兴战略的实施过程中，新乡贤对于乡村社区治理、城乡一体化发展、平安乡村建设、传统文化传承等影响重大。党的十八大以来，中国共产党越来越关注乡贤自治在乡村社区管理中承担的重要角色。习近平主席在 2014 年指出："要治理好今天的中国，需要对我国历史和传统文化有深入的了解，也需要对我国古代治国理政的探索和智慧进行积极的总结。"2015年和2016年，中共中央一号文件两次将"乡贤文化建设"纳入农村思想道德建设工程项目。2016 年 2 月 18 日，我国"十三五"规划提出，"进行中华民

族文明乡风、先进家风、新乡贤文化构建"。2017年1月25日，中共中央办公厅、国务院办公室发布《关于实施中华优秀传统文化传承发展工程的意见》，明确指出需要"建立新乡贤文化构建"。习总书记指出："优秀传统文化是一个国家、一个民族传承和发展的根基，如果丢掉了，就割断了精神命脉。"2018年中央一号文件强调在深化村民自治实践中要"积极发挥乡贤作用"。党的十九大报告指出："加强农村基层基础工作，健全自治、法治、德治相结合的乡村治理体系。"反映出深化村民自治实践和乡村社区管理已成为乡村振兴战略的重要工作领域，需要不断注入各类强大的正能量，新乡贤就是其中的关键所在。各省市也应积极响应国家乡村振兴战略的实施和社会主义新农村的建设，坚持探索乡贤参与乡村治理的有效机制，继承传统公序良俗，积极创新和发展社会主义乡贤文明建设，努力建立和谐稳定、绿色共享、革新进取的良好社会时尚。

（二）培育新乡贤是实施乡村振兴战略的必然要求

中共中央在《乡村振兴战略规划（2018—2022年）》中重点强调了农民的自我管理、自我治理性，明确提出把"坚持农民主体地位"作为指导乡村振兴规划实施的基本原则之一。《十三五规划纲要》也强调了乡贤的重要性，指出要"培育文明乡风，优良家风和新乡贤文化"。[1]实现中华民族的伟大复兴，乡村必振兴！培育新乡贤，探索乡贤参与乡村社区治理机制以推动乡村振兴战略的实施，是解决好农民要增收、农业要发展、农村要稳定问题的必然要求。在取得了脱贫攻坚战的初步胜利后，全面推动乡村振兴战略，推动农业全面升级、推动农村全面进步、农民全面发展成了我们现阶段的工作重心。在脚踏实地一笔一笔地绘就乡村振兴的壮美画卷的过程中，乡贤正是助推乡村振兴战略的不竭之源。李新建教授指出，乡贤是要有德高望重的人，需要是能做事正直的人，具有治理能力，应当承担治村的责任。[2]推动乡村振兴战略的实施要培育乡贤，培育乡贤文化振兴故里，不断促进乡贤自治，让乡贤成为一支推动乡村振兴的重要力量。充分发挥乡贤的亲缘、人缘、地缘优势，创新以乡贤治理为主要内容的乡村社区治理发展模式，将乡贤的智

---

〔1〕 参见 http://theory.people.com.cn/nl/2017/1221/c40531-29721761.html，访问日期：2017年12月21日。

〔2〕 《习近平在中国共产党第十九次全国代表大会上的报告》。

慧与力量凝聚成乡村振兴战略实施的强劲动力。积极发挥乡贤的独特作用，不仅能推动乡村经济发展、村民安居乐业，还能弥补乡村振兴战略中人才空心化的短板，对于实现乡村产业经济振兴，完善乡村自治能力管理能力都具有不可替代的积极作用。

（三）乡村振兴需要新乡贤的更多参与乡村社区管理

新乡贤正在被时代赋予新的内涵。王泉根教授提出，乡贤的范围可以扩展到"名人"这个大的概念，尤其是"文化名人"这个群体。[1]新乡贤必然会成为未来乡村社区治理的重要资源。在现阶段很多农村党支部虽能达到"五好"党支部的要求，但由于缺少强有力监督而很容易出现弊端；以乡村基层党小组为主体，村级自治能力暂时较难摆脱南箕北斗困境；存在基础党小组的核心能力还不够，村委党员领导干部"存在感"不够强的问题。乡贤能从乡民中来、到乡民中去。乡贤的积极参与，往往能够为村级自治机构能力的欠缺提供有效弥补。乡贤了解到乡民所需要解决的问题后，会第一时间找村干部反映传达乡民的问题，村委也会积极听取意见解决乡民问题，这样一来便加强了对村党支部的监督，提高了乡村社区自治能力和解决问题的能力，弥补了村委党员"存在感"不强的短板。长此以往，乡民对乡贤以及村两委将更加信任，让乡村实现高效自治、有效自治更进一步。乡贤有助于村党员干部开展工作，由于乡贤拥有大批社区资源，乡贤的乡村社会影响并不低于村两委等治理组织，甚至可能还比党基层组织影响更大。并且，大部分乡村民意可以透过乡贤来传达，这样从下至上的表达机制将更宽泛、更高效。这样一来也可以建立倒逼机制，监督基层单位党组加强带领，改变软弱、涣散的组织机构，在与乡村治理、乡村振兴的互动中进一步提升基层单位党组织的带领和治理能力。新乡贤高度参与村级治理：积极组织参加村内公共管理事业，参与村级重大事项监督、决策，更加有利于沟通，满足村民合理诉求，提出合理化建议，推动乡村振兴战略实施，保障社会主义新农村建设。

（四）新乡贤积极参与乡村社区治理是化解农村矛盾纠纷的路径选择

乡村振兴战略实施以来，各个乡村社区治理目前正处在城市化的高速发展阶段，调研部门通过对各县城派出所管辖乡村出警处理的警情数据分析，

---

〔1〕 王泉根：《中国乡贤文化研究的当代形态与上虞经验》，载《中国文化研究》2011 年第 4 期。

总结出，目前我国县乡村出警原因归类的矛盾纠纷主要有：家园冲突类纠纷、邻里纠纷、由山林县地界划定不清引发的出警、经济债务类纠纷、人身赔偿类纠纷、村务管理类纠纷、企业与村民之间的纠纷等七大类型。其中，由婚姻家庭生活类问题引发的冲突是我国乡村普遍且持续存在的主要矛盾纠纷，占出警处理矛盾案件的六成左右。主要是婚姻邻里的生活纠纷，由离婚、赡养或继承财产分割等小的生活问题引起的争吵打架或相邻邻里关系矛盾纠纷。从以往经验来看，若由乡贤或知名人士出面协调，则更易于使争议的各方当事人减少矛盾情绪，让双方当事人都能够冷静下来，这对于矛盾与纠纷的调节有着不可或缺的积极作用。乡贤都是些经验丰富，受乡民们尊重，在乡村内威信很高的群体，利用乡贤的人缘、地缘等优势来帮助乡民化解生活矛盾纠纷往往就能谈得开、谈得拢，在执行时也容易，纠纷双方实际上也都减少了成本支出，可以有效地化解矛盾纠纷，将矛盾纠纷大都化解在基层。

三、新乡贤参与乡村治理：案例调研

（一）井下村社区案例：乡贤齐治理，同促经济发展

井下村社区位于韶关市始兴县，乡村处于丘陵地带，历史底蕴深厚，有古建筑遗存，有两处大型古祠堂，历史年代久远，后在村委党委的领导以及乡贤自治下又经过几次翻修，祠堂文化历史底蕴深厚，每逢年佳节或乡村中有喜丧之事，村民都会去祠堂祭拜先祖。井下村的村尾处更是有一座著名的华佗庙，故事渊远流长，整体气势宏大，庙身由硬木和青砖组成，历史味道浓厚，基于乡村振兴战略的实施、井下村乡贤的建议又经过上漆翻新，每年都有许多游客前去参拜，一时香火鼎盛。除此之外，真正让井下村远近闻名的是村里的天然温泉，虽然周围的几个小镇都有温泉，但仍以井下村的温泉最为有名，井下村的温泉温度高达90度，鸡蛋放进去都能被煮熟，通过乡贤的群策群力，井下村的温泉一度吸引了远近的人们前来享受。

然而，受到城市二元结构和城市进程加快以及村民的土地自由流转的影响，村里逐渐空心化，年轻人进城务工，井下村的管理主体也面临着断层，对群众利益和民生问题的管理能力削弱，传统文化得不到年轻人的传承，传统文化氛围淡薄，村民的日常生活娱乐方式也逐渐单元化，生产单一、经营落后，村内经济得不到发展，村落逐渐没落。颜德如教授指出：新乡贤要在治理的过程中发挥主要的文化建设作用，要继承和传承古代乡贤的精神遗产，

其次是要培育凝聚乡民共同参与治理。[1]

转变发生在 2018 年。这一年，井下村村委会的选举换届吸引了年轻人的参与，村两委班子成员的吸收了年轻人，新班子成员积极性和悟性都比较高，积极响应国家乡村振兴战略和建设社会主义新农村，两委新班子成员对村里进行了整体规划，并注意到了乡贤的治理作用，引入了乡贤社区自治机制。

乡贤华伯建议：一是通过举办当地浓厚的历史文化的巡游行镇等纪念活动，以宣扬民俗活动中所蕴含的崇尚伦理道德的进步社会文明，吸引年轻人传承当地传统文化。二是响应中国新时期社会主义农村文明建设的传播号召，通过筹建当地历史文化宣传栏和娱乐休闲室，并结合新乡贤董事会开展文化讲习所宣传，通过聘请新乡贤担任主持人，把新时期文明建设带到了农村社区。三是解决井下村经济发展落后、生产单一的问题。井下村乡贤们群策群力，鼓励乡民参与村内旅游业的投资，并利用自己的人缘人脉，为井下村招商引资打响了井下村温泉旅游的商业招牌，促进了井下村的经济发展，改变了井下村的落后面貌。在对村庄事物的管理上，村委员会和乡贤理事会成为"主"与"辅"的关系，共同管理乡镇，居委会主管村中行政事务，新乡贤董事会主管农村民间的冲突与协调。

井下村，藏于粤北崇山峻岭之中，天然氧巴之间。通过村委和乡贤的共同治理，如今井下村河水清澈、森林遍布，乡村经济发达。成了广大旅游爱好者的度假圣地。

（二）始兴县瑶村坳社区案例：聚民心，共创和谐乡村

瑶村坳社区，位于始兴县中部，是太平镇所管辖的 22 个村民小组之一。该村组有住户 530 户，常年居住本村的有 300 户。各类可耕种土地资源总计 2350 余亩，其中种植面积大约有 1000 多亩，种植地面积相对较大且集中，村内的交通便利，各自然村到行政村都已通水泥路，农田水利设施较为完善，农户经营效率较高。

为解决由耕地种植地垄断造成的部分居民收入较少问题，村委和当地乡贤都积极响应国家乡村振兴战略，努力减少村里贫困户和提高村内整体收入。作为乡贤小组长的莫伯以整理自身耕地种植地而增加收益为例，提议对本村全部种植地重整确权，重新确认边界不清晰或无法证明自身用地的土地的土

---

〔1〕 颜德如：《以新乡贤推进当代中国乡村治理》，载《理论探讨》2016 年第 1 期。

地使用权，并适度开垦荒地，充分利用本村的土地资源，将未利用的土地合理分配到各贫困户手中，帮助贫困户增加收入。莫伯是中国人民武装警察部队团级干部转业回村，部队的磨练使他具有很强的管理和领导能力，同时也令他见多识广、知识丰富，莫伯转业回来后很受村民们尊敬。后在大会上，村民一致选举莫伯为瑶村的乡贤小组长。但莫伯的建议一经提出，部分村民们就因为怕自己的收益会受到损失而不愿意配合村委和乡贤组织工作。因此，以莫伯为代表的乡贤组织召开了村民大会二十多次，与村民进行了二十多次讨论，通过乡贤们的努力，大部分村民们最终转变了自己收益为优先的观点，作出了以集体利益为导向的正确选择。同意将更换后的连片种植地以新的方式重新运营。但仍有小部分土地比较集中的农户不同意乡贤们的建议，后来甚至与贫困户发生了矛盾冲突，形势剑拔弩张，导致土地整改计划无法进行。

面对这种情况，村小组长主任和新乡贤莫伯主要担负着行政村内和自然村间的事务衔接，以及调和乡村民间的矛盾纠纷等责任。莫伯充分运用自己的管理协调能力和村庄中熟悉的人际关系，通过谈话和针对性游说的方法获得了村庄的广泛拥护。经过十多次协商讨论，冲突双方的交流频次得到了进一步增加。瑶村村委也利用调动村内资源的能力，有效调控村内资源。为了能够及时解决冲突双方的纠纷，和更有效地解决冲突双方的矛盾，乡贤们成立了"乡贤助调室"。"乡贤助调室"自成立以来，调解了大大小小纠纷矛盾247起，最后在村委以及乡贤们的群策群力下，村庄一致同意重新整理分配农村土地，种植地整改的成功提高了贫困户的生活水平，同时也提升了新乡贤的服务水平。使新乡贤的人际关系和实用性、服务性嵌入得到了更进一步的提升，乡贤小组对村庄的感召力也有所加强。并且，巩固了身为乡贤小组长莫伯和村民小组长主任的威信力，更进一步加强了瑶村的自我治理能力。村庄内部对新乡贤地位的认同也鼓励了新乡贤管理村里的积极性，新乡贤们的改革经营的优势吸引了政府项目的融资，并有力地促进了村里的经济社会发展，同时也改善了乡村的人际关系，使瑶村这个村庄更加富有人情味，村内邻里更加团结友爱、互帮互助，改善了瑶村坳的村风村貌，创建了和谐的瑶村坳。

四、案例获得的结论及发现的问题

（一）结论

1. 新乡贤在加入乡村社区管理的过程中要推动村落实现高效管理

十八大以来，国家越来越注重城乡之间的发展平衡，而且要打赢脱贫攻坚战，必须要实施乡村振兴战略，而新乡贤正是乡村振兴和乡村社会治理的有力推进器。但是，在乡村振兴战略实施过程中，在乡贤引入过程中，部分乡村的新乡贤无法推动村落实现高效管理。主要原因和表现为：乡村社区乡贤制度不够完善，乡贤制度建立后得不到落实，新乡贤和乡贤组织形同虚设。另外，新乡贤选举和乡贤组织的执行流于形式，新乡贤的选举得不到民心，不被村民认可和尊重，选举过程敷衍、村民的参与率低。还比如，新乡贤的自身素质较低，在管理过程中易与村民和村干部起冲突，这些问题都会影响新乡贤的管理效果。引入乡贤制度后要落到实地，完善乡贤的选举制度，鼓励村民积极参与。同时，新乡贤加入村落管理，要增强与村民的关系、增强新乡贤在管理和生活中的嵌入性，在不同层面上增强新乡贤的治理力量，再进一步地正向完善新乡贤介入乡村社区的管理机制。

2. 新乡贤对乡村社区治理的成效是由影响关系、管理制度、参与程度决定的

新乡贤制度的新乡贤治理为代表的村民自治，是乡村社区治理的重要组成部分，在国家乡村振兴战略的实施下，国家越来越注重提高乡村社区治理的能力。新乡贤的治理成效不仅要靠新乡贤的治理能力、管理素质等综合力量，也受新乡贤的影响关系、新乡贤的制度和乡贤参与管理的程度三大因素的影响。新乡贤在社区治理过程中不能只依靠"德治"，必须完善乡贤的管理制度，不能让乡贤在管理过程中束手束脚，有力无处使，进而导致乡贤自身良好的管理素质和治理能力不能得到充分发挥。要理顺新乡贤与村民的关系，获得村民的信赖和尊重认可，鼓励新乡贤的参与积极性，共同提高新乡贤与村民的参与度，真正实现村民自治、乡贤自治、乡村社区自治。新乡贤组织的建立和选举需要明确规章制度，做到对乡贤的严格筛选，被选举出的新乡贤要与村两委统一意志，团结一心，共同不断地探索和发展乡贤治理模式乡村社区治理方式。

新乡贤要用广泛的人脉资源将各项公共资源引进家乡，并以知识丰厚的管理技术向村民们传递社会主义建设新时代的故事。也要更加促进新乡贤运用人际关系影响、制度完善保障和参与性嵌入性等要素对乡村实施有效治理。最后，新乡贤会在实现自身人生价值的同时，还可以带动乡村的经济社会发展，从而进一步优化乡村社区自治体制，完善国家治理体系。

（二）发现的问题

1. 社区管理的制度不够完善

在国家乡村振兴战略实施下，各地纷纷开始重视起乡村社区治理和乡村发展，但部分乡村虽然也响应了国家的乡村振兴战略，新建了乡贤组织，但是事实上形同虚设。部分基层政府和社会对乡贤角色认知和功能定位出现了一定程度的异化。[1]有些乡村社区在乡贤组织的实际运作过程中，流于形式和流程，犯了形式主义错误，没有认识到乡贤组织的治理作用，没有规范好乡贤的工作机制和完善乡贤组织的管理制度。乡贤管理的制度缺失导致了党在乡村社区治理中的组织威信下降，损害了党的形象，使群众丧失了对新乡贤的信任，还导致乡贤的乡村治理工作无法有效开展。新乡贤在进行乡村治理时没有成文的规定，管理的随意性太大，不成文的管理规范往往具有较大的模糊性，所以导致了新乡贤群体的管理性质比较闲杂，管理能力和组织等综合能力得不到有效发挥。

2. 新乡贤的综合治理能力不能满足乡村社区治理的需要

各乡村社区在建立乡贤治理制度时，应当完善乡贤的组织管理制度，制定章程，但部分乡村的村两委并没有重视新的乡贤团队建立：一是在成立初，村两委没有向村民普及新乡贤的重要性，没有调动起乡民的积极性，对新乡贤认识不到位。二是在传统村级社会团体中，乡贤委员组织只是应付上头的政治要求和检验，早已名存实亡。三是选举流于形式，乡贤的选举没有充分得到民意支持，新乡贤的选举也缺乏考察，导致新乡贤的能力水平良莠不齐，无法满足乡村社区治理的现实要求。四是新乡贤大都是德高望重的老一辈村民，虽然具有良好的威信和广泛的村内人际关系网，但对新兴的产业及新兴事物缺乏了解，不能很好地跟上时代的步伐，缺乏基础的能力培训，新乡贤选举需要注入年轻血液。

---

[1] 杨军：《新乡贤参与乡村协同治理探究》，载《山西师大学报（社会科学版）》2016年第2期。

3. 新乡贤保障制度不完善，新乡贤缺乏社区治理积极性

在国家乡村振兴战略下，各乡村积极响应国家乡村振兴战略，新建新乡贤组织。现实证明，新乡贤参与度、嵌入度越高的乡村社区治理成效越显著，但在各乡村积极响应号召建设和吸引新乡贤返乡时，仍然存在乡贤组织人才数量短缺、素质不高、带头人数量少之又少的情况。当下，城市化进程加快，城乡发展不平衡，导致社会权益的不平衡抑制了部分新乡贤回乡建设。同时，城镇化进程加快，农村精英人才和青壮年劳动力缺失严重，很多人不愿留在农村工作和发展。再加上乡村相比于城市，生活环境和工作环境相对较差，乡村的工作开展也相对琐碎和繁杂，这些都严重影响了当下乡村积极响应建设、新乡贤返乡建设的积极性。所以，为吸引新乡贤返乡，提高新乡贤的积极性参与性，各乡村社区要对新乡贤文化精神给予充分肯定，也要完善好新乡贤的保障机制，在提高新乡贤的积极性上下功夫。

五、新乡贤参与乡村社区建设的对策及建议

（一）组织乡村社区新乡贤选举，探索培育机制，增强新乡贤能力

要想充分发挥新乡贤的作用，推动乡村社区治理发展，首先要先从新乡贤的选人和用人上加以重视。各乡村社区要组织好乡贤评选活动，充分依靠群众的力量，评选不能流于形式，要做到充分尊重民意，做好评选的前期工作，让村民认识到选举的重要性，充分发挥民主性和科学性，评选出村民认可、信任的真新乡贤。要合理放权给新乡贤组织，提升新乡贤的嵌入性，从而增强新乡贤的治理意愿和治理积极性，进而提升新乡贤的治理能力。二是要积极培养优秀的基层干部、道德模范、返乡人才等的在当地具有较高威望和影响的优秀人物，使之成为新乡贤。三是并通过强化人际关系、激励机制让新乡先贤更加积极地投入乡村管理。四是积极探索新乡贤的培育机制，因地制宜地建立适合各乡村当下发展的培育机制，打造当地特色新乡贤基础岗位培训，提升新乡贤的综合能力和积极性，使新乡贤更快地进入角色、融入乡村建设。

（二）积极建构完善新型乡贤管理体系，发挥乡村社区党支部和新乡贤组织的积极作用

各乡村社区在建立新乡贤组织时，也要完善新乡贤组织的管理制度，新乡贤组织不能流于形式，只为应付上级检查，而是要明确新乡贤的管理建设

职责，规范成文的运行章程，不能依靠"人治"和"德治"[1]，要有法可依、依法治理，将新乡贤组织运用到现实之中，投入到乡村自治体系之中，充分发挥新乡贤组织的治理作用、管理作用。在乡村基层工作中，要充分发挥基层党组织、村两委的领导组织作用，新乡贤组织要在党的领导下工作，与党支部统一意志，协助村两委的工作，两者在工作中相互促进，既要防止歧视新乡贤，也要让新乡贤发挥好自己的优势，完成好协助工作和乡村治理工作，新乡贤组织在取得治理成效的同时也可以倒逼基层党组织提升治理能力。党支部积极引导，新乡贤组织积极协助，两者共同作用，能够加速乡村自治建设，有效缓解乡村社区治理难题，是乡村振兴战略下建设社会主义新农村的重要一节，是乡村自治体系走向善治的关键点。

（三）创新传承弘扬新先贤文化精神，营造乡村社区治理良好的文化氛围

随着改革开放的深入，经济全球化趋势的加快，我国虽然也得到了许多机会，经济得到了迅速发展，但面临的挑战也接踵而至。在与世界经济交流的同时，外来文化也传入了我国，在经济全球化的当下，各国都越来越重视文化这一"软实力"，面对洪水猛兽般的文化侵袭，我们必须继承、创新、弘扬自己的优秀文化。习近平总书记也提出了"四个自信"，其中就有文化自信，这就说明我国也非常重视对文化的传承和发展。在国家乡村振兴战略下，我们更应做好新乡贤文化的传承创新，营造良好的乡村社区新乡贤文化环境，用文化来感染村民，发挥新乡贤对乡村文化的引领作用。村两委要进一步发掘新乡贤宣扬文化的优良事绩，并通过开展"好人好事"评选活动、定期举办优秀文化活动，对优秀个人进行评选奖励，大力宣扬新乡贤的优秀事迹，这样既可以增加新乡贤文化导向，同时也可通过提高乡民对新乡贤传统文化的了解程度，提高群众对新乡贤传统文化的信任感和认同感，营造乡村团结友爱、向德向善的优良文化氛围，促进乡村社区治理工作顺利开展。

（四）完善新乡贤保障制度，积极吸引人才返乡建设乡村社区

城乡发展不平衡导致了乡村社区人才流失，乡村环境不如城市的现实，导致乡村社区"空心化"问题严重。要建设好新乡贤组织并充分发挥其作用必须要完善新乡贤保障制度，积极吸引人才返乡建设。一是要完善新乡贤的

---

〔1〕 杨军：《新乡贤参与乡村协同治理探究》，载《山西师大学报（社会科学版）》2016年第2期。

保障制度，新乡贤的福利，如住房、教育、医疗等方面的保障。二是要加强对新乡贤组织的肯定，激励新乡贤参与乡村社区管理治理工作，激发新乡贤的建设积极性。三是要搭建新乡贤回归平台，不能让返乡人才有才不能使、返乡建设没有途径，用微信、微博等"三微一端"加大新乡贤的宣传，吸引人才返乡建设。四是加强政策的支持和引导，提高新乡贤的地位和荣誉感，设立新乡贤界别，提高新乡贤地位，提升新乡贤话语权，让新乡贤拥有"话语权"。[1]这样才能让新乡贤为乡村振兴战略贡献自己的力量，为建设社会主义新农村贡献自己的力量，促进国家治理体系的完善，促进乡村社区治理体制的发展。

---

〔1〕 陈锦文：《公共治理视域中新乡贤的角色与功能探讨》，载《绍兴文理学院学报》2017 年第 4 期。

生态文明思想赋能南岭国家公园
生态治理的实践研究

周新成　杨展翔*

摘　要：习近平生态文明思想不仅是建设"美丽中国"的行动指南，也为构建"善美韶关"提供了思想和实践的"行动方案"。在粤北生态特别保护区与广东南岭国家公园的建设实践中，韶关市委、市政府认真贯彻执行习近平生态文明理论思想，在韶关生态治理等方面不断创新思路和办法，强力促进区域生态优势转化为经济发展优势，在高水平生态治理中实现高质量发展。

关键词：南岭国家公园；生态补偿；生态治理

习近平生态文明思想是指导生态文明建设的总方针和总依据，保护生态环境就是保护生产力，改善生态环境就是发展生产力，生态文明建设是关乎韶关永续发展的根本大计。在当前南岭国家公园的规划建设过程中，韶关市委、市政府提出韶关必须坚持以习近平生态文明思想为指导，做好生态优先、绿色发展这篇大文章，全力筑牢粤北生态屏障，打造绿色发展韶关样板，争当北部生态发展区高质量发展"排头兵"，在新征程中体现韶关担当、韶关作为、韶关贡献。[1]

---

* 周新成（1969 年-），男，湖南耒阳人，韶关学院政法学院教授，研究方向：技术哲学、科技与经济管理；杨展翔（1983 年-），男，广东省乳阳林场工程师，研究方向：安全生产与森林应急管理。

基金项目：广东省哲学社会科学规划 2023 年度一般项目《"双碳"目标下南岭国家公园生态保护补偿机制优化及实现路径研究》（批准号 GD23CYJ18）成果；韶关市哲学社会科学规划 2023 年度基地委托课题《"双碳"目标下南岭国家公园生态管护长效机制构建研究》（立项编号：W2023008）成果。

〔1〕 王瑞军：《探索推进资源资产价值化 让资源资产优势转化为经济发展优势》，载 http://fgj. sg. gov. cn/fgzq/fzgggz/jjfzgh/content/p69. html，访问日期：2022 年 8 月 26 日。

一、生态文明思想赋能韶关生态治理的路径选择

习近平生态文明思想是 21 世纪马克思主义的自然观，韶关在生态治理方面强力推进绿色发展、循环发展、低碳发展的和谐自然观，坚持走生产发展、生态良好的文明发展道路，自觉探讨研究广东南岭国家公园建设过程中的生态保护政策和实践定位及新需求，积极推进南岭国家公园建设，它是韶关坚持习近平"绿水青山就是金山银山"的理念、保持经济社会持续健康发展的必然要求。

当前，韶关研究"南岭国家公园建设中的多元生态补偿实践创新""地方政府环境信息公开""韶关生态补偿与环保立法""生态产业与生态旅游发展"等问题，有利于发掘粤北生态区的新潜能、新优势，为韶关生态治理提供有价值的参考。同时，在多元生态补偿、地方政府环境保护信息公开、完善生态补偿与生态保护立法、发展生态产业、拓展乡村振兴新路等方面创新思路和办法，构建具有可操作性的行动策略。

韶关市委宣传部、韶关市社会科学联合会组织力量开展了大量生态治理研究工作，人与自然和谐发展研究基地课题组长时间深入山村和农户进行调研，多方位分析和研判已有信息和资料，努力探索南岭国家公园建设与乡村振兴的结合点、切入点和实现"绿水青山就是金山银山"的新路径、新方案。其提出的生态治理路径主要有：一是当前粤北生态保护区的森林生态系统服务功能价值、河流与水库生态系统服务功能价值、耕地生态系统服务功能价值，因为实施南岭国家公园建设的机会成本要认真调研，重新综合测算，以此体现南岭国家公园建设的当代价值与意义。二是环境保护信息公开，地方政府需要主动作为，优化内在促进机制，生成恒久内驱力，激励公众积极参与，培育外在倒逼机制，强化外部推动力，从而共同助推环境信息公开。三是建立完善南岭国家公园保护区野生动物损害补偿制度与立法，明确补偿义务主体与损害补偿的范围，完善补偿标准，推进韶关生态文明建设有法可依。四是在保护生态环境的前提下，大力开发以自然和人文为主要景观的旅游业，以生态旅游助力乡村振兴、发展生态产业。

本文提出生态治理的主要思路有：一是创新多元生态补偿机制破解保护与发展困境；二是地方政府环境保护信息公开，让民众获取海量环保信息，有益于人们的生产与生活；三是建立完善南岭国家公园保护区野生动物损害补偿制度与立法，使其有法可依；四是发展生态产业与生态旅游，拓展乡村

振兴新路。其研究不仅从历史和现实的角度进行理论分析，更从实证的维度对其进行实践和验证，研究方法创新性强。这种理论研究与实证调研相结合的方法可以保障韶关生态治理的科学性以及对策建议的可行性。有助于解决韶关发展不平衡、不协调的问题，特别是对于韶关市全面实施乡村振兴战略，推动北部生态区发展，具有重大而深远的意义。

二、韶关生态治理的四大维度

习近平生态文明思想是生态自然观、实践论和方法论的总集成，韶关生态治理围绕习近平生态文明思想的具体实践展开工作，重点和难点集中在"南岭国家公园建设中的多元生态补偿实践创新""地方政府环境信息公开""生态产业与生态旅游发展""韶关生态补偿与生态环保立法"四个维度。

党的十九大报告对生态文明的重要定位是将生态补偿理论和制度建设提升到前所未有的高度，明确提出"在生态文明建设中应坚持人与自然和谐共生，加大生态系统保护力度，建立市场化、多元化生态补偿机制"。健全与完善生态补偿机制是南岭国家公园建设过程中环境保护与治理不可缺少的重要手段，也是防范与化解环境保护过程中诸多基层矛盾的关键，多元化生态补偿是消除生态保护区生态环境资源开发利用与保护过程中外部性的重要方式。目前，调研探讨南岭国家公园建设中生态补偿的政策和实践定位，是推进粤北生态发展的需要，也是南岭国家公园建设中生态保护与治理的重要组成部分。

地方政府环境保护信息公开是政府服务于民的义务，也是生态环境治理的有效手段。调研韶关市环保公众网的运行状况，环保信息公开取得了明显成效，但仍存在思想观念、自身利益保护等因素的影响和制约。习近平总书记指出："我们要积极回应人民群众所想、所盼、所急，大力推进生态文明建设，提供更多优质生态产品，不断满足人民日益增长的优美生态环境需要。"[1]环境信息公开作为韶关生态文明建设的重要组成部分，不仅能让民众获取海量的环保信息，有益于人们的生产与生活，同时也是衡量一个地方经济社会发展和生态文明建设程度的重要标志。

粤北生态保护区生态产业基础薄弱，经济发展相对滞后，基层政府不能

---

〔1〕 习近平：《坚决打好污染防治攻坚战 推动生态文明建设迈上新台阶》，载 http://jhsjk. peo- ple. cn/article/30000992，访问日期：2022 年 8 月 26 日。

处理好保护与发展之间的关系，缺乏对保护区生态产业发展的系统规划，保护区产业发展没有充分发挥其优势，同时还影响了生态保护和功能修复。生态治理需要转变观念，从限制产业转变到注重开发生态产业，科学规划产业空间布局，核心保护区以生态公益林建设为重点，生态修复区重点发展生态公益林和特色农业经济，生态利用区重点发展特色林下经济、特色农产品加工业及生态休闲旅游产业。着力培育支柱产业：一是打造红豆杉培育及产品加工基地，形成聚集效应，并延长红豆杉生物医药产业链。二是打造"旅居康养特色小镇"，形成面向大湾区和全国的旅居养老目的地。三是大力拓展研学游市场，打造面向粤港澳大湾区青少年的研学旅游产业基地。四是推出创新型生态产品，建议和清远市联合开发"负离子空气"市场，将生态优势转化为经济效益。[1]

习近平生态文明思想中的生态文明法治理论，是马克思主义法治理论的中国化创新。随着粤北生态保护区生态环保力度的不断加强、人们环境保护意识的不断提高，建立完善南岭国家公园保护区野生动物损害补偿制度与立法，明确补偿义务主体与损害补偿的范围，丰富生态补偿的形式，完善补偿标准，使其既有利于野生动物保护，也有利于维护当地农民的利益，这是南岭国家公园建设亟须解决的问题。韶关生态环保立法应当从完善生态文明制度体系、提供全方位的法治保障等角度入手，做到有法可依、执法必严。

三、韶关生态治理过程中生态补偿存在的主要问题

近年来，韶关市政府积极争取省财政加大生态补偿转移支付力度。一是逐年增加重点生态功能区转移支付。自 2012 年以来，共安排重点生态功能区转移支付资金 6.46 亿元，年均增长 24.3%。二是在激励性转移支付机制上对重点生态功能区县（市）给予倾斜照顾。激励门槛比其他地区（不含少数民族县）低4%。2017 年，省财政安排韶关市激励性转移支付资金 24.6 亿元。[2]三是在相关转移支付补助政策中引入主体功能区因素。省财政在测算分配县级基本财力保障资金、中央均衡性转移支付资金等转移支付资金时，对国家和省重点

---

〔1〕 隋春花、陈月洁、李清：《粤北地区乳源瑶族文化旅游价值及其开发研究》，载《边疆经济与文化》2021 年第 5 期。

〔2〕 蒋廷晟：《乳源瑶族自治县东坪镇水源保护区生态补偿研究》，广东技术师范大学 2020 年硕士学位论文。

生态功能区（县）适用最高档次系数。省财政进一步完善差异化的评价指标体系和补助标准，实施与区域发展定位相适应的财政转移支付政策，支持韶关市落实好主体功能区发展任务。

尽管省财政加大了生态补偿转移支付力度，但从过去广东生态发展保护区与主体功能区的规划建设实践中，本文发现，生态发展区的森林、河流、耕地等生态系统，其生态补偿涉及的利益关系复杂，实施难度较大，在实践中面临诸多矛盾和问题。广东正在实施"一核一带一区"发展战略，探寻特别保护区生态补偿的新政策、新需求，既是粤北生态区发展的需要，也是广东高质量发展的重要组成部分。

（一）石门台-罗坑片区面临的问题

罗坑片区作为韶关地区最大的自然保护区之一，在被纳入特别保护区后，仍然有许多亟待解决的问题。

第一，保护区纳入粤北生态特别保护区体系后，对特别保护区资源的管理要求将更加严格，限制村民对森林资源利用的制度也更多。因此，生态补偿涉及的矛盾更多。

第二，罗坑自然保护区的土地和林木权限全部为集体所有，保护区实施禁止采伐、狩猎等法律和政策，使得"靠山吃山"的村民失去了主要经济来源，经济发展和生态保护的矛盾凸显。而生态公益林的补偿才31元/亩，保护区内和保护区外都一样，所以在一定程度上，村民认为保护区的存在并没有给他们带来任何好处，反而限制了他们的经济发展。

第三，保护区被纳入生态区体系后，需要解决生态移民现有的产业与生活设施的补偿问题，其补偿成本核算与补偿标准十分复杂。过去，政府生态补贴少，转移支付到区或镇的资金流转下来所剩无几。如果将保护区内的居民移民到外地，迁出的移民生活得不到保障，移民又会重新返回故土耕种。例如，瑶族村没有耕地，只能租田地，主要劳动力还是要在山上耕种，靠采摘山茶树和灵芝为生，但茶、灵芝越来越少。

（二）南岭-南水片区面临的问题

第一，林下经济与保护区建设如何有机统一，是南岭片区面临的生态补偿问题之一。广东省乳阳林业局2016年有一个林下经济黄莲项目，因涉及特别保护区已停止。电站是现在林场的生存之本，因在特别保护区范围之内，也面临停产报废。森林旅游也是林下经济之一，南岭国家森林公园自1993年开业至今，接待国内外无数游客，但因在南岭片保护区，现已停业，四百多名员工待业。

第二，南岭片区保护区范围之外（清溪洞村）存在大片石漠化山地，村民在山地上种植樟树，1 棵树成本 20 元，60 元卖出，村民既能维持生存与发展，也不会影响生态保护，还可缓解生态补偿的不足，其发展模式如何进一步推广。

第三，乳阳林业局 2017 年的碳汇造林任务为 3600 亩，林业局做了规划，但因在特别保护区，主管部门没有批复。乳阳林业局办公楼后山人工种植的杉树，计划进行林分改造，但因在保护区和缓冲区而不能采伐。

第四，乳阳林场的资源管理、生态公益林的培育以及保护区、核心区、缓冲区等如何有机配合与合理统一，也是一个需要解决的生态补偿难题。

（三）生态补偿的其他问题

（1）政策瓶颈。主要是生态补偿机制不完善：一方面，政策规划与多种实际情况不能完全一致。另一方面，现有补偿政策难以发挥应有的效用。如前所述，现有补偿政策标准太低，民众的积极性难以充分调动。

（2）管理瓶颈。我国《水法》《水污染防治法》明确规定了"谁投资、谁受益，谁利用、谁保护，谁污染，谁治理"的原则，但特别保护区内的乳源南水湖、小坑水库的保护难以落实。片区内水库兼有抗旱防洪、旅游、工农业生产和提供生活用水等方面的功能和作用，开发利用的主体多，而承担水资源保护成本的主体不明确，利用与保护的权责无法落实。

四、生态保护区生态补偿的对策与建议

（一）政府赎买林地或对生态林进行差异化补偿

由政府出资赎买林地后，可以免去每年大金额的生态公益林补偿费用，也避免了环境保护与居民发展经济的矛盾。或者实现区内、区外差异化补偿，适当提高特别保护区内生态公益林的补偿金，最好可以和租用林地的价格一样，达到 100 元/亩，让农民能够真实体验到被纳入特别保护区的经济收益，这样才会提高村民的积极性。

（二）生态补偿的标准和时间要有所区别

特别保护区的生态补偿需要分阶段进行，第一阶段的补偿时间可为 2021—2023 年。以补偿特别保护区保护建设生态资源环境成本和发展机会成本为主。

每年由中央财政和广东省财政安排财政转移支付、专项补贴和基金专项经费。后期生态补偿时间可为 2024—2030 年。在第一步补偿标准的基础上，增加补偿特别保护区生态系统服务功能的非使用价值，即增加基于广东省内居民的支付意愿所达成的补偿金额。每年由中央财政、广东省财政通过新的生态补偿税费征收、生态彩票发行受益转移划拨至特别保护区当地政府。具体补偿资金的金额要与实施特别保护区战略的机会成本、生态系统服务功能价值等大体相符。[1]

（三）科学界定生态补偿的主体和对象

广东生态补偿体系的补偿主体包括中央政府、广东省政府和珠江三角洲各市的地方政府、受益企业、排污企业和受益居民。补偿客体主要包括特别保护区中的核心保育区、生态修复区、生态利用区的生态资源环境的保护者和建设者，即特别保护区的地方政府、城乡居民以及由于产业结构调整转型升级发展绿色产业而受到损失的企业和农民。

（四）运用市场建立多元生态补偿机制

主要包括如下几方面：

（1）建立以价格机制来优化配置资源的市场补偿方式制度，通过市场化进行水权交易，推动特别保护区大型水库对珠江三角洲地区和香港地区的直饮水工程；推动建立珠江流域水资源下游补偿上游的横向生态补偿机制。

（2）建立以国家或广东省政府为补偿主体，以特别保护区地方政府和居民为补偿对象，以全省区域生态安全、民生改善、社会稳定、区域协调发展为目标，以转移支付、财政补贴、政策倾斜和人才技术投入等为手段的行政补偿制度。

（3）建立以受偿者需求为导向的多元生态补偿机制，通过资金补偿、实物补偿、政策补偿、技术和智力补偿、产业补偿等补偿方式来统筹兼顾特别保护区短期、中期和长期发展的需要，使经济与生态综合效益最大化。

（4）特别保护区生态补偿不能是救济，也不能是救急。必须建立长效的补偿机制，并辅以特别保护区的管理保障措施。以生态补偿资源配置方式为标准进行分类，可通过行政手段来配置生态补偿资源的行政机制和通过市场

---

〔1〕 周新成：《弘扬伟大建党精神，谱写北部生态发展区高质量发展新篇章》，载《韶关日报》2021 年 11 月 16 日。

来配置生态补偿资源的市场机制。以被补偿者的需求导向进行分类，可将生态补偿方式分为资金补偿方式、实物补偿方式、政策补偿方式及智力补偿方式。

（5）加大省级财政对特别保护区等北部生态功能区的转移支付力度，建立财政投入为主的多元化资金保障机制，探索建立社会力量参与自然资源管理和生态保护的新模式，引导社会资金投入特别保护区建设，确保特别保护区所涉县（区）的基本公共服务保障达到全省平均水平。除此之外，还可根据不同标准建立起多种补偿制度。[1]

（五）争取国家选择重点流域开展流域和水资源生态补偿

特别保护区既处于珠江重点流域，境内又有全国的重点生态保护区——南岭山地森林和生物多样性生态保护区。同时，广东南水水库引水工程正在建设之中，应紧紧抓住这一历史机遇，积极争取国家支持，先行先试，创办"国家公园"。以特别保护区为切入点，实现广东区域协调发展的目标，并为全国同类地区探索出一条生态与经济协调发展之路。同时，要以特别保护区主体功能定位为目标，制定富有激励作用的专门的绿色 GDP 政府工作绩效考核体系。在建立政府工作绩效综合评价体系时，在指导思想上要以全省利益最大化的思想为引导，树立特别保护区发展的战略思想。

总之，生态补偿机制应从"精准补偿"的政策设计思路出发，从科学选择补偿对象和发挥市场机制入手，增强补偿标准的科学性和补偿对象参与的积极性。

结　语

生态治理是关系到韶关可持续发展的根本大计，在新征程上，韶关市坚持以习近平生态文明思想统领生态治理实践，把深入学习贯彻习近平生态文明思想作为重要政治任务和理论任务，做到学思用贯通、知信行统一，不断增强学习宣传贯彻的政治自觉、思想自觉、行动自觉。创建南岭国家公园是广东省委省政府作出的重大决策，是贯彻落实习近平总书记生态思想文明思想的战略举措，是广东省构建"一核一带一区"区域发展格局的战略支点。

---

[1]　谢林武、周新成：《粤北生态特别保护区生态补偿长效机制构建研究——以罗坑鳄蜥国家级自然保护区为例》，载《环境保护与循环经济》2021 年第 3 期。

它对于解决广东省发展不平衡、不协调问题，特别是对于广东省全面实施乡村振兴战略，推动北部生态区发展，具有重大而深远的意义。[1]韶关市通过一系列生态治理创新思路来推动绿色发展，把生态治理融入经济建设、政治建设、文化建设、社会建设各方面和全过程，提升生态环境保护和建设力度，将生态优势转化为经济发展优势，这无疑为解决经济发展与环境保护的矛盾提供了有价值的依据，从而为深化生态文明建设研究提供了理论增量。

---

〔1〕 王瑞军:《擦亮"善美韶农"品牌 推进农业农村现代化》，载 https://mp. weixin. qq. com/s/5jHlnDDke1SDXkQSnROHSw，访问日期：2022 年 8 月 26 日。

"四个全面"视野下自治型社区面临的挑战及进路
——以广东省 F 社区为例

马全中　马荣越*

【摘　要】加强社区自治是完善社区治理的重要措施。当前，社区自治存在着社区自治能力不足，基层组织参与社区治理不力，业委会等社区自治组织治理社区能力有限等问题。未来完善自治型社区的对策包括提升自治型社区的自治能力，加强社区基层组织对社区自治的引导和参与，提升业委会和居民的社区治理能力等。

【关键词】四个全面；社区治理；自治型社区；自治

党中央在党的十九届五中全会强调："统筹推进经济建设、政治建设、文化建设、社会建设、生态文明建设的总体布局，协调推进全面建设社会主义现代化国家、全面深化改革、全面依法治国、全面从严治党的战略布局。"这是党中央关于"四个全面"的战略布局的相关论述。党中央强调要加强政治、经济、社会和生态建设，同时推进四个全面，这些论述具有重要的战略意义。四个全面的论述对于经济、政治、社会、生态等各个领域的改革都具有指导价值。其中，社会建设也是党和国家建设的重点，在社会建设中，社区治理是当前社会治理的重要环节。推进社区治理建设对于推进社会治理现代化具有重要意义。在当前的社区治理实践中，如何推进社区自治，推进社区治理中的居民自治，是完善社区治理的重要内容。党的二十大报告指出："健全基

---

　　* 马全中（1974年-），男，河南信阳人，博士，韶关学院政法学院教授，研究方向：服务型政府和社会组织；马荣越（1998年-），女，南京理工大学公共事务学院研究生（通讯作者）。

　　基金项目：广东省教育科学规划课题"'四个走在全国前列背景下广东省社区治理模式创新跟踪调查研究"（2019GXJK022）。

层党组织领导的基层群众自治机制，加强基层组织建设，完善基层直接民主制度体系和工作体系，增强城乡社区群众自我管理、自我服务、自我教育、自我监督的实效。"这是新时代党中央对社区治理最新的政策和精神。党的二十大报告为社区治理指明未来的发展路径，即社区治理要充分发挥人民群众的自我管理、自我服务和自我教育。换言之，社区治理的重要路径包括：推进社区居民自治，推动社区居民自我管理、自我服务和自我教育等。

在社区治理中推进社区自治具有非常重要的意义。"基层群众自治制度是中国式民主的重要组成部分，是基层民主的主要实现形式。"社区自治是基层群众自治的重要形式，是中国式民主的重要组成部分，是社区居民在党组织领导下实现社区民主的重要形式，是人民群众的自我管理和自我服务。社区自治能够提升社区治理的品质。通过广大社区居民的参与，社区治理的力量得以壮大，极大地改善社区治理人员不足的问题，使社区治理得以可持续发展。推进社区自治能够减轻基层组织的负担。由于受计划经济影响，我国社区治理中往往存在着依赖基层组织的现象，基层组织往往包办社区治理的很多事务。这导致基层组织社会治理负担很重。而且，基层组织由于其人力和财力资源的限制，导致社区治理的效果不明显。因此，社区治理需要引入社区自治，引入社区居民自我管理、自我服务和自我监督等基层自治机制。目前，在社区治理的实践中，我国部分社区已经出现了一些社区治理的相关实践，涌现了一些自治型的社区，一些社区纷纷选举社区业委会，试图通过业委会来实现社区治理。这些社区自治的实践对推动社区治理具有积极作用。当然，在这些自治型社区运行的过程中，也出现了诸如自治组织运行不畅、业委会成员不负责等自治失灵问题。如果不对这些问题加以改进，会阻碍社区自治的进一步发展。因此，本文将选取广东省部分社区自治的案例，分析社区自治存在的问题，探寻未来完善社区治理的路径，研究在四个全面的视野下完善和改进社区治理的方法和对策。

一、自治型社区社区治理面临的挑战

（一）自治型社区自治主体自治能力不足

社区自治需要一定能力的自治主体，同时这些自治主体要具备一定的能力，以实现社区自治。在自治型社区中，自治主体需要参与物业公司选择、社区重大事项决定、参与社区治理等各种社区治理事务。这些事务的处理都需要社区居民具备一定的自治能力和相关行为习惯。以广东省 S 市 F 小区为例，这个小区住户人数在 370 人左右，小区住户的职业主要是工商个体户和部分体制内人员。该社区最初交由物业公司管理。但在该物业公司管理过程中，部分社区居民对物业公司的管理质量不满意，于是该社区成立了业委会，最后由业委会来接管小区管理。该业委会在管理小区的过程中表现出了自治能力不强的问题。首先，该业委会的若干成员对于社区治理责任心不强，导致个别业委会成员在业委会中强势主导业委会的事务，进而出现了业委会的各种决定被少数人主导的现象。业委会的各种决策流于形式。作为一个重要社区自治组织，业委会决策一般而言是集体决策、民主表决于一身的。但在实际运作中，该社区业委会形成了一言堂现象，个别业委会成员通过各种手段形成了对其他成员的消极影响，进而使业委会的决策损害了社区业主的利益。以 S 市的 F 社区为例，在业委会成立以后，业委会成员并没有根据社区居民的利益做出各种决策和进行管理，但部分业委会成员却从社区居民缴纳的物业费中谋取了个人利益。部分业主对业委会提出批评和反对意见，业委会成员也不予重视。在这种情况下，业委会作为社区自治组织的自治作用没有得到体现。

（二）社区基层组织对社区自治参与不力

社区自治，顾名思义，是社区居民的自我管理和自我服务，但社区自治绝非是社区居民唱独角戏，社区自治也需要基层组织的参与。但在广东省 S 市 F 社区的治理过程中，基层组织参与力度不足。首先，基层组织没有监督组织管理社区业委会的成立。如前所述，在 F 社区业委会的成立过程中，出现的贿选拉票，候选人推荐、选举过程不规范等问题都没有得到及时纠正。这些问题的产生都是基层组织对该社区业委会选举组织不力和监督不力的结果。其次，基层组织对业委会的运行也缺乏监督管理。在 F 社区业委会管理 F 社区的过程中，针对业委会存在的管理混乱、账务不清等问题，F 社区所在基层组织没有主动发现和采取措施，即使是在该社区居民意见较大，反映到当地基层组织的时候，基层组织采取相关行动仍然不及时。另外，当基层组织发现业委会一些成员不履行业委会职责时，基层组织采取行动也比较迟缓。例如，直到有社区居民到当地基层组织反映业委会在管理社区过程中存在种种社区管理不规范行为，当地基层组织才给予重视，但采取行动仍然比较缓慢。

(三) 业委会等社区自治组织治理社区能力有限

社区自治组织需要在社区治理中扮演一定的社区治理角色,但在现实社区治理中,业委会等社区自治组织社区的治理能力受到了质疑。有学者通过研究后认为:"大多数业委会成员的物业管理知识不足,既缺乏管理和服务经验,又缺乏监督和评价物业管理公司的能力。"这种结论在现实社区管理过程中得到了一定程度的验证。以 F 社区为例,该社区在与原来的物业公司解除物业管理合同以后,经社区业主大会决议,由业委会接管小区的物业管理,而且业委会承诺,在实际管理中,尽量压低成本,逐渐减少业主们所缴纳的物业费。但业委会在管理社区物业过程中却遭遇了与原来设想得不同的情况。首先,物业费超标严重。经过一年的运作,经过核算,社区物业管理费不但没有降低,反而出现了增长,所有居民都要比原来多缴纳物业费。由于物业管理费用超支,导致业委会账户出现财务赤字。这在社区业主中引起了极大不满,社区居民认为,这是由业委会管理社区不当导致的,部分业主不愿意缴纳超额的物业管理费。业委会委员与社区居民之间存在较大分歧,影响了社区居民之间的关系,也对社区治理产生了消极的影响。其次,社区管理质量下降。社区在选举产生业委会以后,社区管理出现了较大问题。社区卫生环境变差,经常出现垃圾不能及时清理的问题;路灯坏了也得不到及时维修,社区治安形同虚设;社区公共基础设施损坏无法得到及时修理。在社区管理质量下降以后,业委会并没有采取有效措施来改善社区的管理质量,导致社区卫生环境、居住环境大幅下降,社区居民意见很大。小区的居民普遍对业委会管理社区的质量表示不满,有的居民认为应该更换业委会,也有的社区业主认为社区要由专业的物业公司管理。

二、自治型社区社区治理面临的挑战

(一) 提升自治型社区的自治能力

社区居民自治能力的高低决定着社区自治水平的高低。社区成员通过自治组织,自我管理、自我教育和自我服务,满足政府和市场难以满足的社会需要,参与解决社区发展问题,创造自己的幸福生活。在社区治理中,如果社区居民能够实现充分的社区自治,实行自我管理和自我服务,这便是社区治理的理想状态之一。社区居民自治的水平越高,社区治理的水平和质量就会越高。反之亦然。但如前所述,在社区自治过程中,容易出现自治失效问题。在 F 社区的案例中，F 社区的自治组织业委会就出现自治失效的困境。为何会出现这种问题呢？主要原因之一是社区居民的自治能力不高。首先，在 F 社区业委会选举过程中，存在选举舞弊等现象。F 社区业委会委员的选举充斥着随意和拉票现象。例如，选举业委会成员的过程中，存在有的候选人给投票的人塞红包，有的投票人随意投票等问题。业委会成员选举过程不规范导致选举的业委会成员素质和水平一般，进而导致社区自治水平和自治能力较低。

提升自治型社区的自治能力需要首先从规范选举业委会成员的过程着手。相关选举过程要严格按照相关法律制度的规定来进行。业委会的委员候选人要由热心社区公益事业，有一定时间和精力且为人正派的社区居民来担任。候选人名单可以采取推荐和自我推荐相结合的方式。在选举过程中要将各个候选人情况向社区居民公示，以供居民投票选择。选举程序要公开透明，严禁以贿选的方式拉票。其次，在业委会成员选举产生后，要加强对业委会成员自治能力的培训。相关基层单位可以通过组织业委会成员参加专门培训班、听专家讲座等形式提升业委会成员的自治能力和自治水平。最后，要完善社区居民对业委会的监督。加强对业委会成员的监督能够防止业委会成员以权谋私，这也能在一定程度上提升业委会成员的自治能力。因此，需要制定和完善社区居民对业委会成员的监督制度和机制建设。

（二）加强社区基层组织对社区自治的引导和参与

基层组织在完善和加强社区自治方面具有重要作用，基层组织能够推动社区自治的完善。首先，要加强基层党组织对社区自治的领导。"党组织依靠自上而下的组织体系在社区治理中发挥着领导作用，但这种作用不是干预治理程序和介入治理环节，也不是将自身的意志强加于治理网络中的其他主体，而是党组织同各治理主体进行平等协商，积极互动，最后达成共识。"也就是说，党组织发挥的是领导作用，且这种领导作用是通过协商等手段实现的。有学者认为："基层党组织要不断完善自身组织系统，通过扩大民主、推动自治与平等协作等方式，构建与其他社区治理主体的良性互动关系，才能增加其他治理主体对党组织的信任度与认同度，其结果是提高了社区党组织领导核心作用的合法性。"也就是说，社区自治要发挥基层党组织在社区治理中的领导作用，党组织和社区居民在和谐协商的环境下实现对社区的共同治理，也实现了基层党组织对社区自治的领导。社区自治并不意味着完全让社区居民自治，而是党要发挥自身的思想领导、政策领导和组织领导作用。基层党组织要加强对业委会成员和社区居民的教育，鼓励社区居民积极参与社区治理，主动参与社区公益活动。其次，街道、居委会等基层组织要加强对社区自治的组织和引导。为什么街道和居委会等基层组织在社区自治中参与不足呢？一方面，这些基层组织日常事务比较繁忙，缺乏时间和精力去管理社区居民自治；另一方面，基层组织在一定程度上认为社区自治是社区居民自身的事务，基层组织不宜参与。以上原因导致基层组织在社区自治中参与不力。但实际上，为推动社区自治发展成熟，也为了构建"共建共治共享"社区，基层组织在社区自治里要始终在场，这样才能保障社区治理的善治。所以，在社区治理中，基层组织需要及时参与社区自治，不但在业委会选举等社区重要事项上及时参与进来，而且在社区业委会成立以后，基层组织也要及时跟进，注重对业委会的监督，引导社区居民监督和支持业委会的工作，保障社区自治的发展和完善。当然，基层组织的引导很重要，但这种引导要建立在激发社区居民主动参与的基础之上。"社区自治不仅需要良好的制度以及相应的社区自组织，还需要社区居民的主动关注和积极参与，最终才可以形成以社区居委会牵头、社区自组织组织、居民主动参与的自治局面。"

（三）提升业委会和居民的社区治理能力

F社区业委会之所以存在治理社区效率低下的问题，既有主观方面的原因，也有客观方面的原因。主观方面的原因包括业委会成员存在腐败现象。该社区财务管理混乱，存在随意支出费用的现象，业委会成员都拿着比较高的工资；社区办公室购买的一些物品存在乱花费的现象；各种开支没有一个清晰、明确的账目。所有这些导致社区物业管理费用超标，社区管理没有达到当初的目标。客观原因是业委会的委员们缺乏物业管理的知识和能力，无法有效管理社区。社区物业管理和社区管理是高度专业化的领域，需要由专业人员来实施。业委会成员虽然对社区比较熟悉，但对物业管理却相当陌生。所以，业委会管理社区出现问题在一定程度上难以避免。

解决上述困境主要有两种方法：一是提升业委会和社区居民以及居委会的社区治理能力和物业管理能力。"在社区治理主体能力方面，要进一步提升居委会与业委会成员在社区物业管理和社区自治方面的专业化水准，激发社区党员参与社区公共事务的主动性，促使他们在社区治理过程中发挥先锋模范带头作用。对于体制外的业委会成员和业主积极分子，将其纳入社区治理网络体系中，实现社区治理高质量发展。"业委会和社区居民通过自学、参加培训等方式不断提升自身的物业管理能力和社区管理能力，在社区管理的实践中不断总结，不断提高自身的物业管理和社区治理能力。同时，居委会作为社区治理基层组织，也要不断提升自身的社区治理和物业管理的专业化知识，为社区自治提供指导。二是业委会需要聘请专业的物业公司来管理社区。专业的事情交给专业人员来做，由业委会或者业主代表来选择物业公司管理社区。业委会负责监督物业公司管理社区，业委会和社区业主代表大会则负责决策社区重大事情。借助物业公司专业的物业管理知识和技能，再结合业主委员会和业主代表的参与治理，使整个社区的自治能力得到有效提升，从而实现社区的有效治理，也使业委会的自治能力得到弥补，社区自治的质量得到保证。

创新"一站组团式"调解模式
成功化解偏远山区山林纠纷"四十余年骨头"案
——市委政法委挂点督导调处澜河镇上澜村上杨村小组

"下金竹坑"（山头名） 山林权纠纷案

乡村作为社会治理体系中最基本的单元，是服务群众的"最后一公里"，乡村社会治理模式的完善创新是国家治理体系现代化的重要基石。农村要成为安居乐业的家园，离不开科学有效的治理。国家的改革历程中从"家庭联产承包责任制"的探索，到"社会主义新农村建设"的推进，再从"城乡一体化发展"到"乡村振兴战略"的实施，国家治理体系和治理能力正在逐渐完善提升中。

随着农村人口结构、社区公共事务的深刻调整，以及利益主体、组织资源的日趋多元，乡村社会治理模式的完善创新显得尤其迫切。

南雄市委政法委深入推进乡村治理体系和治理能力现代化，形成法治、德治、自治相结合的乡村治理新局面，实现城乡社会治理的同步化、专业化、融合化，让治理能力成为乡村振兴的新生产力，确保乡村社会充满活力、安定有序。完善创新乡村社会治理模式，综合使用多种治理手段，调动传统与现代、政治经济文化多方面资源，整合基层党组织、村民自治组织、农村经济组织、新型社会组织力量，重视和利用基层乡村文化系统，不断创新构建更加完备、更加精准、更加有效的粤北特色乡村治理体系显得尤为迫切。2022年7月22日，市委政法委牵头澜河镇综治、司法、林业、综合执法部门以及驻镇工作队，创新"一站组团式"调解模式，通过半年的调处铺垫，成功化解偏远山区澜河镇上澜村上杨村小组王姓与杨姓"下金竹坑"（山头名）

山林纠纷"四十余年骨头案件"积怨，双方姓氏代表就争议地块产权争议达成调解协议并握手言和，收获了良好的法治效果与社会效果。

一、案件背景

上杨村为澜河镇政府下辖村小组之一，全村总面积 102.6 公顷，林地面积为 97 公顷，耕地面积只有 6.9 公顷，户籍人口 145 人，常住人口 65 人，是一个典型的边远山区村小组，位于行政村上澜村深处。

在 20 世纪 70 年代，农村集体林承包到户，以此来解放和发展生产力。王姓与杨姓分别是上杨村小组生活着的两家姓氏大户，杨家和王家同属一村，在当时林地分村分组时，就登记在本村名下的下金竹坑地段的林权划分产生了争议，下金竹坑地段位于两姓氏重要出入处。双方从自己的生活范围、相邻便利角度出发，均积极争取争议地块的林地使用权，双方各不相让，多方调处均没有取得实际进展。

20 世纪 80 年代至 90 年代，随着国家林地改革的推进，林权特点是稳定山权林权、规定自留山、确定林业生产责任制（林业三定）。1987 年，杨姓家族登记"下金竹坑"为杨应文名下自营山证书。1988 年，王姓试图与杨姓就"下金竹坑"林地产权争议进行协商，杨姓以已经办理自营山证书为由，不愿意与其协商"下金竹坑"归属，双方协商未果。后杨姓所在生产队干部代表为尽早结束争议，与王姓签署了一份和解协议，确认"下金竹坑"归属为王姓，并加盖行政村上澜村委会公章。后续双方围绕这两份权属证明佐证，相持不下，为后续悠久的纠纷争端埋下了隐患。

21 世纪初，国家发布《中共中央、国务院关于加快林业发展的决定》执行"已经划定的自留山，由农户长期无偿使用，不得强行收回。自留山上林木，一律归农户所有"的规定。林木出售所得成为两姓氏重要的盈利收入，林木出售运输成为日常，下金竹坑地段位于两姓氏的重要出入处，双方围绕争议地使用争议不断，矛盾加深。王姓与杨姓双方对自己权属佐证，均有自己林权所属和乡土朴素的理解，辖区基层镇村干部都尝试进行调处，均未有进展，只能进行暂缓式平息。

2010 年前后，随着林木出售运输的日益频繁，王姓与杨姓两家围绕双方争议地使用争议不断，矛盾进一步加深。两姓氏争执甚至发展至两家族的打斗，所幸没有造成人员受伤。之后，双方由林地争端发展到生活、生产方面面对立，并往后持续纠纷十余年。

2022 年 4 月起历时半年，市委政法委联合澜河镇党委政府紧密围绕南雄市委市政府提出"三个下沉"工作机制，将工作重心下移、资源下投、力量下沉，帮助基层解决生产生活难题，市委常委、政法委书记姚远华亲自挂帅督导案件调处，深入挂点联系澜河镇，现场研判分析，组织成立工作专班，创新"一站组团式"调解模式，着手攻克上澜村上杨村小组"下金竹坑"（山头名）山林权纠纷案，并逐渐稳控纠纷调处局面。

2022 年 10 月 10 日晨，上澜村上杨村小组"下金竹坑"林木出售运输相邻权纠纷再次爆发，杨姓组织 4 户家族宗亲围堵拦截王姓外销林木车辆，并在现场深挖土坑阻止一切车辆进出。王姓随即召集同姓 4 户家族宗亲共计 20 余人到达现场对峙 2 个小时，后经镇公安派出所及时阻止。当日下午 4 点，澜河镇党委政府、驻镇工作队协同综治、司法、林业、综合执法部门开展"一站组团式"调解。晚 8 点 10 分，经过多业务、多部门骨干紧密配合，两姓氏代表围绕争议地"下金竹坑"使用权属及便民使用签署和解协议，双方积怨"四十余年骨头案"成功画上句号。

二、主要做法

（一）创新派出所、综治、司法、林业、综合执法、法院等多单位"案件联席会调"平台

一是牵头派出所、综治、司法、林业、综合执法、法院从各个专业视角审视把关"下金竹坑"山林纠纷"骨头案"。积累四十年的骨头案，尤其是山林纠纷案件，由于历史上关于农林的政策法律法规不断调整变化，所以需要在调解中运用各自行业部门法治思维的能力与方法更全面、完善；二是发挥三农业务专家、驻村律师顾问的专业优势，审视纠纷调处各个环节和文书，提出法律意见，标本兼治，完善办案流程；三是广泛发动基层各单位、社会各方面以及人民调解组织的调解工作力量，形成行政调解、人民调解、法律顾问相互配合、优势互补的多元矛盾纠纷解决机制，切实为山林纠纷的有效化解打一场集团攻坚战。四是多业务、多部门的联合把脉会诊。本案之所以被拖成陈年旧案，一个关键点是当事人之一的王姓，对当年的单方协议缺乏正确认识，陷入了法律误区。由于杨姓已通过南雄市人民政府办理了相关自营山证书，王姓拿出的双方协议缺乏相关当事人的签字确认，而仅由村委干部签字的协议属于效力待定协议。现在杨姓拒绝该份协议的效力,该效力属于无效协议。而且,当年代为签字的镇村干部大多年老淡忘或去世无法为其作证。从法律上无法证明其林权。王姓听到镇林业站、农办以及法院干警摆出的法律法规汇总条例以及提出的预判分析后,内心一沉,想法中的法律认识陡然坍塌,失去了往日的意气风发,加上即使诉讼也不能获胜的心理负担,为最后调解案件的成功调处提供了明法说理的突破点。

(二)创新"乡村社会化法律服务团队"一站式服务

第一,引入社会律师陪同综治维稳干部深入走访。了解姓氏各自诉求,以及自己支持佐证,走访村委相关证人、志书、地册资料,并形成初步调解思路,为后续调处发挥关键支撑作用;二是依托澜河镇集律师、法律援助、调解中心、品牌调解室等为一体的公共法律服务中心,组建乡村社会化法律服务团队。按照"调成一个案件、给付一定补贴"市场化运作发展方向,开展"多兵种""综合性""一站式"法律服务,实现公共法律服务便捷化、均等化。其中,法律服务团队的任务是,解答当事人的法律咨询疑问,并提供相应的法律方面的意见和建议。

(三)创新"涉林纠纷历史信息采集"作为农林纠纷一体调处依据

一是健全涉林纠纷信息的采集与上传机制。涉林纠纷的化解依赖于真实的历史信息,而农林历史信息往往隐藏于乡土人际社会之中,只有通过细致收集和耐心整理、汇总才能获取。开展调处工作以来,工作专班持续走访史志办、林站点了解争议地的历史遗留地册、测绘信息、群众口述、宗谱记载并扫描上传电脑硬盘,作为两姓氏定争止纷的重要参考依据。二是建立农林纠纷案件每季一排查,每月一排查机制。工作专班协同澜河镇林业站及村级联络点干部建立了经常性排查与集中排查调处机制,每遇春节、清明、国庆等重点时段,对相关争议地山头开展集中排查,并对矛盾纠纷作出预判,防患于未然。同时,以点带面采用经常性与集中性相结合的排查方法,对上澜村重要林地节点实施涉林矛盾纠纷集中排查调处活动。

(四)创新"村级宗亲评理调处"作为农林纠纷一体调处补充

一是发挥乡贤的"软治理""软约束"作用。在争议地农村基层社会组织村小组,以"传承优秀传统文化、协助调解邻里纠纷、协助村民发家致富"为宗旨思路,积极引导当地乡贤参与村级纠纷宗亲评理调处。在"下金竹坑"山林纠纷调处过程中,镇村干部协同村小组乡贤、宗亲一同参与劝导,其中一名王姓宗亲的劝导发挥了重要作用。"如果纠纷一直持续，已经砍伐倒伏的林木不能及时出售运输，王姓将会向相关厂家进行赔付。且当前产权证据不利于王姓"，宗亲劝说道。对于平日决策时更多地听取宗亲意见的王氏代表而言，这番话起到了关键的劝说作用。二是搭建宗亲评理调处平台。在上澜村祠堂处开设村级宗亲评理处，并坚持评理流程规范化、评理说事常态化、评理调解一体化运作机制，对争议双方姓氏一些比较疑难复杂的诉求，组织相关有资历、威望的评理员采取现场评理等方式开展评理活动，在说闲话、拉家常的轻松氛围中及时洞察纠纷苗头，达到早介入、早化解的良好效果。

（五）创新"驻镇侧重帮扶"作为农林纠纷一体调处激励

一是引入帮扶单位侧重帮扶进行正向激励。2022 年 8 月 8 日，市委常委、市委政法委书记姚远华到上澜村开展"三个下沉"挂点联系服务基层群众调研，在了解到上澜村反映乡的村振兴发展难题后，立即着手进行解决，利用市委政法委和市二中"630"帮扶资金 3 万元，解决上澜村小关田村水沟建设问题。并上报农业农村局，争取资金修缮上澜村细龙村小组"一事一议"大厅，积极为当地农业生产排忧解难，并跟进落实。面对两姓氏争端纠纷，市委政法委积极撮合双方协商一致，对于王姓主动作出的让步，将会利用"630"资金在"下金竹坑"加大建设力度，完善公路基础设施，便利王姓正常进出山路，为调处争取重要补偿，消除王姓的后顾之虑。二是建立正面邻里和谐相处典型进行正向引导。通过在澜河镇周边行政村开展"美丽庭院示范户""和谐邻里""乡贤之星"评选活动，主动发现、挖掘、褒扬双姓氏身边的先进典型，传承家风美德，培育乡风文明，引导两姓氏推动和解，持续推动片区平安稳定。

三、经验启示

针对"骨头案"需建立"调解路线路+任务清单制"长效化解机制，并逐步狠抓落实，才能取得化解实效。针对挂点督导"下金竹坑"案，市委政法委高度重视，多方动员、鼓足干劲，推出了"调解路线路+任务清单制"长效化解机制，高质量推进工作开展，取得了良好的政治效果、法治效果与社会效果。市委政法委协同澜河镇党委政府成立了以镇党委分管综治副书记为组长，镇派出所、综治、司法、林业、综合执法负责人为成员的工作专班，结合"社会治理我先行"行动，制定"调解路线图"：第一步（2022 年 4 月至 2022 年 5 月) 稳控事态,确保不发生任何群体打斗,确保片区治安稳定;第二步(2022 年 6 月至 2022 年 8 月) 引入社会律师陪同综治维稳干部了解双方各自的诉求,以及自己支持的佐证,走访村委相关证人、志书、地册资料,并形成初步调解思路;第三步(2022 年 9 月至 2022 年 10 月) 平衡调解双方诉求,并撮合双方最终达成调解协议。同时,围绕山林纠纷列出调处工作清单。月初列出当月重点工作任务清单,明确工作目标、工作时间和工作进度,科学、合理地分解各项工作任务,将责任落实到网格员(调解干部),确保按时圆满推进调解工作目标任务。各调解干部月中在例会中对照任务清单汇报完成工作进度情况,对在执行"清单制"过程中出现的问题及时进行沟通协调,并纠正解决。月末对照"任务清单",对工作计划的完成情况进行检查考核,查摆工作中出现的问题,并列出整改清单,让工作专班干部能够对照"清单"便捷、高效地开展工作。

推行无物业小区升级改造构建社会治理
"共建共治共享" 新格局

浈江区

一、背景与起因

(一) 平安韶关建设(平安三率) 的要求

无物业小区的管理难度相对比较大,进出人员比较复杂,经常会出现盗窃等涉及人民群众切身利益的财物丢失案件,人民群众对此深恶痛绝,这在一定程度上降低了人民群众的安全感、幸福感和获得感。为响应平安韶关建设,深入推进平安韶关建设,全面加强社会治安和公共安全防控工作,着力提高社会治理社会化、法治化、智能化、专业化水平,不断完善和发展中国特色社会主义社会治理体系,我镇健全落实领导责任制,明确了第一责任人,对一些社会治安重点地区进行整治,全力确保社会治安重点地区排查整治各项工作抓好落实,打造老旧小区改造、三供一业改造等项目,积极推进智慧安防小区和村庄建设,进一步夯实了平安根基,推动构建了基层社会治理现代化新格局,提升了人民群众的获得感、幸福感、安全感与满意度。

(二) 老旧小区改造、三供一业改造移交的内容

2020 年以来,我镇打造无物业小区升级改造项目,提升城市综合管理水

平，推行"五共六治"的社会治理新格局，为党建小区及平安小区建设奠定了良好的示范基础，重点解决老旧小区安全隐患、无物业管理、生活质量较低等问题，凝聚治理资源、建立长效机制、推动"五共六治"，切实提高人民群众的获得感、幸福感、安全感与满意度。"三供一业"物业维修改造工程主要涉及宿舍区内公共道路、建筑物外墙及楼道修缮、天面防漏隔热、下水道整治、安装公共区域监控等，通过"三供一业"物业维修改造工程，小区环境得到了有效提升、安全隐患问题得以排除。同时，改造提升职工家属区基础设施也有利于进一步改善居民居住环境。

（三）创建全国文明城市的必要性

"全国文明城市"是一个物质文明、政治文明和精神文明建设综合性荣誉称号，是城市建设、发展水平和文明程度的集中体现，是极具价值的无形资产和重要的城市品牌。争创全国文明城市是促进三个文明协调发展、实现率先发展的综合性工作载体。通过开展创建文明城市活动可以更好地改善城市环境，打造城市形象，提升城市的综合竞争力；可以不断提高城市文明程度和市民文明素质，激发全市人民形成和保持争先争上的精神状态；可以为市民群众兴办大量实事，使广大市民群众得到实实在在的实惠，形成政府亲民、市民拥政的良好互动局面。因此，争创全国文明城市既关系未来的发展，更是关系到每个市民的切身利益，具有十分重大的作用和意义。

（四）疫情防控联防联治的需要

自突如其来的新冠肺炎疫情爆发以来，老旧小区、无物业小区等管理不力的地区难以开展疫情防控工作，十里亭镇以疫情防控为支点，着力针对无物业老旧小区这一城市治理难点和痛点，通过无物业小区封闭式改造项目，使小区焕然一新，解决了人口管理底数不清、情况不明、异常行为事件难以实时预警的问题，实现了对疫情防控的精准管控和精细管理，形成了封闭式管理长效机制，切实保证了小区居民的安全，让群众感受到了实实在在"看得见""摸得着"的稳定、和谐、安宁。

二、做法与经过

第一，党建引领，强化政治保障及组织保障。一是加强组织领导。市委、区委、镇委高度重视，各级党委主要领导亲自部署、亲自指导、亲自协调、亲自督办；二是充分发挥党组织的引领作用和党员先锋模范作用，充分运用

"谐约共建""社区吹哨、党员报到"等党建工作机制，引导各级领导干部、在职党员、楼长、"红袖章"队伍等力量投身改造工作一线，带动身边群众积极参与居民区封闭式管理提升各项工作。尤其是发挥小区党员的带头作用，引导小区党员主动学习政策精神、带头入户宣传动员、精心答疑释惑，从小区党员开始签名实施，以点带面，为改造工作实施打开突破口。

第二，政府主导，重点突出补齐短板。在资金紧缺的情况下，精打细算、细致谋划，更多地采用"微改造"方式，把群众的需求作为小区改造的出发点和落脚点，有针对性地补足小区的道路、停车、安防等配套设施短板，突出重点（拆除两栋危楼、清理违章建筑、铺设沥青路、增设人行道、改建停车场、三线整治、外立面改造、增设围墙、改建门楼等），把有限的资金用在刀刃上，有效提高了资金使用效益。

第三，群众参与，群策群力建言献策。坚持"共建共治共享"社会治理新格局理念，尊重群众主体地位，积极引导群众参与小区改造的各个环节，最大限度地激发群众的创造力。通过入户走访、张贴告知书、发放调查问卷等方式，广泛征求群众对小区改造的意见建议，并将之融入改造方案，切实增强其认同感和归属感。

第四，长效治理，建管并重促进便民服务。一是构建"社区党组织+业主委员会+物业公司"的长效管理模式。在社区党组织的指导下，通过选举产生包含7名成员的业主委员会，引入专业物业公司，有效提升小区的保洁、治安、停车等管理水平，并通过收取物业费和停车费保障物业公司的运营费用。二是创造居民楼下休闲圈。在资金不足的情况下，想方设法从丰富居民业余生活出发，在小区内增设休闲娱乐设施，给居民聚集逗乐创造条件。三是强化便民服务。把居委会搬进小区居民楼，为群众办事缩短距离；把综合文化服务中心安在小区居民楼，极大地满足小区居民的精神需求。

三、成效与反响

其一，基础设施健全，生活环境改善，居民安全感、满意度进一步提升。拆除危楼改建停车场可以有效消除安全隐患，切实解决车辆乱停乱放问题；清理违章搭建，改建"四小园"，为小区腾出更多的绿色空间；外立面改造，一改老旧面貌；三线整治，有序、有貌、有整洁；道路铺设沥青，小区面貌焕然一新；垃圾堆变绿地，整洁大方助推文明创建；改扩建围墙增设门禁安全感大大提升。

其二，远大矿机厂无物业小区升级改造项目在老旧小区改造工作中发挥了一定的示范带动作用，引起众多新闻媒体纷纷采访报道，一段时间内也成了"网红打卡点"，吸引了不少行政企事业单位观摩学习，也吸引了许多居民，尤其是在该小区成长外出的居民回归打卡参观。

四、探讨与评论

"党建引领，政府主导、群众参与、长效治理"1+1+1+1>4 模式示范效应充分，在构建社会治理"共建共治共享"新格局中发挥了极大作用，此做法值得广泛推广。一是坚持加强党的领导，为开放或半开放式居民区实施封闭式管理提升工作提供了坚强的政治保障；二是坚持以人民群众为中心的发展思想，切实提高群众的获得感、幸福感、安全感；三是坚持精打细算，通过"微改造"实现居住环境大提升；四是坚持建管并重，构建常态长效管理机制。

龙归镇奋力推进新时代市域社会治理现代化
武江区

在基层乡镇，市域社会治理应具备完整的社会治理体系，具有统筹协调各方资源和调动一切治理因素的天然优势，化解突出矛盾和重大风险的能力更加明显，但治理对象复杂多样、治理风险严峻重大。因此，我镇高度重视、积极谋划、认真推进，以更好地预防化解社会矛盾纠纷，更好地促进治理理念、治理体系与治理能力的全面提升。具体做法如下：

一、构建多元主体群策群力的社会治理体系

多元主体群策群力参与治理，是社会治理的重要特征。实现市域社会治理现代化，离不开党政、社会和群众的共同努力。因此，我镇持续完善党委领导、政府负责、民主协商、社会协同、公众参与、法治保障、科技支撑的社会治理体系，打造"共建共治共享"的社会治理格局。

集中发挥党政、社会和群众的治理智慧，持续保持干部群众同心同德、共谋治理的优良传统，理性面对复杂多变的社会治理形势，解决了市域社会

治理中存在的各种难题。

二、为市域社会治理现代化注入新的时代内涵

市域社会治理的重心在基层,新时代"枫桥经验"的发源地也在基层。新时代"枫桥经验"作为党领导下干部群众社会治理智慧的结晶,不仅被誉为政法综治战线的一面旗帜与化解基层矛盾、维护社会稳定的典范,也发展成了社会治理现代化的"中国方案"。因此,坚持发展新时代"枫桥经验",完善社会矛盾纠纷多元预防调处化解机制,将系统治理、依法治理、综合治理、源头治理贯彻于社会治理全过程,为市域社会治理现代化注入新的时代内涵。

截至目前,武江法院龙归法庭、武江区司法所联合我镇综合治理办公室共调解成功 16 宗案件,打造具有市域特色的新时代"枫桥经验"升级版,是推进市域社会治理现代化的题中应有之义。

三、立足于市域社会治理现代化"一十百"工程项目

面对严峻的禁毒工作形势,龙归镇党委政府、冲下村两委班子高度重视、上下联动、合力攻坚,对冲下村毒情进行认真分析、专门研判,坚持全面与重点相结合、治理与防范相结合的工作原则,主要从以下方面抓好治理工作:

(一)提高政治站位,建立健全禁毒工作机制。

第一,高度重视,精心谋划部署。通过镇领导班子会、村两委支部会研究以及多次召开工作推进会、村民代表会等形式,认真贯彻落实上级部门关于禁毒工作的系列会议精神和部署要求,全力推动冲下村毒品问题治理工作开展。

第二,高位推进,强化组织领导。龙归镇禁毒委员会根据人事变动及时调整成员,冲下村委会成立了农村毒品问题治理工作领导小组,镇党委副书记、村党支部书记等靠前指挥,对研究部署好的禁毒工作亲自抓落实,统筹调配好人员力量,推动镇驻村干部、村两委干部在常态化工作中落实禁毒责任,有力、有序、有效地推进禁毒工作。

第三,能力提升,强化队伍建设。积极参加上级部门开展的禁毒业务培训,组织村干部、村民小组长到省级禁毒宣传教育基地参观学习,邀请公检法干部授课讲述典型案例,以案释法,进一步提升队伍专业水平。

（二）全力戒治帮扶，关爱吸毒人员获新生。

第一，扎实推进吸毒人员"平安关爱"行动，全力配合镇综治办、龙归派出所、镇社区戒毒康复工作站等部门，充分利用好智慧新禁毒吸毒人员社会化管控系统，常态化开展"清隐""清零""清库"工作，对全村在册78名吸毒人员进行了逐一见面核查并落实尿液、毛发等吸毒检测，将见面核查信息录入"平安关爱"行动信息采集维护平台，对吸毒成瘾严重人员、病残吸毒人员依法应收尽收、应戒尽戒。

第二，大幅提升戒毒康复人员帮扶力度，深入到戒毒康复人员家庭，面对面与戒毒康复人员及其家属进行谈心谈话，对其心理、家庭、就业等方面的情况进行登记调查，精准了解帮扶需求，并配合镇禁毒社工开展专业个案，目前我村8名戒毒康复人员均在智慧新禁毒吸毒人员社会化管控系统录入个案信息。对于有困难需求的强戒出所人员，我村还会通过镇社区戒毒康复工作站、龙归派出所与戒毒场所建立的联络制度，第一时间落实好出所衔接、安置措施。

（三）全民宣传教育，筑牢抵制毒品防火墙。

第一，开辟禁毒宣传阵地，定期通过宣传栏张贴禁毒海报、大喇叭播放禁毒标语、微信群转发禁毒知识等形式载体做好宣传教育，深入到群众家中发放禁毒宣传册，扩大禁毒教育覆盖面，常态推进"六进"活动，以"6·1"禁毒法实施纪念日、"6·26"国际禁毒日、党员主题活动日等重要时间节点为契机，有针对性地开展靶向式宣传教育。截至目前，冲下村开展各类禁毒宣传活动达30场，覆盖1000余名群众，发放宣传单张2000余份。此外还邀请龙归本地特色表演团队精心创作与禁毒内容相关的采茶戏、小品、三句半等人民喜闻乐见的节目，利用送戏下乡创新禁毒宣传形式。

第二，经我村村民代表大会表决，将不制毒、不吸毒、不贩毒等禁毒内容写进村规民约，成效显著，一年内我村无新增户籍吸毒人员，将禁毒内容纳入村规民约后，村民的涉毒违法犯罪行为不仅会受到法律制裁，更会受到村规民约的道德约束和谴责，此举大大增强了我村村民的禁毒意识，让毒品在我村蔓延的势头得到了有效遏制，实现了禁毒村民自治，形成了良好的禁毒社会风气。

第三，充分利用好国家禁毒办互联网教育中心平台，要求村内6名戒毒康复人员每月登陆平台浏览学习优质课程、禁毒教育资源和法律法规，对规律的学习进一步提高了我村戒毒康复人员对毒品和禁毒政策的认识，促使他们自觉约束自身行为、强化管控意识，营造了远离毒品、拒绝毒品的良好氛围。

（四）创新禁毒理念，打造冲下特色禁毒品牌。

第一，确定以"平安冲下，魅力龚屋"为整治提升主题。长期以来，冲下龚屋村治安环境恶劣，吸毒、小偷小摸甚至打架斗殴等现象频繁发生，根据区委区政府有关工作安排，近两年龚屋村以党建为引领，紧密结合提升农村人居环境、发展乡村经济和正在开展的毒品问题治理工作，通过完善人文自然环境、完善村内基础设施、完善乡风文明建设等方式，凝心聚力建设打造"生态宜居美丽龚屋村"，各种乱象基本绝迹，民风得到了显著改善，今天的龚屋村正逐步向产业兴旺、生活富裕方向迈进。

第二，禁毒主题法治公园项目建成落地，我村为更有效地开展禁毒预防宣传教育活动，决定在镇社区戒毒康复工作站附近建立禁毒主题法治公园。作为我村首个禁毒主题公园。该公园集美化环境、休闲娱乐、宣传教育等功能于一体，以"珍爱生命、远离毒品"为主题，将禁毒知识问答、禁毒宣传标语、禁毒吉祥物等内容以丰富的宣传形式展示出来，让广大村民在休闲散步的同时，可以随时随地了解、掌握禁毒知识。

实践没有止境，理论创新也没有止境。市域社会治理现代化，需要以防范化解市域社会治理难题为突破口，立足实际，突出特色，坚持理论与实际相结合、发展与创新相结合，我镇将继续努力建设治理，实现社会繁荣稳定与人民安居乐业。

发展红色文化资源　推动德治教化引领乡村治理

曲江区

你知道韶关第一个村级红色文化主题公园在哪吗？你去过有"广东美丽乡村特色村"称号的王屋村吗？在韶关曲江，有两个环境优美、民风淳朴的"红色村"：马坝龙岗村和乌石展如村。

红色文化以其鲜明的政治立场、崇高的价值取向、深厚的群众基础、坚决的奋斗精神，为实现中华民族伟大复兴提供了强大的精神动力。作为中国特色社会主义先进文化的重要组成部分，其在推动社会治理现代化的过程中发挥重要功能。近年来，曲江区在推进乡村治理体系和治理能力现代化过程中，统筹红色旅游，积极挖掘和利用本土红色历史资源，串珠成线，推出了"红色展如线路"和"红色龙岗线路"等两条红色旅游精品线路，厚植红色文化。通过创新拓展红色文化依托载体，搭建完善红色文化传播平台，培养了广大群众对红色文化的自信与认同，增强了市域社会治理现代化工作的精神担当，以德治教化引领乡村治理。

一、全力打造红色精品旅游线路

近年来，曲江区以一面红旗为主线，以党性教育和红色研学为魂，进一步搭建党员干部锤炼党性、提升修养的全新红色教育平台，建立了曲江传承红色精神和党性教育的文化品牌。红色旅游产业工作主要以马坝镇龙岗村、乌石镇展如村两个"红色村"为主打造，旅游投资额 500 余万元。2018 年，龙岗村被评为省级"红色村"，年游客接待量达 50 000 余人次。乌石镇以展如村委梁展如同志故居为依托，开展红色文化公园建设。展如村将解放时期游击队主要活动地杨梅村、濛浬村共同形成红色乌石名片，形成红色旅游资源的集群化。第一期以梁展如故居为依托，先后投入建设资金 150 万元，于2019 年 6 月建成韶关市第一个村级红色文化主题公园——乌石镇展如村红色文化主题公园。年接待游客 15 000 多人次。

如今，通过对红色资源不断挖掘和利用，加大对红色旅游线路的宣传提升，"红色展如线路"（广东省委培训旧址—曹溪文化小镇—梁展如故居—马坝人遗址）和"红色龙岗线路"（马坝人遗址—红色村龙岗村—王屋村—水文村）这 2 条红色旅游精品线路已日臻完善。目前，该区正着力打造展如红色健身旅游步道。为扶持老区建设，打造红色旅游村，未来计划建设南华乌龟屯黄屋村至乌石镇展如村委赖屋村的步道，实现曹溪文化小镇（南华禅寺）、六祖公园、梁展如故居等景点的互通串连。

二、着力凸显红色旅游教育功能

马坝镇龙岗村一直致力于打造中小学爱国主义教育基地，基地内有塔下村革命旧址、红色文化展览馆、多媒体培训室、红色文化广场、红色步道、广东美丽乡村特色村、好家风文化广场、最美家风瓷片墙、知青礼堂、客服中心等场地。在建设红色文化研学实践基地时，致力于将红色文化贯穿基地建设始终，注重挖掘好、保护好红色历史遗迹，同时将基地与新农村建设、乡村振兴、乡村旅游等统筹规划、相得益彰，逐步形成一个管理规范、设施完善的集瞻仰纪念、爱国教育、劳动实践、素质拓展、旅游观光为一体的综合性教育基地，能同时满足 200 名学生开展研学实践教育活动的学习、体验和休整。其中，塔下村革命旧址占地面积 123.4 平方米，红色文化展览馆分为上下两层、总建筑面积 552 平方米。龙岗村创新性地采用"动静结合"的宣教方法，积极开展"六进"活动，有序组织村居"两委"干部、乡贤人士、党员干部、学生及普通群众到龙岗"红色村"开展重走革命遗址、重温红色史、缅怀革命人士等教育活动，组织专业讲解人员开办革命英烈讲座、作专题报告，并邀请革命人士本人或其后人、当地村民、专家学者等革命历史的参与者、见证人和研究者现场讲解革命历史，大力弘扬和培育群众的革命精神、民族精神和爱国情怀。展如村通过多方收集整理，在梁展如故居内陈列有革命烈士梁展如同志生活物品和革命物品等 82 件，基本上还原了当年梁展如烈士的革命生涯和曲江农村第一个支部活动印迹，让人感受过往岁月不一样的风采和魅力，理解革命先辈的高尚情操，挖掘和传承革命战争时期的激情和斗志。

三、积极发挥红色旅游脱贫攻坚作用

自龙岗村红色旅游教育基地建设以来，马坝镇实现了塔下村革命旧址的保护性重建，并对龙岗王屋村的房屋及外墙进行修缮，完善当地的排水排污设施，美化绿化村容村貌。2019 年，龙岗王屋村被评为"广东美丽乡村特色村"。通过完善红色旅游展览馆和打造红色研学游，吸引了大量游客和工会组织前往参观，带动了周边农家乐的发展，村民有了实实在在的旅游收入，幸福感日益提升。自龙岗被评为省级"红色村"以来，村民人均年收入同比增长 18%，2021 年增长至 18 839.72 元。乌石镇展如村通过党建引领工程，把"党建+"的红色基因植入新农村建设、现代农业、特色产业及红色旅游，不断发扬展如革命老区艰苦奋斗、敢闯敢做的优良作风。以项目建设促发展，加快农村文化基础设施建设，鼓励扶持发展农村特色文化产业，带动当地旅游经济发展；以项目发展促增收，因地制宜，帮助农户引进、推广实用技术，多渠道增加收入。自乌石镇展如村红色文化主题公园开放以来，该村村民人均年收入同比增长 10%，2021 年增长至 24 901 元。

四、党建引领群防群控工作

在区委政法委和当地派出所的指导下，马坝镇龙岗村党支部牵头建立了"红袖章"志愿者队伍共 20 人。今年以来，调解矛盾纠纷 22 件，共开展禁毒、预防电信诈骗、安全生产、森林防火等宣传 15 次，协助相关职能部门开展维修路灯 50 盏，道路建设 330 米，水渠建设 1100 米等新农村建设工作。乌石镇展如村党支部牵头建立了"红袖章"志愿者队伍共 23 人。今年以来，调解矛盾纠纷 15 件，共开展禁毒、预防电信诈骗、安全生产、森林防火等宣传 7 次，协助相关职能部门安装太阳能路灯 42 盏。

红色文化留给我们的不仅有历史荣光，最重要的还是这段特殊的文化留给我们宝贵的精神财富。在新时期、新形势下，曲江区继承和弘扬红色文化精神，以润物细无声的方式潜移默化地熏陶人心，以德治教化引领乡村治理，在市域社会治理现代化事业中不断开拓进取！

关于县级第三方调处中心建设的探索与思考

乐昌市

乐昌市位于广东省北部，素有"广东北大门"之称，全市总面积 2419 平方公里，总人口 54 万人，2020 年实现地区生产总值 122.98 亿元。随着改革开放的不断深入和推进，乐昌市经济社会快速发展，城乡面貌发生巨大改变，但社会关系也变得更加多元，社会矛盾总量一直在高位运行，且增长的势头没有得到有效遏制，缠访闹访现象时有发生，给社会治理工作带来了诸多风险挑战。在这样的大背景下，为有效的防范、化解社会矛盾风险，破解社会治理难题，乐昌市积极探索通过引入市场机制，调动社会力量参与社会治理，推动成立了广东省第一家县级第三方调处中心——乐昌市第三方调处中心。

一、主要做法

其一，成立第三方调处中心，并给予适当的扶持。以市场机制吸纳企业和社会力量，在原有医调委、校调委、住调委单一模式基础上再创新，按照 1+4 的模式，于 2021 年 1 月 13 日在政局部门登记成立乐昌市第三方调处中心。乐昌市第三方调处中心下设医患纠纷、校园安全纠纷、住房与建筑纠纷、劳资纠纷4个人民调解委员会，4个人民调解委员会在司法部门备案。乐昌市第三方调处中心由江泰保险经纪股份有限公司出资筹建，主要业务范畴是调处医疗、教育、住建等重点领域的矛盾纠纷。主要经费来源：一是江泰保险经纪股份有限公司捐助或接受其他社会捐助；二是向相关机构提供咨询和服务收取相应的费用；三是承担政府购买社会服务收入；四是政府部门通过以奖代补的形式给予适当的补助。因第三方调处中心的性质是非营利性社会组织，且现还在起步阶段，自身的发展还面临较大困难，乐昌市通过帮助解决其办公场地困难问题及给予适当经费补助等多种方式给予扶持。

其二，规范开展第三方调解，有效化解社会矛盾。乐昌市第三方调处中心定位为"行业性、专业性"的人民调解组织，主要开展涉医疗、教育、住建领域的矛盾纠纷。依托"乐昌市第三方调处中心"逐步建立起一支独立于行政部门之外的懂法律、懂政策、懂调解的专职第三方调解员队伍。此外，按照调解"行业性、专业性"要求，建立相应的专家库，承担纠纷案件定性、定责的任务，为调解工作提供客观公正、专业可信的第三方依据作为调解的依据。第三方调处中心成立后，凡是涉及医疗、教育、住建、劳资等领域的矛盾纠纷，引导矛盾纠纷双方通过第三方调处中心调解。第三方调处中心自2021年2月4日正式投入使用，截至2022年5月，共受理立案各类疑难、棘手矛盾纠纷案件102余宗，目前已结案66宗，调处成功64宗，调处成功率96%，另有36宗正在调处中，经调解结案赔偿款累计165余万元。此外，第三方调处中心还开展了各类风险防范培训40场次，培训对象包括政府职能部门工作人员、医务人员、教职工等共计4000余人次，在"平安乐昌"建设中取得了较好的成效。

其三，加强监督管理，促进第三方调解中心健康发展。一是严把准入和年检关。把好入口关，对"乐昌市第三方矛盾纠纷多元化解中心"提交的章程等登记材料进行严格审查，确保真实性、合法性。按照社会组织的管理要求，依法对其进行管理，确保该组织沿着正确轨道发展，每年对该组织进行年检，重点检查遵守法律法规和有关政策情况、业务活动开展情况、财务管理和经费收支等情况。二是完善信息公开和报告机制。要求第三方调处中心定期向组织成员公布财务状况、重大活动、工作报告等信息，向社会公布章程、登记信息、组织机构、服务内容、接受捐赠的情况和受赠财产的使用及管理情况等，接受社会监督。重大事项和活动要求向业务主管单位报告。三是加强对调解规范性的检查。定期或不定期地对该组织开展调解工作情况进行检查，查阅调解卷宗等工作资料，发现问题及时督促整改，避免调解工作不符合程序、卷宗要件残缺等问题的发生，不断提高第三方调解工作的规范化、法制化水平。四是加强对媒体的监管。把第三方调解的各个方面、相关环节置于阳光之下，对于社会影响较大、有争议的纠纷案件，主动邀请新闻媒体跟踪报道，促进调解工作公开透明，保证纠纷处理公正、公平、公开。

二、经验和启示

首先，第三方调处中心建设是打造"共建共治共享"社会治理格局的创新举措。合理利用市场机制，发动社会力量参与社会治理，有助于进一步健全和完善基层社会治理体系。第三方调处中心不隶属于任何政府部门，作为独立性、中立性的第三方介入社会治理体系，让矛盾纠纷调解变得更加公平、正义、透明和公开，有助于增强社会公信力。同时，使部分行业性的社会矛盾在政府体制外得到解决，有助于转变政府职能，实现政府、社会、市场、公民等多元主体的良性互动、共治共建、共享共赢，践行了"共建共治共享"的理念，开辟了运用市场机制解决社会问题的路径。

其次，第三方调处中心的经验做法符合人民调解的发展要求。人民调解是维护社会稳定的第一道防线，而在现阶段，人民调解机构主要是镇（街）、村（居）委会成立的人民调解委员会。这种基层群众自治性组织在传统民间矛盾纠纷处理上发挥了重要作用。但随着经济社会的发展，人与人之间的矛盾纠纷从传统的婚姻、家庭、邻里进一步延伸到城市建设、医疗保险、教育、劳动争议等多方面。而且，纠纷内容更加复杂和多元。传统基层人民调解组织对于一些重大、复杂矛盾纠纷的调解已经变得力不从心，难以保证调解效果。因此应该多鼓励行业性、专业性人民调解组织作为独立的第三方参与社会矛盾治理。

最后，第三方调处中心的经验做法是保险机制预防化解社会风险的具体实践。第三方调处中心建设项目通过引入保险经纪人，建立了"政府推动、市场运作、专业协助"相结合的安责险运行和"调赔结合"机制，把保险的社会管理功能用于行业矛盾纠纷和事故预防体系建设，解决带有复杂性、疑难性、专业性的医患、教育、住建、劳资领域的矛盾纠纷。按照统一保险方案、统一保险费率、统一保障范围、统一理赔流程、统一服务体系"五个统一"的原则，以公平竞争的方式，选择承保和理赔服务资质良好的保险公司，协调和监督保险公司聚焦社会治理、担当社会责任，从源头上预防和减少矛盾纠纷，实现政府、医院、学校、住建企业、利益受损人、保险公司多方共赢的局面，转变了政府职能，节约了政府行政资源，提高了管理效率。

三、对第三方调处中心建设的意见建议

目前，第三方调处中心建设还处于起步阶段，部分政府部门还存在疑虑，担心第三方调处中心会增加负担；群众对此也还不了解，处于观望阶段，要用实际成效打消社会的顾虑，赢得群众的信赖。第三方调处中心建设需要做到五个"确保"。

第一，确保独立性。目前，大多社会组织都有"官办"背景，行政力量的渗透与生俱来，在资金使用、人员招聘、组织建设、职能发挥方面缺乏独立性，不利于提高公信力。第三方调处中心是利用市场机制建立起来的，有自己的章程，并建立了政策、法律等方面的专家库，有能力处理自身建设发展过程中遇到的各种问题，并独立发挥自己在社会治理上的角色定位和职能作用，政府部门不应予以过多干预。

第二，确保公益性。第三方调处中心是公益类社会组织，是以社会公益事业为主要追求目标，而不是以利润最大化为首要目标。为确保公益性，要推动从业人员严格遵守行业职业道德准则，自觉接受社会监督，促进行业自律机制形成和公信力提升，培育良性、透明的公益文化。

第三，确保专业性。第三方调处中心是行业性人民调解组织，主要业务范畴是调处医疗、教育、住建、劳资等四大重点领域的矛盾纠纷，并不断向其他领域延伸。要着眼于推进系统治理、行业治理，深入研究这些重点行业领域的风险隐患及引发的矛盾纠纷的特点、规律、解决路径，切实发挥行业性人民调解组织的作用，解决行业性热点问题。

第四，确保规范性。主动适应新形势下矛盾纠纷的多样性、复杂性、群体性等特点，依托第三方调处中心逐步建立起一支懂法律、懂政策、懂调解的专职第三方调解员队伍。着力完善第三方调解工作规程，规范第三方的调解受理、调查、取证等各环节，确保第三方调解行为符合法律和程序要求。

第五，确保源头性。引入保险经纪人，把保险的社会管理功能用于行业矛盾纠纷和事故预防体系建设，推动建立"处、调、保、赔、防"五位一体

的基础社会矛盾防控化解体系，协调和监督保险公司聚焦社会治理、担当社会责任，从源头上预防和减少矛盾纠纷，实现政府、医院、学校、住建企业、利益受损人、保险公司多方共赢。

创新"三个一"工作法，打造社会治理德治教化新高地
南雄市

"德治教化"是实现基层社会"善治"的重要基石，"德治教化"是培育基层社会治理内生动力的基本途径，"德治教化"是防范基层矛盾风险的有力抓手。为进一步加强全体村民道德建设、提高社会道德水平、发挥德治教化作用，优化基层社会治理，珠玑镇结合本地实际，创新推出了"三个一"工作法，即一堂课、一出戏、一个节，以德治促善治，以德治育文明，不断激活基层社会治理的内生动力，不断强化"德润人心"的效果，谱好乡风文明之曲，奏响德治教化之歌。

一、主要做法

珠玑镇充分利用好本地姓氏文化和红色文化的独特优势，开展好"一堂课、一出戏、一个节"，不断丰富老百姓的精神文明生活，培育文明乡风、良好家风、淳朴民风，在乡村掀起一股文明和谐、积极向上的文明新风尚，全面提高村民素质，提升基层社会治理能力。

首先，以"大榕树"为载体，讲好文明实践"一堂课"。我镇已于2022年3月初组建了驻村律师宣讲队、党员干部理论宣讲队，以及平安志愿者服务队、巾帼志愿服务队、乡村振兴志愿服务队、青年先锋志愿服务队和文化惠民志愿服务队等7支队伍，通过开展法律巡回讲堂、大榕树讲堂、红色文化讲堂等活动，将党的政策、法律法规、惠民政策、姓氏文化、红色文化传播给广大百姓。目前，我镇已经分别在洋湖、聪背、灵谭举办了"一堂课"活动，重点开展了民法典、信访工作条例、打击养老诈骗等方面的法律讲座，尤其是在灵谭村，珠玑镇党委副书记、镇长廖春花同志将当地的红色文化基因和乡村振兴政策相结合，让灵谭村的村民深刻认识到，现在所有的一切都是党的"恩赐"，号召灵谭村的村民感恩党、跟党走，传承红色基因，继续为乡村治理贡献自己的力量。

其次，以"姓氏节"为契机，演好传统文化"一出戏"。在保证安全底线的基础上，统筹安排民间艺术团的人员在珠玑古巷内，为前来游玩的游客奉上舞青草狮、香火龙等传统特色节目，邀请本地的广场舞爱好者，在百姓堂广场上为游客们献上欢快的歌舞，为古巷"姓氏节"活动增添一股淳朴人文气息。同时，鼓励商家出售具有"珠玑故事"的历史书籍、纪念品、汉服和特色小吃。一方面，可以带动珠玑旅游经济的发展；另一方面，可积极宣传珠玑文化、珠玑故事，弘扬中华优秀文化传统之百家姓"家风家训"。

再次，以"小积分"为手段，汇聚乡风文明"大能量"。珠玑镇充分调动群众在乡村振兴中的主观能动性，全面汇聚乡村全面振兴合力，积"文明"成"分"，以"幸福"生"金"，促进社会和谐稳定。以灵谭村为"文明家庭积分评比"的试点村，鼓励灵谭村将产业发展、生态宜居、乡风文明、治理有效、生活富裕五个模块的相关内容纳入到村规民约，切实发挥"小宪法"的约束作用，对一些违法乱纪，破坏公序良俗的行为予以扣分，在每个季度将积分兑换成相对应的物品券，激励村民遵规守法、邻里互助、和睦相处，掀起"讲文明、树新风"的家风、乡风、民风的新风尚。

最后，以"考核表"为导向，挥好工作进度"指挥棒"。珠玑镇已将落实德治教化，开展"三个一"的工作情况纳入了2022年《珠玑镇各村（社区）绩效考核工作方案》，明确考核细则，压实主体责任，确保工作落实到位，对工作开展成效好的予以通报表扬，并及时总结经验。对工作开展差的，及时要求整改并在考核中扣分，通过考核的"指挥棒"作用倒逼工作责任落实。

二、取得成效

其一，宣传到位，进一步提高群众知晓感。珠玑镇历史悠久，几乎在所有的村落中心地区都可见一两棵大榕树，农闲时村民们都爱聚在大榕树下休闲、纳凉、娱乐、聚会、议事等。珠玑镇结合新时代文明实践活动，用好"大榕树"这方小阵地，以"珠玑姓氏文化"和"珠玑红色文化"为核心，讲好珠玑故事、弘扬珠玑文化、传递珠玑精神。自"三个一"工作开展以来，珠玑镇共开展了6次"大榕树"巡回宣传活动，内容包括民法典、信访工作条例、打击养老诈骗等法律知识和当地的红色文化故事，涉及洋湖、聪背、灵谭等村，惠及人数达1200余人次。通过这种接"地气"的方式，汇聚更多的"人气"，达到"人人知晓、德润人心"的良好效果。

其二，文明到位，进一步提高群众参与感。珠玑镇以灵谭村为"文明家庭积分评比"的试点村。珠玑镇协助灵谭村研究制订了《南雄市珠玑镇灵潭村文明幸福家庭积分细则》，明确了工作目标、建立标准、工作步骤及要求：一方面，通过印制宣传卡片、设置宣传栏、设立志愿岗、确定合作商超等方式，提升政策的宣传力度，吸引更多的村民参与积分评比；另一方面，通过村民自评、党群理事会复评、"三方"终审的方式，严格开展积分评比与兑换，实现公平公正公开。截至目前，珠玑镇共开展了 3 次"文明家庭积分评比"，共有 340 户村民参加，共积攒积分 159 500 分，兑换商品有洗衣液、小风扇、电水壶等各式各样的生活用品约 650 件，发动了村民们积极参与乡村文明建设，在珠玑形成乡风文明蔚然成风的好现象。

其三，服务到位，进一步提高群众的幸福感。珠玑镇以提高村民幸福指数为宗旨，全心全意为人民服务，坚持以"三个一"丰富村民的精神文明，扭转"党员干部在干、群众在看"的现状，打开党建引领、群众参与的新局面，用好 7 支志愿服务队伍，通过举办"大榕树"巡回讲堂、广场舞比赛、"送法下乡"、姓氏文化节等志愿服务活动，调动村民参与基层社会治理的积极性和主动性，不断加强对村民对新时代生活的美好憧憬与向往，进一步提高村民的幸福感，增强村民凝聚力和向心力，推动乡风文明建设取得新成果，掀起文明和谐、积极向上的文明新风尚。

三、经验分享

在各级党委、政府的坚强领导下，在广大干部群众的共同努力下，珠玑镇在经济文化方面取得了多项荣誉，被评为"第一批全国乡村旅游重点镇（乡）""广东省民间文化艺术之乡"，珠玑古巷历史文化街区入选第二批广东省历史文化街区名单，《珠玑巷人南迁传说》正式入选民间文学国家级非物质文化遗产代表性项目名录，是韶关市唯一的入选项目。参加广东省第二届乡村振兴大擂台荣获"六强镇"和"乡村振兴示范带"，水稻入选第十一批全国"一村一品"示范村镇名单。接下来，珠玑镇将继续发挥"三个一"工作法的德治教化作用，在 23 个村（社区）巡回开展"一堂课""一出戏""一个节"活动，促进基层广大农村地区家风、乡风、民风"三风"转变，不断改善农村社会风气、提升村民自我修养，打造优秀模板加以推广，探索制作可持续、可复制方案，调动群众参与社会治理的积极性，让社会治理更上一个新台阶。

德治教化润民心 文明新风蔚然成风

始兴县

近年来，城南镇深入贯彻中央和省、市、县关于市域社会治理现代化试点工作的决策部署，紧紧围绕"文化润民"方略，深度挖掘城南镇优秀传统文化资源，创新道德教育引导、道德实践养成，激发德治教化内生动力，抓典型示范、以点带面、大力培育好家风、引领文明新风，营造"以文化人、以德树人、润心育德"的德治氛围，为推进市域社会治理现代化提供道德引领和力量支撑。

一、抓党建引领，突出"智治"支撑

城南镇坚持以党建引领，以推进"雪亮工程"信息化建设和网格化管理为重点，积极整合各类资源，推动社会治理得到提升。以综治网格化管控为布局，以大数据信息化建设为支撑，在全镇主要道路卡口、中小学校、广场等主要出入口安装视频监控 97 个，实现了"全镇覆盖、全网共享，全时可用、全程可控"的目标。同时，在辖区划分了 105 个网格，配备了 172 名网格员，以"党建+网格"模式，组建网格管理团队，确保网格服务高效运行。网格员通过日常走访入户的有利契机，及时宣传党的惠民好政策、好信息、构建党委政府和基层群众之间交流的连心桥和沟通纽带，营造积极向上的舆论环境和社会氛围。

二、抓文化传承，厚植德治教化根基

文化润民，润物细无声、力量更持久。城南镇依托周前古村落、东一村等深厚的历史文化资源，大力挖掘出了一批如梁唐兵部侍郎杨洞潜、明朝户部尚书谭大初、东一村抗战先烈郑衍屏、新中国成立后首任始兴县委书记吴新民等名人志士，将名人事迹编入《走遍始兴·城南卷》，利用风度书房、新时代文明实践中心等场所，让群众阅览学习，同时通过开展形式多样的宣讲活动，将先进人物的优良传统和精神传达给群众，如春风化雨般让群众接受传统文化熏陶。

三、抓组织建设，推动德治教化入日常

通过选取东一村、周前村等一批自治基础较好的村（社区），通过优化和完善文明公约、村规民约、家规家训，打造了一批市域社会治理示范村（社区）。同时，在村（社区）推进德治教化工作中，注重发挥乡贤作用和传承良好家风家训的作用，全面推行移风易俗，整治农村婚丧大操大办、高额彩礼、铺张浪费、厚葬薄养等不良习俗，引导群众明是非、辨善恶、守诚信、知荣辱，使之成为人们日用而不觉的道德规范和行为准则，推动社会主义核心价值观落细、落小、落实，把德治教化融入群众的日常生活，以点带面辐射引领，带动其他村（社区）共同进步，激励全社会形成弘扬道德新风尚，传播社会正能量的良好氛围。

四、抓典型模范，推动德治教化出效能

为激发群众的内生动力，让德治发挥良好作用，广泛开展文明家庭、星级文明户、道德模范、最美家庭等选树活动，充分发挥先进模范激励作用和调动群众文明向善的积极性、主动性，切实有效地激发群众比学赶超、自强自立、热爱生活、懂得感恩的思想自觉和行动自觉，推动乡风文明逐渐向好。截至目前，城南镇党委、政府表彰了11名疫情防控先锋、11名抗洪救灾先锋、5名见义勇为者、5名人居环境整治先锋，通过自荐、他荐和组织推荐等方式，共推荐了12名群众参加"始兴好人"评选，1户家庭上榜广东省五好家庭。

五、抓志愿服务，延伸德治教化触角

城南镇鼓励群众自愿组成各种社会组织和合作经济组织，各村（居）根据实际情况成立了红白理事会、乡贤参事会、志愿服务队等组织，积极有序地参与基层治理。结合实际，组建了一支共计230人的"红袖章"平安志愿队。今年以来，城南镇充分发动"红袖章"平安志愿者参与社会治安综合治理，志愿队共计开展了450余次治安巡逻，参与了350余次矛盾调处，入户宣传了70余次反诈禁毒、扫黑除恶、反邪教、反走私、创建平安城南工作，充分调动了广大人民群众的积极性和主动性，不断深化平安创建，增强人民

群众安全感，全力营造和谐稳定的社会环境。

城南镇坚持发挥典型模范的示范带动价值，以先进促后进，推动德治教化在全镇各村（社区）遍地开花。下一步，城南镇将聚焦乡村振兴、聚力乡风文明，持续发挥德治教化的高效实效作用，为推动全县社会治理现代化纵深发展做出应有的贡献。

传承红色文化基因 助推市域社会治理
仁化县

市域社会治理是国家治理和基层治理的关键环节，同时也是国家治理的重要基石。习近平总书记在党的十九届五中全会上提出要"加强和创新市域社会治理，推进市域社会治理现代化"，这集中凸显了市域社会治理现代化的重要性和紧迫性。

仁化县蕴含着丰富的红色资源，特别是作为北大门的城口镇，它是革命老区，拥有光荣的革命斗争史，红军长征时为打破国民党第二道封锁线，在城口发生了铜鼓岭阻击战等一系列战斗。2016 年，城口镇入选全国 20 个"我心目中的长征纪念地"之一；经中央办公厅批准建设的广东省内唯一以红军长征为主题的纪念馆——红军长征粤北纪念馆落户城口。城口镇被市委、市政府列为"红色小镇"重点打造，并作为历史文化小镇入选省级特色小镇培育库。

城口镇利用本地红色资源丰富，将红色文化资源和推进红色文化与社会治理融合发展，弘扬红军精神、长征精神、红色文化的力量，通过发挥德治教化、红袖章平安志愿者、雪亮工程平台的作用，把红色细胞融入人民调解，提升社会治安风险防控水平。打造以了"传承红色文化基因，助推市域社会治理"为主基调的城口镇市域社会治理现代化特色样板，深耕"红色资源"，共享"平安城口"，助力韶关市成功创建全国市域社会治理现代化试点合格城市。

一、组织领导有力，精心安排部署

城口镇成立了以党委书记为组长，人大主席、镇长、副书记为副组长，各党政班子、综治中心成员、各村居支部书记为成员的领导小组，领导小组在镇综治中心设领导小组办公室，负责牵抓总、统筹协调，整合全镇各职能部门力量，推进"弘扬红色基因，助推市域社会治理"的市域社会治理现代化城口样本打造。形成党委领导、部门齐抓、支部主体的工作模式，召开工作部署会议，聚焦重点、统筹调度，对标方案，量化和细化目标任务，制定时间表和重点任务清单，实现以点带面、逐步推进，全面深化打造独具"红色基因"的市域社会治理现代化样板。

二、多措并举强推进，突出亮点显成效

（一）传承红色基因，打造忠诚担当的党政队伍

全镇党员干部，深入学习红军精神、长征精神，始终坚持党的领导，打造一支忠诚于党，深入群众，服务于民的高素质党政队伍。一是突出党建引领，持续发挥"一线双联""民情夜访"党建引擎作用，学习红军精神，深化党员干部直接联系服务群众工作，2021年以来我镇各级领导干部开展"一线双联""民情夜访"活动600多次，共为群众解决问题68件。二是大力实施农村干部素质能力提升行动，以党建红色基调带动乡村振兴发展，我镇已开展"乡村振兴大课堂"3次，累计培训农村党员干部203人次，我镇在2021年、2022年连续两年接受省乡村振兴考核组考核，并取得优异的成绩。三是充分发挥党组织战斗堡垒和党员先锋模范作用，开展"乡镇吹哨、部门报到"，弘扬红军精神，全体党员干部下沉一线参与灾后复产工作，全镇100余名党员下沉镇村基层一线参与灾后复工复产、矛盾纠纷排查化解、人居环境整治、治安风险排查、疫情防控等工作。用"红色动能"激活基层党建，助力基层"最后一公里"，深入解决群众急难愁盼问题，让人民群众的"幸福感"更加充实。

（二）学习长征精神，建设红色精神文明校园

青少年是社会主义未来的建设者和接班人，着力提升红色特色小镇红色元素，使学校红色文化与红色小镇融为一体，推进创建教育现代化特色校园文化建设工作，促进学校内涵发展、提升学校管理水平、提高教学质量。让青少年继承我党优良的革命品质，发扬乐于吃苦、不惧艰难的革命乐观主义，勇于战斗、无坚不摧的革命英雄主义，重于求实、独立自主的创新胆略，善于团结、顾全大局的集体主义等长征精神，让红色旗帜永远飘扬，让红色基因世代相传。以城口学校作为建设红色精神文明主阵地，在城口学校打造以

校训"扬红承本 尚德笃学"为主题的特色文化,通过创建红色文化长廊、悬挂红色历史图文宣传画、唱红色经典歌曲、讲红色故事、编印红色校本教材等一系列举措,开展丰富多彩的红色活动,校园红色文化氛围浓厚。

近年来,城口镇以城口学校为中心,开展了"传承红色基因,培育时代新人"红色讲解员竞赛,小小红色讲解员开展志愿活动、"仁爱仁化,与爱同行"学雷锋志愿服务活动、"传承红色基因,培育时代新人"红色讲解员竞赛故事、"讲好党史故事,传承红色基因,争做时代'红娃'"演讲竞赛等活动、红色主题班会等活动10多次。让广大师生的行为举止无时无刻不浸润在红色氛围中,潜移默化地接受爱国主义教育和革命传统教育,激发了他们奋发读书的斗志,高中升学率逐年升高,从2020年到2022年分别为44%、51.9%、57.32%,考到市重点高中的学生由2020年的0人提升到9人。

(三)感悟长征精神,深化特殊人群德治教化

利用城口丰富的红色资源,讲好红军长征故事,弘扬革命精神。组织社区矫正人员、刑满释放人员、戒毒人员到红军长征纪念馆、古秦城、广兴栈旧址开展每月一主题德治教化活动,活动通过倾听红色故事、擦亮革命遗址系列红色活动,让特殊人群充分领略到革命先辈们的理想信念、爱国情怀和革命精神,用红色精神感召特殊人员,让他们的精神得到洗礼,行为上得到矫正,进一步领悟人生真谛,真正做到远离不良习惯,回归阳光生活。城口镇近年来,城口在册的33名吸毒人员中,5年复吸率为0,近2年来无新增吸毒人员和涉毒案件,同时还获得了"仁化县禁毒示范镇"的荣誉称号;刑满释放人员和社区矫正对象重复犯罪率连续5年为0。

(四)推崇红军精神,打造"枫桥经验"城口样板

通过弘扬红军精神,借鉴新时代"枫桥经验",结合城口镇实际,打造矛盾多元化解体系。一是实施重点案件"领导包案"制度,利用民情夜访、一线双联等活动,使驻点领导下沉到一线,点对点、面对面地对重点人群进行耐心、细致的调解,将矛盾纠纷化解在基层、将群众问题解决在基层。2022年先后协调处理好了郭敬玉、郑全满、洪友元等3宗多年未解决的涉及历史遗留问题的信访案件,真正做到案结事了。二是织牢织密调解网络,积极推进实现各级各行各业调解组织全覆盖的同时,借助宣传红色文化的氛围,推进成立民间调解室的建设,形成完整的矛盾纠纷排查化解网络体系。发动老干部、老战士、老党员、老教师、老劳模等"新五老"参与一些尖锐的矛盾

纠纷调解，发挥他们独有的魅力来推动矛盾纠纷化解。三是推进"一乡一法庭"建设，法官进驻各村民综治解调中心，指导和参与域内矛盾纠纷调解工作，大大提升调解工作的效率，单 2021 年至 2022 年上半年全镇各级调解组织共排查不稳定因素和各类矛盾纠纷 362 件，调解成功 357 宗，调解成功率为 98.62%，真正做到"小事不出村、大事不出镇"，打造了新时代以"红色队伍""红色力量""红色基础"融入矛盾纠纷化解的城口"枫桥经验"。

（五）打造红色网格，强化基层综合网管理服务

城口镇通过"多网合一、综合治理"，结合本地红色旅游文化特色和城乡规划等多个维度，把镇区划分为 9 个红色网格，实行网格化属地管理，并按照后期空间规划，对网格进行动态调整。各班子成员带领包干组开展红色网格化治理工作，包括对网格内的疫情防控、社会矛盾纠纷排查化解、镇域环境整治，路域环境提升，景区、景点、酒店、民宿、餐饮的安全隐患排查等，发现问题及时督促整改，不断提升城口红色小镇旅游形象，扎实推进城口红色旅游发展。

（六）激活红色力量，打造立体化治安联防体系

一是激活"平安守护"工程，统筹协调镇、村两级党委力量。由综治中心牵头，组织派出所、司法所、各村（社区）党员，积极参加社会治安防控工作研判，从人民群众切身利益出发，重点研判防范电信网络诈骗、打击整治养老诈骗、打击走私等工作。二是激活"红袖章平安志愿服务队"，进一步充实红色平安力量。目前，全镇由党员领导干部组成的平安志愿者约 100 人，将治安巡逻、反诈宣传、校园安全、疫情防控和道路交通安全巡查等纳入基层社会治理综合网格化服务管理体系，做到检查及时、打击及时、整改及时，全面提升辖区群防群治水平。三是激活红色旅游景区摄像头，利用沿街商铺、粤北红军长征纪念馆、红军街等商铺或建筑摄像头资源，延伸"雪亮工程"视频监控触点，加强监控点位覆盖，立体化提升全镇社会治安"技"防水平。

2020 年至 2022 年，全镇刑事案件分别为 14 宗、9 宗、4 宗，调解纠纷数分别为 104 起、83 起、36 起，全镇刑事案件发案数和调解纠纷数明显下降，激活红色力量，打造立体化治安防控体系，城口镇使得全镇人民的"安全感"明显提升，在去年的平安建设"三度"调查中以 3 个第一名、1 个第二名的优秀成绩名列前茅。

（七）弘扬红色文化，搭建留守儿童心理服务体系

一是充分利用城口戏苑、城口人民礼堂、城口镇新时代文明实践所、城口镇恩村新时代文明实践站、城口镇风度书屋、文教室、乡村"复兴少年宫"等场所的阵地，组织党员干部和老干部、老战士、老党员、老教师、老劳模等"新五老"为人民群众、留守儿童讲红色故事、放红色电影、学技能等系列活动，开展"亲子共读、快乐成长"阅读活动、"书香飘万家"亲子阅读活动、开展普法教育宣传活动等。充实留守儿童的精神生活，让他们深深感受到党和政府的关注、关爱和温暖。二是城口镇妇联通过开展"传家规、立家训、杨家风"活动来增强家庭成员的懂法、守法意识，减少家庭暴力、家庭犯罪的发生，筑牢儿童健康成长的防护墙。近两年以来，全镇离婚率下降了2%。三是礼仪礼节教化方面，在城口镇中小学校、幼儿园开展升国旗、奏唱国歌、入党入团入队等仪式，强化仪式感、参与感、现代感，增强人们对党和国家、对组织集体的认同感和归属感。

以德治助力未成年人健康成长

翁源县

近年来，翁源县认真贯彻落实习近平总书记关于注重家庭家教家风建设的重要论述精神，紧扣"教化立德树人、关爱帮扶护苗"的德治教化目标，积极创新教育引导手段，创新成立全省首家由18个单位共同发起的促进家庭教育公益性组织——翁源县家庭教育促进会（以下简称"家促会"），以小家安促社会稳，积极探索构建市域社会治理新模式。

一、编织家庭教育"篱笆"，助力涵养"好家教"

第一，注重补"缺位"。翁源县地处粤北山区，留守儿童约占全县中小学人数的35%，家庭教育的长期缺位导致未成年人心理健康、思想行为等方面产生诸多问题。为切实补齐家长对留守儿童教育的缺位，促进留守儿童在学习、生活、人际交往和自我意识等方面的健康成长，家促会定期深入基层乡镇，为学校的留守儿童开展心理健康团辅活动，科学指导留守儿童疏导负面情绪和心理，引导留守儿童树立正确"三观"。2021年以来，家促会为留守儿童开展健康团辅课15场次。同时，为镇、村儿童督导员和儿童主任开展

《当今农村留守儿童及困境儿童存在的心理问题及解决对策》等培训 9 场次，进一步提升基层儿童工作者能力。

第二，突出防"越位"。翁源县在建立健全"校长-级组长-班主任-科任教师"防辍责任 4 级网络工作格局的基础上，由家促会全力打造《预防未成年人犯罪、防流控辍》等系列课程，强化对学生的心理疏导和法制宣传教育，进一步巩固义务教育入学率。目前，翁源县小学阶段实现零辍学，初中阶段辍学率下降到 0.42%，强于省市规定的不超过 1.5% 的要求。

第三，着力纠"错位"。家促会聚焦青少年叛逆、未成年人违法犯罪等难点问题，通过开展青少年心理疏导、个案咨询辅导和转化教育等工作，架起父母与孩子沟通的桥梁，最大限度地减少家庭对抗，并对问题家庭、问题学生建立一生一档管理台账，有针对性地做好数据分析，定期因人因事做好谈心辅导，根据实际情况增加面谈次数，有效预防未成年人各类心理疾病、促进人格健全发展。2020 年以来，家促会累计开展问题学生辅导 210 次，让 120 名学生受益，从源头上减少了未成年人违法犯罪问题。2021 年，翁源县未成年人违法犯罪案件相比 2020 年同比下降了 60%。

二、厚植家庭教育"沃土"，倾力培育"好家风"

第一，培育"好家长"。家促会聚焦家长家庭教育能力提升，打造《心理健康教育》《家长是孩子的第一任老师》等系列课程，深入各镇、村开展专题宣讲，通过线上（微课）、线下多渠道指导家长提升自我素养，做好监护和关爱孩子的工作，以家长的好言行、好品格影响教育孩子。2021 年共举办家庭教育讲座 100 多场，为家长提供可操作、可预防的家庭教育知识和方法，受益家长 3 万多人次。

第二，传承"好家风"。家促会立足本地客家人"耕读传家"的文化传统、翁源"中国兰花之乡"的文化内涵，韶关市"父爱绵绵，善美如兰"等活动展现的优良家风底蕴，积极开展《传承好家风好家训》等专题讲座和宣讲活动，教育引导净化家庭环境，树立良好家风。2021 年以来，开展家风进机关、进村（居）等各类宣讲活动 200 余场，受益学生、家长 10 万余人次，优良家风得到传承和弘扬，家庭关系更加和睦。2021 年，翁源县办理离婚登记 758 对，相比于 2020 年同比下降 44.18%。

第三，滋养"好土壤"。家促会以翁源县委政法委、县教育局、县"预未办"、县妇联等相关部门开展"关爱未成年人,护苗健康成长"等一系列活动为载体,采用线上线下讲授家长课程、线上新媒体宣传、课后调查问卷及给《家长的一封信》等方式开展宣传活动。活动开展以来,共举办家长课程等各类宣讲活动 1188 场,进一步提升当地家长的教育素养,将未成年人健康成长植根于家庭教育土壤。2021 年,翁源县成功创建了 15 个省市级家庭文明建设示范点和 11 个"家越美粤幸福"美丽家园示范村。

三、共绘家庭教育"画卷",合力打造"好家庭"

第一,创新打造家校共育"示范点"。为充分发挥好家庭和学校的共同作用,形成育人合力,家促会创新推出"家校共育"示范创建活动,分别从"幸福教师、智慧家长、成长学生、家长学校"四个板块开展示范性培训指导工作,通过家校共育,进一步增强家长做智慧家长的理念和能力,助力未成年人健康成长。目前,已成功创建万豪书院、新江中学、新江中心小学、周陂中心小学、尚同中学、翁城镇中心小学等 6 个"示范校"。2019 年 10 月以来,共开展相关专题培训 94 场,4836 人次受益。

第二,努力画好家庭教育"同心圆"。家促会以《家庭教育促进法》的颁布实施为契机,深入基层乡镇一线和各机关单位,切实做好《家庭教育促进法》的宣讲工作,宣扬家庭教育立法重要意义,培育积极健康的家庭文化。2021 年以来,共开展《家庭教育促进法》相关宣讲活动 102 场次,受益人员 5 万余人次,有效引导社会各界人士注重家庭教育,引领未成年人健康成长。

第三,合力绘就护苗共育"新画卷"。家促会成立以来,积极联动广东省家庭教育研究会、翁源县委政法委、翁源县检察院和当地教育、妇联、团县委、融媒体中心、关工委等单位和社会群体,深入开展家庭教育"进机关、进村居、进学校、进家庭、进社区"五进工程。2021 年以来,开展未成年人思想道德建设、青少年心理健康教育、家庭教育百场公益大讲堂、关爱留守儿童、禁毒教育、关爱女生等系列活动 3000 多场次,近 10 万人次受益,社会协同推进家庭教育的合力不断凝聚增强。

创新网格化管理模式，提升基层社会治理现代化水平

新丰县

今年以来，县委政法委按照县委"改革攻坚规范治理年"工作要求，以建设"平安和谐"新丰为目标，坚持把网格化管理作为推进基层社会治理的着力点和突破口，合理划分网格，优化人员配置，规范管理模式，完善运行机制，不断提升基层社会治理现代化水平。

第一，合理划分网格，实现网格化管理全域覆盖。一是科学划分基础网格。坚持"属地管理、无缝衔接、要素覆盖、动态调整"的原则，在充分调研的基础上，打破传统网格设置常规，以城市社区300户~500户、农村社区单个居民（村民）小组或自然村为单元对应编立一个社区基础网格。目前，全县共划分基础网格421个，其中城市社区网格37个，农村社区网格384个。二是着力打造全科网格。把社区内的党建和政法综治、消防、公安、交警、市场监管、民政、卫生健康等各类网格统一整合成"一张网"，全面打造"一网统揽"的全科网格，努力推动网格化管理与基层党建、乡村治理、便民服务等有机融合，真正做到"人在格中管、难在格中解、事在格中办"。

第二，优化人员配置，提升网格化管理服务水平。一是扎实推进队伍建设。根据工作需要和我县实际情况设置专职网格员和兼职网格员。专职网格员以专职化、本地化、专业化（一岗多能）和年轻化为方向，通过政府购买的形式向社会公开招聘，目前有专职网格员13人，均在县智格办集中办公，统筹协调全县智格工程事项。兼职网格员由政治素质高、业务能力强的村（社区）"两委"干部兼任，按照一对一或者多对一的方式协助和配合专职网格员开展日常工作。目前，有兼职网格员454人。二是全面加强业务培训。结合疫情防控、巩卫创文、社会治理等工作，从隐患排查、矛盾化解、政策宣传、信息采集、事件上报等方面对网格员分层分批进行线上线下培训200多场次，全面提升他们的工作能力，从而提高网格化管理实效。

第三，规范管理模式，推进网格化管理全网整合。一是健全管理机制。制定网格化服务管理工作制度和工作流程，印发《新丰县专职网格管理员管理办法》《网格管理员责任清单》《事项准入制度》等工作制度和《网格化服务管理工作流程》，为网格化管理提供制度保障。二是明确职能职责。网格员

综合履行"信息员、调解员、协管员、宣传员、服务员"五大员职能，做好基础信息采集、社情民意调查、安全隐患排查、突发事件上报、特殊人群走访服务、矛盾纠纷调解、政策法规宣传、民生服务八大类基本职责。三是推进服务入格。邀请县市场监管局、住建管理局、公安局、民政局等9个部门业务主办进网格，宣传民生保障政策，及时发现处置各类安全隐患，为群众提供高效、便捷的综合服务，努力推动网格化管理与基层党建、乡村治理、便民服务等有机融合，切实形成"人在网中管、难在网中解、事在网中办"的基层社会管理服务新模式。四是推进联网应用。县"智格工程"平台整合"雪亮工程"视频监控平台，与公安天网部分一类点、应急的"鹰眼"、学校和企业的公共摄像头等视频资源有机结合，并逐步将视联网建设到镇、村。截至目前，我县"雪亮+智格"工程378个监控摄像头已全部安装调试完毕，并积极整合各级各类视频资源1700多个，实现横向全县视频资源汇集，分类共享，纵向县、镇、村平台互联互通。加强了对网格员视频调度指挥、网格员适时反馈现场信息的"双向"互动，全面提升了网格信息化管理水平。

第四，完善运行机制，确保网格化管理精准到位。一是坚持和发展新时代"枫桥经验"，建立健全信息收集、问题发现、任务分办、协同处置、结果反馈工作机制。网格员通过日常巡查走访，了解社情民意，开展安全隐患排查和矛盾纠纷处理，将相关事项按类别上报至"智格工程"平台，再由专职网格员按职责分工将相关事项分流至相关职能部门解决。今年以来，共上报事件18 095宗，已办结16 412宗，总体处置率达90%，做到民有所呼，呼有所应。二是推动行政执法力量下沉，探索"吹哨报到"新模式。坚持党建为引领，探索建立"群众有需求、网格立响应、社区一吹哨、部门齐报到"的基层社会治理新模式，着力构建区域统筹、条块协同、上下联动、共建共享的社会治理新格局，引导部门（单位）干部职工积极参与城市治理，推动城市治理从单一向协同用力，从粗犷向精准转变。

文明实践"六着力"推进德治教化成效

乳源县

2018年以来，乳源瑶族自治县紧紧抓住全国新时代文明实践中心建设试点工作契机，认真探索文明实践的路径，通过"六个着力"的文明实践，全方位推动习近平新时代中国特色社会主义思想在乳源瑶乡落地生根,促进德治教化在瑶乡大地展现出新气象、新风貌、新风尚。

第一,着力抓好文明实践所(站)建设,打造群众活动主阵地。全县以"十个一"标准,建设了259个文明实践所(站、点)等阵地以及80多个广场、百姓舞台。同时,按照"六有"标准选择人流集中的公园广场和沿街小区,新建设了3个文明实践志愿服务V站,面向广大市民群众提供交通指引、知识宣传、共享物资、应急救助等综合性便民微服务,打造"15分钟志愿服务圈"。

第二,着力抓好文明实践队伍建设,培育服务群众的主力军。注册成立了明珠花园小区等4支居民志愿服务队,培育提升乳源户外应急救援协会等一批专业技能型志愿服务队伍,实现队伍专长兼备。依托县志愿服务培训学院、实践所(站)讲堂,每月定期开展思政教育、种养技能、心理辅导等培训。全县1000多个自然村,实现村村有志愿者,农民志愿者实现了"零"到"上万"的突破。截至目前,乳源全县现有注册志愿者2.8万名,其中农民志愿者1.3万多名,志愿服务队444支,开展志愿活动7000多场,服务群众102余万人次。

第三,着力抓好文明实践项目建设,打造志愿服务主品牌。乳源县结合本地实际,设立了100余个志愿服务项目,培育了50个精品项目、百名"金笔头"通讯员、千名"金喇叭"宣讲员、万名"金种子"志愿服务骨干。通过每年举办"助苗行动"志愿服务项目比赛,选取优秀项目列入项目库,给予资金扶持,同时聘请专家团队组建志愿服务"专业督导团"和"日常辅导队",定期进行项目辅导、督导,优化提升项目水平,推动项目常态化、品牌化发展。

第四,着力抓好文明实践经费保障,培育文明实践基金分支。为保障文明实践工作开展所需经费,在全省率先成立了乳源瑶族自治县新时代文明实践基金(互助会),同时在全县9个乡镇成立了乡镇文明实践基金分支。目前,通过县政府提供引导资金、上级部门下拨扶持资金、社会定向捐赠资金等方式,筹措资金2000多万元;并争取东莞帮扶资金260万元,为文明实践扩面提质提供了资金保障。

第五,着力抓好文明实践工作融合,推动实践工作走深走实。把文明实践工作融合到县委、县政府中心工作中,切实与基层党建、基层治理、乡村振兴等重点工作紧密起来。如把文明实践与创建文明城市紧密结合起来，重点为"文明实践+创建文明城市+红色教育+我为群众办实事+志愿服务项目+树典型立新风"等形式，推进文明实践工作走深走实。

第六，着力抓好机制建设，发挥文明实践主体作用。乳源在具体实践中建立了总指挥部、分工协作、经费保障、监督激励、"双重"激励回馈等五大板块制度。制定了《深化拓展新时代文明实践中心（所、站）试点工作方案》《新时代文明实践试点建设联席会议制度》等配套机制，通过加强组织保障及完善机制，夯实了文明实践的基础。

经过3年来的不懈努力和长期服务，乳源在推进德治教化方面的工作取得了质的飞跃，在经济社会综合实力、群众精神面貌、村容村貌、社会治安、瑶汉民族团结、志愿服务等方面取得良好成效。全县人文氛围浓厚，街道整洁美观，人民幸福感跃升。